ものが語る歴史　12

石垣が語る江戸城

野中和夫 編

同成社

目　次

第二章　江戸城修築の記録と考古資料

第三章　伊豆の石丁場 ……… 215

〔本書の執筆分担〕
はじめに……吉見周子・安藤眞弓
第二章一……橋本真紀夫・矢作健二
　七……金田員枝・野中和夫
　八……吉田千沙子
第三章一(2)…橋本真紀夫・石岡智武
　五(4)…小野英樹
　七……小野英樹
他はすべて野中和夫が担当した。

石垣が語る江戸城

はじめに――天下の城　江戸城――

吉見周子
安藤眞弓
写真　小池　汪

森にあらず　磯にあらず
日ごとわが歩むところ　一つの石垣あり
右手　つねに石垣あり……
石垣　つねにわれと相ともよひ　しりへ
つねに石垣をのこし　行く手　繰れどもつきぬ石垣あり
垣あり　右手　蜿々として
石垣はつづく『江戸城内濠に寄せて』山内義雄訳

フランスの詩人であり大正十年に駐日大使として来日したポール・クローデルは石垣を詩として残している。

江戸城の累々と続く石垣は、外国人も威風堂々と感じたのであろう。この江戸城を築城したのは徳川家康である。

天正十八（一五九〇）年八月一日、家康は軍団を引きつれて江戸城に入城した。太田道灌によって築城されたと伝えられる当時の江戸城および城下町は単なる地方都市にすぎず、「城モ小サク堀ノ幅モ狭ク」（『岩渕夜話別集』）石垣なども築いた所は一カ所もなかった。

写真１　高さに権勢を感じる北桔橋門脇の石垣

慶長八（一六〇三）年二月十二日、家康は伏見城において後陽成天皇から右大臣、征夷大将軍、源氏長者、淳和奨学両院別当に任ぜられた。こんなに多くの官旨を同時に受けた先例はないという。

六一歳で待望の栄冠をにぎった家康、日本最大の実力者となって幕府を開いた。

ところが、家康は征夷大将軍となってわずか二年で世子秀忠にゆずる。慶長十年（一六〇五）二月二十四日、譜代、外様の大名一〇万余の軍勢を率いて江戸を出発し、威風あたりをはらう入京、天下の人々は驚いた。このことは「天下は廻り持ち」の思想を否定し、徳川の子孫が独占することを宣言するためであった。政治的中心が、江戸と大坂という分裂状況を事実上終止符をうち、諸大名にその方向を決定させるのに十分であった。

天下は徳川のもの、政治の中心となる威容をほこる本城作りに、譜代・外様を問わず天下の大名総力をあげて工事に協力させることが可能となったのである。諸大名も将軍への忠誠を示すために命ぜられるまま城普請にかり出された。

慶長の天下普請のはじまりである。

慶長八年二月、開幕と同時に開始されたのは、大規模な海岸埋立て工事であり、神田山（駿河台、お茶水の丘陵）を崩し、その土で城の東南、日比谷入江などを埋め立てて城下を広げる工事であった。この工事普請に命じられたのは、福島正則、加藤清正など七〇家で、全石高総計約二二〇万石、知石一〇〇〇行に一人の割合で役人足（千石夫）を徴した。各大名は競って人夫を出し、相当の割増もあったらしく、三・四万人の人夫が工事に従事したと思われる。この時の工事で日本橋から新橋に至る町並みが出来上がった。江戸の町名に尾張町、加賀町など

写真２　石船の出た浜（伊豆・見高海岸）

あったのはこの工事の分担の名残りである。

つづいて慶長九年六月一日に、家康は江戸城拡張計画を発表し、慶長十一（一六〇六）年三月の着工までの間、石船（築城用石材を運ぶ舟）の建造を命じた。東伊豆の石材が主として切り出され、巨大な石を海上輸送するためである。

調達を命ぜられた大名は二八家で、その顔ぶれは二六家が外様大名であり、軍役に準ずる課役として反幕軍事力削減を意図していた。石高の合計は五三〇万石にのぼり、大名たちのノルマは高一〇万石につき「百人持の石」（一〇〇人の人夫で運搬できる石）の巨石をなんと五万九三六〇個に及ぶ膨大な量を割りあてられたのである。

さて、幕命を受けた大名たちは、採石地と、現地での人夫や石の運搬を確保すべく、先を争って伊豆へと家臣を派遣、伊豆半島（とくに東海岸）沿岸約七〇箇所あまりがまたたく間に諸大名の石丁場となった。一説によると大名たちの丁場割は籤引きであったとも云われている。

大名たちは採石にすざまじいばかりの意欲をみせ、石材は三〇〇〇艘もの石船によって、すなわち一艘の船に百人持の巨大な石を二個ずつ積んで、月に二度江戸と伊豆を往復し、江戸には莫大な量の巨石が運ばれたのである。

しかし、石材運送中の事故として、船舶の難破の障害もあり、慶長十一年五月二十五日の大風雨のため、鍋島勝茂の一二〇艘、加藤嘉明四六艘、黒田長政三〇艘が被害を受け、大きな痛手を蒙っている。

こうした準備が整って、いよいよ工事が開始され、手伝普請（幕府が大名に命じて行なう土木工事・天下普請とも云う）として西国の諸大名一五家に石垣修築を行なわせた。石船建造、

写真３　石垣の始まりは一並べである

採石運搬、石垣工事という課役を二重・三重に命ぜられ、資金、資材、人員を惜しげもなく工事に投入し、幕府の意をむかえるために汲々とした大名もあった。

諸大名の奮励努力の結果、江戸城は順次完成し、慶長十一年には本丸の建造物と、二の丸、三の丸、および北側の外郭の石垣が構築されたと思われる。

慶長十二年、幕府はふたたび工事をはじめ、助役の任に関東、奥羽、信越の諸大名が動員され、天守閣が完成、江戸城は天下統一の中心たるにふさわしい城となった。

慶長十六・十七年にも江戸城の普請は行なわれ、十六年には陸奥、信濃、越後、関東の大名が動員され、主に堀普請で、伊達氏は現永田町、半蔵門堀などを分担している。十七年には舟入堀などの普請で、大工事が行なわれ、慶長十九年正月にも西国の池田、黒田、島津、浅野など十六の大名に命じ、江戸城外郭工事を分担させている。

このような大規模な石垣普請は、大坂の陣の勃発、さらに元和元（一六一五）年大坂の陣の終焉と、翌二年四月十七日家康が七五歳で死去し、三年日光山に改葬された事などから中断され元和四（一六一八）年より江戸城普請が再開され、元和六年には伊達政宗以下東国大名が動員されている。但し、この時期には妻子が江戸在住ということから伊達氏は二〇万石の免除があった。それでも、石壁一三町余、升形一カ所を担当し、人足延四二万三一七九人、黄金二七六万を費やしている。

元和八年、本丸御殿の改築、九年にかけて天守台の石垣普請、三代将軍家光の代となって寛永元（一六二四）年、大御所秀忠の居所となる西の丸御殿の改築工事が行なわれている。

寛永六年、幕府は大規模な普請に着手。この時には尾張、紀伊、水戸、駿河の四家も動員さ

写真4　聳えたつ石丁場のあった山（伊豆・富戸海岸）

写真 5　石工たちの危険で辛い一日「石曳図屏風（部分）」（下田愛子氏所蔵）

れ「天下普請」として一〇〇を越える全国大名に手伝普請を命令し、石材を伊豆から江戸まで運搬させ、江戸城内部の石垣、升形はここにおいてほぼ完成した。

その後、城内の工事は常にどこかで行なわれていたが、寛永十三年、幕府は大名を大動員し、江戸城最後の完成を目指して一大工事を敢行した。動員大名六二家、他に升形担当として五二家、総力を傾け、ついに日本第一の巨城、江戸城が出現したのである。幕府は翌年助役大名に命じて松や杉の苗を完成した外堀の堤上に植えさせている。

実に、家康・秀忠・家光三代にわたる歳月を費やし、全国の大名を酷使することの、権威の象徴としての「天下普請」であり「江戸城」であった。

この後も各所の普請・作業が継続的に行なわれているが、この寛永十三年を境に、江戸城普請に関する大名動員のあり方が大きく変化している。すなわち、西国、東国と地域を設定して大動員する形はみられなくなったことである。幕藩体制の確立と、大名妻子の江戸在住制が定着したからであろう。

天下普請は軍役であった。軍役を行使することによって所領が安堵されるとすれば、諸大名は従わざるを得なかった。諸大名は、江戸城ばかりでなく、駿府城・伏見城・名古屋城・大坂城など、次々との助役が、藩財政をおそった。幕府の助役があまりにも度重なるのに悲鳴をあげた福島正則が、加藤清正に不服を訴えたところ、清正に「国元に立ち帰り直ちに会戦の支度をする覚悟があるか」と一喝されたという。従うことこそ身の安全なのである。

普請事業に心を砕く大名の姿を「永青文庫」所蔵の細川家史料（『大日本近世史料』）にみることが出来る。細川忠利・忠興親子の書簡には、何事も準備万端そつなくこなす様子が詳細に

写真 6　将軍家の姫御殿は瓦に金箔を張った（東京大学埋蔵文化財調査室保管）

記され、石場の手配から石の注文に至るまで心を砕き、普請に全力を傾けている。

時の将軍家光の側近より、自邸に将軍を招くよう示唆されたが、細川家では断りをしている。将軍の御成りは大変名誉なことであるにもかかわらず、出費の重なることを恐れてのことであり、それ程財政的に不如意なのであったとみるべきであろう。

又、工事中には、種々の事故もおきていた。慶長十九年、突貫工事中、浅野長政が築いた石垣が崩壊し、数多くの役夫が死んだ事や、黒田長政の担当した箇所が破壊したなど、多くの役夫の遭難はあったであろう。

大正十四（一九二五）年六月二十五日付けの『東京朝日新聞』に「二重橋から白骨、けふも四個現はる」との記事が掲載された。その後も四体の人骨が掘り出され、当時の話題となったが、結局一六体の人骨は、江戸城造営中の事故死ではないかということである。

江戸城天下普請には、澤山の人夫たちが従事し、その生活はどうであったのだろうか。大名たちの苦しみはさることながら、むしろ直接被害を蒙むるのは、領国の領民であり、江戸に送り出された人夫たち、領国で親・夫や兄弟の留守を預る領民、もちろん、年貢などのしわよせはきつくあったに違いない。

目を転じて、江戸城「天下普請」のはじまりは、伊豆半島東海岸の伊豆石産出の場は、またたくまに大名家の石丁場となり、石材供給地として村びとの生活を一変させた。もともと海と山との両方に稼ぎを見出し、漁業としての稼ぎと、すでに後北条氏のころから良質の石材を切り出していたが、ここに至って巨石の本格的な切り出し運搬が開始されると、村びとの生活も

写真７　跳ねる修羅、飛び散る石工たち「石曳図屏風（部分）」（下田愛子氏所蔵）

変えざるを得なかった。

当然のことながら採石場で働く人々の多くは、地元の石工たちであり、又、地方から呼び寄せられた日傭いであった。村では相当な数の切出し人足や、請負人や、大名たちの役人たちを賄うための、石屋宿の経営もあったと思われる。

では、採石場では、どのようにして石が切り出され、江戸に運ばれたのであろうか。詳細については本文を読まれたい。ここでは、採石と運搬が如何に危険極まりないものであるかの一例を挙げよう。

江戸城築城で「百人持石」の良質な石を求めて石切人たちは、崖地での採石を行ない、切り出した石を修羅に固定して石引きをする。斜面を下す修羅は曳くことにより、いかに修羅のスピードを調節するかにあった。ともすれば勝手に暴走する修羅。いかに目的地まで移動させるかは大変技術のいることである。「石曳図屛風」には、ロープが切れ、暴走した修羅を避け、下敷きにならぬよう人夫たちが四方に飛び散って難をのがれた様子が、絵師によってリアルに描かれている。言葉では語りつくせない危険の状況を知ることが出来る。

採石・運搬には常に危険がともない、犠牲者がおそらく毎日のように続出していたことであろう。採石現場に訪れた折、村人の話によると山から流れ出る小川は赤い水であったという。

東伊豆地方の村々には特色として、浄土信仰を物語る石造物や名号碑や石物群を全国的に珍らしい程数多くみられるという。採石・運搬・廻船など労働の安全祈願と、死者への回向としての祈りの信仰であろう。常に危険と向き合っていた人々の何かに頼らざるを得ない息づかいを感じる。

写真８　真鶴町石工先祖碑の脇に線刻で「南無阿弥陀仏」等の文字が残る墓

河津町の町史資料編には、数多くの水・山に関した神社が創立されていたことが記されているが、安全を祈る気持のあらわれであろう。

尚、湯河原町には古くから温泉が湧き、「石うち、また石にて打ち切れ、うちをれたるによし……、五体はれものによし、また総じて身の痛みには別て能く御座候」と、とりわけ石切り職人に利用されていたことが史料（貞享三年「宮上村明細帳」）にみえ、石関係職人がいかに怪我で悩まされていたかを物語っている。


堀と石垣、緑に囲まれた江戸城、現在観光の名所として皇居を訪れる人は、石垣のみごとさに感嘆するであろう。堀の水面の石の一角に一羽の水鳥が日当ぼっこをしている静けさ。だが、あれだけの莫大な石が、どこから、だれに、どのようにして運ばれ築かれたか考える人がいるだろうか。

何千、何万という人々によって築かれた石垣、工事に携った人々の苦悩。

石垣が語る江戸城なのである。

第一章　江戸城修築の経過

一　市街地の造成

江戸城の本格的な修築は、徳川家康が慶長八年（一六〇三）、征夷大将軍に任じられた直後の同年三月三日、諸大名に命じ神田山を削平し、外島州崎を埋立て陸地化し、今日の日本橋浜町から新橋周辺にいたる広大な市街地の造成にはじまる。天下一の大城郭を増築するための用地の確保である。

この普請には、福島正則、前田利長、伊達政宗、細川忠興、加藤清正、浅野幸長など七〇家が一三組に編成され工事を受持っている。ちなみに、諸大名には、所領石高が一〇〇〇石につき一人の割合で人夫をだす「千石夫」が課せられていた。そのうち浅野幸長組を一例にあげると、浅野幸長を筆頭に有馬豊氏・山田茂勝・山崎家盛・浅田長吉・中村一忠・堀尾忠晴・池田輝政・蜂須賀至鎮・加藤嘉明・山内一豊・中川秀成の一二家が属し、総石高は二一九万九〇〇〇石であることから、浅野組だけでも約二二〇〇人の人夫がだされたことになる。大名によっては、千石夫であるところを五人、一〇人とだした記録もある。つまり一三組に課せられた人夫の総数は、最低でも二、三万人が動員されたことが推察され、一大造成工事であったことがわかる。

翌、慶長九年（一六〇四）六月朔日、幕府は江戸城修築を発令し、八月には石材を運送するための石船（石綱船と

写真 9　富士見櫓石垣

いう表記もある）の調達を命じている。

以後、家康・秀忠・家光の三代にわたる将軍のもとで修築工事が行われ、寛永十三年（一六三六）、外濠の掘削、外郭諸門の桝形や石垣の修築をもって総構えが完成するが、実に三〇有余年の歳月を経ている。

つぎに、各時期ごとの修築経過について、石垣・堀を中心に述べることにする。

二　慶長期の修築工事

慶長期の江戸城修築は、慶長九年の石船調達を除くと十一年、十二年、十九年の工事が主体となる。

(1)　石船の調達

慶長九年の石船調達には、二八家の大名と堺の豪商尼崎又次郎が命じられている（表1）。大名は、成瀬・戸田の両氏が譜代大名であるのを除くといずれも西国外様大名である。石船の建造にあたって、幕府は金子一一九二枚五両を補助している。この時の助役大名には含まれていないが、翌年の七月、島津大隈守忠恒（薩摩国鹿児島城主）も命ぜられ石船三〇〇艘を建造し、幕府から黄金一五〇枚拝領したことが記されている。補足すると、慶長十年十月には伊東修理大夫祐慶（日向国飫肥城主）・森美作守忠政（美作国津山城主）も助役を命じられたとあるが、石船の建造や採石にあたったものといえよう。

石船の建造は、慶長十年十二月までにほぼ完成し、黒田長政一五〇艘、浅野幸長三八五艘、尼崎又次郎一〇〇艘をはじめとして三〇〇〇艘にのぼったという。この石船は、慶長十一年二月に入ると「百人持之石」二個を積んで、江戸と伊豆との間を月に二往復したことを『當代記』は伝えている。

表1　慶長九年（一六〇四）江戸城増築助役大名一覧

大名名	国名	居城	石高(万石)
浅野紀伊守幸長	紀伊国	若山（和歌山）城主	三九・五
羽柴（池田）三左衛門輝正	播磨国	姫路城主	五二
羽柴（福島）左衛門大夫正則	安芸国	広島城主	四九・八
加藤肥後守清正	肥後国	熊本城主	五二
毛利藤七郎秀就	周防国	山口城主	三六・九
加藤左馬助嘉明	伊予国	松山城主	二〇
蜂須賀阿波守至鎮	阿波国	徳島城主	一八・七
細川越中守忠興	豊前国	小倉城主	三六・九
黒田筑前守長政	筑前国	福岡城主	五二・三
鍋島信濃守勝茂	肥前国	佐賀城主	三五・七
生駒讃岐守一正	讃岐国	高松城主	一七・三
山内土佐守一豊	土佐国	高知城主	二〇・二
脇坂中務少輔安治	淡路国	須本城主	五・三
寺澤志摩守広高	筑前国	唐津城主	一二
松浦法印鎮信	肥前国	平戸城主	六・三
有馬修理大夫晴信	肥前国	原城主	五・三
毛利伊勢守高政	豊後国	佐伯城主	二
竹中伊豆守重利	豊後国	府内城主	二
稲葉彦六典通	豊後国	臼杵城主	五
田中筑後守忠政	筑後国	柳河城主	三二・五
富田信濃守知信	伊勢国	津城主	七
稲葉蔵人康純	伊勢国	田丸城主	四・五
吉田兵部少輔重勝	伊勢国	松坂城主	五・五
片桐市正且元	—		

ところで、二八家の大名の他に、唯一、商人として尼崎又次郎が含まれているが、その要因は、天正十八年（一五九〇）小田原攻めに溯る。この時、尼崎は家康と陣中で取交した約束を後年果たすこととなり、加賀爪甚十郎に命じて日向国で石船を建造し、献上することになったと伝えている。

慶長九年の天下普請では、石船の建造と並行して、慶長十一年の江戸城普請のために、所領石高が一〇万石につき「百人持之石」一一二〇玉（個）を差出すよう命じている。「百人持之石」とは人夫一〇〇人で運搬できる石をいい、およそ四トン位の石と考えられている。ちなみに、表1に示した二八家の総石高は、五二〇万石を越え、単純に計算しても「百人持之石」が五万八二四〇個となる。実に莫大な数字であ

小堀作助政一	大和国	龍田邑主	
米津清右衛門正勝			
成瀬小吉正一			
戸田三郎右衛門尊次	三河国	田原城主	一
尼崎又次郎			
※　秋月長門守種長	日向国	高鍋城主　三万石	（堀普請）
※　相馬大膳大夫利胤	陸奥国	中村城主	（城廻り普請） （人夫五〇〇人・八年・十一年も同）

る。加藤清正は、慶長十一年の石垣普請が終了した折、翌、慶長十二年の修築のために更に一万石につき二個以上の献上とあるように、実際には前述の数字以上にかなりの石材が江戸に運ばれたものと考えられる。

(2)　慶長十一年の修築工事

慶長十一年（一六〇六）二月、江戸城普請のため、加藤左馬助嘉明・山内対馬守忠義・加藤肥後守清正・池田三左衛門輝政・福島左衛門大夫正則ら一五大名が相次いで入府する。藩主は江戸、家臣は伊豆で採石し廻漕したのである。同年三月朔日には、起工する。藤堂佐渡守高虎の縄張りで、内藤金左衛門忠清・貴志助兵正久・神田與兵衛正俊・都築弥右衛門為政・石川八左衛門重次を普請奉行として、細川越中守忠興をはじめとして二五家の大名に石垣の修築を命じている（表2）。この時の工事箇所は、外郭の雉子橋より溜池落口までの石垣の他、本丸石垣、天守台、富士見櫓台石垣、虎門石垣などにあたり、天守台を除き五月には竣工する。天守台は、黒田筑前守長政が担当したが八間の高さまでは積上げたが完成は翌年に持越された。ちなみにこの時の石垣は、『當代記』によると長さ七〇〇間、高さ一二、一三間とある。その規模から、外郭は含まれず、本丸、二ノ丸に限られた記述内容と考えられる。石材は、各大名が採石・廻漕したものだけではなく、江戸で買入することも可能で需要に応じて慶長十一年には、「百人持之石」一個が銀二〇〇枚、ゴロタ石（栗石）が一間四方の箱一つで小判金三両に高騰したとある。いずれにしても、各大名の負担が並大抵のことではなかったことが推察される。

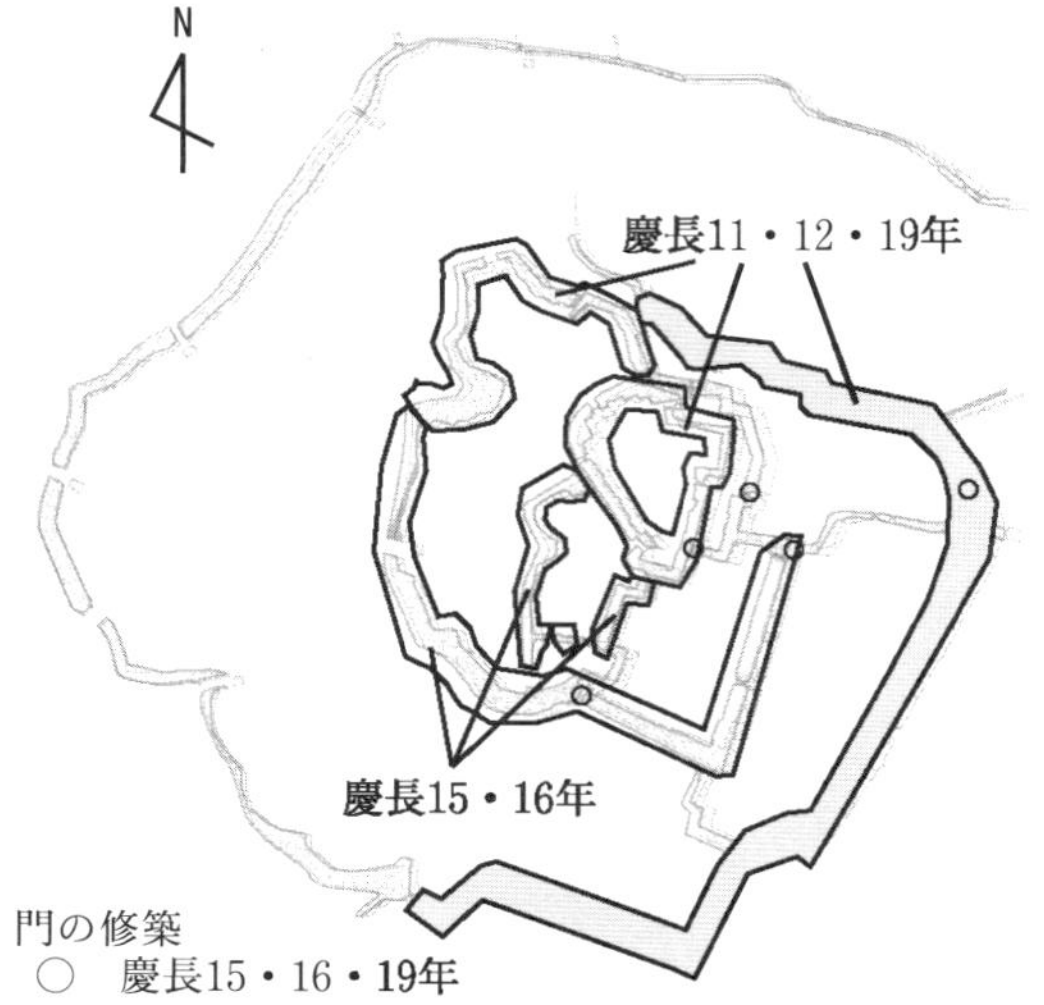

図1　慶長期の修築工事

　ちなみに、慶長十一年の助役を命じられた周防国の毛利家の場合、前年の十月から準備をはじめ、同年十二月には、家臣の所領に応じて肝煎一九人を含む二六八八人と人夫三〇〇人の合計二九八八人を江戸と伊豆に分けて派遣することを決定している。実に多くの人々が動員されているのである。

　また、石船の建造を命じられた大名もその手配は大変だったようである。黒田家の場合、一五〇艘の石船のうち一四〇艘（一三艘は高原次郎兵衛、九五艘は筑前国蘆屋で建造、二五艘は摂津国大坂で建造、一艘は吉川殿、六艘はさぬき殿）は、何とか慶長十年十一月までに建造し、廻送することが出来たが、一〇艘分は翌年二月の普請がはじまる間際まで時間を要したようである。同様に、他の大名よりは遅れて石船の建造を命じられた島津家の場合、三〇〇艘のうち一五〇艘は藩主忠恒が出府する慶長十一年二月までに廻送することが出来たが、残りの手配が送れ（同年五月）、幕府の対応に戦々兢々としている様子が伝えられている。他の助役大名もおおむね同じであったに違いない。

　石船の調達も難儀であったようで、『毛利氏四代實録考證論断』に詳細に記されているが、仮に調達できた場合にも、苛酷なスケジュールと悪天候で大災厄が起きたこともある。

　慶長十一年五月十九日より激しい雨が降りはじめる。二十五日朝から雨量が一段と増し、さらに夜に入ると大風も加わり海は大しけとなり、その結果、数百艘の石船が覆没している。記録に残るものだけでも、鍋島勝茂一二〇艘、

表2　慶長十一年（一六〇六）の石垣工事助役大名一覧

大名名	国名	居城	石高(万石)	工事担当箇所・備考
細川越中守忠興	豊前国	小倉城主	三六・九	外郭石垣、本丸石垣
松平(前田)筑前守利常	加賀国	金沢城主	一一九・五	外郭石垣
池田三左衛門輝政	播磨国	姫路城主	五二・〇	外郭石垣
加藤肥後守清正	肥後国	熊本城主	五二・五	富士見櫓台、外郭石垣
福島左衛門大夫正則	安芸国	広島城主	四九・八	外郭石垣
浅野紀伊守幸長	紀伊国	和歌山城主	三七・六	富士見櫓台、外郭石垣
黒田筑前守長政	筑前国	福岡城主	五二・三	天守台
田中筑後守忠政	筑後国	柳河城主	三二・五	外郭石垣
鍋島信濃守勝茂	肥前国	佐賀城主	三五・七	外郭石垣、虎門
堀尾帯刀可晴	出雲国	富田城主	二四・〇	外郭石垣
山内対馬守忠義	土佐国	高知城主	二〇・二	本丸石垣、外郭石垣
毛利長門守秀就	周防国	山口城主	三六・九	本丸、外郭石垣
有馬玄蕃頭豊氏	丹波国	福知山城主	八・一	外郭石垣
生駒讃岐守一正	讃岐国	高松城主	一七・一	外郭石垣
寺澤志摩守広高	筑前国	唐津城主	一二・〇	外郭石垣
蜂須賀阿波守至鎮	阿波国	徳島城主	一七・六	外郭石垣
藤堂佐渡守高虎	伊予国	今治城主	二二・〇	外郭石垣、縄張り
京極修理高知	丹後国	宮津城主	一二・二	外郭石垣
中村伯耆守忠一	伯耆国	米子城主	一七・五	外郭石垣
加藤左馬助嘉明	伊予国	松山城主	二〇・〇	外郭石垣
保科肥後守正光	信濃国	高遠城主	二・五	本丸石垣
古田兵部少輔重勝	伊勢国	松坂城主	五・五	本丸石垣
吉川左京広家				本丸（※毛利長門守家来）
遠藤但馬守慶隆	美濃国	八幡山城主	二・七	城廻り
木下右衛門大夫延俊	豊後国	日出城主	三・〇	虎門石垣

加藤嘉明四六艘、黒田長政三〇艘とあり、さらに、加藤清正の船も品川沖で七艘、蜂須賀至鎮の船も相模灘から鎌倉崎にでる時に遭遇し、運よく助かった者もいたが、石船の沈没とともに三九名が沈死したとある。江戸城修築工事に大打撃となったことは言及するまでもない。

なお、作事方は順調に進み九月二十三日には、本丸の殿閣が完成し、将軍秀忠が移り住んだことが記されている。

(3)　慶長十二年の修築工事

この年の修築工事は、前年の工事の未了部分を継ぎ、さらに雉子橋から溜池際に至る

表3　慶長十二年（一六〇七）奥羽・信越助役大名一覧

大名名	国名	居城	石高(万石)	備考
伊達陸奥守政宗	陸奥国	仙台城主	六一・五	※雉子橋北方より溜池際に至る外濠の掘削
上杉弾正少弼景勝	出羽国	米沢城主	三〇	
蒲生飛騨守秀行	陸奥国	会津城主	六〇	
最上出羽守義光	出羽国	山形城主	五七	(百万石の他)
佐竹右京大夫義宣	出羽国	久保田城主	未詳	土居二間高めて八間
松平(堀)越後守忠俊	越後国	春日山城主	四五	
溝口伯耆守秀勝	越後国	新発田城主	六	
村上周防守義明	越後国	村上城主	九	
相馬大膳大夫利胤	陸奥国	中村城主	四・九	
諏訪因幡守頼水	信濃国	高島城主	二・七	

東南の外濠を改修することを主目的としている。鍮錫門の造営や外郭の土居を二間高めて八間としたのもこの時である。助役には、西国大名に代わって関東・奥羽・信越の大名が課せられている。

関東諸大名には、所領総石高二〇〇万石、役高一〇〇万石を五組に分け、そのうち四組の八〇万石を石材の運搬、残りの一組二〇万石を天守台の築造に振分けている。

天守台は、前年、黒田長政によって石垣の高さ八間—うち六間が常石、二間が切石—に積上げたものを、上二間の切石を一端退け、二間築上した後に再度、二間分の切石を積上げ、その結果、高さ一〇間、広さが二〇間四方のものが完成している。その上に五層の天守閣が建てられたのである。

石材の運送は、三月三日にはじまり、利根川の河岸、中瀬辺より一万石につき栗石二〇坪（一坪は一間四方の箱）の割合で江戸に運ぶことを命じている。役高八〇万石であるから一六〇〇坪の栗石が運搬されたことになる。ちなみに、石船は、幕府より一万石につき五艘まで貸与されている。

奥羽・信越の大名（表3）には、雉子橋北方から溜池際に至る濠の掘削が命じられ、この竣工によって北郭が完成する。

慶長十二年の縄張りは、前年同様、藤堂和泉守高虎があたり、天守台、鍮錫門（中雀門）の造営を行っている。『高山公實録』には、これに加えて追手門（大手門）の記述もみられる。

余談であるが、多くの人々が動員されているが、当時の人夫の費用を知る史料として会津領内の上荒井村梅宮吉兵衛所蔵の藩主蒲生飛騨守に出した訴状がある。そこでは、慶長十二年の江戸城普請に従事した一日の人夫賃が三〇〇文と記されている。

慶長十五年（一六一〇）十二月二十五日、幕府は奥羽・信州・関東の諸大名にこれまで着工されていなかった西丸の石垣・濠の掘削を命じる。総督を本多佐渡守正信、奉行に貴志助兵衛正久・永田善左衛門重利・都築弥左衛門為政・石川八左衛門重正・内藤金左衛門忠清（後に貴志・永田・都築と共に伊東右馬政世・山岡五郎作景長・島田兵四郎利正に代わる）とし、伊達陸奥守政宗・蒲生飛騨守秀行・上杉弾正少弼景勝・最上出羽守義光・佐竹右京大夫義宣等々をはじめとして諸大名があたった。工事は、慶長十六年三月朔日に起工し、七月十日に竣工している。史料によれば、伊達政宗が自ら陣頭指揮し、将軍秀忠も連日、巡視したという。その間、工事は急がされ、五月には、連日の雨天も加わり、伊達政宗の持場二〇〇間程が損壊し、諸大名に振分け修築したこともあった。また、龍ノ口の修築にあたったのもこの年である。

(4)　慶長十九年の修築工事

慶長十八年（一六一三）十月十二日、執政酒井雅楽頭忠世・土井大炊頭利勝・安藤対馬守重信が、西国大名に対して翌年正月に人夫出し、三月朔日より江戸城修築を起工することをあらかじめ伝えている。正式には同年の十二月五日、先の将軍家康が本多佐渡守正信に命じて発令している。奉行には、永田善左衛門重利・伊東右馬允政世・山岡五郎作景長がつき、細川越中守忠興・黒田筑前守長政ら三四家の大名が助役を命じられている（表4）。

表4　慶長十九年（一六一四）江戸城修築助役大名一覧

助役大名名	国名	居城	石高(万石)	工事担当箇所・他
細川越中守忠興	豊前国	小倉城主	三九・九	本丸山ノ手の石垣
黒田筑前守長政	筑前国	福岡城主	五二・三	慶長十九年九月上旬、雨天で石垣崩れる。本丸石垣
鍋島信濃守勝茂	肥前国	佐賀城主	三五・七	本丸・虎門・他石垣、前年石材を多賀・真名鶴・伊東より運ぶ。（※平石垣四〇間）
寺澤志摩守広高	肥前国	唐津城主	一〇	二ノ丸桝形、三番の丁場
松浦肥前守隆信	肥前国	平戸城主	六・三	本丸石垣
田中筑後守忠政	筑後国	柳川城主	三二・五	
加藤肥後守忠広	肥後国	熊本城主	五一・五	（桜田日比谷辺石垣）
伊東修理大夫祐慶	日向国	飫肥城主	五・七	慶長十八年十月より宇佐美で採石、虎門石垣・他
島津左馬頭忠興	日向国	佐土原城主	三	本丸山ノ手の高石垣
中川内膳久盛	豊後国	竹田城主	七	
毛利伊勢守高政	豊後国	佐伯城主	二	
稲葉彦六典通	豊後国	臼杵城主	五	
竹中伊豆守重利	豊後国	府内城主	二	
毛利長門守秀就	長門国	萩城主	三六・九	内桜田見付〔御門台 高三間 横四間一尺 長五間半　向之御見付 高三間 横四間 長十間両面〕
福島左衛門大夫正則	安芸国	広島城主	四九・八	
堀尾山城守忠晴	出雲国	松江城主	二四	
加藤左近大夫貞泰	伯耆国	米子城主	六	堀普請
池田左衛門督忠継	備前国	岡山城主	三八	本丸石垣
池田武蔵守利隆	播磨国	姫路城主	四二	城内下馬二ノ丸石垣、前年伊豆山より石買入
池田備中守長吉	因幡国	鳥取城主	六	
森右近大夫忠政	美作国	津山城主	一八・六	西丸石垣
有馬玄蕃頭豊氏	丹波国	福知山城主	二一	本丸石垣
京極丹後守高知	丹後国	宮津城主	一二・三	
京極若狭守忠高	若狭国	小濱城主	九・二	

加藤左馬助嘉明	伊予国	松山城主	二〇	
脇坂中務大輔安治	伊予国	大洲城主	五・三	
山内土佐守忠義	土佐国	高知城主	二〇・二	城北大橋西高石垣、西丸見付下馬前石垣
蜂須賀阿波守至鎮	阿波国	徳島城主	一七・六	本丸石垣
小出大和守吉英	和泉国	岸和田城主	五	
浅野但馬守長晟	紀伊国	和歌山城主	三七・六	慶長十九年七月二九日池沼の普請場所崩れる。八月六日大雨で石垣崩れ、森家含死者多。九月再び崩れる、西丸石垣
古田大膳大夫重治	伊勢国	松坂城主	五・五	西丸石垣
藤堂和泉守高虎	伊勢国	津城主	二二	本丸石垣（西丸ともある）、狭間石の工夫
遠藤但馬守慶隆	美濃国	八幡城主	二・七	
土屋平八郎利直	上総国	久留里城主	二	本丸石垣

この時の修築は、本丸・二ノ丸の石垣、内桜田門桝形、西丸下馬前（大手門前）を含む石垣、虎門石垣や城北大橋（常盤橋か）西の石垣普請であった。そのため、助役大名は、石材をおおむね伊豆に求め、採石・運搬にはしり、慶長十九年四月八日には工事現場に根石を置いたという記録が残されている。石垣工事は順調に進み、五月二十日には第一丁場（史料には町場の文字もみられる）が完成し、残りの丁場の大半も九月末までには竣工する。しかし、石垣工事の一部は未完のまま中止し、大坂冬の陣が起こり、各大名達はそれにかけつけることとなる。

慶長十九年の石垣工事でも、工事中の崩壊記事が目にとまる。六月十二日には、浅野長晟の丁場が崩壊し、一五〇余人の死者がでている。その後も同家の丁場は、八月六日、九月十日の二回にわたり崩壊し、前者の事故では、隣接する森忠政に迷惑をかけることとなり同家の丁場に従事していた作業員に多くの死者が出ている。また、黒田長政の丁場も九月九日に崩壊したことが記されている。

石垣の崩壊の要因には、大雨という天候もあるが、担当した丁場の足場の悪さもある。しかし、それだけではなく技術的な問題もあったのである。内閣文庫蔵の本に「櫻田・外櫻田・日比谷・西の丸迄石垣」という記事がある。それによると、櫻田日比谷辺を加藤清正と浅野長晟が担当したとある。この一帯は、一面沼で、石垣を築くにはきわめて悪条件といえる場所であった。加藤家は築術家として著名であるが、その工事では森本儀太夫を奉行としている。森本は、まず土台を堅固にするために、人夫を大勢だして武蔵野の萱を刈取らせ、それを石垣を積む地面に敷き、その上で一〇歳から一四歳位までの子供を集めてしばらくの間遊ばせていたという。その間、隣りの浅野家の丁場では、石垣が大方出来上がり、多くの人々は森本の指示を一笑したという。しかし、森本は、人々の笑いには少しもかまわず、地盤が堅固になるまでは石垣を積むことはなく、そのため、石垣の完成は浅野家が出来上がってからしばらく時間を経過した後のことであった。後日、大雨が降ったところ、浅野家が担当した丁場のみが崩壊し、築直したことを伝えている。

他方、この時の普請では、毛利秀就が二ノ丸の内桜田門の桝形を築造している。

『毛利文書』には、

　　御普請御手伝之時、條数一
　　　内桜田御見付升形間数
一、御　門　台　高三間。
　　　　　　　　横四間一尺。
　　　　　　　　長五間半。
一、向之御見付　高三間。
　　　　　　　　横四間。
　　　　　　　　長拾間両面。
九月九日（慶長十九年）

とある。九月六日の時点で石垣は完成していたが、濠の土揚げが残っていたことを伝えている。

ちなみに、慶長十九年の時点では、二ノ丸と三ノ丸の区別はなく、そのため史料に三ノ丸という表記はみあたらない。

三　元和期の修築工事

元和期の江戸城修築は、元和四年、六年、八年の三回行われている。

元和四年（一六一八）の工事は、関東大名の榊原出羽守忠次・阿部備中守正次らに命じ、西丸南濠の掘削が主体となる。同時に、浅野采女正長重には、半蔵町口門内の地形普請を命じている。

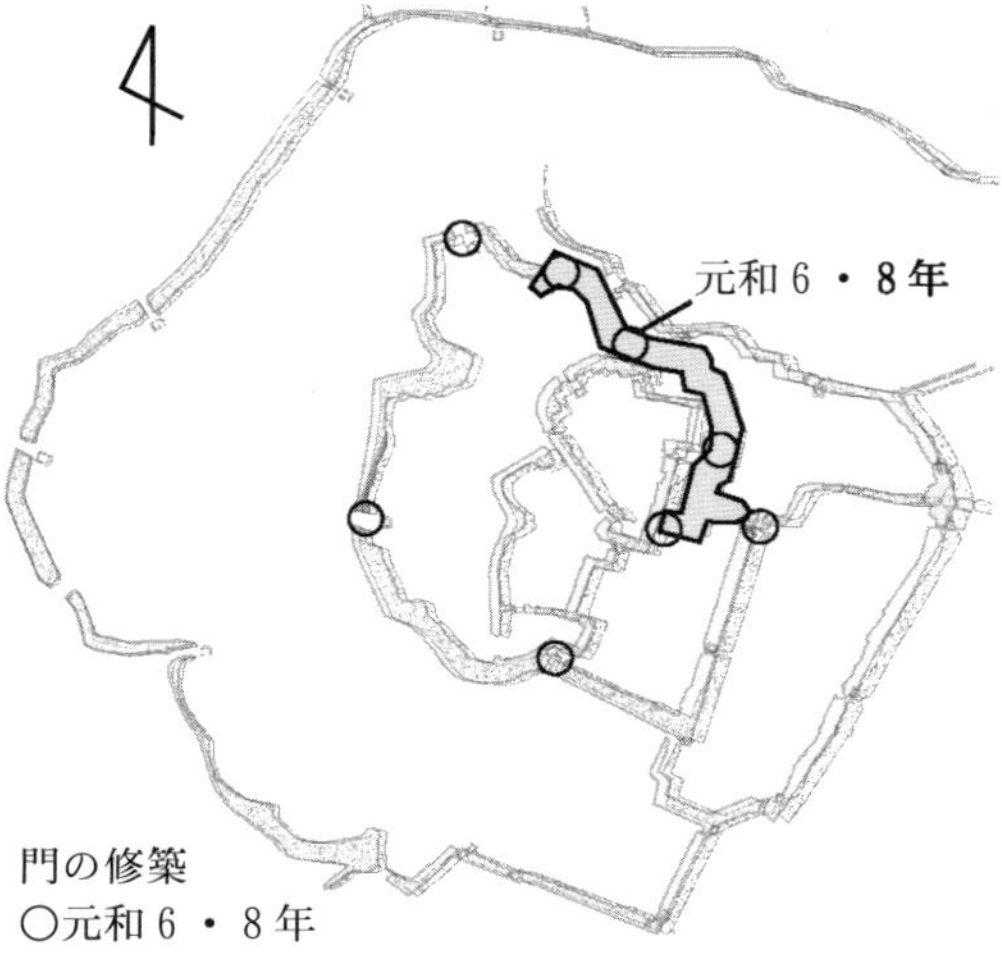

図２　元和期の修築工事

(1)　元和六年の修築工事

この年の修築工事は、慶長十九年の工事の未了である箇所を続成することを目的とし、前回が西国大名に助役を課していたので、今回は伊達陸奥守政宗・上杉弾正少弼景勝ら東国諸侯に課したもので、同年二月十一日に助役を命じ、四月に起工している（表5）。その際、予備工事を前年の元和五年に松平越中守定綱等が担当している。修築工事は、内桜田から清水門にいたる平石垣と、外桜田・和田倉・竹橋・清水・飯田町口（田安門）・糀町口（半蔵門）の各桝形を築くことを主体とし、秋には

表5　元和六年（一六二〇）江戸城修築助役大名一覧

助役大名名	国名	居城	石高（万石）	工事担当箇所・他
松平越中守定綱	遠江国	掛川城主	三	元和五年に予備工事に着手（大手より桜田までの地形普請）
伊達陸奥守政宗	陸奥国	仙台城主	六一・五	大手門石垣一三町余、桝形一箇所
上杉弾正少弼景勝	出羽国	米沢城主	三〇	石垣及び堀の掘削
佐竹右京大夫義宣	出羽国	久保田城主	未詳	
蒲生下野守忠郷	陸奥国	若松城主	六〇	大手の大石垣積直
最上源五郎義俊	出羽国	山形城主	五七	
南部信濃守利直	陸奥国	三戸城主	一〇	
相馬大膳大夫利胤	陸奥国	中村城主	四・九	大手門石垣桝形
池田宮内少輔忠雄	備前国	岡山城主	二八・二	石材を献上
細川内記忠利	豊前国	小倉城主	三九・九	西丸北大角
黒田筑前守長政	筑前国	福岡城主	五二・三	高石垣七〇間分を申出

神田台の堀普請が行われている。石垣工事では、奉行には都築弥左衛門為政・加々爪民部少輔忠澄・阿部四郎五郎正之等があたり、その他三ノ丸虎口石垣の修築に阿部四郎五郎正之、北丸造成に松平大膳亮忠重が就いている。

最も活躍したのは、伊達陸奥守政宗である。二ノ丸大手口（大手門）桝形と内桜田から清水門にいたる平石垣のうち一三町余り担当している。工事は、四月十一日に着工し、十月には持場が竣工している。他の大名衆の丁場の石垣が崩壊する中で、順調に進んだものといえる。

伊達家の記録によると、この修築に要した人夫ならびに費用は、四二万三一七九人半、黄金二六七六枚五両三分であったという。途中、六月には息子安房守忠實を名代とし、政宗自ら一時、国元に帰り、新たに諸役人二〇～三〇人と人夫二〇〇〇人を増員している。工事を円滑にするためのものであるが、いずれにしても莫大な出費である。

元和六年の普請では、西国大名も課役を申し出ている。池田宮内少輔忠雄は、同年二月、角石・平石・栗石等を目録を持って献上し、細川越中守忠興・内記忠利は、西丸北の大角の石垣普請を申し出ている。黒田筑前守長政も高石垣七〇間分の普請を遅れて申し出、元和七年に修築している。

(2)　元和八年の修築工事

この年の修築工事は、主として本丸の殿閣と天守台の改築を目的としたものである。殿閣の改修は、慶長十一年（一六〇六）以来、一六年ぶりであるが、表方と奥方とを分担し、表方は、老中土井大炊頭利勝を奉行として大工棟梁が中井大和、奥方は、酒井雅楽頭忠世として大工棟梁鈴木近江が各々受持っている。十一月十日には殿閣が竣工したとの記録がある。

天守台は、阿部四郎五郎正之を奉行として九月九日、浅野但馬守長晟・加藤肥後守忠広に命じている。また、松平伊予守忠昌・安藤右京進重長も石垣の築造に任じられているが、そのうち安藤重長は天守台脇の石垣（小天守）を築いたことは明らかであるが、松平忠昌の担当箇所は判然としない。天守台の竣工は、翌元和九年三月二日に及ぶが、そこで用いた石材は角石等を西国大名が献上している。

なお、元和九年七月二十七日には、将軍職を家光に譲っている。

四　寛永期の修築工事

寛永期の江戸城修築は、外濠と外郭諸門の桝形が出来上がり総構えが完成する寛永十三年で区切ると、寛永元年、四年、六年、十二年、十三年の五回行われている。

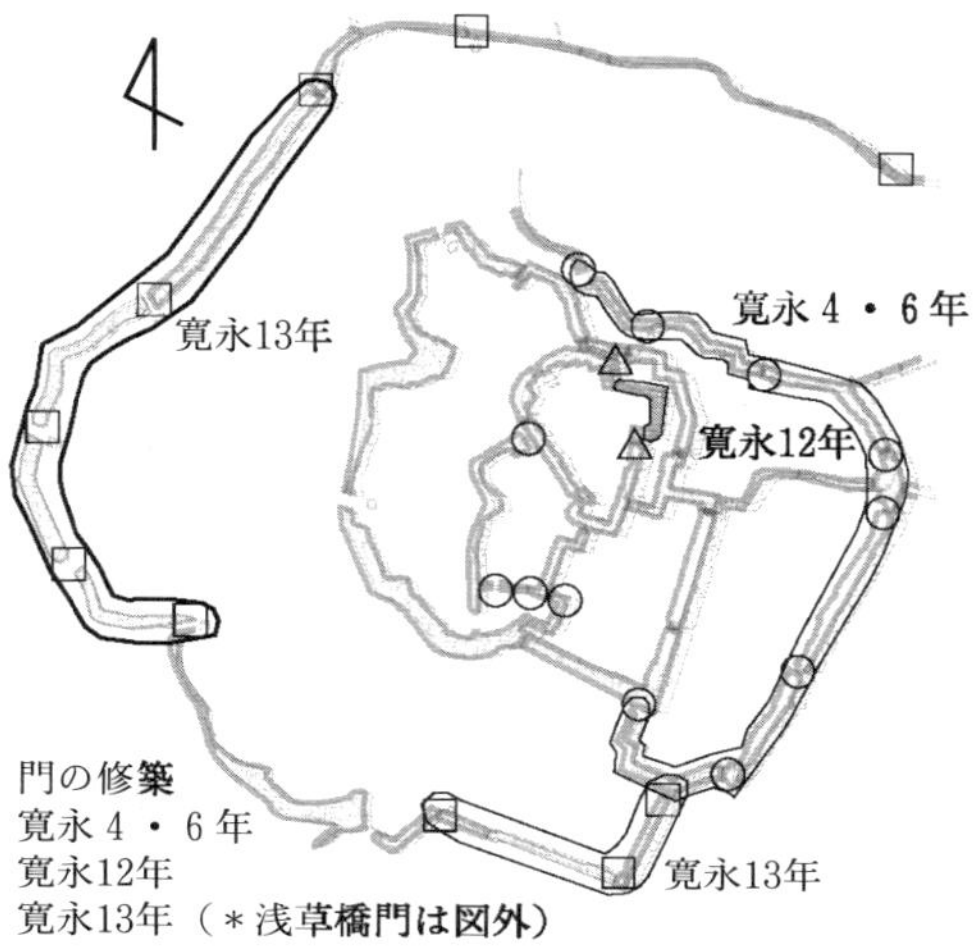

図3　寛永期の修築工事

(1)　寛永元年の修築工事

この年の修築工事は、西丸殿舎の改築を主体としている。これは、前将軍秀忠の引退に伴うもので、元和九年に老中稲葉丹後守正勝が命じられ、翌寛永元年四月（記録の上では八日と十日の二説あり）に起工し、九月に竣工する。その普請には、仙石兵部大輔忠政・脇坂淡路守安元・松平（戸田）丹波守康長・保科肥後守正光・諏訪因幡守頼水を除く諸代大名があたっている。

また、同年五月には、川勝丹波守広綱・多賀左近常長を奉行として西丸大手の橋を修理し、七月に完成している。この橋は、二重橋と共に明治に入り鉄橋に取換えられるが、その際、擬宝珠を平川門の橋に移設している。今日、同所でみることができる擬宝珠の金石文のうち、「寛永元甲子年／八月吉日／大工／椎名源左衛門尉／吉勝作」・「寛永元年甲子／八月吉日／大工／長谷川越後守」と彫られたのは、その時のものである。なお、寛永元年銘の擬宝珠の一つには、「元禄十三年／庚辰八月　橋掛直」とある。二重橋の擬宝珠にも同様の金石文があり、文献資料には残されていないが、橋の改修が行われたことはほぼ間違いない。

清水門が浅野但馬守長晟によって造営されたのもこの年である。

寛永四年（一六二七）には、日比谷門の石垣を浅野但馬守長晟、梅林坂門を稲葉丹後守正勝が築いている。

(2) 大地震と寛永六年の修築工事

寛永五年（一六二八）七月十一日午刻（正午前後）、江戸では大地震が起き、石垣がいたる所で崩壊する。幕府は、老中酒井雅楽頭忠世・土井大炊頭利勝・酒井讃岐守忠勝・永井信濃守尚政が十一月十八日をもって翌年に江戸城修築することを諸大名に伝える。助役を命じられた大名は、徳川大納言義直・徳川大納言頼宣・徳川大納言忠長・徳川権中納言頼房の御四家をはじめとする表6の七〇家以上にのぼる。

修築箇所は、石垣では、西丸大手門・玄門前門・吹上および山里門・紅葉山東照宮下の門・月見櫓台（伏見櫓）・裏門の桝形、外郭として日比谷門・数寄屋橋門・鍛冶橋門・呉服橋門・大橋（常盤橋門）・神田橋門・一橋門・雉子橋門の各桝形ならびに平石垣があり、その規模は、石垣総延長一七五〇間、坪数四万四五三三坪二合八勺三才に及んでいる。さらに外濠の掘削が行われている。

築方は、七組に分け、このうち六組は関東ならびに信越の大名、一組は伊達陸奥守政宗と二二家の奥羽・西国大名等で寄合組が構成されている。そのうち前者の六組は、一組が酒井雅楽頭忠世をはじめとする八家（〆役高二〇万八三〇〇石）、一組が土井大炊頭利勝をはじめとする八家（〆役高二三万八八〇〇石）、一組が酒井讃岐守忠勝をはじめとする七家（〆役高一七万四四〇〇石）、一組が永井信濃守尚政をはじめとする九家（〆役高一二万六〇〇〇石）、松平（榊原）式部大輔忠次をはじめとする八家（〆役高一六万一九五〇石）、一組が奥平美作守忠昌をはじめとする七家（〆二四万二二一〇石）で、六組の組役高は、一一四万二六六〇石となる。寄合組を含めるとおよそ役高は三三〇万石となる。表7に記した大名以外にも、小笠原右近大夫忠政は三ノ丸石垣、小笠原信濃守長次は三ノ丸堀普請を助成している。ちなみに、普請奉行には、加藤遠江守光直・佐久間河内守實勝・阿部四郎五郎正之・石河三右衛門勝政、江戸石奉行（仮役）には、久永源兵衛重知・森川金右衛門氏信・駒井二郎左衛門昌保・池田図書政長・小俣吉左衛門政利、木石奉行には、石野六左衛門広吉・中島長三郎盛利・天野麥右衛門重勝が任じられている。

表6　寛永六年（一六二九）江戸城修築助役大名一覧

〔築方〕　石垣四万四五三三坪二合八勺三才

組	大名名	国名	居城	石高(万石)	役高	工事担当箇所・他
一	酒井雅楽頭忠世	上野国	前橋城主	一二・二	208,300石	西丸大手桝形
	酒井阿波守忠行（忠世嫡子）			二		
	西尾右京忠昭	常陸国	土浦城主	二		
	細川玄蕃頭興昌	下野国	茂木邑主	一・六		
	真田伊豆守信之	信濃国	松代城主	八・二		
	真田河内守信吉	上野国	沼田城主	三		
	真田大内記信政（信之子）					
	真田隼人正信重（信之子）					
二	土井大炊頭利勝	下総国	佐倉城主	一四・二	228,800石	西丸玄関前石垣
	堀美作守親良	下野国	烏山城主	二		
	佐久間日向守安長	信濃国	飯山城主	〇・三		
	佐久間大膳亮勝之	信濃国	長沼城主	一・五		
	本多大隅守忠純	下野国	榎本城主	二・六		
	松平五郎八忠房	三河国	吉田城主	四・五		西丸石垣
	松平采女正忠利	信濃国	小諸城主			西丸石垣、伊豆より石運搬
	浅野采女正長重	常陸国	笠間城主	五・三		西丸両虎口土橋石垣、堀普請
三	酒井讃岐守忠勝	武蔵国	川越城主	八・一	174,400石	
	安藤右京進重長	上野国	高崎城主	五・六		
	稲葉丹後守正勝	下野国	真岡邑主	四		紅葉山東照宮下の升形、神田橋門修理、鍛冶橋・日本橋等の外濠浚治
	井伊兵部少輔直勝	上野国	安中城主	三		
	酒井山城守重澄	下総国	生實邑主	二・五		
	内藤伊賀守忠重			二		

	新庄駿河守直好	常陸国	麻生邑主	二・七		
四	永井信濃守尚政	下総国	古河城主		174,400石	西丸的場曲輪及び山里口石垣
	土屋民部少輔利直	上総国	久留里城主	二・一		
	秋元但馬守泰朝	上野国	総社城主	一・五		
	水野左近忠善	下総国	山川邑主	三・四		
	井上河内守正利	遠江国	横須賀城主	五・二		月見櫓台裏門の升形
	青山大蔵少輔幸成	常陸国		一・六		
	内藤百助正勝	安房国		二		西丸石垣・堀
	京極主膳正高通	丹後国	峯山邑主	一・三		
	小笠原左衛門佐政信	下総国	関宿城主	二・二		西丸的場空堀上下石垣
五	松平（榊原）式部大輔忠次	上野国	館林城主	一一	161,950石	西丸石垣、堀掘削
	水谷伊勢守勝隆	常陸国	下館城主	三		
	西郷若狭守正員	安房国	東條邑主	一		西丸石垣
	秋田河内守俊季	常陸国	宍戸城主	五		桜田門石垣、鍛冶橋堀、西丸石垣
	牧野右馬允忠成	越後国	長岡城主	七・四		
	松平大膳亮忠重	上総国	佐貫城主	一・五		西丸石垣、鍛冶橋外の堀
	日根野織部正吉明	下野国	壬生城主	一		
	皆川志摩守隆庸	常陸国	府中城主	一・四		
六	奥平美作守忠昌	下野国	宇都宮城主	一一	243,210石	
	内藤左馬助政長	陸奥国	岩城平城主	七		
	大関右衛門高増	下野国	黒羽城主	一・九		
	那須美濃守資重	下野国	福原邑主	一・四		
	土方彦三郎雄氏	伊勢国	菰野邑主	二		
	大久保加賀守忠任	武蔵国		二・一		

相馬大膳亮義胤	陸奥国	中村城主	五		西丸石垣
寄合組					
伊達中納言政宗	陸奥国	仙台城主	六一・五	三〇・七	芝口日比谷口両門桝形石垣、山手堀石垣、常盤橋四股、山下橋付近の石垣
上杉弾正少弼定勝	出羽国	米沢城主	三〇	一五	堀普請
鳥居伊賀守忠恒	出羽国	山形城主	二四	一二	
佐竹右京大夫義宣	出羽国	久保田城主	二〇	一〇	神田橋・麹町口（半蔵門）の石垣
岩城忠次郎宣隆	出羽国	亀田城主	二	二	
松平仙千代光長	越後国	高田城主	二五	二五	
酒井宮内少輔忠勝	出羽国	庄内城主	一三・八	一三・八	
酒井長門守忠重	出羽国		〇・八	〇・八	
酒井右近直次	出羽国		一・二	〇・六	
堀丹後守直寄	越後国	村上城主	一〇	五	
松平伊予守忠昌	越前国	福井城主	五〇・五	五〇・五	雉橋門・田安門の普請
松平出羽守直政	越前国	大野城主	五	二・五	
松平大和守直基	越前国	勝山邑主	三	三	城外曲輪
松平土佐守直良	越前国		二・五	二・五	
本田飛騨守成重	越前国	丸岡城主	四・六	四・六	
徳川中納言頼房	常陸国	水戸城主	二八	二三	
加藤肥後守忠広	肥後国	熊本城主	五四	二七	和田倉橋・桜田の間平石垣、西丸石垣
浅野但馬守長晟	安芸国	広島城主	四二・六	四二・六	和田倉橋・桜田の間平石垣、西丸石垣（虎口・土橋）、堀普請
溝口出羽守宣直	越後国	新発田城主	五	二・五	城中石垣
溝口伊豆守政一	越後国		一・四	〇・七	
南部信濃守利直	陸奥国	三戸城主	一〇	五	外濠浚渫

戸澤右京亮政盛	出羽国　新庄城主	六	三
六郷兵庫頭政乗	出羽国　新庄城主	二	一

(3) 伊達家が用意した工事道具

寛永六年の修築工事で、とりわけ必要な工事道具に関する記事がある。伊達家では、発令の二日前、すでに寛永五年十一月十六日の時点で幕府の使者、加々爪民部少輔忠澄より書状で石垣普請の旨を知り、その際、御内意で普請道具の用意を依頼された。伊達家では、その返書を十一月二十日付で出している。それには、依頼された

一、石持棒。　　一、スリ木。
一、カシノ木テコ木。　　一、シキ木。
一、カナクサリ。　　一、ヲツナ。
一、ケンヲウ。　　一、カナテコ。
一、ツルノハシ。　　一、ツ、サヒ。

の道具を国元にて調達し届ける旨のことを記している。つまり、この一〇点が普請に不可欠の道具といえるのである。なお、十一月十八日に幕府より発した助役の奉書は、十二月二日に仙台に届き、政宗は翌日には請書を幕府と普請奉行に出している。ちなみに、伊達家の丁場は、翌年の寛永六年二月二十六日に申し渡され、三月二十四日に日比谷門桝形の縄張り、同三月二十九日にその根石を置くことにはじまり、七月二十八日の山下橋の土橋の完成をもって終了している。

(4) 松平伊予守と徳川四家の手伝普請

松平家（松平伊予守忠昌）の場合、田安門の普請に、本多伊豆守富正と杉田権之助三正を普請奉行として総勢三五〇〇人の人夫を派遣しているが、寛永六年一月十八日、近江国中河内で雪崩に遭い、八〇〇人の死者がでたことを伝えている。また、普請にあたっては、『東京市史稿』につぎのような逸話が記されている。「大石を引くにつけて、江戸中の材木を買占め、敷渡して引かせたので格別はかどった。普請を一緒に務めた加藤肥後守は、松平家が材木を買占めたために材木が無く、人夫大勢で石を引かせたが効率が悪く、藩主自ら木遣りの音頭をとったが、人夫に死者がでたり、町屋を破損した。また、石垣の築き方が、松平家は木材で梁をたて石のつらを作るのに対して、加藤家では一つづつ石面を作っていくので遅く、当方が七、八分出来た段階でようやく一段目が置かれている。」とある。自藩の誇りを記しているのである。

尾張・紀伊・駿河・水戸の四家と北條出羽守氏重・菅沼織部佐定芳ら西筋の譜代・御家人は、寄方で伊豆にて採石し運搬する役についている。石材の調達は、伊豆だけではなく、栗石にいたっては久良岐郡本目や安房上総からも運搬しており、そのため、伊豆石奉行（仮役）には、佐藤助右衛門継成・大久保新八郎康村・長崎半左衛門元通・中澤主税助吉政・小倉忠右衛門正次、伊豆船奉行には、向井将監忠勝・石川八左衛門政次・今村伝四郎正長、本目栗石奉行には、間宮虎之助長澄・青木太兵衛吉長・山田市兵衛直勝、安房上総栗石奉行には、小濱右京守隆・石川與次右衛門重正・前田五左衛門定良が各々任じられている。

石船の調達は重要であったようで、寛永五年十一月十八日には、年寄衆の永井尚政・酒井忠勝・土井利勝・酒井忠世の四人の連署で、尾張・紀井家の老臣に対して、一〇〇石以上の積載量をもつ船を年内に全て伊豆に廻し、前述の三人の船奉行の指図を受ける旨の書状が送られている。翌年三月朔日からの江戸城普請に備えてのものである。ちなみに、尾張藩では、自藩での石船の調達が足らず、そのため浅野但馬守長晟に石船の借用を申し出ている。

なお、寛永六年六月二日には、西丸庭園の築造が命じられており、その時にあわせて石垣の修築が行われている。山里庭園の造営とともに西丸諸門の桝形石垣とそこから延びる石垣が完成したのである。

(5) 寛永十二年の修築工事

この年の修築工事は、二ノ丸の拡張工事を目的としている。先ず、二月二十日、三ノ丸郭内にあった酒井讃岐守忠勝の屋敷を郭外に移し、その上で、下乗橋から梅林坂下北東方向にまっすぐ延びていた濠を、下乗橋の北から東に屈曲して二ノ丸を抱続するように延ばすことで二ノ丸を拡張し、同時に三ノ丸との境界を明瞭に定めている。この年は二ノ丸石垣はもとより、二ノ丸泉水、本丸と二ノ丸間の三階櫓、平河門番所、冠木門（高麗門）・棲門（渡櫓門）、二箇所の櫓等を修築している。助役には、藤堂大学頭高次・浅野安芸守光晟・浅野因幡守長治・有馬玄蕃頭豊氏の西国大名と酒井雅楽頭忠世・土井大炊頭利勝・稲葉美濃守正則の幕府の要職に就いた関東の大名等が命じられている（表7）。

このうち、藤堂家は、大手下乗橋桝形（大手三之門）と二ノ丸石垣を担当し、普請石垣が一三〇間（京間で一間が

表7　寛永十二年（一六三五）江戸城修築助役大名一覧

大名名	国名	居城	石高（万石）	工事担当箇所・他
藤堂大学頭高次	伊勢国	津城主	三二・三	大手下乗橋桝形・二ノ丸石垣
浅野安芸守光晟	安芸国	広島城主	四二・六	二ノ丸石垣
浅野因幡守長治	備後国	三次邑主	五	二ノ丸石垣
有馬玄蕃頭豊氏	筑後国	久留米城主	五・三	二ノ丸泉水
酒井雅楽頭忠世	上野国	厩橋（前橋）城主	一二・二	本丸二ノ丸間の三階櫓、平河門番所、冠木門城濠
土井大炊頭利勝	下総国	古河城主	一四・二	平河棲門
稲葉美濃守正則	相模国	小田原城主	八・五	平河門、櫓二箇所

六尺五寸、約二五六ｍ)、高七間、坪数九一〇坪、この他に濠の埋土一万二二三〇坪に及んでいる。四月二日に縄張りし、担当丁場は他の助役大名に先駆けて、六月朔日に竣工している。ところで、その準備には、前年の十一月二十一日普請の沙汰があり、それから早速、江戸での買石、普請道具、課役の泊る小屋、石船の調達、伊豆・相模での採石の段取りにかかっている。そのうち、藤堂家には、前回の普請の余り石が江戸と大阪にあったことから、それらも使用し、不足分を買入と採石にあてている。

(6)『藤堂氏記録抜抄』に記された藤堂家経費内訳

寛永十二年の修築工事で、藤堂家が負担した経費の内訳について詳細な記録が残されているので紹介すると、以下のようになる。

一、七千八拾弐両三分銀一匁三分。
此度御買被レ成候平石八千九百五十五、角石角脇升形石狭間石五百五十五、雁木石九拾間、石樋之石拾弐間之代。

一、七百七両壹分銀五両九分。
右之石之内、九百八十九者、牛島八丁堀ゟ内かし迄賃船ニ而こき申候。四千三百壹ツハ、内かしゟ御丁場江日用ニ而引申入用。

一、四百三拾九両銀九分。
右御石垣面切さま石雁木水道、其外石切日用五千四百五十九人之手間賃。

一、千七百弐拾八両銀壹匁八分。
此度御買被レ成候栗石九百七拾坪壹合之代金。壹坪ニ而壹両三分弐匁ツヽ。

一、四百四十九両一分銀七匁四厘。

右之栗石日用持ニ仕ル。内、参百貳拾六坪七合八、牛島より内かし迄賛船ニ而こき申候分。六百九十壹坪は、内かしゟ御丁場え日用持ニ仕入用。
一、七百六拾壹両貳分銀九匁。
石船四十艘。但さゝら木敷板船小屋とま其外萬道具迄之入用。
一、千三百八拾壹両貳分銀拾匁五厘。
御石垣之土台木、同枕木せぎわくすり板、其外御丁場ニ而所々に敷申材木損料之材木入用。
一、千四百五拾八両壹分銀貳匁五分。
湯島之下小屋、同地子金、柳堤之小屋、牛島之長屋、同所之船入はとば廻り之かき御丁場ニて下小屋仕入用。
一、七百貳拾壹両銀拾匁四分。
萬御普請道具、並鍛冶之入用。其外方々小拂。
一、五千五百四拾六両壹分銀八匁五分三厘。
御丁場埋土馬、日用ニ而入申候。坪数壹萬二千二百三拾坪七合之代。
一、百九拾八両三分銀拾匁八分。
西之御丸うき橋土手に道ニ筋。塀之かき直し、並元大橋和田倉橋ニ付小橋ニノ木敷申候、鎹釘之分之手間代。
一、百貳拾五両銀九匁七分五厘。
御馬廻り衆下奉行共ニ被ㇾ下候たち付、並手前之者千人ニ、手ぬくい・下帯・脚半迄之入用。
一、千三百七拾八両銀拾四匁八分。
新参ニお抱被ㇾ成候役人、都合九百八拾三人。
〆貳萬千九百七拾三両銀三匁三分七厘。

右之外、
一、貳千百六拾八両。
足扶持。御普請中御ふちかた入用。
一、貳千七拾六両三分銀五匁七分。
先年ゟ御買置被レ成候石千四十五、並栗石九百十八坪之代金。
一、千三百九拾貳両壹分。
大坂津ニ而あつらい候御普請道具、同大廻り運賃。駄ちん。並穴生大工作料其外方方え被レ遣金銀・帷子・単物代金。

〆五千六百三拾七両。

右惣合貳萬七千六百拾両壹分銀三匁。

銀にして千八百三拾七貫八百六拾匁。　但　六拾四匁替。


とある。各藩の財政が困窮していく様子を垣間みることができる。ちなみに、藤堂家は、翌年の天下普請の助役は免れている。

なお、同年七月十二日深夜丑刻、桜田の松平（島津）薩摩守家久より出火し、伊達陸奥守政宗・伊達越前守忠宗・永井信濃守尚政・永井右近尚征（息子）・永井式部少直重（息子）・鎮目半右衛門・真田河内守信吉・牧野右馬允忠成の屋敷に延焼し、日比屋口門（日比谷門）も焼失している。

(7)　寛永十三年の修築工事

この年の工事は、外郭の修築によって江戸城の総がまえが完成する時である。幕府は、東国・西国を問わずほぼ全ての大名に助役を命じている。その計画は早く、一部の大名には、寛永十一年には内命している。記録によると、同年の十一月九日には、執政土井大炊頭利勝・松平伊豆守信綱・阿部豊後守忠秋・堀田加賀守正盛から細川越中守忠利・毛利長門守秀就に、同年十二月七日には、普請奉行加々爪民部少輔忠澄・堀式部少輔直之・柳生但馬守宗矩・佐久間将監實勝から上杉弾正少弼定勝に伝えられたという。寛永十二年一月十九日には、幕府に命じられ老臣の井伊掃部頭直孝・土井大炊頭利勝・酒井讃岐守忠勝が工事予定箇所をあらかじめ巡察し、それをもって春には大名の部署・丁場の分担をしたのである。

修築工事は、石垣方と堀方とからなり、石垣方は西国大名（表8）、堀方は東国大名（表9）が担当し、石垣工事は、神田橋から桜田にいたる修築と虎ノ門・御成橋門（幸橋門）・赤坂門・喰違門・外糀町口（四谷門）・市ケ谷門・牛込門・小石川門・筋違門・浅草橋門・溜池櫓台の外郭諸門の桝形、濠の掘削工事は、赤坂から市ケ谷までの外濠西側を開削することを目的としている。外濠西側の掘削によって東北の神田川に連結し、外郭諸門の築造によって城濠が完成するのである。

この一大修築工事の奉行には、大目付柳生但馬守宗矩、普請普行佐久間将監實勝、町奉行加々爪民部少輔忠澄、堀式部少輔直之、普請奉行朝比奈源六郎正重、書院番駒井次郎左衛門昌保があたり、助役諸大名は石垣方・堀方とも組編成でのぞんでいる。石垣方は、表8に示したように六組の編成からなる。一組は、前田肥前守利常。二組は、松平伊予守忠政組。三組は、細川越中守忠利組。四組は、池田新太郎光政組。五組は、黒田右衛門佐忠之組。六組は、鍋島信濃守勝茂組。いずれも組頭には、十万石を超える有力外様大名がついている。ちなみに、六組の所領総石高は、六五七万二六九四石で、そのうち普請役高は、三一六万四六七五石となる。おおむね一組あたり普請役高にして約五〇万石に振分けられている。組編成による石垣工事は、寛永十三年一月八日に起工し、一月二十一日の強風大雨で細川越中守丁場が崩壊することもあったが、同月二十七日には神田橋から桜田にいたる石垣が竣工している。

この時の各組が分担した丁場絵図が、『立花家文書』の中に「江戸城普請分担図」（御花資料館所蔵　柳川古文書館

表8　江戸城修築助役大名一覧
〔石垣方〕

組	大名名	国名	居城	石高（万石）	工事担当箇所・他
一	前田肥前守利常	加賀国	金沢城主	一一九・二	筋違橋桝形
二	○松平伊予守忠昌	越前国	福井城主	五二・五	浅草口桝形　※伊豆より石切出す
	毛利長門守秀就	長門国	萩城主	三六・九	外糀町口桝形（四谷門）
	松平大和守直基	越前国	大野城主	五	
	松平土佐守直良	越前国		二・五	
	本多飛騨守成重	加賀国	丸岡城主	四・三	
	九鬼式部少輔隆季	丹波国	綾部邑主	二	
三	○細川越中守忠利	肥後国	熊本城主	五四・一	御成橋桝形、銭亀橋（九一間二尺）桝形両脇（七二間四尺九寸）
	蜂須賀阿波守忠英	阿波国	徳島城主	二五・七	牛込口桝形
	森内記長継	美作国	津山城主	一八・六	市ケ谷桝形
	有馬左衛門佐直純	筑後国	久留米城主	五・三	
	立花飛騨守宗茂	筑後国	柳川城主	一〇・九	
	立花民部少輔種長	筑後国	三池邑主	一	
	木下右衛門大夫延俊	豊後国	日出城主	三	
	稲葉民部少輔一通	豊後国	臼杵城主	五	
	稲葉淡路守紀通	丹波国	福智山城主	四・五	
四	○池田新太郎光政	備前国	岡山城主	三一・五	小石川口桝形
	池田勝五郎光仲	伯耆国	鳥取城主	三二	溜池櫓台　※虎ノ門
	池田輝澄（松平石見守）	播磨国	山崎邑主	六・三	
	池田右近大夫輝興	播磨国	赤穂城主	三・五	
	池田出雲守長常	備中国	松山城主	六・五	
	池田内蔵助重政	播磨国		一	

	平岡石見重勝	若狭国	徳野邑主	一	
	建部三十郎政長	播磨国	林田邑主	一	
	九鬼大和守久隆	摂津国	三田邑主	三・六	※鍛冶橋門・虎ノ門の石垣
	中川内膳正久盛	豊後国	岡城主	七	
	山崎甲斐守家治	備中国	成羽邑主	三	
	戸川土佐守正安	備中国	庭瀬邑主	二・二	
	桑山左衛門佐一玄	大和国	布施邑主	一・三	
	毛利市三郎高直	豊後国	佐伯城主	二	
五	○黒田右衛門佐忠之	筑前国	福岡城主	四三・三	赤坂桝形
	寺澤兵庫頭堅高	肥前国	唐津城主	一二・三	
	松倉長門守重次	肥前国	高木城主	四・三	
	松浦肥前守隆信	肥前国	平戸城主	六・三	
	大村純信松千代	肥前国	大村城主	二・七	
	谷大学衛政	丹波国	山家邑主	一	
	蒔田権佐広定	備中国	浅尾邑主	一	
	土方木工助雄高	伊勢国	菰野邑主	一・二	
	小出大和守吉英	但馬国	出石城主	五	
	小出対馬守吉親	丹波国	園部邑主	二・九	
	杉原吉兵衛重長	但馬国	豊岡城主	二・五	
	伊東若狭守長昌	備中国	岡田邑主	一	
	宮城主膳正豊嗣			○・五	
	加藤出羽守泰興	伊予国	大洲城主	六	
	黒田甲斐守長興	筑前国	秋月邑主	五	桜田・鍛冶橋両所石垣
	黒田市正高政	筑前国	東蓮寺邑主	四	鍛冶橋・八宮橋等の石垣
六	○鍋島信濃守勝茂	肥前国	佐賀城主	三五・七	虎ノ門桝形

生駒壱岐守高俊	讃岐国	丸亀城主	十七・一	喰違小桝形
伊達遠江守秀宗	伊予国	宇和島城主	一〇・二	
織田出雲守信友	大和国	松山城主	三・一	
織田辰之助信勝	丹波国	柏原邑主	三・六	
秋月長門守種春	日向国	高鍋城主	三	
島津右馬頭忠興	日向国	佐土原城主	三	
遠藤伊勢守慶利	美濃国	八幡城主	二・七	
一柳監物直盛	伊予国	西條城主	六・八	
京極丹後守高広	丹後国	宮津城主	七・八	
京極修理大夫高三	丹後国	田辺城主	三・五	
青木甲斐守重兼	摂津国	浅田邑主	一	
織田大和守尚長	大和国	柳本邑主	一	
小出大隅守三尹	和泉国	陶器邑主		
古田兵部少輔重恒	石見国	濱田城主	五	
久留島丹波守通春	豊後国	森城主	一・四	

保管）として残されている。この絵図は、丁場の様子が二巻に分かれており、一巻は雉子橋桝形から幸橋まで（三四〇×七七二〇㎜）、他の一巻がそれに続いて溜池落口の櫓台まで（六八九×一九一〇㎜）となっている。『寛永日記』では、「神田橋ヨリ桜田ニ至ル石垣成リ」とあるが、絵図は、溜池落口の櫓台まで描かれており、もう少し延長して石垣工事が行われていたことになる。この絵図の信憑性については、後述する鍛冶橋桝形に隣接する北側の「丸の内一丁目遺跡」の発掘調査によって、検出された石垣の刻印の検討から、両者が整合することが報告されている。余談であるが、発掘した地点は、四組の池田新太郎光政の組が担当した箇所であり、石垣の刻印から毛利市三郎高直・山崎甲斐守家治・中川内膳正久盛の三家に関するものであることが明らかにされている。

表9　寛永十三年（一六三六）江戸城修築助役大名一覧
〔堀方〕

組	大名名	国名	居城	石高(万石)
一	伊達中納言政宗	陸奥国	仙台城主	六二
二	○松平越後守光長	越後国	高田城主	二五・五
	眞田伊豆守信之	信濃国	松代城主	八・二
	真田熊之助			
	眞田内記信政	上野国	沼田城主	一
	眞田隼人信重			〇・八
	溝口出羽守宣直	越後国	新発田城主	五
	溝口左兵衛宣知	越後国	二朋邑主	〇・四
	溝口金十郎政勝	越後国	水原邑主	一
	溝口権助助勝	越後国	澤海邑主	〇・三
	溝口九十郎直勝			〇・一
	佐久間三五郎勝長	信濃国	飯山城主	三
	佐久間蔵人勝友	信濃国	長沼城主	一・三
	佐久間辰千代勝盛			
	織田百助信昌	上野国	小幡邑主	二
	本多主税政顕	下野国	榎本城主	二・八
	戸田因幡守忠能	三河国	田原城主	一
	北條久太郎氏宗	河内国	狭山邑主	一
三	○上杉弾正少弼定勝	出羽国	米沢城主	三〇
	松平（戸田）丹波守光重	播磨国	明石城主	七
	松平因幡守憲良	信濃国	小諸城主	五

(8)　外郭桝形の石垣普請

石垣の桝形は、各組頭の他に毛利長門守秀就・蜂須賀阿波守忠英・森内記長継・生駒壱岐守高俊・池田勝五郎光仲（溜池櫓台）が担当している。いずれも大大名である。桝形の竣工時期を示した記録は少ない。毛利家の記録には、正月八日に諸家一同で鍬入れを行い、同家の丁場が三月十四日に竣工したとある。細川家の場合は、三月二十七日とある。また、池田家の場合、同家の御船頭である東原半左衛門が伊豆の岩村に行き平田船（石船）に積んで回送するとあり、その後、日付は不明であるが、将軍家光が同家の丁場を巡視した記録が残されている。つまり、三月末前後には、池田家ではまた石垣工事を行っていたのである。この三家に共通しているのは、各々の担当した桝形の竣工日を正確に記されたものではないということである。しかし、竣工日を参考とするならば、各藩の担当箇所による差もあるが、およそ三月前後と考えることができよう。

	水谷伊勢守勝隆	常陸国	下館城主	四・七
	仙谷越前守政俊	信濃国	上田城主	六
四	○佐竹修理大夫義隆	出羽国	久保田城主	二〇
	鳥居左京亮正恒	出羽国	山形城主	二二
	新庄越前守直好	常陸国	麻生邑主	二・七
	土岐山城守頼行	出羽国	上山城主	二・五
	岩城但馬守宣隆	出羽国	亀田城主	二
	六郷長五郎政勝	出羽国	上山城主	二
五	○加藤式部少輔明成	陸奥国	若松城主	四〇
	南部山城守重直	陸奥国	森岡城主	一〇
	加藤民部少輔明利	陸奥国	三春城主	三
	松下佐助長綱	陸奥国	三木城主	三
六	○榊原式部大輔忠次	上野国	館林城主	一一
	牧野右馬允忠成	越後国	長岡城主	七・四
	牧野内膳康成			(一分与)
	牧野播磨守定成			(〇・六分)
	内藤帯刀忠興	陸奥守	岩城平城主	七
	内藤兵部少輔政晴	陸奥国	高槻邑主	二
	安藤右京進重長	上野国	高崎城主	六・六
	井上河内守正利	遠江国	横須賀城主	五・二
	相馬虎之助義胤	陸奥国	中村城主	六
	成瀬藤蔵之虎	三河国	足助邑主	
	西郷若狭守正員	安房国	東條邑主	一
	山口但馬守弘隆	常陸国	牛久城主	一・五
	高木善次郎正弘	河内国	丹南邑主	一

『寛永日記』には、寛永十三年二月二十六日の日付で

今度所々虎口之石垣被㆓仰付㆒之大名衆、御樽肴被㆑下㆑之所謂

御使松平伊豆守　松平肥前守　松平伊予守
松平新太郎
同　阿部豊後守　細川越中守　鍋島信濃守
生駒壱岐守　松平庄五郎
同　堀田加賀守　松平長門守　松平右衛門佐
松平阿波守　森　内記

右之面々、為㆓御礼㆒登城也。

とある。桝形の完成、あるいはその目処が立った段階で、前田肥前守利常をはじめとする桝形を担当した一一家の大名に対して幕府が労を犒ったものである。

これらの助役大名は、その後、前田利常・松平忠昌・池田光政・池田光仲・森長継の五家を除き、参勤交代の為に国元に帰る暇を賜る前の五月十一日・十二日、銀子・帷子・単物・御腰物・御

七			
酒井宮内大輔忠勝	出羽国	庄内城主	一四
丹波五郎左衛門長重	陸奥国	白川城主	一〇
堀丹後守直寄	越後国	村上城主	一〇
小笠原左衛門佐政信	下総国	関宿城主	二・二
戸澤右京亮政盛	出羽国	新庄城主	六
井伊兵部少輔直之	上野国	安中城主	三
前田大和守利孝	上野国	七日市邑主	一
土方彦三郎雄次	陸奥国		二
堀淡路守直升	信濃国	須城城主	一
酒井長門守忠重	出羽国		〇・八

馬も拝領している。前述の『寛永日記』は、

五月十一日

今日御暇被レ下衆

銀千枚。帷子、単物百。　松平大隅守（島津家久）　銀五百枚。帷子、単物五十。　細川越中守

同断。同断。　松平長門守　同断。同断。　鍋島信濃守

此四人江御使、松平伊豆守被レ遣レ之。

銀五百枚。帷子、単物五十。　京極若狭守　銀三百枚。帷子、単物三十。　松平阿波守

銀三百枚。帷子、単物三十。　松平土佐守（山内忠義）　銀二百枚。帷子、単物十。　京極丹後守

右之四人へ御使、阿部豊後守被レ遣レ之。云々。

五月十二日

銀子五百枚。帷子五十。　松平右衛門佐　銀子三百枚。帷子二十。　生駒壱岐守

右御暇被レ下、為二上使一堀田加賀守被レ遣レ之。

國行。　松平大隅守　来國光　松平長門守

二字國後。　細川越中守　國宗。　京極若狭守

来國行。　鍋島信濃守　行光。　松平阿波守

兼光。　松平土佐守　来國光。　京極丹後守

高木貞宗。　松平右衛門佐　則長。　生駒壱岐守

右之面々、昨日（五月十一日）御暇被レ下。依レ之於二御座間一御目見、各御腰物・并御馬、拝二領之一。

と伝えている。松平大隈守（島津家久）は、寛永十三年の助役大名ではないが、最大級の扱いを受けている。ちなみに、石垣普請の助役を命じられた諸大名に対しても同様に、二月二十九日（三日遅れ）と五月十二日に行賞が与えられている。しかし、この行賞は、諸藩にとって財政を潤すものではなく、名誉を重んずることであったことは言及するまでもない。

(9) 石垣普請に関する幕府・藩の御条目・禁令

慶長・元和・寛永の各期の天下普請では、多くの大名が動員され、それによって藩士や人夫達が江戸に集結する。工事期間も長く、そのため様々なトラブルが発生する。ここで寛永十三年の修築工事を例にとり、幕府・諸藩の対応についてみてみよう。まず幕府は寛永十三年正月八日の普請はじめの当日に、将軍家光から助役大名に対して、普請に関する禁令の条目が出されている。

その條目とは、

江戸惣構石垣御普請之時御條目

條々

一、喧嘩口論堅制二禁之一訖。若違犯族有レ之者不レ論二理非一、双方可レ處二斬罪一、勿論令二荷擔一者、其咎可レ重二於本人一事。

附。於二何事一、申分有レ之者、普請以後可レ及二沙汰一、縦雖レ有二道理一、申出輩者、可レ為二曲事一之事。

一、自然喧嘩口論火事有レ之者、一切其所不レ可二馳集一事。

一、普請之組頭、対二組中一萬贔負偏頗不レ可レ致レ之。若他之組與論所之儀、或組頭取二持之一荷擔（担）、或組中企二一味一、悪事不レ可レ有レ之事。
一、不レ可レ論二石場一事。
一、猥不レ可レ伐二採山林竹木一、并不レ可レ荒二作毛一事。
一、押花押買諸事不レ可二狼藉一事。
一、人返之儀停二止之一。於レ有二申趣一者、普請相済可レ沙二汰之一。但重科人者、達二普請奉行一、可レ任二其指図一。萬事不レ可レ致二私之出入一事。
右、可レ相二守此旨一者也。
寛永十三年正月八日

というものである。

一方、各藩でも様々な禁令が出されているが、注目されるのは、堀方の助役にある伊達家の禁令である。伊達家は、寛永十三年正月八日に将軍家光より赤坂・糀町・市谷等の掘の掘削を命じられ、同日、幕府より前述の條目が下されているが、同家では、普請の総監（名代）に重臣である石母田宗頼、副に後藤近元を任命し、普請組頭・下奉行などを決めながら二月九日・十日に人夫の出府を命じている。一行が江戸に到着したのは、二月二十一日であるが、仙台を出発するにあたり、藩主政宗から石母田宗頼に宛てた禁令が残されている。

書出
一、御普請人足、明六時ヨリ暮六訖、無二油断一様ニ可二申付一事。
一、日牒ニメンヒ《マヽ》中間敷事。
一、御普請ニ付而、諸道具請取渡、猥仕間敷事。
一、御普請中、組頭手形ヲ以、町中江モ相出可レ申事。

一、御普請中、餘所衆ニツキアヒ申間敷事。
一、総人足小屋組之事。
一、諸事物頭ニ被二仰付一候者之下知、相背申間敷事。
一、喧嘩口論停止之事。
一、押買狼藉仕間敷事。
一、下々振舞、一汁・三菜・御酒三返之事。
一、諸勝負之事。堅停止之事。
右條々可レ相二守此旨一者也。
寛永十三年二月十二日　　　御黒印
石母田大膳亮殿

『伊達治家記録』に収められているものであるが、幕府の下した禁令と比べると普請先の江戸での詳細な禁止条項であることがわかる。幕府・藩とも度重なる天下普請に慣れているはずではあるが、この工事のために、国元から藩士・人夫等が総勢では数万人規模で江戸に集い、しかも数箇月間に及ぶ苛酷な労働が続くわけであるから、トラブルが発生するのは仕方がないところかもしれない。いわんや、藩の事情によって、労働条件も異なるわけであるから。これら禁令を公布し、遵守することによってそれを最低限に押えようとしたものであることは容易に理解することができる。

⑽　細川家の石垣普請

石垣方を命じられた諸大名は、堀方を命じられた諸大名と比べると普請期間は短い。しかし、普請前の石材の準備があり、これが大きな負担となっている。細川家の場合をみてみよう。

同家の普請は、御成橋枡形一箇所と銭亀橋の石垣九一間二尺と枡形両脇七二間四尺九寸の合計一六四間九寸である。普請の内令を受けたのは、寛永十一年十一月九日のことであり、翌年の四月十四日には御成橋枡形の普請が決まり、平石垣の担当丁場がその時点では決定していないにしても準備期間としてはゆとりのあるものである。

ちなみに、伊豆での石割には、人足を三六〇人あて、寛永十一年十二月八日には国元を出発させ正月四日もしくは五日には到着している。石の割符が済み、石の切出しには、正月十一日から十一月二十九日までの三一四日間で、普請役の役人総数は一万五五〇二人余となる。これはあくまでも計算上のもので、実動や日雇人夫などは不明である。採石には一人一日三切（個）とし、石切人六〇人で二〇日間、三六〇〇切を目標としている。切出された石の数は優に一万切を超え、寛永十二年、四月から八月にかけて、一〇～一三反帆の石船三一艘で江戸と伊豆とを月に二往復している。

寛永十二年三月九日付で、江戸の普請下奉行である佐藤安右衛門から国元の家老である長岡監物に宛てた書状がある。その内容は、

一、御成橋見付をはじめとする三箇所の見付の角石、角脇石の築石は、細川家より出す石につき相談が必要である。自分の所で採石した石や栗石を用いるならば、かなりの出費となる。御成橋見付一箇所分の栗石や築石を丁場で築主に渡し依頼すれば、六五〇〇両程で請負うであろう。

一、山手の堀方には、五箇所の見付と土橋ができる。役高は半役なので、一万石に付き六〇～七〇坪余りの計算となる。

一、石垣丁場の両端にあたる一〇〇〇間程は地盤が悪く、神田橋より数寄屋橋までの一三〇〇～一四〇〇間は地盤がよい。五三日中にくじで丁場を決める。それが決まり次第築石・栗石を運び入れる。

一、今回の普請の組頭は、自藩の殿様の他に松平肥前殿（前田利常）・松平伊予殿（松平忠昌）・松平新太郎殿（池田光政）・松平右衛門佐殿（黒田忠之）・鍋島信濃殿（鍋島勝茂）があたり、六組からなる。

一、普請下奉行である（坂崎）半兵衛と私は公儀との折衝を行っているので安心して下さい。毎日、朝から晩まで会所におり、殿様（細川忠利）がおやすみになるまで居間に詰めてその日の談合の様態を報告をするので疲れる。この報告も夜半過ぎになってしまった。このことは他言無用のこと。

というものである。寛永十三年の石垣普請の丁場割がこの時点ではまだ決定していないこと。普請下奉行を通して幕府側の情報を収集している様子。藩主のかかわりなどがうかがえる史料である。翌日の三月十日付の日付ではもう一人の普請下奉行、坂崎半兵衛が長岡監物に出した書状が残されている。ほぼ同様の内容であるが、栗石の値段や石船の運賃の相場も記されている。それには、栗石は、一坪につき小判二両。石船の運賃は、伊豆と江戸間を一〇〇石につき二二、三両程とある。

桝形の担当箇所が御成橋門に決まり命じられたのは、寛永十二年四月十四日のことである。伊豆での採石、運搬も盛んで、七月四日付の書状には、すでに築石を六〇〇〇個用意したとある。

普請には、石丁場での採石・運搬に関するものだけでも莫大な経費がかかり、その後、江戸での石垣工事でも同様である。藩の財政が困窮したのは細川家の熊本藩に限ったわけではない。

寛永十二年八月十二日付の御供《借カ》銀之銀ニ付の御書には、

わさとひきやくを以申入候。来年御ふしんのため、金子ならは五千両、銀子ならは三百貫目かり申度候壹年三歩之利そくニ而、来年中ニ元利すまし可レ申候。はやく銀子とゝのひ候ハゝ、その月ニしたかひ、右之りぶんさん用ニすまし可レ申候。しやく状あて所は、そもじはあてまじく候。くわしき事ハ、三齋様（細川忠興）ゟ御申候べく候。かしく。

八月十二日
　　あら川殿

とある。普請経費の一部として五〇〇〇両の借入を命じたもので、財政の苦しい一端が記されている。

⑾　赤坂御門の桝形普請と黒田家の難儀

石垣丁場が決定しても、工事の段階でトラブルに遭遇することがある。黒田右衛門佐忠之は、赤坂門舛形を命じられている。この門は、溜池低湿地をのぞむ武蔵野台地の縁辺部に築かれているが、その縄張りを巡り、譜代の筆頭大名で、幕府の中枢にいた井伊掃部頭直孝と幕府年寄の土井大炊頭利勝との間で論争が展開されたことを『黒田家続家譜』は伝えている。

黒田家では、惣奉行に黒田美作守一成、普請下奉行に竹森清左衛門貞幸を任じ、赤坂門桝形を築造するにあたり、井伊・土井の両氏に縄張りを相談することとなった。井伊の縄は、白い紙を挟んでしるしとし泥沼（湿地）の境に張り、土井の縄は、紺の紙を挟んでしるしとし沼の境より六間退けて張ったという。両者は、黒田美作守にどちらが良いか意見を求めたところ、美作守は土木に精通していないことから家人の竹森に述べさせた。竹森は、石垣巧者として知られている人物であったが、土井の縄張りを支持したという。その理由として、地盤の高い所に築けば石垣は高くなり、容易に内部をうかがうことはできない。また、地盤が安定しているために早く築くことができ、費用も安くてすむ。反対に地盤の悪い所に築くと崩壊し修復することをあげている。

竹森と井伊掃部頭直孝が縄張りの件で議論を重ねたので、居合せた藩主忠之は先代の長政の人を得た例をあげて早急に結論を出した竹森を戒めたという。

客観的にみると、竹森の意見は正しいが、この逸話には当時の社会、人間関係がよくでており興味深い。縄張りの二案の裁定には、将軍家光の意見を仰いだふしもある。

後日、裁断が下り土井利勝の縄張りとなり四月二十六日に竣工するのである。

この赤坂門桝形は、発掘調査によって地形や構造的特徴が明らかにされているが、その点については後章で述べることにする。

⑿　堀普請とその割符

堀方は、表10に示したように七組の編成からなる。一組は、伊達中納言政宗組。二組は、松平越後守光長組。三組は、上杉弾正少弼定勝組。四組は、佐竹修理大夫義隆組。五組は、加藤式部少輔明成組。六組は、榊原式部大輔忠次組。七組は、酒井宮内大輔忠勝組である。

堀普請は、当初、石垣方の工事よりも約三箇月遅らせ三月朔日より行う予定であったが、実際には石垣方の遅れから一週間程遅れて着工し、七月頃には竣工している。

堀普請の分担については、一部であるが、『伊達治家記録』・『伊達家文書』等に詳細に記録された文書が残されている。一部分に限られたのは、伊達中納言政宗が五月二十四日に亡くなり翌二十五日、幕府から助役を免じられたことに起因する。

残された堀普請は、市ケ谷土橋から伊賀町土橋までの壹番丁場の割符で、寛永十三年二月二十九日の日付がある。

この丁場では、七組が以下の順に振分けられている。

一番　　加藤　式部殿
二番　　上杉　弾正殿
三番　　佐竹　修理殿

四番　松平越後守殿
五番　松平陸奥守殿
六番　酒井　宮内殿
七番　松平　式部殿

各組の担当箇所は、おそらくくじによるものであろうが、総延長七二一間一尺三寸五分（京間で一間を六尺五寸（一・九七m）とすると約一四二〇m）の割符が記されていることになる。

堀方七組が、円滑に作業を進めるために、二月二十七日には、申定を決めている。それには、

御堀方七與申定之覚

一、惣町場、何れも出合もくろみ、図取致候上者、損徳有レ之共以来申分有レ之間敷候。但ほりかゝり大分のあしき所候而、丁場主壹分に不レ成所ハ、惣様より可レ致事。

一、丁場図取致候以後、御奉行衆御好か王《（わ）》り之所於レ有レ之者、指引可レ為二惣割符一、若其丁場に而、御普請仕義不レ成内ハ、相談を以、御堀之内何方成共ほらせ、其坪を積り、重而指引可レ致二算用一事。

一、下々口論、并中間ニ出入候者、随分申事ニ不レ成様に、萬事可レ致二相談一事。

一、御堀ほり申候内ニ、御役高増引申義候者、右之図取次第に、よりのき可レ致候。縦町場悪敷候共、異儀申間敷候。但御普請に取かゝり候以後、役高引候者、惣様より費用に相渡候か、又は其與中としてほり立候者、重而丁場に而指引可レ致二算用一候。御役高増候者、次々町場坪数致二算用一、渡可レ申事。

一、土捨場、御堀口より壹丁之間ハ、其丁場主損ニ致、申分有間敷候。若壹町より外へ捨候者、七組へ理り、置場を前廉れに見せ、捨土を坪に積り、一日に六里ふみにして、壹坪に付三百六捨荷宛致、重而指引レ致二算用一候。あまり土惣割符たるへき事。

図4　「市谷御土橋ゟ伊賀町新土橋迄壹番御町場割符之覚」の図

惣坪合拾四萬五千九百七拾六坪但御半役高壹萬石ニ付七百八拾八坪六合三才
惣御役高三百七拾萬貳千百四拾石

間数	割符	担当
貳百八拾五間五尺	御半役高貳拾八萬御組合共ニ 坪貳萬貳千八拾坪九合 ふかさ四尺 口三拾六間 ふかさ貳間四尺仁寸 口四拾貳間壹尺貳寸	加藤式部殿
八拾間一尺九寸五分	御半役高貳拾五萬九千四百石御組合共ニ 坪貳萬四百五拾六坪四合 ふかさ三間三尺四寸壹分 口四拾四間四尺貳寸参分	上杉弾正殿
百卅間五尺六寸	御半役高貳拾四萬貳千五百石御組合共ニ 坪壹萬九千貳拾三坪六合 ふかさ壹間四尺八寸 口三拾九間貳尺四寸	佐竹修理大夫殿
百間一尺四寸五分	御半役高貳拾八萬貳千九百十拾石御組合共ニ 坪貳萬貳千三百拾五坪壹合 ふかさ七間壹尺七寸六分 口五拾間五尺貳寸八分	松平越後守殿
四拾七間二寸五分	御半役高三拾壹萬石 坪貳萬四千四百四拾六坪七合 残 内九千百八拾七坪五合ハ六割込ニ引 壹萬五千貳百五拾九坪仁合 ふかさ七間壹尺七寸六分 口五拾六間六寸九分	御手前分
三拾四間四尺六寸	御半役高貳拾貳萬八千八百五拾石御組合共ニ 坪壹萬八千四拾七坪貳合 ふかさ七間貳尺仁寸三分 口五拾六間六寸九分	酒井宮内大輔殿
四拾貳間壹尺	御半役高貳拾四萬七千三百五拾石御組合共ニ 坪壹萬九千五百六坪壹合 ふかさ七間貳尺仁寸三分 口五拾六間六寸九分	松平式部殿

間數合七百貳拾壹間壹尺三寸五分

一、見かくしの御土手、并土取場、土捨場之儀、壹丁切に相談を以、重而可二相極一事。
一、御土手、其外付芝之儀、先面々丁場切に致、坪数重而之町場ゟ而可レ致二指引一事。
一、町場之かえ水なかし水道、何方に成共、上丁場より好次第ニするゑ、水滞候者、丁場主より人足を出し、水通し可レ申候。樋之内へどろ入不レ申様に可二申付一事。
一、かえ水之樋入札に申付、代銀可レ為二惣割一、又方々より出候水除ほらせ候儀も惣割符に可レ致事。
一、面々町場境たゝら丈夫にいたし、水もり不レ申様に可二申付一候。若たゝらきらし候者、其丁場主より、他之町場之水かえほし可レ申候、たゝら取候時者、双方申合取可レ申事。
一、御堀手前之分出来申候共、惣丁場無二出来一内は、前々のをく奉行も付置、水かへさせ可レ申事。
一、他之丁場へ土捨不レ申様ニ互二申付一候。若捨候於レ有レ之ハ、とらへ、其家中下奉行へ可二相渡一候。付、他之丁場に而、人足休又は買物以下ニかかり、普請さまたけ成候者、是又可レ為二同前一候。縦打擲仕候共、申分有レ之間敷事。
一、御堀之外ニ惣通道可レ致事。
一、出角入角之うしろ土捨場、すちかえ縄をはり可レ申事。
一、組定有レ之上ハ、何事も可レ有二相談一候。ぬき〱に致間敷事。
一、町場出来、御奉行衆様へ相渡候已後、破損致候者、其一與切ニ仕直シ可レ申事。
一、七組之内、壹番ニ出来候町場、二日待合可レ申事。
一、晝夜水かえの儀、七組より壹人宛奉行を出し、惣丁場無二油断一可二申付一事。
一、談合有レ之由、日行司より申来候者、無二油断一寄合、萬事可レ致二相談一事。

松平越後殿　後藤下総　上野大隅

野本右近――――安藤作右衛門
同――――雪吹藤兵衛
　　　　　　　　上杉殿　千坂采女
　　　　香坂四郎兵衛　佐竹殿　大山孫左衛門
　　　　　　　　佐竹殿　志田蔵人助

寛永拾三年二月廿七日
　　　　　　　　加藤式部殿
　　　　菅野隼人　須賀善太郎
　　　　草川仁兵衛―久米五郎兵衛
酒井宮内　荻原内匠―安部囚獄　山中文左衛門
松平式部　安方覚ノ丞―藤波弥左衛門尉　石黒喜左衛門

とある。伊達家文書には、この覚書の他に同様の内容で二月二十九日付のものがもう一通あるという。一番丁場割符図を引用するまでもなく、諸大名が担当した濠の法量は、幅が三九間二尺四寸～五五間五尺二寸八分（約七七・五～約一一〇m）、深さが一間四尺八寸～七間二尺二寸三分（約三・四～一四・五m）であることから、そこで生じる排土量は並大抵ではない。この覚書では、七組の組頭全員が取交し、しかも各々役人（行司）をだすことで目を光らせ、それによって横のつながりも深めている。したがって、堀方衆全体としてもある程度、統率がとれたものであったことは容易に推察されるところである。石垣方には、同様の覚書はみあたらない。その点では、石垣方衆よりも堀方衆の方が連帯感が強かったものといえる。それにしても掘り出された土砂の行方はいかがなものか、興味は尽きないものがある。

ちなみに、伊達家の場合、二番丁場に派遣する人員に関する記述があり、四月二十一日から四月二十七日迄の期間で、石川民部大輔宗昭の手前が二一四人、同様に伊達安房守成實の手前二一四人、片倉小十郎重綱の手前二一四人、白石形部太輔宗貞の手前二三三人、伊達武蔵守宗則の手前二一八人、伊達安房守定宗の手前二一五人とある。総勢一三〇八人になる。

堀普請は、三月朔日に鍬入れをし、三月七日に市谷土橋、三月八日に糀町土橋が竣工したことから三月九日より着工する。伊達家では五〇〇〇人の人足で工事にのぞむが、人足が不足したので、早速、補充し五七〇〇人余りで行うことになったがそれでも工事は遅れ、四月二十一日にようやく一番丁場が竣工する。

二番丁場は、市谷土橋より水戸中納言頼房の下屋敷溜池までの間で、四月二十二日より着工する。このときの割符丁場絵図二枚が残されている。一番丁場と異なり、伊達家（組）の単独ではなく、加藤式部少輔組、佐竹修理大夫組と各々組み担当していることがわかる。二枚の割符図には各区十四区画にわけ、それらに伊達家の普請担当者、人員等が記されている。そのうち、小十郎（片倉小十郎重綱）、安房守（伊達安房守成實）、民夫大夫（石川民部太輔宗昭）、安芸守（伊達安芸守定宗）、武蔵守（伊達武蔵守宗則）、刑部大夫（白石刑部太輔）は、藩より派遣された六組の組頭であり、二枚の図に名前があることはもとより各組の人員数まで同じである。足軽・下足軽衆も同様である。また、人足を手配した商人名（人数はなし）九人も同じである。つまり、伊達家が担当した二箇所の丁場は、同時に着工したものではなく、片方ずつ取掛ったものとみてほぼ間違いない。ちなみに、六組・足軽・下足軽の人数と坪数との関係は、一人に付、およそ二・三坪であることから、商人の手配した人足は、約三二六〇人となる。総勢では、約六〇〇〇人が動員されているのである。

これでも人足は不足していたとみえ、五月四日には、横目一四人を任命すると共に、普請名代の石母田大膳宗頼をはじめとして原田雅楽宗輔・富塚内蔵重綱・遠藤式部玄信・茂庭周防良綱らも家中より下奉行などを出して普請にあたったと記されている。

図5　伊達家二番丁場割符図（加藤組と担当）

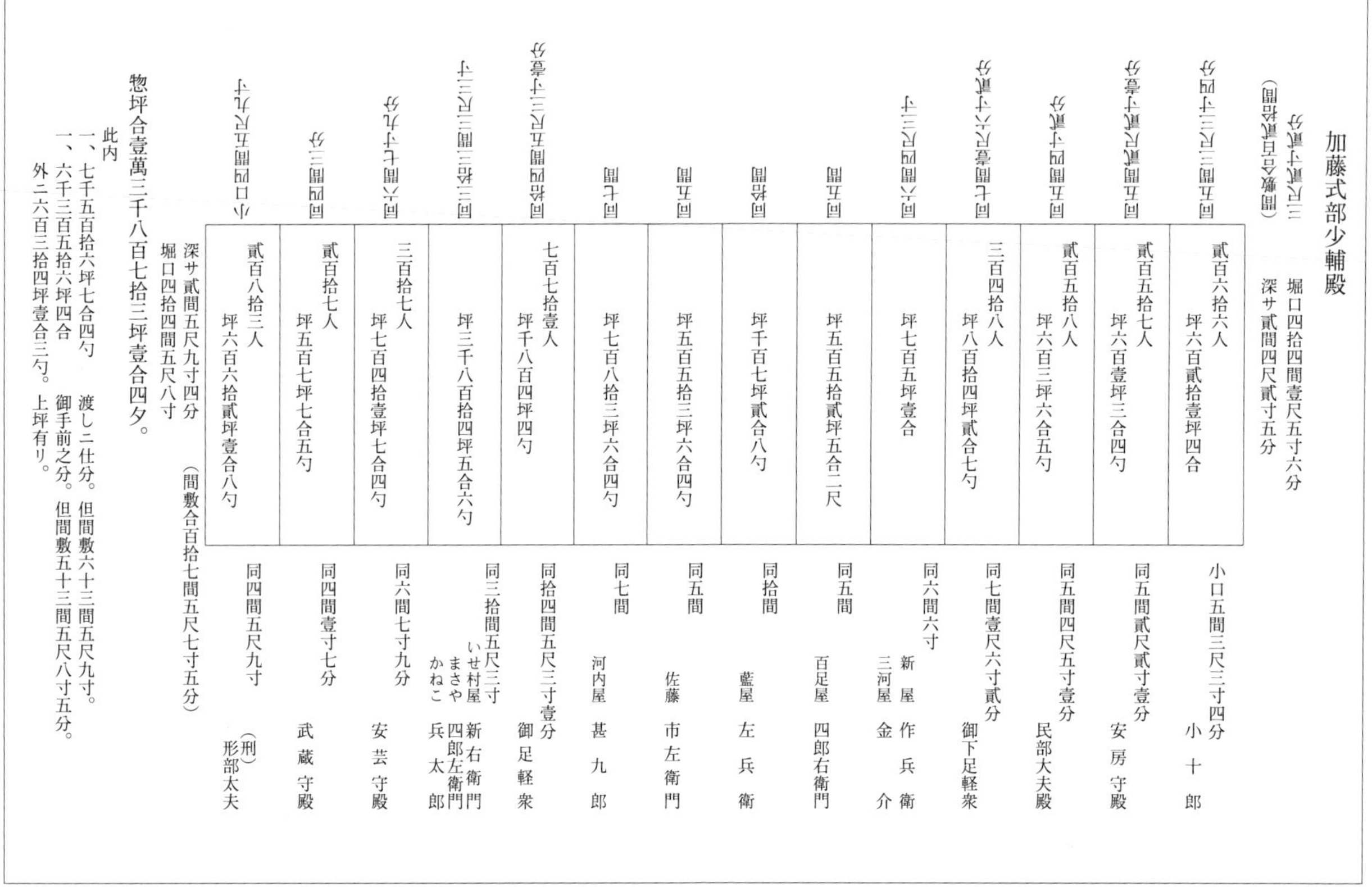

図6 伊達家二番町丁場割符図（佐竹組と担当）

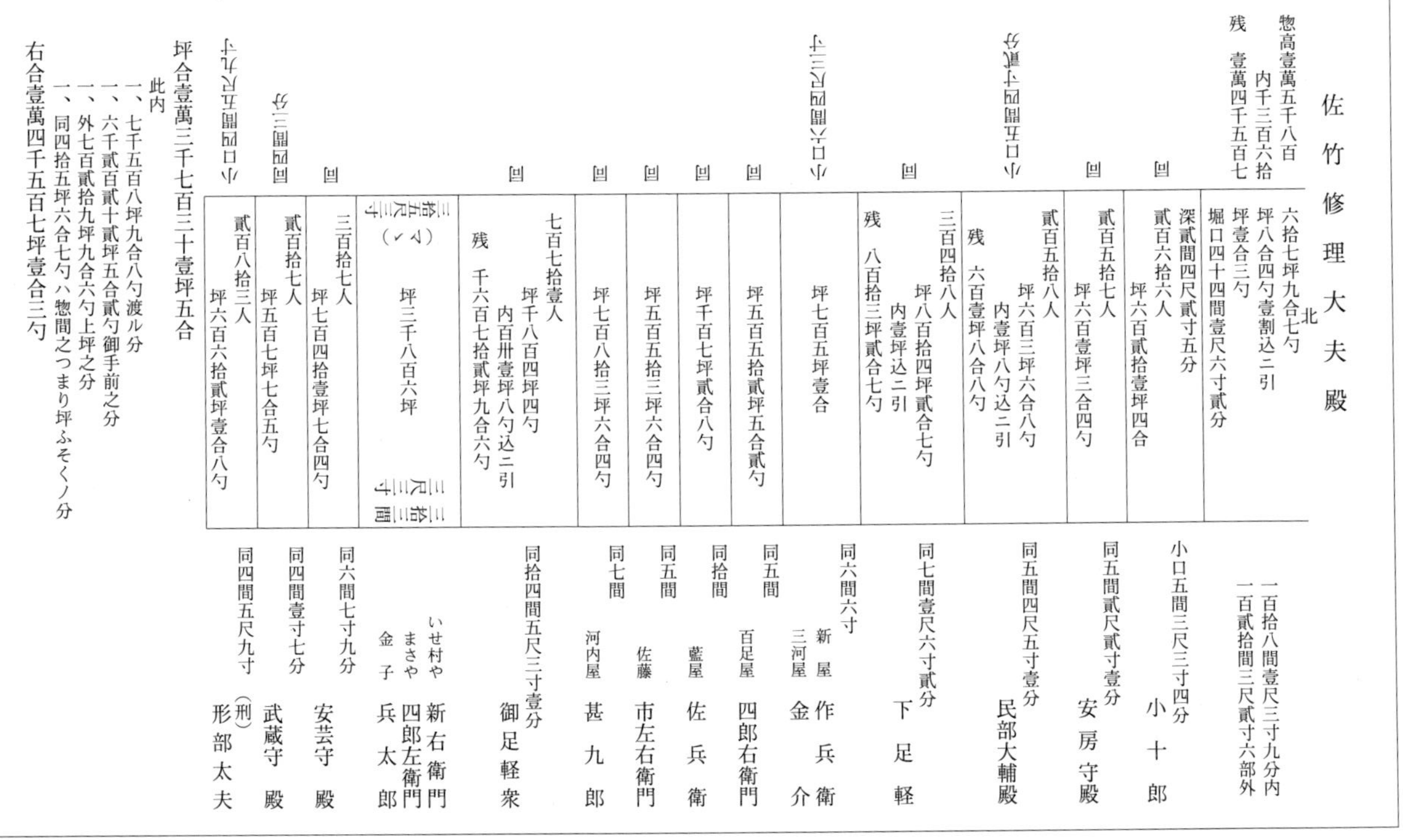

その後、伊達家では、五月二十四日に藩主政宗が亡くなり、翌日、幕府より助役を免じられることとなるのである。

なお、寛永十一年閏七月二十三日に西丸殿舎が焼失し、その再建が寛永十三年二月より土井大炊頭利勝・稲葉美濃守正則・内藤豊前守信照・浅野長綱長直等の助役のもとに竣工する。

⒀　寛永十四年、本丸殿舎と天守台の改造

江戸城の総がまえが寛永十三年に完成することは、前述した。幕府は、翌寛永十四年に本丸殿舎と天守台を改造する（表10）。

この準備は前年の八月四日、堀普請に動員された譜代大名等に命じ、正月五日をもって着手する。総奉行には、酒井讃岐守忠勝が任ぜられ、先ず本多甲斐守政朝と小笠原右近大夫忠政が正月十一日に本丸の地形に着手し、その後石垣の一部を修築する。『譜牒餘録』によれば、小笠原氏の石垣修築は、本丸・二ノ丸で、本丸台所前から二ノ丸へ移る石垣を崩し、汐見坂を岩岐に、また月見櫓台（数奇屋櫓）の修築、月見櫓台下帯曲輪（富士見宝蔵曲輪？）の石垣、大広間前の仕切石垣、岩岐、さらに道灌山（西丸）崩しを担当し、七月四日に完成したとある。この他、総奉行を兼ねて酒井讃岐守が中仕切鉄門櫓、菅沼織部正定芳・大久保加賀守忠職・小笠原左衛門佐政信等が将軍座所、遠山刑部少輔秀友をはじめとする四家が奥殿の普請を担当している。作事奉行には、牧野内匠頭信成・井上筑後守政重・佐久間将監實勝・神尾備前守元勝・酒井因幡守忠知が就き、殿舎の鍬入れを二月八日、途中五月には工事中に殿舎が倒れ、大工をはじめとする二〇人余りの死者がでたが、八月二十六日には竣工する。ちなみに、将軍家光は、正月十六日に普請のため西丸に移設し、八月二十七日に本丸に帰るが、新殿舎の装飾が著しいことに立腹し、浮飾を除去することを命じ、そのため九月十九日に本丸に移徙したという。

天守台は、松平（黒田）右衛門佐忠之・黒田甲斐守長興・松平（浅野）安芸守光晟・浅野因幡守忠知が命じられて

表10　寛永十四年（一六三七）江戸城修築助役大名一覧

大名名	国名	居城	石高(万石)	工事担当箇所・他
本多甲斐守政朝	播磨国	姫路城主	一〇	本丸の地形・石垣
小笠原右近大夫忠政	豊前国	小倉城主	一五	三之丸石垣地形、白鳥壕石垣、汐見坂岩岐・他
酒井讃岐守忠勝	若狭国	小濱地主	一二・三	中仕切鉄門櫓の普請
菅沼織部正定芳	丹波国	亀山城主	四・一	将軍座所の普請
大久保加賀守忠職	美濃国	加納城主	五	
小笠原左衛門佐政信	下総国	関宿城主	二・七	
遠山刑部少輔秀友・他四家	美濃国	苗木城主	一	奥殿の普請
松平（黒田）右衛門佐忠之	筑前国	福岡城主	四三・三	天守台　正月六日着手、八月十五日竣工
黒田甲斐守長興	筑前国	秋月邑主	五	
松平（浅野）安芸守光晟	安芸国	広島城主	三七・六	
浅野因幡守長治	備後国	三次邑主	五	
水野日向守勝成	備後国	福山城主	一〇・一	天守閣普請（天守一重）
永井信濃守尚政	山城国	淀城主	一〇	（天守二重）
松平（松井）周防守康重	和泉国	岸和田城主	六	（天守三重）
松平山城守忠國	丹波国	笹山城主	五	（天守四重）
永井日向守直清	山城国	長岡邑主	二	（天守五重）
毛利長門守秀就	長門国	萩城主	三六・九	銅一万斤、緑青一〇〇〇斤、石材四〇献上
山内土佐守忠義	土佐国	高知城主	二〇・二	木材六万六四四〇本、杉板一〇〇〇間献上
細川越中守忠利	肥後国	熊本城主	五四	金箔二〇万枚、階石五〇〇個献上
上杉弾正少弼定勝	出羽国	米澤城主	三〇	銅一〇〇〇貫目献上
亀井能登守茲政	石見国	津和野城主	四・三	槻材三七二六本献上

いる。工事は、正月六日に着手し、八月十五日に竣工する。天守閣である作事方は、水野日向守勝茂・永井信濃守尚政・松平（松井）周防守康重・松平山城守忠國・永井日向守直清が任じられている。天守台・天守閣に関する詳細なことは、後述することにする。

本丸・天守台の改築にあたっては、諸大名から建築材料の献納が相次ぐ。

毛利長門守秀就は、寛永十二年四月朔日に銅一万斤、十月三日に録青一〇〇〇斤、寛永十三年十一月十八日に石材四〇を献上している。石材は、角石二〇、角脇石二〇で、目録にはその寸法も記されている。それには、角石の半数が長二間・面四寸二寸四方、半数が長壹丈・面四尺四方、角脇石の半数が面四尺二寸四方、半数が面四尺四方とある。いずれも立派なものである。この献材は、『毛利家記録』によると、翌寛永十四年閏三月十二日、龍之口まで水上で運び引渡とある。その後、どのように利用されたかは定かではないが、今日、中雀門前の石壁には、大型の安山岩角石が丁寧な調整が施され積まれている。この時の献納によるものであるかもしれない。

細川越中守忠利は、寛永十三年八月七日に金箔二〇万枚、翌寛永十四年閏三月十六日に階石五〇〇個を、上杉弾正大弼定勝は、寛永十四年閏三月十七日に銅一〇〇〇貫目を献上している。

また、山内土佐守忠義は、寛永十三年に材木六万六四四〇本、翌寛永十四年に杉板一〇〇〇間を亀井能登守茲政は、槻材三七二六本を各々献上している。

なお、寛永十三年に外郭諸門の桝形が竣工したことは前述したが、各門の建設が行われ、見付が完成するのは、寛永十六年のことである。

第二章　江戸城修築の記録と考古資料

一　江戸城の地理的環境と造成

(1)　江戸城・大坂城・名古屋城の共通点・相違点

江戸城、大坂城、名古屋城の三つの城であるが、これらは、徳川幕府がいずれも重要な拠点とした城である。これらの城は、現在でも郭の外形や配置および堀の分布などはよく残されており、現在の地形図から、その状況を知ることができる。三者を比較すると、江戸城の郭の形や配置、そして堀の分布が、他の二者に比べて非常に複雑であることが指摘できる。「城」とは、平時においては政治的建造物であり、戦時においては戦闘目的の対象そのもの（いわゆる「城攻め」である）となる。したがって、上述した江戸城と他の二城との違いは、政治的および戦略的かつ戦術的な様々な条件が考慮された結果であろうことは想像に難くない。ここでは、城郭の立地論を議論するものではなく、様々な条件の中でも重要な条件の一つと考えられる「地形」について、自然地理学的（とくに地形学的）な視点から眺めることにより、江戸城の複雑さの背景を考えてみたい。

さて、江戸城、大坂城、名古屋城を地形という視点でみると、共通点と相違点のあることが指摘できる（図7、8、9）。まず、その共通点は、①いずれも台地上に立地している、②城は台地の端部に築かれており、眼下に低地が広

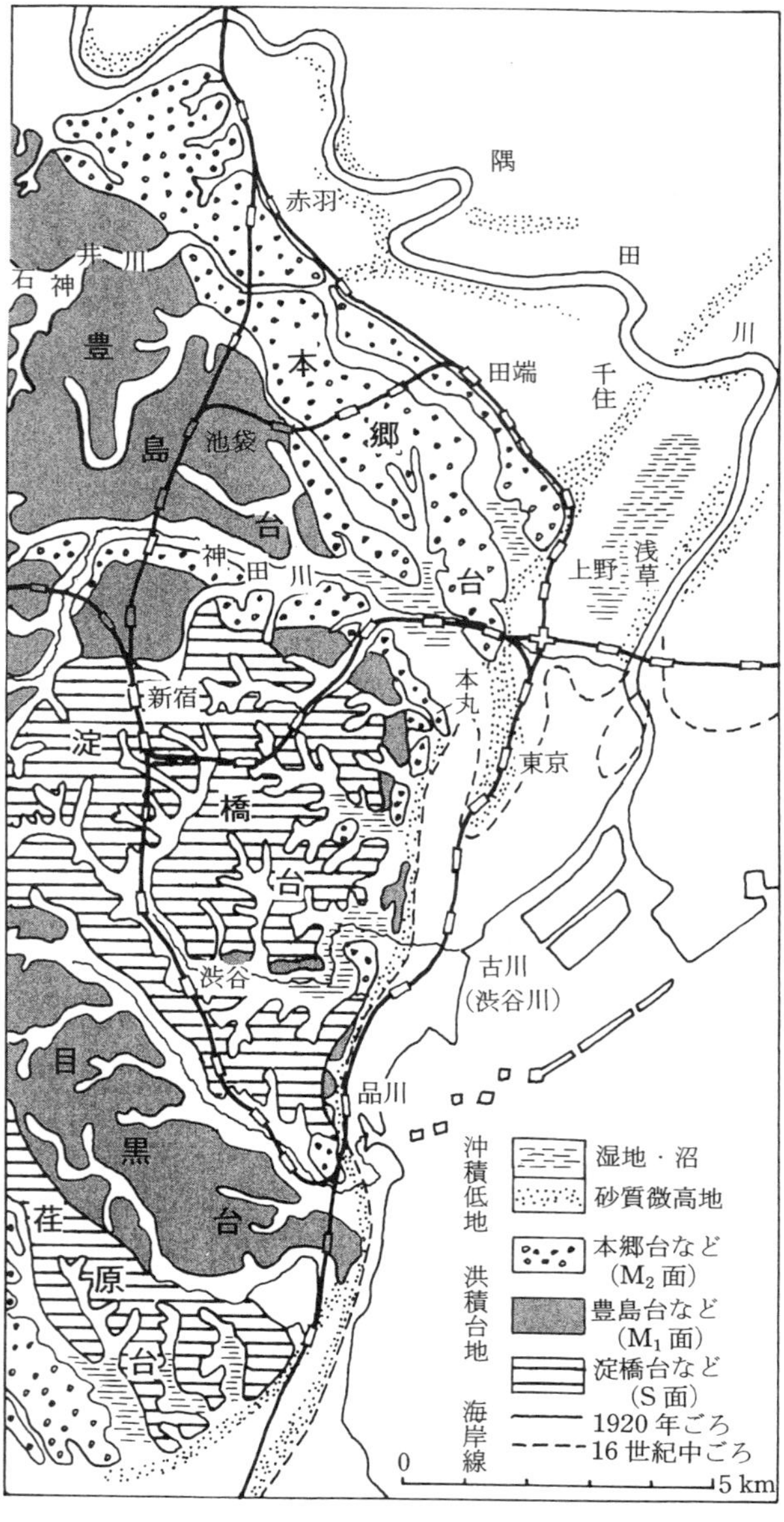

図7　江戸城周辺の地形（貝塚1990より）

がっている、という二点を上げることができる。すなわち、台地と低地が接する地形というのは、城を築く上で重要な条件となっていることが推定される。したがって、江戸城の立地における地形の説明とは、台地と低地というそれぞれの地形がどのようにして形成されたか、そして、台地と低地が接する地形はどのようにして形成されたかという話になる。

一方、相違点については、江戸城だけが異なっており、大坂城と名古屋城との間では共通点となっている。それは、

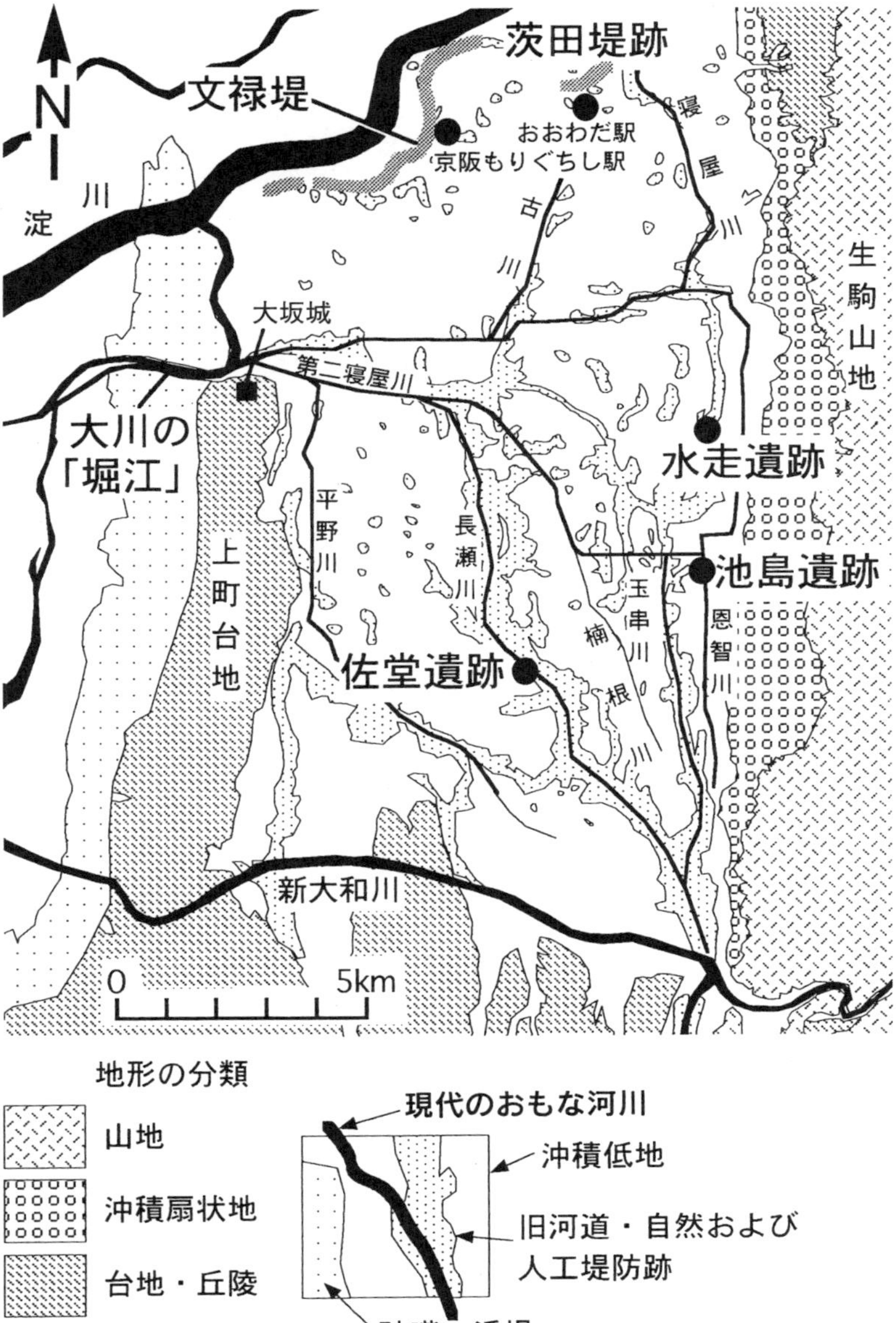

図8　大坂城周辺の地形（地学団体研究会大阪支部、1999に加筆）

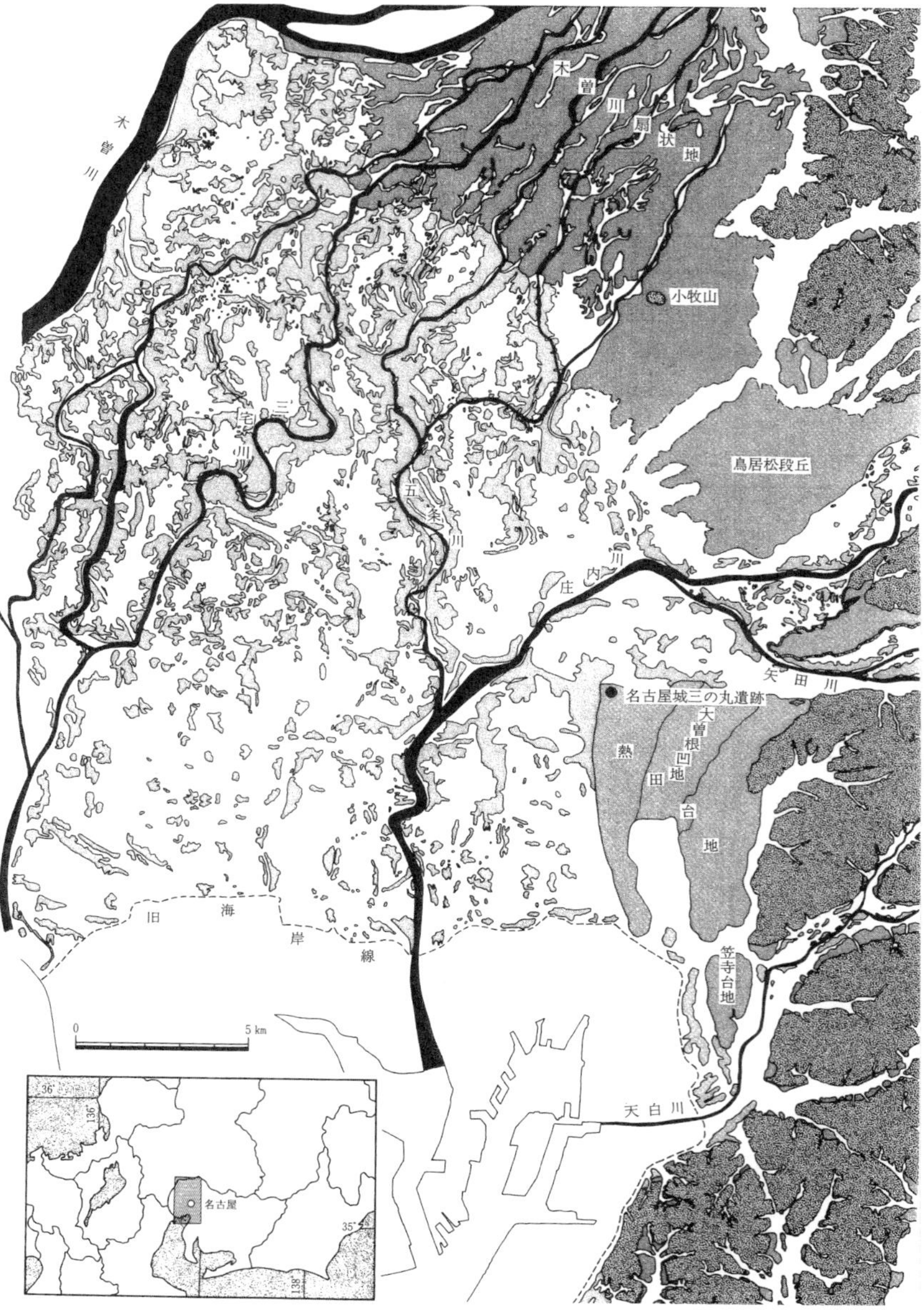

図 9　名古屋城周辺の地形（愛知県埋蔵文化センター、1993 より）

①江戸城の台地の崖線は出入りが多い（すなわち台地内部まで刻む小谷が多い）が、大坂城と名古屋城の台地の崖線は直線的であり、台地を刻む小谷はほとんど認められない、②城の立地する台地の上面と低地との高低差は、江戸城ではおよそ一五～一七ｍほどあるが、大坂城は一〇ｍほど、名古屋城では六ｍほどしかない、という二点である。これらの相違点は、それぞれの城が立地する台地や低地の形成過程とその結果である構造に違いのあることを示唆している。

では、江戸城の立地する台地と低地は、具体的にどのようにしてできたのか、大坂城や名古屋城の立地する台地や低地とはどこが違うのかということを次項で述べるが、その説明には、普段の生活では使われない用語を使用しなくてはならない。また、「台地」や「低地」という言葉も、普通の言葉ではあるが、ここで用いる意味も明らかにしておく必要がある。以下は、いわゆる用語解説になり、本論である江戸城の話とは異質な内容との印象を感じられることと思うが、その後で述べる江戸城の立地する台地と低地のなりたちを説明するための必要事項として理解して欲しい。

(2)　地形の分類

日本列島の地形は、山地と平野とに大きく分けられるという概念は、一般の人にも理解されやすい。山地は標高が高く尾根と谷からなる地形であり、平野は標高が低く、起伏の少ない地形といえる。一般的な地形学でも、山地と平野という分類は用いられるが、さらに平野を丘陵・台地・低地という地形に分類することも普通である。しかし、普段あまり地形を意識しない人にとっては、この平野の分類は分かり難いのではないだろうか。ただし、丘陵・台地・低地という分類は、定性的なものであるから、具体的なイメージとして理解しておけばよい。本書は江戸城を題材としているから、その具体的なイメージも東京を例にする。東京の地形を御存知ない読者の方々には、イメージを抱き難いことになるが、ここでは全国各地の地形を例示することはできないので御容赦頂きたい。なお、東京大学出版会より「日本の地形」というタイトルで北海道から九州・南西諸島まで各地方別にシリーズで出されており、いわゆる専門書ではあるが、各地域の地形を確認することができる。

さて、現在の東京都とされている範囲（島嶼部は除く）には、上述した山地・丘陵・台地・低地の全てがそろっており、おおむね西から東に向かって、その順番に並んでいる。山地は、奥多摩の山々であり、埼玉県の秩父の山々と関東山地を構成している。その南東側には、奥多摩の山々に比べればずっと低く、なだらかであり、稜線の高さがほぼ揃ってはいるが、平坦な地表面が少なく、尾根と谷などの斜面を主体とした地形が広がる。多摩丘陵とよばれている地形である。現在では、ニュータウンの開発などで人工改変された地形も広い面積を占めている。多摩丘陵の北東側を流れる多摩川を挟んだ対岸には、東京都の主体部を占める平坦な地形いわゆる武蔵野台地が広がっている。台地の上面の標高は、多摩丘陵よりもさらに低く、平坦な面が主体となり、その縁辺は急崖となっている。また、その急崖下にも台地が広がっており、多摩川の流れる低地にいたるまでに台地が階段状に並んでいる地形も認められる。このような河川沿いに分布する階段状の台地を段丘（河岸段丘）と呼んでいる。武蔵野台地のさらに東側には、いわゆる下町と呼ばれている低平な地形が広がっている。東京低地と呼ばれている地形である。標高は台地よりも低く、最も低いところでは海面と接している。近年では、地下水のくみ上げという人為による地盤沈下により海面下の範囲も存在する。

(3)　台地と低地の分類

城と地形の話に戻せば、ここで扱う地形の中心は台地と低地である。上述した地形のイメージでは、両者とも平坦な面を主体とすることは共通するが、その違いは高さである。高さも両者間の相対的な関係により成り立っており、低地があるから台地という地形が認識できるし、逆のこともいえる。ただし、両者が必ずセット関係にあるということではなく、例えば山地や丘陵地の谷内に広がる平坦な地形は谷底低地などと呼ばれる低地地形の一つであり、台地の一形態である海岸段丘などでは、台地の急崖下は直接海に接するものもある。

ここで、台地の中のさらに細かな地形として河岸段丘と海岸段丘をあげたが、台地には他にも火山から噴出した溶岩や火砕流などによって作られた周囲より高くかつ平坦な面を持つ溶岩台地や火砕流台地（南九州のシラス台地などはその典型）などもある。

一方、低地については、河川沿いに形成された河成低地と海岸沿いに形成された海成低地とに分類されることが多い。河成低地は沖積平野、海成低地は海岸平野と呼ばれることも多い。ここで平野という言葉が使われているが、これはむしろ慣用的な語彙であり、先に述べた山地に対する平野とは区別した方がよい。また、河成低地と海成低地を併せて沖積低地と呼ぶこともあるが、上述の沖積平野と混乱しやすい。なお、上述した谷底低地は、谷底を流れる河川により形成された河成低地といえる。

(4)　台地と低地のでき方

台地や低地がどのようにして形成されたのかということを調べるためには、まず、台地や低地を作っているものは何かということすなわち地質を知る必要がある。

低地は、河成低地も海成低地も礫や砂や泥により構成されている。これらの砕屑物の供給源は低地の背後に広がる山地であり、山地からは河川によって運ばれてきている。河成低地は、河川の氾濫時に砕屑物が河川周囲に広く堆積したことによって平坦な地形となったものであり、海成低地は、河川が運んできた砕屑物が浅い海底を埋積したことにより形成された平坦な地形である。また、海成低地には、海岸線の後退により浅海底が陸化してできた平坦な地形もある。

台地の場合は、溶岩台地や火砕流台地ならば、その名称が台地を構成する地質および成因までも表しており、わかりやすい。一方、河岸段丘や海岸段丘を構成する地質はどうであろうか。これらは、礫や砂あるいは泥によって構成されているのである。すなわち、河成低地や海成低地と同じ地質から構成されている。ということは、河岸段丘や海岸段丘の平坦な地形は、もとは河成低地あるいは海成低地であることに由来する。そして、陸地自体が持ち上がるか地球全体の海水の量が減るかのいずれかの作用によって、相対的に海面の低下が生じて、低地が台地となったのである。陸地自体が持ち上がるという現象は、地殻変動と呼ばれる地球の内部的なエネルギーが地殻に及ぼす作用であり、地球全体の海水の量が減るという現象は、氷河期における大陸上の氷河の面積の拡大（すなわち、陸域における水の滞留時間が圧倒的に長くなり、海に戻らなくなる）が原因とされる（氷河性海面変動）ことが多い。

(5) 台地と低地のできた時代

人文科学における歴史学では、例えば平安時代や江戸時代といった時代区分名と西暦などの年号すなわちある基準からの年数を示す数字を用いて過去の事象の年代を表現するが、地球の過去を対象とする学問である地質学においても全く同様である。現在用いられている地質学における時代区分とは、主に化石の消滅を基準とし、これに古地磁気等の他の指標もあわせて設定されたものであり、古い順に古生代、中生代、新生代という区分がされている。これらはさらに細分されており、例えば恐竜の時代とされる中生代は古い順に三畳紀、ジュラ紀、白亜紀に区分されている。また、ある基準からの年数を示す数字とは、地質学では主に放射性元素の壊変を利用して、測定した年代に、他の地質現象も加味して、現在から遡る年数を割り出した値であり、数値年代と呼ばれている。

地形学においても地質学の年代尺度が使用される。ただし、現在の日本列島にみられる地形は、ほとんどが新生代の中でも最も新しい時代区分である第四紀に生じた現象とされている。第四紀はさらに更新世と完新世という二つの時代に区分されている。それぞれの数値年代は、詳細にはまだ議論されている最中であるが、更新世はおよそ一七〇万年前から一万年前まで、完新世は一万年前以降現在までとされている。

台地と低地のできた時代ということになると、日本列島における大方の台地は、更新世の中でも中期更新世と呼ばれる時代以降に形成されており、低地は完新世に形成されている。ここで、中期更新世の数値年代は、約七八万年前から約一二万年前までとされている。中期更新世より後の更新世すなわち一二万年前から一万年前までの時代は後期更新世と呼ばれ、中期更新世より前の時代は前期更新世と呼ばれている。なお、第四紀は氷河期の時代とされており、寒冷な氷期とその間の温暖な時期である間氷期とがくり返されており、上記の更新世と完新世の区分および前期、中期、後期の更新世の区分もこの氷期と間氷期のくり返しが基準となっている。現在も含む完新世は温暖な氷期以後の時期とされており、後期更新世は現在からみれば最後の氷期（最終氷期）とその前の間氷期（最終間氷期）を含む時期で区分されている。

では、なぜ台地や低地ができた時代がわかるのかという話に移りたい。それを解くキーワードは三つある。一つは数値年代で述べた放射性元素の壊変を利用して測定した年代すなわち「放射年代」であり、二つ目は「テフラ」、三番目が「対比」である。

放射年代の測定は、年代を知る直接的な方法である。例えば、台地や低地を構成する地層中から放射年代測定の対象となる試料を抽出し、その年代を得ればよい。測定法は現在様々な方法が用いられており、最も知られている方法は有機物を対象とした放射性炭素年代測定であるが、その測定範囲はせいぜい数万年前までである。他にはフィッショントラック方、電子スピン共鳴法、熱ルミネッセンス法、ウラン系列法など、いずれも特定の鉱物を対象試料とした方法があり、数一〇万～一〇〇万年前までの測定が可能とされている。

二番目のテフラとは、いわゆる火山噴出物のことであるが、その中でもとくに火山ガスと溶岩を除いた、固体の破片として噴出されるものを指す。具体的には、軽石や火山灰そして火砕流などがある。火山の噴火は、地質学および地形学的な時間スケールからすれば、一瞬の出来事であるから、ある地層中にテフラがはさまれていれば、そのテフラの直下の地層は、テフラが噴出した時の地表面であるとしてよい。テフラによっては、火山から遠く離れた場所まで分布するが、離れた場所間で同じテフラが確認されれば、それぞれの場所におけるテフラ直下の層は、同時期に地表面であったことがいえるのである。すなわち、離れた場所間での同一時間を示す目盛りが得られたといってよい。さらに、その目盛りに数値年代という数字が入れば、テフラは過去のある時刻を示す指標となる。テフラに数値年代を入れる方法は、テフラから上述した放射年代の対象となる鉱物を抽出してその年代を直接測るか、テフラ直下の有機物の放射性炭素年代を測るなど間接的な方法も考えられる。

三番目の「対比」とは、地質学では離れた地域間の地層、地形学では離れた地域間の同様の地形（例えば河岸段丘など）の同時性や新旧関係を判定することを意味する。この判定の基準には、地層の層相や地形でいえば標高や面積など様々な特徴が用いられるが、中でも上述した放射年代とテフラは、地質学でも地形学でも最も重要な指標とされている。これらの有効な指標を各調査地において獲得し、調査地間での対比をくり返して、その地層間または地形間の関係を積み上げていくことができれば、調査ごとに年代測定を行わずとも年代を知ることが可能であり、指標となるテフラがみつからなくともそれとの新旧関係がわかっているテフラがあれば、年代を知ることができるのである。

そろそろ、江戸城の話に戻るが、江戸城の立地する台地と低地は、日本の中でもとくにその成因や年代の研究が進んでいる地形である。したがって、それだけ多数の調査地において多数の年代測定やテフラが得られ、多数の対比結果が積み重ねられているのである。次項で述べる内容は、そのような研究成果にもとづくものであることを御理解頂きたい。

(6)　武蔵野台地のなりたち

江戸城が立地する台地は、武蔵野台地と呼ばれている。武蔵野台地の原形は、河成低地の地形の一つである扇状地

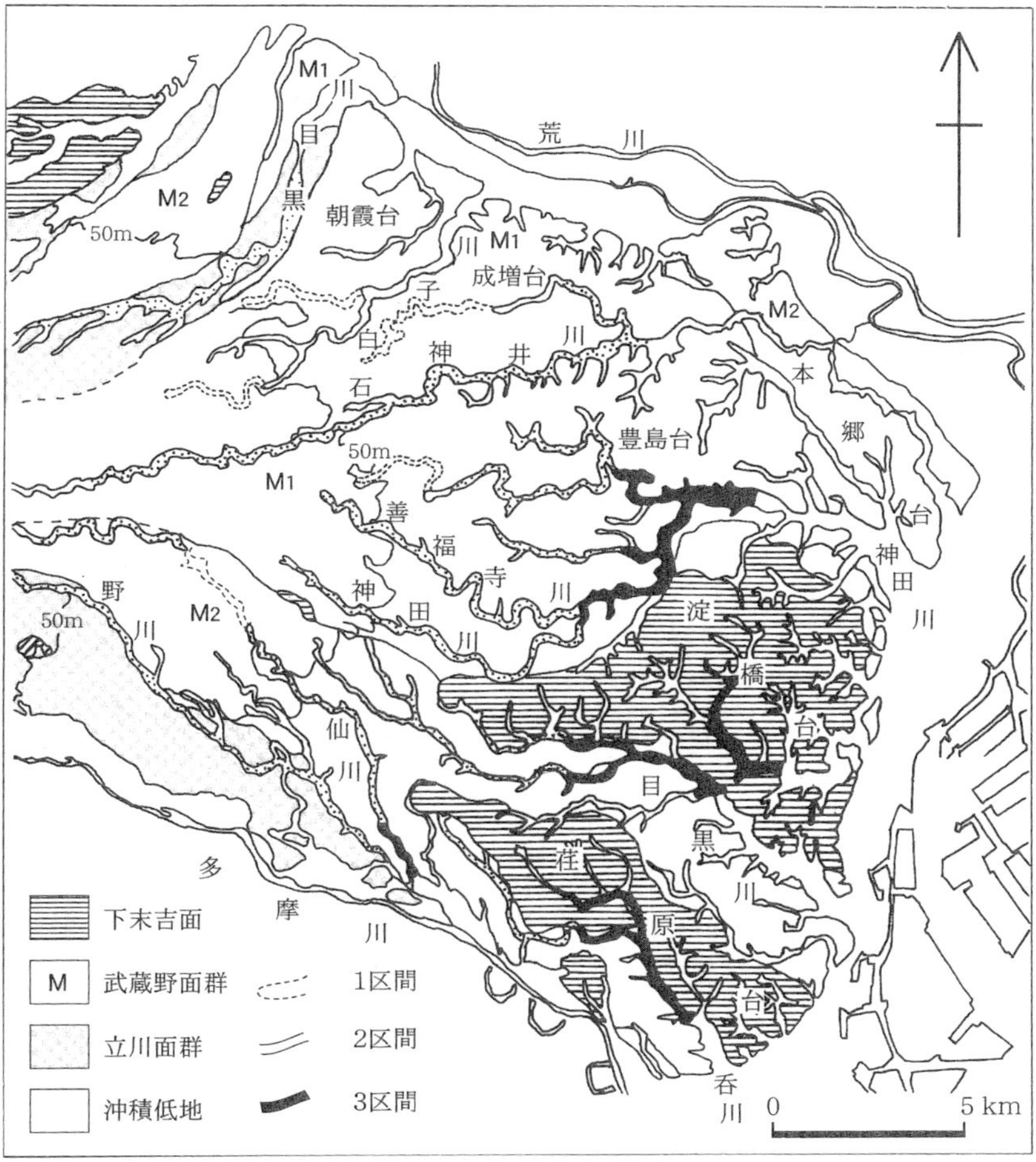

図10　武蔵野台地東部の地形区分図（貝塚ほか、2000より）

とされている。それを形成した河川とは多摩川であり、青梅付近で奥多摩の山地から平野に出たことで、河川によって運ばれた砂礫が堆積し、河道の移動が重なったことで山地からの出口に相当する青梅付近を要とする扇状に砂礫が堆積する地形が形成されたのである。ここで、扇状地の基盤となった平野であるが、これは、温暖な最終間氷期に形成されていた古東京湾の浅海底が、最終氷期に入り海岸線が後退したことで陸化した海成低地である。最終氷期における寒冷化が進むことで海面低下は進行し、河川は海成低地を浸食し、氾濫時に砂礫層を堆積させて河成低地を形成していく。しかし、海成低地は完全に浸食されることはなく、河成低地よりも高い平坦面を持つ地形すなわち台地として残った。一方の河成低地であるが、これも、最終氷期の中での寒冷期と温暖期のくり返しにより、浸食と堆積がくり返され、段丘となった。

結果として、武蔵野台地は、全体としては扇状地が台地となったものであるが、残存した海成低地に由来する台地を最も高い平坦面として、河成低地の段丘化した台地からなる地形を特徴とする。最も高位の平坦面は、最終間氷期の浅海底堆積物により構成されているが、この堆積物は神奈川県東部の下末吉と呼ばれる地域で広く認められる下末吉層に対比されることから、下末吉面（S面）という名称が付けられている。その下位の河成段丘は、武蔵野台地の主体をなすことから、武蔵野面（M面）とされ、さらに武蔵野台地主体部より低く、現在の多摩川右岸沿いに比較的広く分布する河成段丘の平坦面は、その分布する地名から立川面（Tc面）とされている。より詳細には、M面はM1～M3面まで、Tc面もTc1～Tc3面まで細分されている。

各地形面が形成すなわち台地となった年代は、S面は一二万年前、M1面は一〇万年前、M2面は八万年前、M3面は六万年前、Tc1面は四万年前、Tc2面は三～二万年前、Tc3面は二～一・五万年前と考えられている。

(7) 東京低地のなりたち

江戸城の立地する台地の崖下には、河成低地である東京低地が広がる。現在でも、隅田川、荒川、中川、江戸川といった河川が流れており、河川が形成した地形であることを物語っている。ただし、現在みられる東京低地のほとんどの河川は、中世にはじまり近世、近代、現代にまでいたる人工改変の結果であり、これらが直接東京低地を形成したのではない。東京低地は、利根川と荒川という関東平野を流れる二大水系の河川の最下流部に相当し、その河川作

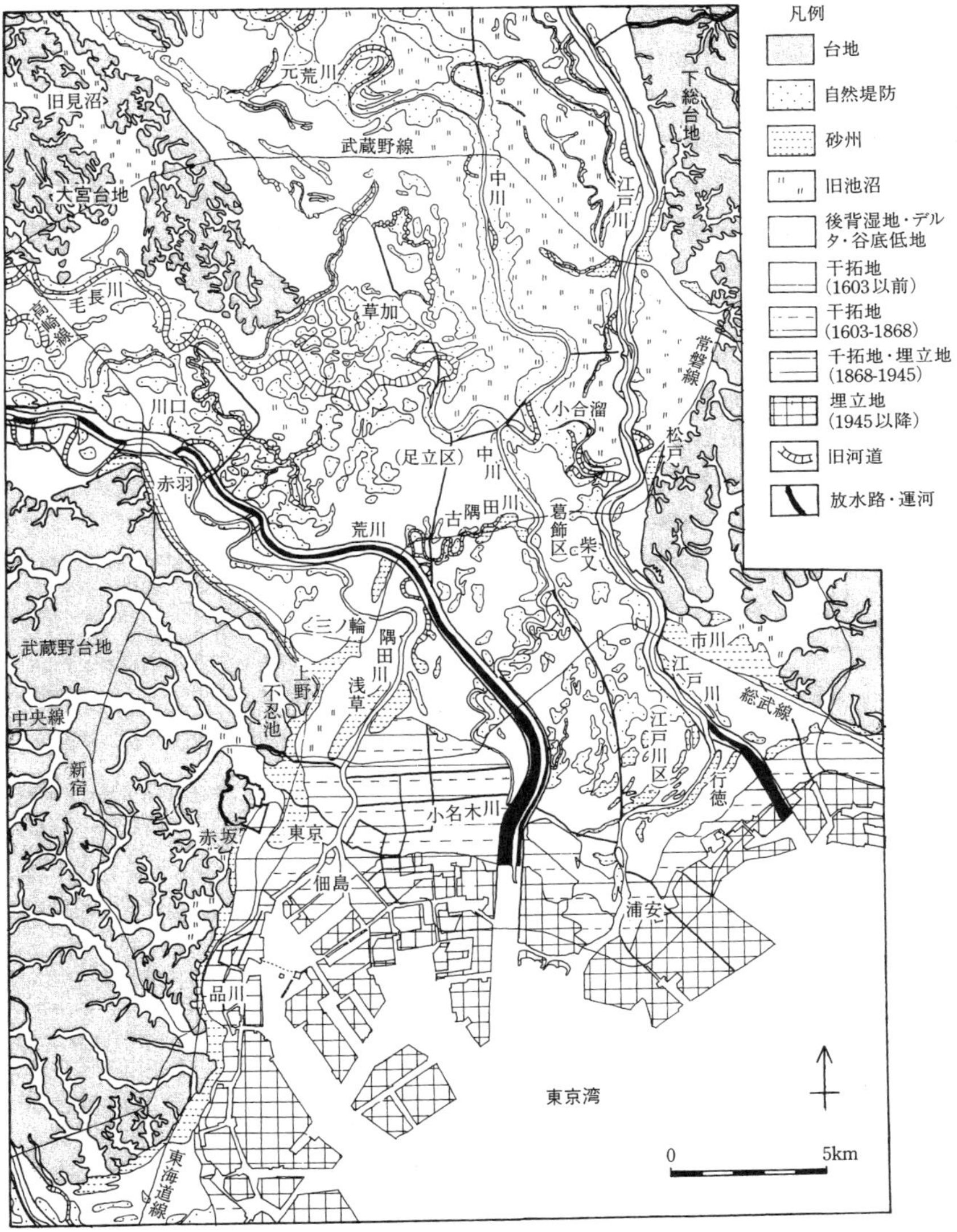

図11　東京低地地形区分図（貝塚ほか、2000より）

用によって形成された低地である。

東京低地のはじまりは、最終氷期の中でも最も寒冷であった時期（最終氷期最盛期・およそ一・八万年前頃）にある。当時の海面は、現在よりも約一〇〇ｍほども低下していたと考えられ、東京湾は利根川と荒川の合流した河川（古東京川）の流れる深い谷となっており、現在の浦賀付近で海に注いでいたと考えられている。なお、当時の利根川と荒川は、熊谷付近ですでに合流していたとされているから、現在の東京低地付近でもすでに深い谷になっていたことがボーリング調査等で確認されている。また、この頃、多摩川沿いでは立川面の段丘が形成されていたように、古東京川沿いにも立川面に対比される段丘が形成されていた。これもボーリング調査で確認されている。

やがて最終氷期最盛期を過ぎて温暖化に転じると海面が上昇し、深い谷の埋積がはじまる。ここから東京低地を構成する沖積層がはじまったとしてよい。小規模な寒冷化と海退はあったものの温暖化と海面上昇はその後も続き、完新世になり、いわゆる縄文海進とよばれる海面の上昇がさらに進む。荒川と利根川が運んでくる大量の土砂により、かつての深い谷の埋積が進行し、古東京川沿いの立川段丘も埋めて、厚い沖積層が形成されていく。縄文海進は、今から約七〇〇〇年前まで続いたとされ、この時点で、現在よりも海面は約三ｍ高かったと推定されている。すなわち、古東京川の谷の埋積は進行したものの、陸地は出現せず、武蔵野台地の崖下には海が広がっていたことになる。この海は、奥東京湾と呼ばれ、最奥部は現在の群馬県館林付近や埼玉県川越付近にあったと推定されている。そして奥東京湾に臨む台地では、崖下に押し寄せる波の作用により、未固結の砂や礫、粘土からなる軟らかい台地の縁辺部は浸食されていき、崖下には波食台が形成された。

約七〇〇〇年前以降は、海岸線の後退と河口に形成される三角州の前進により、低地が拡大していった。この低地の拡大は、歴史時代になっても継続し、古墳時代頃には奥東京湾は消滅し、中世頃には、武蔵野台地東端部からみれば広大な河成低地が広がり、自然堤防に由来する微高地上には集落も分布していたとされている。

(8) 江戸城内郭と段丘

江戸城の立地する武蔵野台地東北部にも、先に述べた段丘が形成されており、各段丘には地名と台地を示す台という言葉から名前が付けられている。武蔵野台地東北部には最も高位のS面の段丘が分布する。淀橋台とよばれており、およそ現在の新宿区、渋谷区、港区、目黒区北部付近に広がる台地である。それより一段低い段丘すなわちM1面の台地が淀橋台を取り巻いている。淀橋台の北側の台地は豊島台、南側の台地は目黒台と呼ばれている。さらに、豊島台の東側には豊島台より一段低いM2面の段丘が広がっている。本郷台と呼ばれる台地である。そして、本郷台の崖下は東京低地となる。本郷台には、「上野のお山」や「飛鳥山」などと呼ばれている地名があるが、東京低地の側からみると本郷台の台地は確かに山のようにみえるのであろう。この本郷台は、武蔵野台地の一部としているが、台地内を流れる谷田川（不忍池に入る川）や谷端川（小石川）の谷が北西から南東に傾き下っていることから、多摩川水系の河川によって形成された段丘ではなく、荒川水系の河川によって形成されたと考えられている。

さて、江戸城である。ここでは、まず内郭とよばれる範囲の地形をみる。その位置は、本郷台、豊島台、淀橋台の三つの台地と東京低地という合計四つの地形が合する場所にある。貝塚爽平氏は、明治時代や現代の地図に描かれた江戸城にみられる平坦面の標高から、江戸城は二つのレベルの段丘面を利用して構築されたと推定している。二つのレベルとは北の丸・本丸の標高二〇m前後と吹上御苑の二五m前後であるとし、半蔵門外の麹町台地（淀橋台の一部）は標高三〇m前後で江戸城より一段高い段丘であるとした。これにしたがえば、吹上御苑はM1面の段丘、北の丸・本丸はM2面の段丘上に築かれたことになる。一方、千代田区教育委員会は、江戸城内郭で行われたいくつかの発掘調査により確認した盛土や切土およびその下位の自然堆積層の状況から、吹上御苑は淀橋台の一部であり、麹町台地より低い平坦面は切土により造成されたとの見解を『江戸城の考古学』で述べている。また、本丸、二ノ丸、三の丸は台地から低地にかけて厚い盛土により造成されたとしている。この場合も、江戸城は、S面の段丘とその下位の段

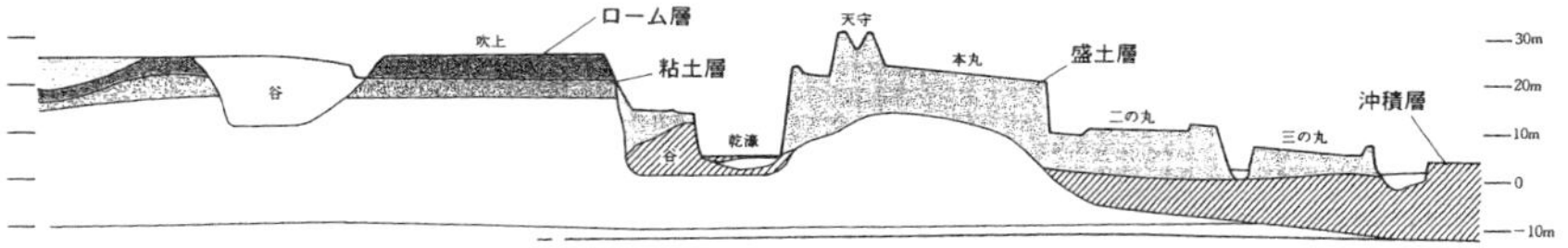

図12　江戸城内部での地盤の想定断面図（千代田区教育委員会、2001より）

丘のやはり二段の段丘を利用して構築されている。千代田区教育委員会では、本丸や北の丸の立地する台地の段丘面の対比には言及していないが、谷の方向から見て、本郷台から続く台地と推定される。すなわち、M2面である。

(9)　江戸城外郭西半部と地形

江戸城内郭は高さの異なる二段の段丘という地形を利用して構築されていることが明らかとされたが、上述したように、二ノ丸や三の丸は、段丘下の低地まで及ぶから、合計三段の高さの異なる平坦面の地形を利用しているといえる。さらに、江戸城外郭が構築されている範囲まで広げると、そこにも興味ある地形が存在する。

外郭の西半分は、先に述べた淀橋台の一部である麹町台地上に築かれている。この範囲の外郭を

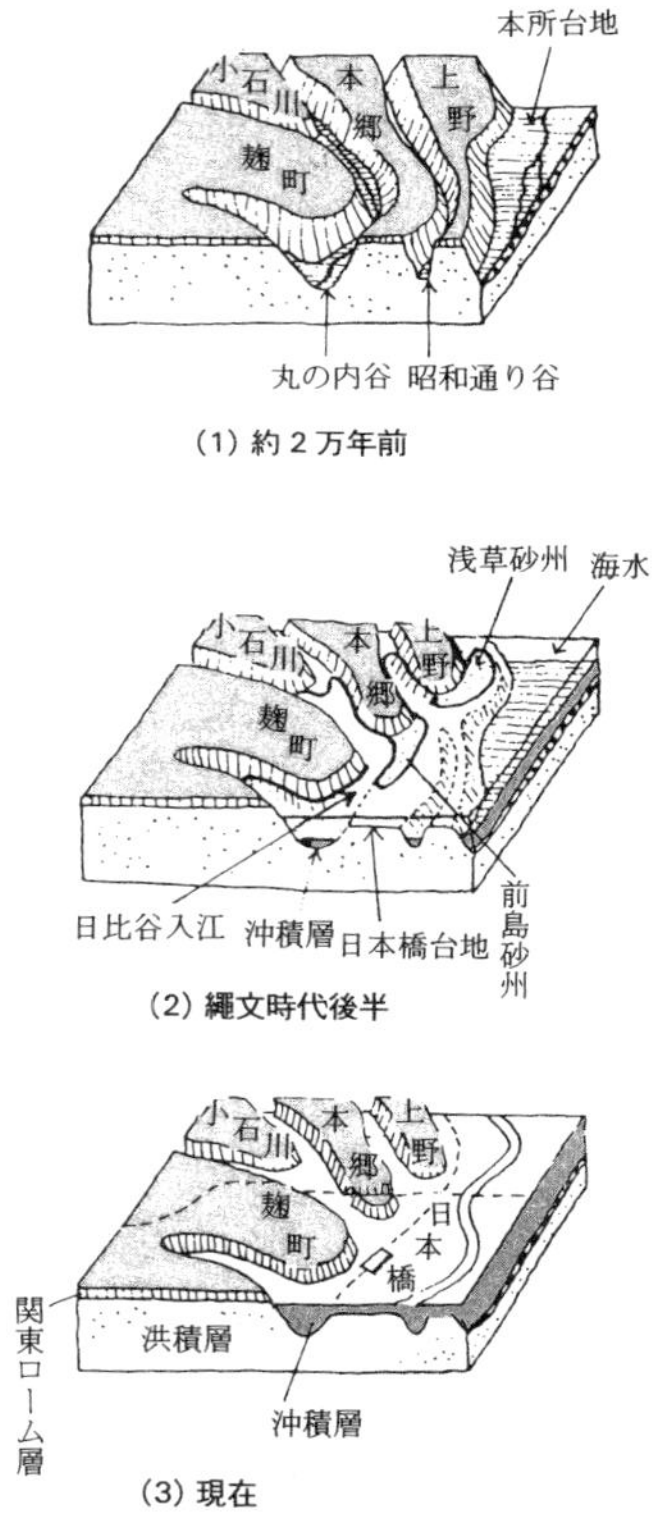

図13　日本橋台地の生い立ち
（貝塚、1990より）

区切る外堀については、地下鉄工事をはじめとする各種の建設工事に伴う発掘調査が比較的多数行われており、その構造の詳細が明らかにされつつある。これらの調査例によれば、外堀は、もともとあった台地を刻む谷を利用しているらしい。ここで、麹町台地すなわち淀橋台地には、なぜそのような城の堀にできるような都合のよい谷があるのかということについて触れたい。

淀橋台が、古東京湾の浅海底が陸化した台地であることはすでに述べた。武蔵野台地の原形である扇状地に比べれば、その勾配は緩く、また、武蔵野面以下の段丘よりも陸上となっている時間は長い。したがって、谷の方向（削られたものが流れ下る方向）は傾斜の規制をそれほど受けず、かつ、長い期間により多くの浸食を受けて、多くの谷ができる。その結果、多くの曲折と支谷を持った谷（貝塚爽平氏は「鹿の角状」と呼んだ）が形成されたと考えられている。外堀は、都合のよい屈曲を持った谷をつなげることにより構築されたといえる。ただし、谷がそのまま外堀になったのではなく、そこにも多大な人の手が加わっていることには変わりない。多数の発掘調査例からは、それをうかがい知る成果もいくつか得られている。例えば、谷を利用したとはいえ、四谷付近では台地を開削して作っていること、外堀の水深を一定に保つように水平な堀底をつくり、傾斜のある地形において、それを階段状に連続させている構造などが地下鉄七号溜池・駒込間遺跡調査会によって明らかにされている。さらに、外堀の南部、赤坂の溜池として知られていた部分においては、発掘調査に伴い行われた自然科学分析による環境推定の結果、池となったのは近世初頭以降であり、それ以前は水田であった可能性があるとされている。池となった時期と外堀の構築時期との詳細な前後関係は不明とされているが、両者が関連する可能性は高い。すなわち、池を利用した外堀ではなく、水田をつぶして池を構築し、外堀となしたということも考えられるのである。

なお、江戸城内郭を区切る堀すなわち内堀も、西側の台地を掘削して構築されたものは、淀橋台とその下位の段丘との段丘崖に形成された谷が利用されている。

外堀の北部は、武蔵野台地内を流れる河川の中では比較的大規模な河川といえる神田川の下流に相当する河道を利用している。神田川は、江戸城からみておよそ一五㎞ほど西方の武蔵野台地M1面内に位置する湧水池である井の頭池を水源として、武蔵野台地を刻む樋状の横断面形を呈し、蛇行した平面形を呈する谷の中を東方へ流れ下っている河川である。なお、この蛇行した谷は、武蔵野台地を形成したかつての多摩川の旧河道の跡であり、神田川はかつての多摩川の「名残川」とされている。神田川の谷は、江戸城外堀の谷となり、さらにその下流域では北西方からの小石川の谷と合流し、本郷台南端部と江戸城内郭のある台地とに挟まれて、その方向は南東に向かっている。しかし、神田川の河道は、本郷台南部を切ってそのまま東方へ流れている。この河道は、江戸城造築に伴う人工河道であることは周知のことである。そして、南東に伸びる本来の谷の方向は、江戸城外郭の東半部すなわち低地に構築された外郭における地形を説明する際の重要な要素の一つでもある。

⑽　江戸城外郭東半部と地形

太田道灌が江戸城を築いた頃および徳川家康が江戸に入府した頃は、城の築かれた台地下の東南方には、日比谷入江と呼ばれる入江があり、その東側には前島と呼ばれる半島状の砂州が、本郷台から伸びていたとされている。徳川家康は、日比谷入江と前島を埋め立てて、町を作り、外堀を巡らして外郭の東半分を構築した。この日比谷入江と江戸前島という地形の成因は、前述した江戸城をめぐる台地と低地の形成過程により説明される。

日比谷入江の入江とは、谷の中に海水が進入して形成された地形である。では、その谷はどのようにして形成されたのか。前述した神田川の本来の谷は、小石川の谷と合流後は南東へと方向を変えている。その延長が日比谷入江と重なるのである。すなわち、日比谷入江の谷は、小石川と神田川が合流した河川が刻んだ谷であったことが推定される。この谷が形成された時期は、最終氷期の最盛期頃であり、谷は下ると古東京川の刻んだ大規模な谷へと合流する。

最終氷期後の縄文海進時には、台地の崖下には波が打ち寄せ、台地が浸食されて波食台が形成されたことはすでに述べたが、このことは、本郷台でも生じた。本郷台の南部が削られて波食台が形成されたのである。その後、波食台上には本郷台地南部から延びる砂州が形成されたことにより、谷に入り込んだ海は、砂州と台地とに挟まれて入江になったということができる。

現在の地形からは、入江も砂州も全くうかがい知ることはできないが、貝塚爽平氏は、建設工事の現場などにおいて、完形の貝殻を多く含んだ泥層からなる入江の堆積物と破砕された貝殻片を含む砂からなる砂州の堆積物などを確認しており、また、関東地震における被害分布の差も、これら埋没した地形に起因することを述べている。

⑾　再び江戸城・大坂城・名古屋城

これまで、江戸城の背景としての地形を述べてきたが、高さの異なる段丘や複雑に入り組んだ谷、そして入江を埋め立てた低地など、江戸城が比較的複雑な地形の上に成り立っていることがわかる。一方の大坂城も名古屋城も、それらが築かれている台地には複雑な谷もなく、異なる高さの平坦面を持つ段丘でもない。本章冒頭では、江戸城の複雑さを指摘したが、その背景にこのような地形の違いが大きな要因を占めていることはほぼ間違いないと考える。

なお、大坂城の立地する台地は上町台地と呼ばれており、断層によってずれた隆起した岩盤を原形とする地形である。温暖な最終間氷期には、大阪平野も関東平野南部と同様にほぼ全域が海域となっていたが、その後の最終氷期の海退によって陸化したことも淀橋台と同様である。ただし、淀橋台のように河川の浸食により台地化したのではなく、基盤の岩盤が周囲より高かったために、周囲よりやや早く陸化して台地となったのである。その詳細な年代はまだ明らかにされていないが、S面の形成された年代よりも新しいと考えられる。

また、名古屋城の立地する台地は熱田台地とよばれており、地形を構成している台地上部の地層は武蔵野面と同様に河川の氾濫堆積物とされている。その下位には熱田層とよばれる最終間氷期の海成層が堆積していることも武蔵野面の台地と共通し、その段丘化の時期も、ほぼ武蔵野面と同じ頃の時期と考えられている。

すなわち、上町台地や熱田台地が台地となった時期は、淀橋台よりも新しく、このことは、上町台地や熱田台地に複雑な谷が分布しないことの原因の一つと考えられる。しかし、その時期の違いよりも、冒頭で相違点の二番目として掲げた台地と低地との高低差が小さいということの方が、谷の形成に大きな要因として係わっていると考えられる。すなわち、冒頭では、江戸城本丸の立地する面との高低差を述べたが、淀橋台と低地との高低差ということであれば、二五ｍほどにもなる。一〇ｍ前後しかない上町台地や熱田台地における低地との高低差の違いは明らかである。さらに、この高低差の違いは、台地化した時期の違いや地殻変動という要因も関係してはいるが、それらよりも大きな要因として武蔵野台地の表層を厚く覆う赤土いわゆる関東ローム層があげられる。武蔵野台地を覆う関東ローム層は、主に富士山の火山噴出物を母材として形成された土壌であるが、富士山の火山噴出物は、およそ一〇万年前から江戸時代の宝永噴火にいたるまで継続してしかも多量に武蔵野台地に供給されていることから、古い段丘ほど厚いローム層が形成され、その平坦面の標高は結果として高くなっていくのである。上町台地や熱田台地上でも土壌は形成されているが、富士山の噴出物のような継続的かつ多量の母材が供給されて累積するということはないから、武蔵野台地に比べれば、経年による台地上の土壌の厚みの増大はきわめて微弱といってよい。

以上、前半は城の話からはずれてしまった感は否めないが、ここまでの文章により、江戸城が、大坂城や名古屋城と異なることの背景には、自然地理学的な要因が意外と大きく関与していることを御理解頂ければ幸いである。

二　天守台・天守閣

(1)　五十年余りの天守閣

江戸城の天守閣は、慶長十二年（一六〇七）、元和九年（一六二三）、寛永十五年（一六三八）の三回造営されたことが記録されている。その後、明暦三年（一六五七）一月十八・十九日の振袖火事によって全焼し、翌、万治元年に天守台は築造されたものの、遂に幕末にいたるまで天守閣が造営されることはなかったのである。天守閣は、『江戸図屛風』に描かれているように江戸城の象徴的な建物であり、日本一の高さをもって聳え立つものであったが、存在した期間となると江戸時代前半の僅か五十年余りということになる。

正徳二年（一七一二）には、天守閣再建計画が持ち上がり、設計図も用意されたが財政難のために造営するまでにはいたらなかった。富士見三重櫓がその代役を果したのである。

図14　天守台の変遷

(2)　天守台・天守閣の変遷

天下普請がはじまって間もなく、慶長十一年（一六〇六）、家康・秀忠は黒田筑前守長政に命じて天守台を築かせる。この天守台は、二〇間四方（京間で一間が六尺五寸、一辺が約三九・四m）、高さが八間で、下六間を常石、上二間を切石で築いたと

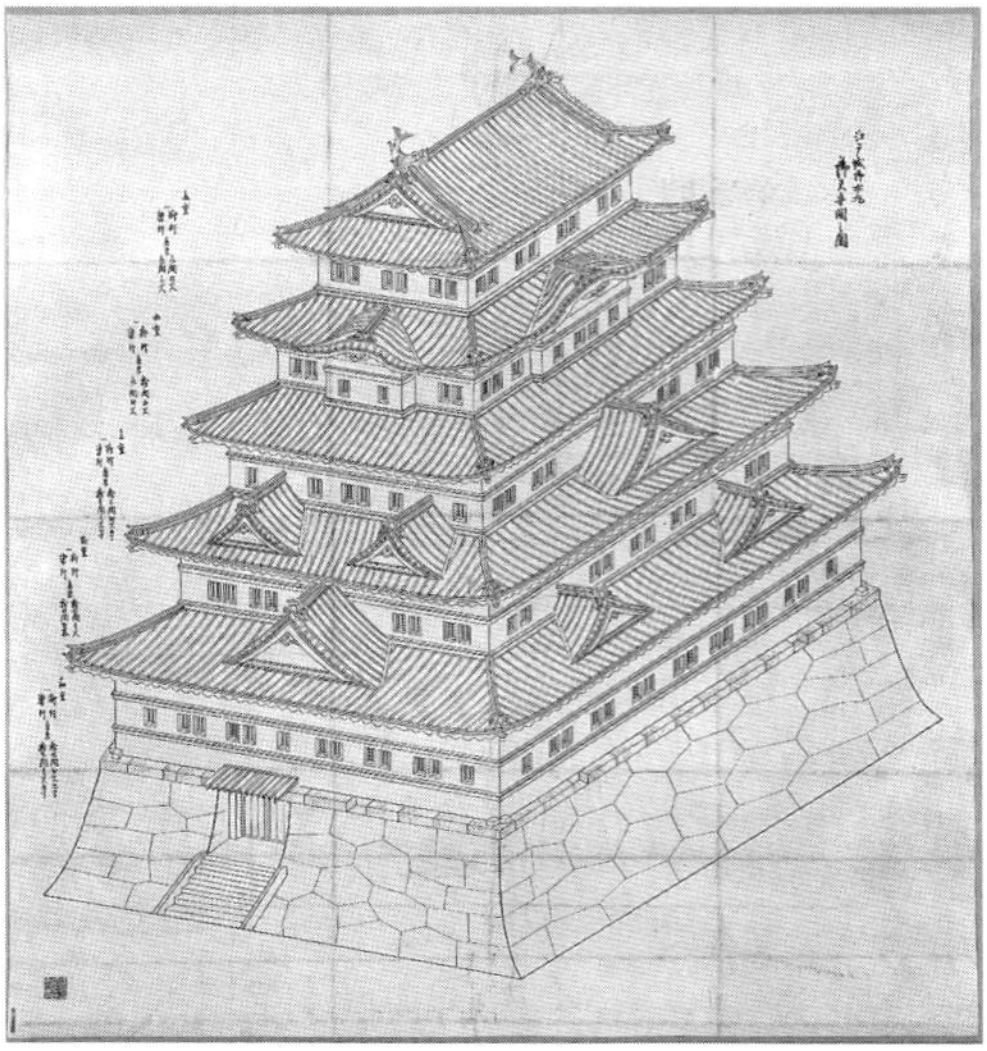

写真10　『江戸城御本丸御天守閣之図（寛永度）』
（都立中央図書館東京誌料文庫所蔵）

いう。これは完成されたものではなく、翌、慶長十二年、関東の諸侯によって切石の部分を一端退け、二間分を築足した上で再度積み、結果として十間の高さに築いたと『當代記』は伝えている。『慶長十三年江戸図』には、慶長年間の天守台の位置を、現存する天守台のはるか南、本丸中程より西側に偏在して蓮池濠よりに描かれている（図14）。ちなみに、天守閣は、天守台が築造されて間もなく京より呼び寄せた大工棟梁中井大和守正次によって五層のものが造営されたという。

　元和度の造営は、本丸殿舎の大幅な拡張による大改築に伴って行われたものである。そのため、天守台の位置も変更を余儀なくされ、慶長期の天守閣・天守台は取壊され本丸の北端、現存する天守台あたりに移行することとなった。天守台の築造は、元和八年（一六二二）、浅野但馬守長晟・加藤肥後守忠広・松平伊予守忠昌・安藤右京進重長等が命じられ、翌年三月に竣工している。『東京市史稿』には、安藤重長が天守台脇の石垣の築造とあり、大天守とともに小天守（台）が存在したことを伝えている。

　寛永度の造営は、寛永十四年（一六三七）、本丸殿舎とともに天守台の改築が行われる。元和九年の築造から僅か十五年余りしか経過していないが、前将軍秀忠薨じた後、家光の好みが反映されたことによるものらしい。『黒田家続家譜』には、寛永期の天守台について、元和期のものを縦横の長短を替えて新たに築いたことを伝えている。

　寛永度の造営では、普請方と作事方に関する記述があり、また、立面図も残されている。

普請方は、天守台の築造を松平（黒田）右衛門佐忠広・黒田甲斐守長興・松平（浅野）安芸守光晟・浅野因幡守長治等が命じられ、寛永十四年正月に着工し、八月に竣工している。この天守台は、高さが七間（京間で一三・八m）を測り、南側に小天守台を伴っている。作事方は、作事奉行ならびに大工頭木原杢之充義久等の指導のもと一重を水野日向守勝成、二重を永井信濃守尚政、三重を松平（松井）周防守康重、四重を松平山城守忠國、五重を永井日向守直清が各々担当し、寛永十五年十一月には竣工している。

寛永度の天守閣を知る図面として、都立中央図書館東京誌料文庫所蔵『江戸城造営関係資料（甲良家伝来）』の中に、『江戸城御本丸御天守百分之一建地割』がある。この図は、縦七四・五㎝、横七二・〇㎝を測り、外題には表記の名称があり、そのほか内題に朱書で「江府御天守圖　百分ノ一」、左端下には「大棟梁　甲良豊前扣」等の記述がある。また、内題下には柱立に関する注記があり、それには、

　寛永十五年七月十三日辰之時御柱立穴蔵

　同月二十七日初重御柱立

　同十月二十六日鵄吻ヲ上ル同十一月五日金子ニ而包ム

とある。造営の経過が記されているのである。この図は、注記などの内容から、実際に使用された図面ではなく、竣工図もしくはその写しと考えられているものである。慶長期・元和期の天守と比べるとはるかに情報量が多く、しかも、それは当代一の規模を誇るものであることがよくわかる。

『江戸城造営関係資料（甲良家伝来）』には、この他に寛永度の天守台に関する絵図が三点ある。写真10は、掛軸装の軸測投影図である。縦一〇八・〇㎝、横九八・〇㎝を測り、外題に改装に伴う旧外題「江戸城御本丸／御天守閣外面ノ圖」を切断・貼付し、内題には朱書で「江戸城御本丸／御天守閣ノ圖」と記されている。左端には、初重から五重までの桁行等に関する注記がある。小天守は描かれていないが、天守台入口の様子をはじめ、天守閣が立体的に描

かれている。

寛永度の天守は、明暦の大火後、しばらく経過し、正徳年間にその再建が持ち上がる。その時に、寛永度の天守が参照され、正徳度のものは、同型に立案されている。正徳二年（一七一二）、小普請奉行竹田丹後守より大久保隠岐守にあてた進達書について『吹塵録』は、つぎのように伝えている。

　　江戸御城天守寸間其外細記
御天守石垣　南北二十間一尺四寸。
　　東西十八間一尺。
　　高五間半外狭間石三尺。
　　　但柱間間南北七尺間《マ》十八間ニ割。
　　　　東西七尺間《マ》十六間ニ割。
小天守石垣　南北十二間二尺二寸。
　　東西十三間二尺二寸。
　　高三間二尺。
御天守石垣上ヨリ箱棟迄、二十二間五尺。
初重　南北十九間二尺九寸。
　　東西十七間一尺九寸。
　　　但、窓六十箇所。
二重目　南北十六間二尺八寸。
　　東西十三間六尺三寸。

　　但、窓三十六箇所。
三重目　南北十三間二尺五寸。
　東西十一間一尺五寸。
　　但、窓二十八箇所。
四重目　南北十間五尺。
　東西八間四尺。
　　但、窓三十二箇所。
五重目　南北八間四尺。
　東西六間三尺。
　　但、窓二十八箇所。
鴟吻　高壹丈程、横六尺五寸程、此尺坪三百五拾六坪程。
下棟隅棟　貳百八十六坪。
屋根坪　千六拾九坪程。
穴蔵深　壹丈三尺。
初重板敷ヨリ二重目ニ階迄四間四尺程。
二重目ニ階板ヨリ三重目ニ階板迄四間二尺程。
三重目ニ階板ヨリ四重目ニ階板迄四間程。
四重目ニ階板ヨリ五重目ニ階板迄三間二尺七寸程。
五重目ニ階板ヨリ桁上天井迄二間二尺程。

写真11　『江戸城御殿守横面之絵図（正徳度）』
（都立中央図書館東京誌料文庫所蔵）

総高地形ヨリ箱棟上迄二十八間五尺程。

初重七百二十四畳。二重目四百八十二畳。三重目三百六十七畳。四重目二百十六畳。五重目百二十一畳。総合千九百畳。

穴蔵之内百三拾五坪壹合。

初重三百三拾六坪壹合八勺。

二重目二百二十五坪壹合九勺。

三重目百五十坪二合五勺。

四重目九十二坪九合五勺。

五重目五十五坪六合貳勺。

総合九百五拾五坪壹合壹勺。


きわめて類似しているが、相違点もある。一例をあげると、寛永度の天守台の高さは七間であるのに対して、正徳度の立案では六間となっていることなどは、その好例である。

甲良家伝来資料の中に、『江戸城御殿守横面之絵図（正徳度）』がある。これは、縦一四四・五㎝、横九二・五㎝を測り、彩色が施されたもので、軸装に表装された絵図である（写真11）。石垣の上に五層の天守が描かれ、最上層の屋根には鯱、そして唐破風飾り板、小壁が白漆喰、壁面の大半を占める腰通りが黒の胴板張り等となっている。同資料には、この他に正面之絵図もある。この正徳度の天守立案図は、前述の写真10と比較するまでもなく、寛永度の天守に酷似していることがよくわかる。しかし、結論的には、正徳度の天守の造営は、果されなかったのである。

ところで、寛永度の天守には、大熊文庫所蔵の寛永十七年頃に描かれたと考えられている『御本丸惣絵図』をみると天守台の南に連結して小天守台が描かれている。後述する現存の万治年間に造営された天守台にも同様に築造されている。この小天守台に小天守閣が建てられていたかというとその可能性は低いと言わざるをえない。前述の立面図や国立歴史民俗博物館所蔵『江戸図屏風』には、大天守こそあれ、小天守は描かれていないのである。つまり、独立天守として設計されていることを示唆している。小天守台は、石垣の途中にある天守入口がかなり高い位置にあることから、それに通じる施設として築かれたものであろう。

万治度の造営は、振袖の火事の後、半年程を経過した明暦三年（一六五七）九月二十七日、前田加賀守綱紀が天守台の築造を命じられている。綱紀は、従来、天守台に用いられていた伊豆石（安山岩）を先は取除き、その上で御影石（花崗岩）を用いて新たに築くことにした。それまでの天守台の石垣は、焼石も数多くあり、『後見草』によれば取除かれた石は他の石垣の足しとして用い、大きつね小きつねと呼ばれる角石は玄関前桝形見付（中雀門）に用いたとある。今日、中雀門の両脇石垣には、被熱を強く帯びた石の一群が積まれており、この時のものであろうといわれている。

また、天守台の造営にあたっては、『江府天守台修築日記』は、生前、家光の天守台が外郭からみえ宜しくないという意見を記し、その意向が尊重され、高さを以前の七間から六間に変更したことを伝えている。そのため、現存する天守台は、高さが五間半（一〇・八m）、これに天端の狭間石三尺分（〇・九m）が加えられたものとなっている（明治以降、本丸跡は一・五〜二m程盛土され、そのため現状ではもう少し低く感じる）。天守台の修築は、明暦四年五月四日に着手し、万治元年（一六五八）九月四日には基礎、同年十月九日には竣工している。この普請のため、前田家では国元から五〇〇〇人の人夫を集め、五〇〇輛の大八車を用意して土砂を運搬し、御影石の運搬にあっては神田橋脇御堀の石垣五〇間や梅林坂あたりの石垣を崩して大石を運んだという。今日、上梅林門の南側、北面および南面する石垣をみると、種類豊富でかつ数量の多い刻印石が先ず目に止まるが、その積み方は隙間があき他の箇所と比較す

写真12　天守台全景（南東部より）

ると粗雑感は否めない。角石を運搬後の簡易な修復をとどめているともみえる。『柳営日次記』には、八月十八日に天守台の角石を十二、三引上げたとある。また、普請の最初には、古石を取除いた時に灰をかぶった運上の金・銀が数千俵分あり、この運搬を家臣・人夫で行ったが、まだ砂金は多数あり捨集めるには相当の日数を要することを老中に進言したことなどが伝えられている。幕府側ではこの進言に対して裏の方別儀無しと返答している。天守台の下には今も砂金の一部が眠っているのかも知れない。しかし、『寛政重修諸家譜』や『土津霊神言行録』等によると、万治二年九月一日の井伊掃部頭直孝・酒井空印忠勝ならびに老中による会議で、保科肥後守正之から出された天守閣廃止案に対して協議した結果、天守閣が本来の軍用としての機能が失われ展望のみとなり、その上出費もかさむことなどの理由から天守閣造営がなくなったことを伝えている。

なお、天守台を例にあげると、建築が木原・中井の大工頭の指導があるように、石垣を積む場合にも専門的な立場の人物がいる。幕府例では、石垣方として、穴生駿河（外二人略とある）、前田家では、穴生頭として小川長右衛門（江州坂本穴生村者）の人物が記録に残されている。所謂、穴生衆の存在である。このことも看過することができない。

(3)　現存する天守台

天守台は、本丸跡の北西端近く、北桔橋を渡ると正面に位置する。北側に大天守台、南側に小天守台が連結する（写真12）。大天守台は外壁が全て花崗岩を用いており、築方は、四隅がひときわ大きな角石を用いた算木積、それ以外が横目が通る整層積となっている。石の表面は、調整のための線条痕（スダレ痕）が顕著で、その方向をあわせるなど装飾効果も兼ねている。また、全体的にススが付着しており、そのうち東南隅より東壁中央部にかけてはススの他に強く被熱を受け、築石の角が変形したり剥落している。つまり、東南方向からの燃焼によることを示唆している。江戸城は、万治年間に天守台が築造された以降、火災に幾度となく遭遇する。そのうち、本丸に関係する火災は幕末に二回あり、弘化元年（一八四四）五月十日と文久三年（一八六三）十一月十五日のものが知られている。いずれも本丸の殿舎が全焼し、このうち後者の被災では、本丸殿舎の再建を断念する結果となっている。この火災の痕跡が天守台に残されているのである。

天守への入口は、小天守台が連結する南辺中央よりも幾分西側に偏在した位置に築かれ、内側は、埋土で被覆されているが、岩岐（石の段階）が現状では東・北辺で各二箇所、西辺に一箇所みられる。しかし、紅葉山文庫本の「天守穴蔵至五重平面図」（現在では国立公文書館所蔵）をみると、西辺南側にも岩岐が描かれており、入口側の南辺を除く三辺には、実は二箇所ずつ付設されていたのである。石材は、外壁が全て花崗岩製であるのに対して、内側では岩岐石を含め安山岩製の使用が多く、史料の様相とは相異している。

小天守台は、平面形が長方形を呈し、これに東側に大天守台に通ずる岩岐が付設されている。岩岐は、今日では天守台観覧のため緩やかなスロープの輔道に変更されている。この小天守台は二段に築かれ、上段は、天守入口の高さにあわせ（高さ三間弐尺）、下段は、それよりも一間余り低く築造されている。このうち、下段は、当初五間二尺二寸（南北）の長さで築かれていたが、甲良家伝来資料『江戸城御本丸御天守台絵図（萬延度）』によると、幕末に小天守

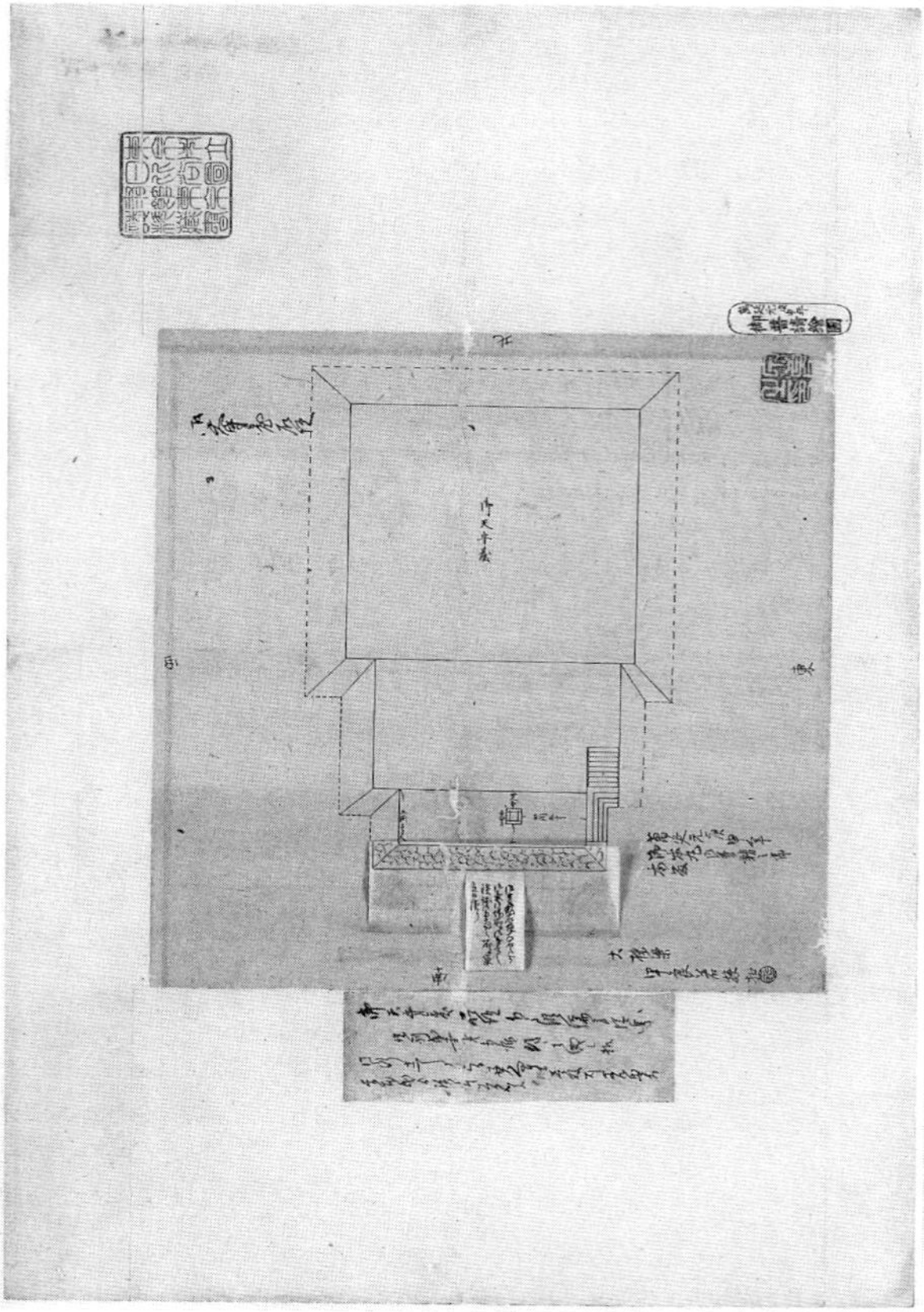

写真13　『江戸城御本丸御天守台絵図（万延度）』（都立中央図書館東京誌料文庫所蔵）

台を短くしていることが記録されている（写真13）。ちなみに、同絵図には、その範囲を朱引きで明示しており、現存する小天守台は、その時に改築したものである。この小天守台には、三つの付属施設が認められる。一つは、大天守入口手前の右手側に直線的に延びる石壁、一つは、下段の井戸、一つは、樋門である。直線的な石壁は、長さ約九・一m、幅約二・一m、高さ約二m以上を測り、岩岐を昇り大天守入口までの空間を二分している。石は、入念に調整を施した切石を用いて二列二段に整然と積まれている。西側には、岩岐の痕跡があり、空間分割とともに大天守の入口であることを留めている。樋門は、東壁と南壁に各一箇所付設されている。端部は共に安山岩製であるが、構造・大きさ等に相違がある。東壁の樋門は、大天守台南壁側に偏在し、小天守台下段面より上位にあるもので、その構造は、蓋と身の二つの部分からなる。身の部分は、石を「凹」状に掘り窪め、蓋の部分は身と接する部位を鍵形に整形することで密着性を高め

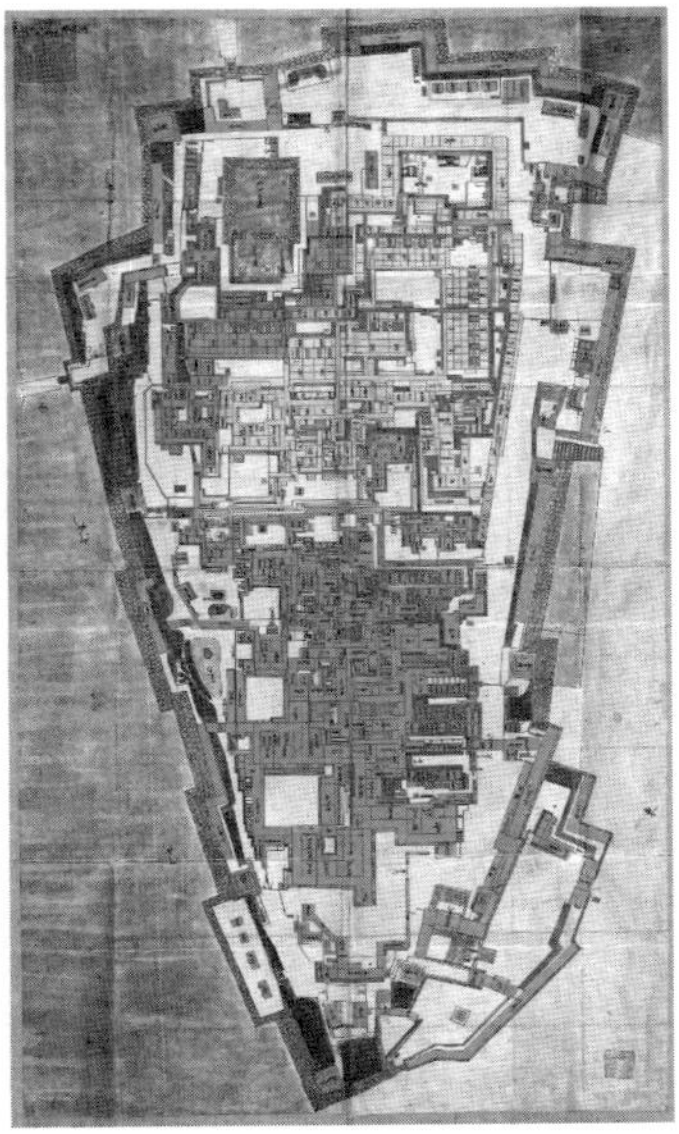

写真 14 『江戸城御本丸御表御中奥御大奥総絵図（万治度）』（都立中央図書館東京誌料文庫所蔵）

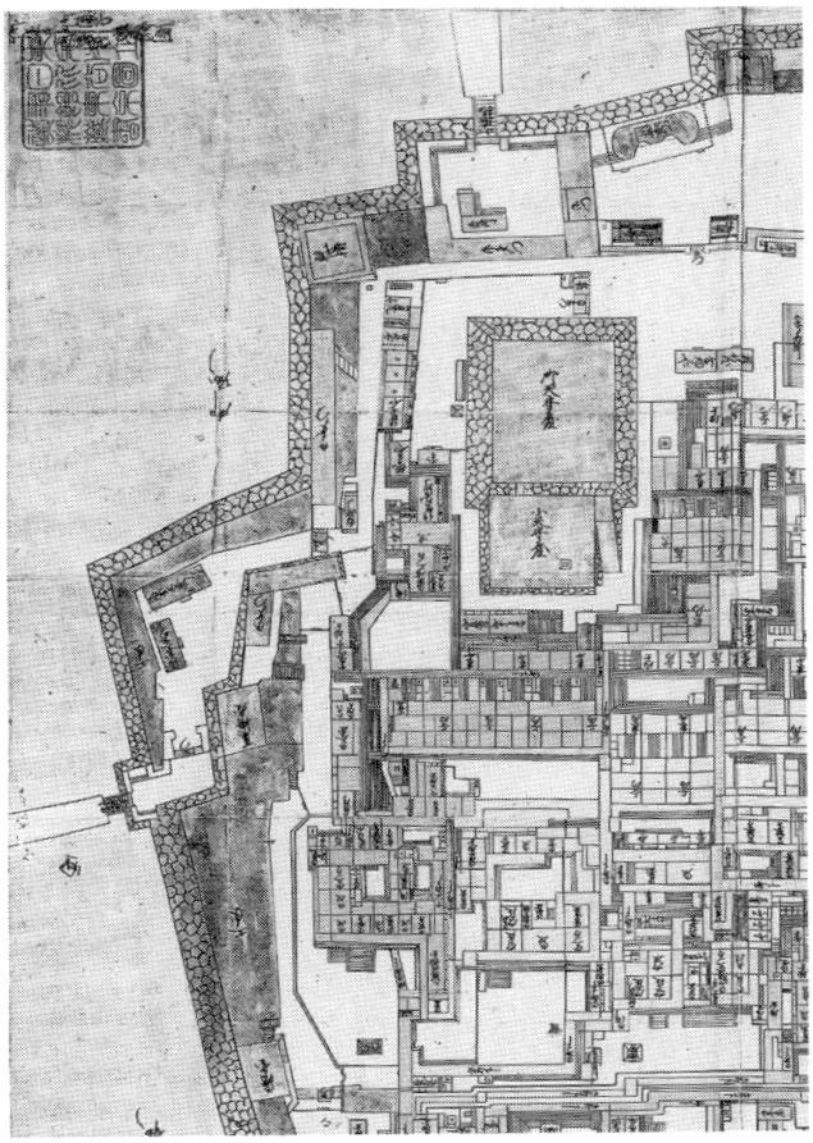

写真 15 江戸城天守台周辺（写真14の部分）

ている。この樋門は、身の部分が欠損するが小天守台東壁より突出して築かれている。樋門の規模は、内径で横一尺（三〇・三cm）、縦七寸五分（二二・五cm）、身の部分が横一尺八寸五分（五五・五cm）、縦一尺二寸五分（三七・五cm）を測る。蓋の部分は、端部で厚さ七寸（二一・〇cm）、東壁の石垣面より一尺一寸（三三・〇cm）やや斜下方向に突出しており、蓋・身をあわせた長さは二尺二寸（六六・〇cm）を測る。南壁の樋門は、東側に大きく偏在しており、後述する井戸を意識しているかのような位置にある。その構造は、四点の切石を組みあわせて正方形の形状にしたもので、上下に長い石、その間に短い石を配置している。樋門の規模は、内径で一辺が八尺（二四・〇cm）を測る。外径は、縦・横とも一尺七寸（五一・〇cm）を測り、このうち上位の蓋にあたる石は三寸四方程上位を切取り、そのため鉤形を呈している。南壁の樋門は、前述のように万延度に改修されたものであるが、南壁の樋門のように壁から大きく突出することはなく、この鉤手状の部分が

写真 16　井戸跡と天守台南辺石垣

写真 17　小天守台井戸跡内部

僅かに追い出す形状に築かれている。

小天守台の石材は、樋門のある東壁が全て花崗岩製であるのに対して、上段の石垣は角の部分こそ花崗岩が用いられているものの、大半が安山岩製となっている。大天守台とは、全く異なるのである。ちなみに、改修された下段の南壁では、小振りの花崗岩が主体となっている。

(4)　小天守台の井戸

小天守台の下段、東側に偏在して花崗岩の石枡で囲まれた井戸がある。絵図の中に井戸の記述を捜すと甲良家伝来資料の中に『江戸城御本丸御表御中奥御大奥総絵図（万治度）』がある（写真14）。明暦の大火後、万治二年（一六五九）の再建時の本丸間取図である。その中で、天守台をみてみよう。平面図には、大天守台と小天守台があり、小天守台には黄色の彩色で井戸が描かれている（写真15）。前述の幕末に改修された万延度の天守台絵図も同様である。万延度の絵図には、井戸の正確な位置と寸法も記されている。そこでは、岩岐の西辺より四間五寸の距離にあり、五尺四方（約一五二㎝）の規模とある（前述の紅葉山文庫の天守平面図の中の小天守には、「水屋」貳間・貳間半の記述がある）。『東京市史稿』皇城篇第貳・第三をはじめ文献資料には、万治元年に前田綱紀が天守台を築造後、万延度を除き改修したという記述はみあたらない。

現存する井戸は、直径が五〜六尺程の掘抜き井戸の壁面に長さが一尺程に加工した切石を貼り繞らせ、その上位にあたる地上には、先ず扁平に加工した板状の石二枚を汲み上げる部位、直後約三尺程に刳り貫いた後覆い、その上に石枡を重ねている。上位の部は、共に花崗岩製で、板状の石は、一辺が東西方向で約十尺、南北方向は確認できないが幾分短いものと思われる。石枡は、一辺が四尺（一二一㎝）、内矩で二尺六寸（八〇㎝）、高さが三尺（九〇㎝）を測る。石枡は、入念に加工した二つの石からなる。東側に「コ」字形に掘り込んだ石、西側に板状の石を配置し、上位と側面を「⧖」状に掘窪め四本の鉄製金具で止めている。井戸の底には、水面を確認することができる（写真16・17）。絵図の中にある記載、石枡等が天守台の石材と同様、花崗岩製であることなどから、小天守台に付設された井戸は、万治度に前田綱紀によって築造されたものと考えられるのである。

写真18　一夜城井戸跡

これまで、江戸城内での井戸跡の発掘調査事例は、清水門内桝形内、竹橋門等が知られている。共に構築時期を特定することはできないが、天守台の井戸とは構造的に異なるのである。清水門内枡形内の井戸跡は、大番所跡に近接した西南隅に位置し、周囲を煉瓦積にした矩形の水槽の底から検出されたものである。この旧井戸は、内径が一間程の木製井戸で、楣材で働き（長さ）四尺六寸（約一四〇㎝）のものが五本使用され、底は石敷との報告がある。

ちなみに、報文では井戸の水位が牛ヶ渕の水面よりはるかに高いことを指摘している。清水門で検出された木製井戸は、江戸の市街地ではしばしばみられるものである。

小天守台の井戸内の貼石（積石）をみると、石垣山一夜城の井戸曲輪を思い出す。石垣山一夜城は、小田原城の南西約三㎞、早川を挟んで対峙する標高約二四〇ｍの尾根上の山城で、天正十八年（一五九〇）、豊臣秀吉が小田原攻めのために築造されたものである。今日、国史跡に指定されているが、この城は、本城曲輪（本丸）を中心として馬屋曲輪（二の丸）、北曲輪（三の丸）、西曲輪、南曲輪など大小の曲輪が配置されている。その中の一つ、馬屋曲輪の北東、谷地形を変形して北辺と東辺を土塁と石垣で囲うように築造した井戸曲輪がある。

井戸曲輪は、一辺が約六〇～七〇ｍを測る、方形に囲われたもので、その中心に湧水がある。造成された北・東辺では、測量図をみると、幅約一三～一八ｍ、高さ約一〇ｍの規模で土砂と石垣を用いて築造されている。中核の湧水は、楕円形状に石で囲み、北西部に前述の石垣に沿って階段状の道が付設されている。この湧水点は厳重に覆われ、そのため周囲をさらに矩形を呈する石垣が囲繞している。とりわけ、南側ではテラスを含め二重に施され、人頭大程度の安山岩を用いて入念に築いている（写真18）。

すなわち、井戸曲輪は、多くの人力を投入し、いささか華美とも思われる程整然とかつ大規模に築造されているのである。そこには、秀吉の威厳が感じられる。

(5)　玉川上水の城内引用

小天守台の井戸がどの程度利用されたのか定かではない。城内に上水が引かれたのは、明暦元年（一六五五）のことである。『東京市史稿』上水篇には、

御西院天皇明暦元年乙未七月二日甲申玉川上水ヲ二丸庭苑ニ引ク。

とある。玉川上水は、幕府が既存の神田上水では水が不足していたことから総奉行に松平伊豆守信綱、水道奉行に伊奈半十郎忠治（没後は伊奈半左衛門忠克）に命じ、多摩川の水を江戸に引き入れようとしたものである。工事は、庄右衛門・清右衛門の兄弟の請負で、承応二年（一六五三）四月四日に着工し、同年十一月十五日に竣工している。これによって羽村取水堰から四谷大木戸までの約四三㎞の導水路が完成したのである。四谷大木戸からは、石樋・木樋を用いて二つに分岐し、一つは、南側のルートで紀伊国坂下―虎ノ門―桜田門―和田倉橋―銭瓶橋―神田上水吐口、一つは、北側のルートで四谷門―半蔵門―北桔橋門の順で引かれていく。文献資料では、前者が承応三年（一六五四）六月には虎ノ門まで布設したとあるが、北側ルートで本丸北端の北桔橋門まで達した日付は残念ながら定かではない。明治十一年、横山松三郎が撮影し、蜷川式胤が編集した『観古図説』には、「北桔橋門本丸元枡」の写真が掲載されており、その解説には

右ノ建物ハ北桔ノ岩岐多門（多門ノ在ル迄ノ石垣ノ内部武者走リノ下ニ石階アルヲ以テ此名アリ）其下ニ斜メニ架セルハ水道ノ樋其左ノ建物ハ北桔ノ渡門

とある。上水道という視点では、半蔵門、二の桝矢来桝から北桔橋門下に一度下り、逆サイフォンで上って最終目的地の北桔橋門内に到達した写真である。そこには、木製の本枡と木樋が写し出されているが、『東京市史稿』には、「本丸懸上水樋修理」として宝暦十年（一七六〇）九月二十四日、天明元年（一七八一）四月、寛政二年（一七九〇）四月に行われたことが記録されている。材質から一〇〜二〇年位の間隔で修理が必要だったわけである。

四谷大木戸から分岐した上水の北側ルートの最終到達地が北桔橋門であることは、本丸での生活用水を目的としていることに他ならないが、その時、小天守台の井戸がどのように活用されたかという興味は尽きない。今日、小天守台上の井戸脇には、踏台に適する直方体の石が一個残置されている。

三　明暦大火と金石文資料・石垣

(1) 明暦三年の大火

明暦三年（一六五七）一月十八日、本郷丸山本妙寺より未刻（昼頃）出火し、折からの北風に煽られて火の勢いが増し、本郷筋神田東本願寺、さらには柳原修理大夫屋敷より本郷横山町霊願寺、八丁堀木挽町にいたるまでの数十町余りが全焼する。

翌十九日、快晴で北西風が強い中、午上刻新鷹町より再び出火し、強風に煽られ松平（榊原）式部大輔屋敷へ火が移り、水戸屋敷・水野備後守・吉祥寺神田台、さらには松平左馬頭・松平右馬頭屋敷、酒井紀伊守・稲垣信濃守・本多美作守・土屋但馬守屋敷、百間蔵御花畑まで瞬時の内に全焼する。午下刻（十二時過）には天守閣に火が入り、本丸・二ノ丸が全焼し、将軍家綱が申上刻（十五時過）に西丸に移られたことが『明暦目録』に記されている。この火事は、その後、桜田一帯の大名屋敷、通町、愛宕下を焼き、芝浦まで燃え拡がったという。世にいう振袖火事である。この火災による被害は、江戸城はもとより、焼失した大名屋敷五〇〇余、旗本屋敷七七〇余、神社仏閣三五〇余、町屋四〇〇町、片町八〇〇町、橋梁六一で、死者は一〇万人余りにのぼったという。

(2)『江戸城図（明暦元年）』

東京国立博物館所蔵資料の中に、『江戸城図（明暦元年）』がある。縦七九・八㎝、横五三・三㎝を測り、本丸・二ノ丸・三ノ丸の配置とそれらを囲繞する濠、諸門等を描いた絵図で、外題に「寛永御建直ノ儘御縄張　明暦元年扣江戸御本城」の記述がある。濠の部分にのみ青の彩色が施されている（写真19・20）。

外題をみる限りにおいて、この絵図は、明暦大火直前の江戸城図ということになる。詳細に検討してみよう。

画面の半分を費やしている本丸は、中仕切門を境として表方と奥方とに二分されている。共に殿舎は描かれていないが、表方では、中ノ門・冠木門・中雀門ならびに書院二重櫓・重箱櫓などの配置関係が正確に記されている。その左手には、富士見櫓が描かれていないものの、本丸南東端と蓮池口とを結ぶ上・下埋門との細い通路がみられる。また、中雀門の反対側の蓮池濠に面して「エンシャウ（煙硝）部」（火薬庫）がみえる。

奥方では、天守台「御天主」が小天守台を伴って強調されて描かれており、寛永九年開版といわれる『武州豊島郡

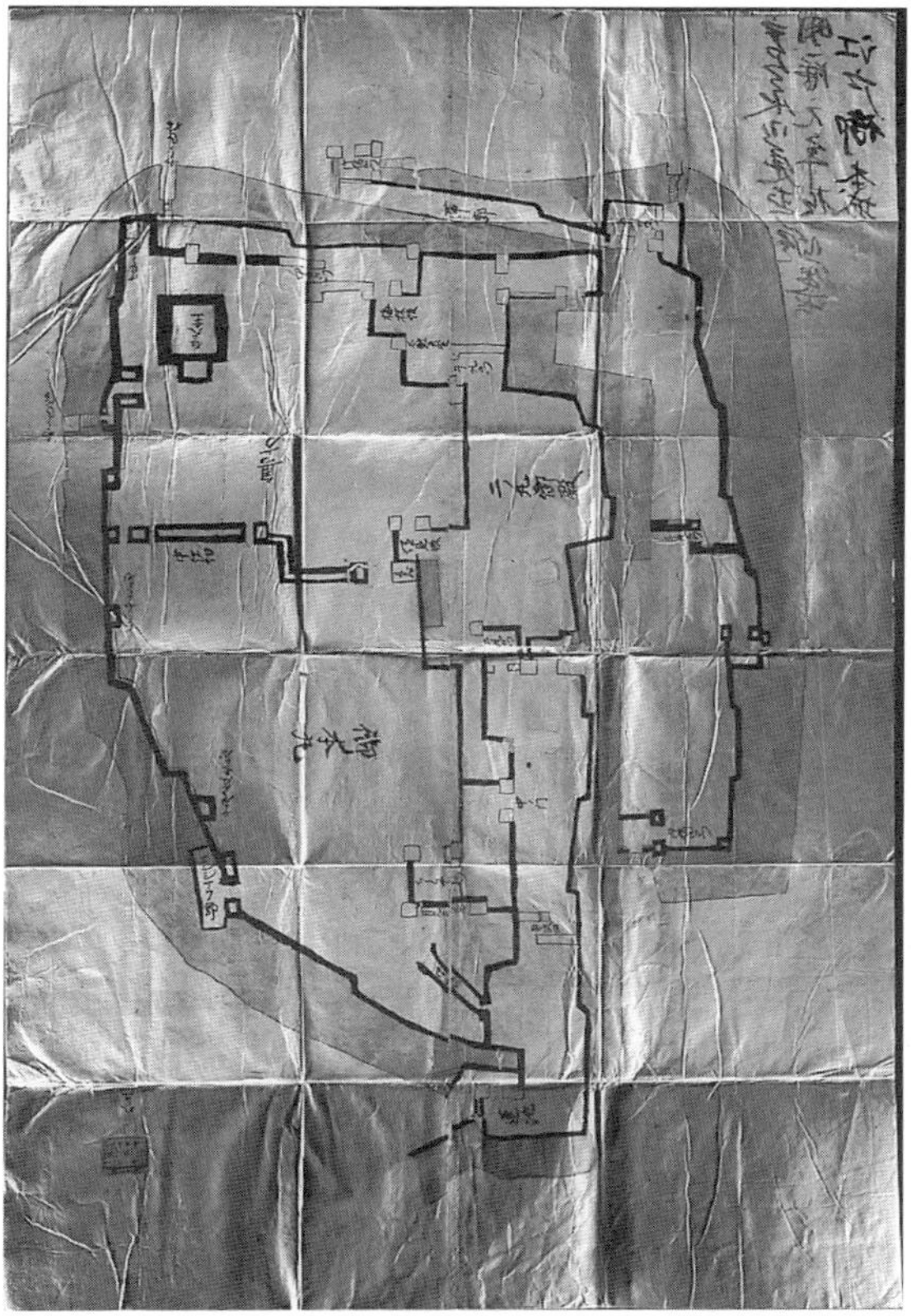

写真 19　『江戸城図（明暦元年）』（東京国立博物館所蔵）

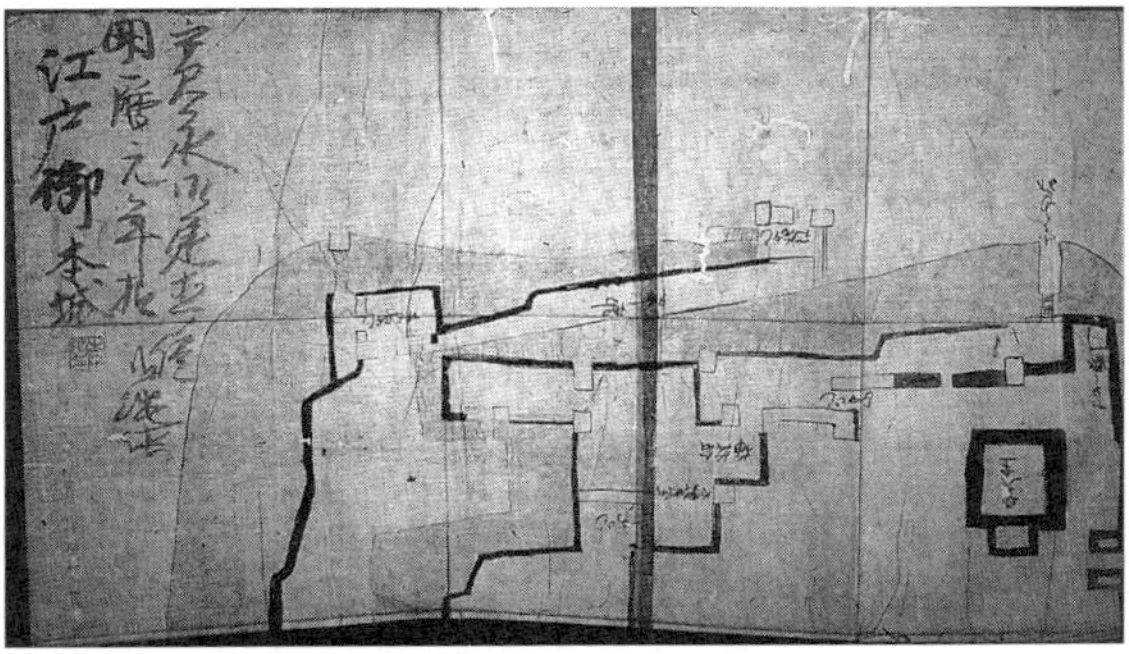

写真 20　『江戸城図（明暦元年）』外題（東京国立博物館所蔵）

江戸庄図』や寛永十一年頃の制作と考えられている『江戸図屛風』等と比較すると、大天守台東辺の塁線が取払われていることなどの相違が認められる。また、図上では、上梅林坂門から西側の天守台に向って石垣が築かれ、切手門で途切れる。この部分を裏付ける考古資料がある。昭和六十二年（一九八七）、宮内庁書陵部庁舎の貴重図書庫建築に伴う事前の発掘調査において、十八世紀以前の東西方向に延びる二つの石垣の根石が検出されている。報文によると両者（石垣1・2）は、根石の標高がほぼ同じで、かつ裏込石が相向していることから、有機的関連がうかがえ、一つの石垣の両端である可能性が高いという。つまり、この遺構は二ノ丸側から上梅林坂門から入り切手門に続く石垣の痕跡であるというわけである。ちなみに、石垣端の幅は、約八ｍ（京間で四間）を測る。

二ノ丸は、寛永十二年の拡張の様相が顕著である。下乗橋より北側に直進していた濠は、東側に大きく屈曲している。本丸と二ノ丸との間の白鳥濠は、台所前より北側が埋め戻され、それによって本丸が拡張されている。この拡張は、平成十四年度の梅林坂・汐見坂間の石垣修理工事に伴う発掘調査で明暦大火で生じた大量の焼けた瓦・土の下から遺構を伴うテラス面や、古い石垣の存在によって絵図と一致することが確認されている。このテラスの南側には、塩見坂（汐見坂）や同門なども描かれている。前述の『武州豊島郡江戸庄図』、『江戸図屛風』との相違点として、桝形をあげることができる。大手三之門の桝形は、二つの絵図では下乗橋を渡り渡櫓門が右折しているのに対して明暦江戸城図では左折している。すなわち、万治年間以降、今日に続く桝形と同じ形状をとっているのである。同様に、三ノ丸入口の一つ、平川口門（平河門、平川門などの表現もある）の桝形は、二つの絵図では橋を渡り高麗・渡櫓門が直線的に配置するように描かれているのに対して、明暦江戸城図では、橋を渡り高麗門が右折、渡櫓門が左折する形態をとっている。このような大手三之門、平川口門の桝形にみる表現の相違は、前章で述べたように寛永十二年の修築工事に起因すると考えられる。同年の修築工事では、二ノ丸拡張の他に藤堂大学頭高次が大手下乗橋桝形、酒井雅楽頭忠世が平川門番所・冠木門、土井大炊頭利勝が平川樓門、稲葉美濃守正則が平川門等を担当したという記述がある。そこでは、枡形の変更を示唆する記事はみあたらないが大手三之門と平川門の修築が行われたことは確実であり、最も可能性が高いといえよう。

三ノ丸は、平川口門から竹橋門に延びる帯郭や、大手門と平川口門との間に位置する喰違門などが描かれている。

従来は、千田嘉博氏が指摘するように、江戸城は、相次ぐ修築の中にあって、寛永期に入り堀・石塁の単純化による軍事施設の簡略化と殿舎の拡張がはじまり、明暦大火後、とりわけ万治二年以降の修築で顕在化するという考え方が支配的であった。しかし、『江戸城図（明暦元年）』の存在によって、濠や本丸の諸門の配置は、明暦元年（一六五五）の段階ですでに再建された万治年間と同一になっており、さらに、外題を参照する限りにおいて、寛永期のある時点まで溯ることを示唆しているのである。

すなわち、明暦大火後の再建では、殿舎の配置や規模は別として、縄張りは確定していたことになる。

(3)　明暦・万治年間の本丸再建

明暦三年一月十九日の火災によって、本丸殿舎・天守・二ノ丸殿舎・城門・木戸等がほぼ全焼したことから、修理の計画をたてるために、先ず焼跡を巡視することにはじまる。

『厳有院殿御實紀』によると、明暦三年一月二十六日、幕府の老臣が先ず宝庫の焼跡を巡視し、翌日には北條安房守氏長・渡邊半右衛門綱貞の両人に城中ならびに惣絵図の制作を命じたとある。本丸の焼跡を巡視したのは、二月六日とある。本丸の巡視が火災後、三週間余りが経過しているのは、『後見草』の「……御本丸中仕切北の方天守台迄之内、焼死人余程有レ之……後略」や「……二十日の夜大雪降り候て、軽きもの下人等、凍へ死する者多し。不便至極の事也。……後略」と記されているように、火災によって消火を含め逃げ遅れて亡くなったり傷をおう被災者が相当数おり、その救出が折からの悪天候が重なって思うように進行しなかったことによるものと考えられる。

表11　明暦大火後の本丸再建普請一覧（二ノ丸を除く）

区分	修築箇所	助役大名	国・居城	石高(万石)	発令	竣工	備考
石垣方	本丸	牧野飛騨守忠成	越後・長岡	五・八	明・三・二・二八	明・三・一一・一三	北桔橋門台、西桔橋門辺汐見坂・梅林坂間高六間余
		岡部美濃守宣勝	和泉・岸和田	六	右同	明・三・一一・二五	右より蓮池門石垣迄
		小笠原信濃守長次	豊前・中津	八	明・四・二・四	万・元・一〇・一二	※戸田采女正氏信の代わり 本城切手中仕切門
		中川山城守久清	豊後・岡	七	明・四・二・五	万・元・八・五	毎万石に役夫一〇〇人
	天守台	前田加賀守綱紀	加賀・金沢	一二四・五	明・三・九・二七	万・元・一〇・九	明暦四年五月四日着手 総御影石に変更
	内大手門台・赤銅門台	細川越中守綱利	肥後・熊本	五四	右同	明・四・七・三	明暦四年三月一二日起工
	中之門台・蓮池喰違門台						
	中雀門台・台所前他	丹波左京大夫光重	陸奥・二本松	一〇	右同	万・元・九・四	
	切手門・中仕切門	戸田采女正氏信	美濃・大垣		右同	—	明暦四年一月一〇日出火で免
	梅林坂上下門・三ノ丸喰違門	真田大内記信政	信濃・松代	一〇・五	右同	—	明暦四年二月四日卒 本多内記に代
		本田内記政勝	大和・郡山	一五	（明四・二・一五）	明・四・九・一	毎万石に役夫一〇〇人
	（二ノ丸石垣）	森内記長継	美作・津山			万・二・四・一	
事方（本丸殿舎）	広間	松平大和守直矩	越後・村上	一五	明・四・七・一〇	万・二・八・八	万治二年三月一一日普請初 毎万石に役夫五〇人
	対面所	伊達大膳大夫宗利	伊予・宇和島	七	右同	右同	
	黒書院	脇坂中務少輔安政	信濃・飯田	六・三	右同	右同	
	遠侍	松平（池田）備後守恒元	播磨・山崎	三	右同	右同	
	御座間	松平日向守信之	播磨・明石	六・五	明・四・七・一一	右同	
	化粧間（大奥）	松平伊賀守忠晴	丹波・亀山	三・八	右同	右同	
		植村右衛門佐家貞	大和・高取	二・二	右同	右同	
	台所	北條出羽守氏重	遠江・掛川	三	右同	—	万治元年一二月二五日卒

作						
御方様	亀井能登守茲政		四・三	不明	万・二・八・八	除対、亀井能登守に代
	九鬼孫次郎隆昌	摂津・三田	三・六	明・四・七・一一	右同	
客人間	真田右衛門幸道	信濃・松代	一〇	明・四・七・一四	右同	
諸門・櫓						
梅林坂門	内藤豊前守信照	陸奥・棚倉	五	明・三・九・二七	万・元・一二・一	毎万石に役夫一〇〇人[絵]
内大手・二ノ丸	相馬長門守忠胤	陸奥・中村	六	右同	万・元・一一・六	
汐見坂・富士見下						
蓮池喰違						
三重櫓	水谷伊勢守勝隆	備中・松山	五	右同	万・元・一二・一	

二月七日、絵図の完成をもとに老臣が協議した結果、二ノ丸仮殿の造営、城門・木戸・仮橋の建設を決め、本丸殿舎の造営は延期することとなった。

二ノ丸は、二月七日の発令に伴い先ず地形工事に入り、同年四月九日に竣工する。仮殿は、腰谷（越谷）御殿を移設・修理し、八月十二日は造営が完了する。ちなみに、この助役には、石垣普請に戸田采女正氏信、作事方に岩槻城主の阿部備中守定高が命じられている。

本丸の造営および外郭諸門等々の築造は、万治元年（一六五八）から同三年にかけて行われる。本造の造営には、奉行として久世大和守廣之・牧野織部正成常・曽根源左衛門吉次・伊丹蔵人勝長・村越次左衛門勝吉が任じられる。さらに、石垣方・作事方の助役を命じられた大名は、表11の通りである。

この他に、大島平八郎義當・榊原一郎右衛門忠義が竹橋門、河野権右衛門通定・揖斐與右衛門政近が田安・清水両門の構造奉行を、長谷川久三郎正相・山本六右衛門邑綱・花房又七郎榮勝・川口作右衛門宗憲・小堀三郎兵衛政可・川口源左衛門宗恒・新庄宮内直長・大井新右衛門政直が桜田口・御成橋門・和田倉橋・常磐橋・呉服橋・雉子橋・神田橋・数寄屋橋・不明門（馬場先門）・鍛冶橋門の外郭諸門の普請を命じられている。

なお、山内対馬守忠豊から作事用材木八万九一七〇余本（運賃二百貫目は拝領）、松平左馬督綱重が木材、黒田右衛門佐光之が国元の大石一九個を献上したことが記されている。

(4) 相馬家手伝の文献資料

明暦大火後の江戸城再建にあたって相馬家は、表11に示したように作事方で大手門・二ノ丸門・汐見坂門・富士見下門・蓮池喰違門の普請を担当している。そのことが相馬家記録『御本丸内大手二之御丸鹽見坂富士見下蓮池喰違御門御作事入用帳』に詳細に記述されている。この記録は、仕様を明確にした決算報告書で、幕府に支払いを受けるために作成されたものである。

ここでは、大手門を中心としてかつ後述する考古資料との対比を目的として抜粋して記述する（送り点筆者）。

一、桁行六間半。梁間五間半。　内追手御門

此坪数三十三坪弐合。　但、六尺五寸四方坪之。

此大工三千弐百七拾人。　但、壹坪ニ付九十八人半宛。

右之仕様、表冠木同大柱脇柱寄懸、同くゝりの上落懸共ニ槻、四方筋金打、同くゝりの上寄懸柱の間ともニ槻あせりはめ、同両大扉かまち槻、中の子檜、貫四通、裏板槻、筋金打、肘坪三ツ、釣関貫海老鎖有り、同両くゝりの扉かまち槻、中子檜、同裏板槻、筋金打、肘坪二ツ釣、海老鎖有り、裏冠木持柱、中冠木持柱、同所よせかけ柱共ニ槻、大貫三通宛、御門之内、西東大貫の間、戸四本宛金車かけ、敷居の溝に敷金打、鴨居の上ゟころはしの下迄、檜厚板はめ、金釘を立違はき、同石垣の方、檜厚板大はめ、合釘を立違はき、たうふちあり、かけ冠木、冠木持柱とよせかけ柱の間、両方共ニ居石ゟころはしの下迄檜厚板はめ、合釘を立違はき、同両方共ニ、下の大貫の上はに、根太板敷有、下の蹴込はめ、地福共ニ槻、同ころはし、同上の根太敷、檜、何もかんなけつり、同表冠木中冠木持柱寄懸柱共ニ銅の敷金、同上下に逆輪金物有レ之、扉の下蹴放し、裏表雨落の葛石、并に御

門のけ込石共ニ見影長石ニて切合敷、同け放し石ゟ表葛石の間、見影大石ニて切合、一段雁木に上げ、切合敷、同御門之内ねり土。

一、拾四間。三尺二寸五分。　同所裏表間庇木地土瓦葺。

此大工九十八人。　但、壹間付七人宛。

〈中略〉

一、桁行貳拾四間。梁間五間七寸。　同所渡り矢倉屋根土瓦葺。

此坪数百貳十貳坪半。　但六尺五寸四方坪也。

此大工七千九百六十二人半。　但壹坪ニ付六十五人宛。

右之仕様、四方出し、桁出し肘木作り土台有、外長押貳通り、貫五通、外大壁、内間壁白土塗、下ハ大引を土台へ仕合、根太打惣板敷、裏表拾四間、大隔かまち指廻し、立子槻にて、壹間ニ六本宛外の方銅包其上をしつくい塗、外ニ銅の懸戸、つき上ケの棒、鴨のはし有、内槻あせり戸、金車かけ、外しつくい塗、北東之窓の立子、槻ニて三本宛、外銅包、其上をしつくいぬり、同戸脇槻あせりはめ、何も敷居槻にて、溝の敷金同水抜の金物有、南西折廻し、高さ壹間宛の杉板はめ、付鴨居地敷居有、同大戸壹口同中仕切三間二本戸、同内の仕様、中引物にて、持放し、中柱の柱に、上下共敷金まき金有大貫梁間中柱へ通し、かわの柱へ打抜、欅木の大せんにてかため、敷桁にはりをくみ合、梁はさみ三通入、小屋筋違打、垂木つきくたし、かやおい裏輪、同瓦座に水抜、金物壹間に壹つ宛有、軒なます尾いたし、うら板戸居葺まき竹有、同鵄吻堅め、平物を指、棟に仕、下に指梁が入、欅木の真木上下へ打通シ、こみせんをかい、同しふんの頭に、木をしかせ、銅ニて包、両妻破風懸魚ひれ壁板共にしつくい塗、其上を銅の黒板ニて惣包、釘隠銅の打物。

（○同所石落、同所渡り櫓角力柱、御門軒之黒板おゝい共ニ、御門之置番所、二階土築掉共ニ、四方足代御門之内共ニ結橋、せひ、梯小釘箱、壁塗脚立、同、壁土舟、北之多門取付相之戸、同所上り段、内追手御門扉下風ふせき御門南取付塀屋根土瓦葺同所渡り矢倉南西折廻シ、高壹間之杉板はめ、付鴨居地敷共後ニ仕、窓つき上ケ上下ニ逆輪同鴨のはし打、大肘小肘之形貳組、御門水盛縄張石築共ニ略ス。）

小以大工壹萬貳千百六十七人半。木引三千九百拾壹人。

一、桁行三拾三間。梁間三間。　内追手多門屋根土瓦葺。

此坪数九十九坪。　但、六尺五寸四方坪之。

此大工四千四百五十五人。　但、壹坪ニ付四十五人宛。

〈中　略〉

小以大工四千八百九十四人。木引千五百七拾壹人

一、桁行三間三尺壹寸。袖之間貳間壹尺。　内追手冠木御門屋根土瓦葺。

此大工八百七十六人。

右之仕様、大柱袖柱共ニ槻、石居、大貫二通宛、大扉かまち槻、中之子檜、同貫四通り、裏板槻、合釘を立違はき、筋金打、肘坪三ツ釣関貫海老鎖有、同くゝり扉、かまち槻、中の子檜、同貫貳通り、裏板槻、合釘を立違はき、筋金有り、肘坪貳ツ釣、関貫海老鎖有り、同上の仕様、冠木槻筋金打、両方之大柱へ指堅め、腕木より抜、軒の桁をもたせ、中の間冠木ゟ棟木迄柱程の大短を立、筋金打、腕木貫三所ニて、軒桁を堅め、垂木かやおい裏輪、同瓦取水抜の金物有り惣上ケ塗、両破風切妻懸魚、同釘隠銅のうち物、同袖の屋根、扣柱ニ腕木を打抜、冠木のほそを延、桁棟を指堅めたる木かやおい裏輪、瓦座ニ水抜之金物有、軒に黒板打、惣上ケ塗、両破風切妻懸魚、釘隠銅の打物、屋根なます尾致、裏板土居葺まき竹有、扉下蹴放し見影長石ニて切合。

（○同所軒之黒板、同所筋違かうはり冠木御門両側坪屋根土瓦葺。略ス。）

小以大工千百九人。木引三百七拾人。

一、桁行貳拾間。梁間四間。　内追手御番所屋根土瓦葺。

此坪数八十坪。　但、六尺五寸四方坪之。

此大工三千六百人。　但、壹坪ニ付四十五人宛。

〈中　略〉

一、桁行五間。梁間貳間。　内追手張番所屋根土瓦葺。

此坪数拾坪。　但、六尺五寸四方坪之。

此大工三百七十人。　但、壹坪ニ付三十七人宛。

〈中　略〉

一、長拾壹間半。横四間。　内追手橋。

此坪数四十六坪。　但、六尺五寸四方坪之。

此大工貳千貳百八人。　但、壹坪ニ付四十八人宛。

右之仕様、柱梁行桁何も櫓柱五かわ立、大貫を通し、梁行桁五通りそりを作り、行桁外の方、厚サ三寸板ニてありに入包、行桁の上にやいら板を敷、其上板敷鏁ニて釣、欄地福平桁ほこ木袖共ニきほうし有、橋板ゟ袖のきほうし柱の内、青石合布敷、同葛石長石ニて切合敷、同高欄ニ銅の金物、同水落有り。

(〇同所橋北の方行桁之下ニ火よけ板横ニ檜厚板ニて間切ニ入、同所仮、内追手南之仮橋修覆、明壹丈壹尺之木戸大工小屋場、焼木さめ申大工、焼木さめ申挽、松末口物之切板ニ引申木引、御材木請取申時木引大工棟梁共ニ略ス。)

小以大工八千三百貳拾六人半。小以木挽三千五拾六人半。　内、貳百六十五人ハ、焼木さめ候分。

大工合貳萬六千四百九拾七人。木挽合八千四百九拾七人。

右之入目

一、銀三拾九貫七百四拾五匁五分　大工作料。　大工 與三右衛門
同 與三兵衛
同 六左衛門
同 惣右衛門

此大工数貳萬六千四百九拾七人。但壹人ニ付銀壹匁五分宛。

日帳證文相改吟味仕、如レ此御座候。

一、銀八貫拾七匁六部五厘　木引作料。　木引　六兵衛

此木引数八千九百八人半。但壹人ニ付銀九分宛。

日帳證文相改吟味仕、如レ此ニ御座候。

一、米五百三拾壹石八升貳合五夕　大工木挽飯米。　大工　與三右衛門　木引　六兵衛

〈中　略〉

一、銀貳百三拾壹匁九分　唐金鴟吻丸鋳手間代。

直段之儀ハ、御釘奉行衆木部藤左衛門・竹田六郎右衛門・松野左五右衛門・小西九左衛門吟味之上、相極被レ申候。(○中略)。

〈中　略〉

一、銀貳拾七貫百八拾貳匁貳分六毛　大坂瓦師　三郎兵衛　同　藤右衛門　同　惣右衛門

土瓦之代　江戸瓦師　五郎右衛門　同　久右衛門　同　太郎兵衛

直段之儀ハ、御瓦奉行衆山本忠兵衛・岡山茂右衛門吟味之上、相極被レ申候。(○此わけ略)。

〈中　略〉

小以銀貳百三拾貳貫八百五拾九匁四分三毛。

小以米五百三拾壹石八升貳合五夕。

右之外御蔵物諸色請取遣申払

一、貳拾壹本　紀伊殿ゟ御進上木。檜長三間木。壹尺角。　長井清太夫　武藤庄五郎　美濃部與藤次　ゟ請取、(○中略)

一、三拾六本　尾張殿ゟ御進上木。同長三間木。八寸角。　右同人ゟ請取。（〇中略。）
一、千貳百七拾三本（〇此わけ略。）松平対馬守上リ木。右同人ゟ請取。
一、百五拾四本（〇此わけ略。）吉野山ゟ参候御材木。長井清太郎 武藤庄五郎 美濃部與藤次 ゟ請取。
一、四拾四本（〇此わけ略。）右馬頭殿ゟ御進上木。長井清太郎 武藤庄五郎 美濃部與藤次 ゟ請取。
一、貳本（〇此わけ略。）松平大隈守御進木。右同人ゟ請取。
一、八拾壹本（〇此わけ略。）相州中原ゟ参候御木材。右同人ゟ請取。
一、六拾貳本（〇此わけ略。）焼残木。永井清太夫 武藤庄五郎 美濃部與藤次 ゟ請取。
一、七千九百四拾八丁　欠塚槫木。右同人ゟ請取。（〇中略。）
一、貳百五本（〇此わけ略）古御材木　美濃部三郎左ェ門 多賀又左ェ門 荻原十助 ゟ請取。
一、百貳本　津久井木之由。松長二間ゟ三間迄。　右同人ゟ請取。（〇中略。）
一、九本（〇此わけ略。）尾張殿ゟ御進上之由。見影角石。　横山甚兵衛 中島孫兵衛 ゟ請取。
一、壹本　御天守台築残石之由。見影角石面三尺六寸四方。跡面　長九尺。　右同人ゟ請取（〇中略。）
一、五百本　青石　長三尺。幅壹尺貳寸。厚サ六寸。　右同人ゟ請取。（〇中略。）
一、荒銅千七百三拾三貫五百四拾四匁　小宮山市郎兵衛 田邊清右衛門 ゟ請取。（〇中略。）
真段之儀ハ、御釘奉行衆木部藤左衛門・竹田六郎右衛門・松野左五右衛門・小西九左衛門吟味之上、錫とたん錫物師方ゟ出し、銅減代鋳立申筈ニ相極被レ申候。（〇此わけ略。）
一、三拾八貫八百七拾目　布苔。小宮山市郎兵衛 田邊清右衛門 ゟ請取。（〇中略。）
一、貳拾俵　白土ふるい糟。美濃部三郎左衛門 萩原十助 多賀又左衛門 ゟ請取。（〇中略。）

写真21　「明暦三丁酉初冬」銘の大手門鯱

一、壹筋　苧縄　表二十七間。八寸廻り。　右同人ゟ請取。（○中略。）
一、貳千八百拾九貫貳百拾匁　荒銅。小宮山一郎兵衛 田邊清右衛門ゟ請取。
一、三百三拾壹貫九百九拾五匁七分　屑銅。美濃部三郎左衛門 荻原十助 多賀又左衛門ゟ請取。
一、貳百拾貫八百拾八匁　焼銅。右同人ゟ請取。
一、百貳拾六貫五百貳拾目　焼鴟吻四ツノ分。右同人ゟ請取。
一、拾九坪五合九夕六才　古堅石見影石共ニ。　御場中ニ有之候を遣。
一、貳拾壹坪七合七夕壹才　古青石。右同断。
一、九坪七合八才　古小田原石。右同断。
一、千三百拾五枚　古瓦。　右同断。

以下、二ノ丸御門・汐見板御門は略

右の史料は、相馬家が担当した中で、大手門（内追手御門）に関する建物の仕様、経費、品目等を記したもので、萬治二巳亥年四月十五日の日付があり、相馬長門守内の新谷與兵衛・西市右衛門・稲葉八太夫・藤田佐右衛門・熊川右衛門の連署で御勘定所に提出した写しによるものである。「御蔵物之寄」には、御被官の田中與左衛門、御大工（大工頭）木原内匠と鈴木修理の連署もある。

考古資料との対比ということで、青銅製品の金石文と石垣について述べることにする。

(5)「明暦三丁酉初冬」銘の鯱

江戸城大手門の桝形内に青銅製の鯱一点が置かれている。かつて、渡櫓門の鴟吻として取付けられていたもので、高さ約四尺六寸（一三八㎝）、幅約一尺（三一㎝）、長さ二尺二寸（六八㎝）を測る（写真21）。鯱の背面には三行にわたり金石文が彫られている。そこには、

明暦三丁酉初冬
銅意入道
正俊作

とある。つまり、明暦三年（一六五七）初冬に、渡邊銅意正俊がこの鯱を制作したというのである。前述の相馬家史料の大手門に関する中には、「渡邊銅意」の名は登場してこないが、二之丸御門渡櫓にも鴟吻がのり、本丸内追手門・二之丸御門・鹽見坂御門・蓮池喰違御門・富士見下御問をあわせた「右之寄」の中に、

一、銀四百六十三匁八分　唐金鴟的鋳手間代。鋳物師銅意

の記述を見出すことができる。表11と前述の相馬家記録、金石文が一致するのである。

鋳物師の渡邊銅意に関する資料は、他にもある。東京国立博物館には、明治に入り諸門が撤去される際に渡櫓門の鯱が所蔵されている。残念ながら原位置を特定することはできないが、大手門の鯱とは形状がやや異なる。背面には五行にわたる金石文が認められる。

萬治二己亥年五月
銅意法橋作
同子渡邊近江大掾源正次

この鯱は、明暦大火後、銅意法橋親子が製作したことを示唆している。相馬家が担当した普請では、他に前述した大手門橋の擬宝珠にみられたという。残念ながら現存しないが、表12にあるように

萬治二己亥年
八月吉日
法橋渡邊銅意
同近江大掾源正次

と彫られていたという。同様の擬宝珠金石文は、年月こそ異なるものの、大手下乗橋・和田倉橋・一橋にもかつて存在したことが記録されている。表12では、渡邊銅意の他に「椎名兵庫頭吉綱」があり、幕府の銅瓦奉行（相馬家史料の中では御釘奉行と記述、この他に釘鎖銅鉄共としての表現もみられる。）の指導のもとで複数の鋳物師が係わっていることがわかる。ちなみに、椎名家の銘は、西丸大手橋から平河門橋に移設された擬宝珠にみられるので、それについては後節で述べることにする。

表12　明暦大火後復興擬宝珠銘一覧（文献資料より）

位置	紀年銘	鋳造師銘	西暦	出典
本城大手	萬治二巳亥年 八月吉日	法橋渡邊銅意 同近江大據源正次	1659	『考古界』一―四 『東京市史稿』第貮
下乗橋	萬治元戊戌年 十二月吉日	渡邊銅意法橋 同近江大據源正次	1658	『考古界』一―四 『東京市史稿』第貮
竹橋	明暦戊戌年三月吉日	鋳物師 椎名兵庫頭吉綱	1658	『東京市史稿』第貮
和田倉	萬治三庚子年三月	銅意法橋 渡邊近江大據源正次	1660	『東京市史稿』第貮
一橋	萬治三庚子年 二月吉日	渡邊銅意法橋 同近江大據源正次	1660	『考古界』一―四 『東京市史稿』第貮
日本橋	萬治元戊戌年九月吉日	椎名兵庫頭吉綱	1658	『考古界』一―四
小石川御門	寛文元辛丑年五月吉日	椎名兵庫頭吉綱	1661	『考古界』一―四

※江戸東京博物館「日本橋」復原擬宝珠には「萬治元戊戌年／九月吉日／日本橋／御大工／椎名兵庫」と「鋳物御大工／椎名兵庫頭」の二種類の銘文が展示されている。

⑹　大手門角石

相馬家記録の内追手門（大手門）に関する「御蔵物諸色請取遣申払」の中に、尾張家から進上された見影石（御影石、花崗岩）九本と天守台残石の見影石一本が含まれている。また、仕様にも渡櫓と冠木門に見影石が使用されたことが記述されている。しかし、仕様では、玄関前の扇下のあけ放し石より表葛石の間に見影石が用いられているということであり、現在ではこの箇所が舗装されており、確認することはできない。後述する中之門のこの部分には、花崗岩が用いられており、おそらくそのような状況にあったものと考えられる。いずれにしても、江戸城においては、伊豆石（安山岩）よりも堅固な見影石（花崗岩）が珍重されたことは疑の余地がないところである。

振り返って、大手門の石垣方をみると、表11にあるように細川越中守綱利が担当している。

細川家では、本丸五ヶ所の石垣普請の金銀に関する公儀に提出した算用帳が『新撰御家譜』に残されている。それには、

御普請御勘定帳

惣坪合千百拾四坪八合貳夕。本坪根入坪共ニ。

内

九拾五坪貳夕。　御買石ニ而調レ之。

三百八拾五坪三合四夕。　進上石ニ而調レ之。

六百三拾三坪六合六夕。　古石ニ而調レ之。

惣鴈木合長貳千貳百五十五間五尺七寸二分。葛石共々。

内

九百七拾五間六寸。　面切斗。

九拾四間五尺。　御買石ニテ調レ之。

千百八拾六間壹寸貳分。　古石ニ而調レ之。

右之入用。　銀合貳百拾八貫四百四拾九匁四分三厘。

米合三千五百九拾五石貳斗九升。

右、是ハ御本丸五ケ所之御石垣御普請、并両所御仮橋入用、直段之儀、各被㆓相究㆒之由断ニ付、如㆑此御勘定仕上申候。若相違之儀御坐候ハ、、何時成共仕直可㆑申候已上。

萬治元年戌八月廿八日　細川越中守内御普請役 松野亀右衛門
右同 益田彌一右衛門
細川越中守内 有吉頼母佐

御勘定所

右之外、石にて被㆓渡下㆒候分、并竹木等迄も、御蔵物受取候品々、委敷目録相調、差出候処、右御米銀ハ、夫々被㆓渡下㆒候。

とある。この勘定帳をみる限りでは、幕府からどの程度、石を渡されたかは不明であるが、細川家では、およそ半数を古石で賄っていることがわかる。ちなみに、幕府の御石奉行衆から細川家への石の引渡は、明暦三年十月二十一日に深川の安藤右京屋敷前の水上場で行われたとある。深川からは、船で運搬したのである。

細川家の石垣普請は、当初、石の運搬に手間取っていたとみえ、御普請惣奉行の久世大和守廣之をはじめとする役人衆が丁場見廻りの折、同じ石垣方で天守台を担当した松平加賀守綱紀の丁場との対比のことが伝えられている。久世大和守の談として、松平加賀守の丁場が早速取付けがはじまっているのに対して細川越中守の丁場では、まだ根石すら据えていないと工事の遅れを指摘されたとある。

細川家では、担当した丁場の中でも、とりわけ天下の居城の大手門台の修築には細心の配慮がなされたようである。今日、渡櫓門を通り抜けて右手石垣をみると、安山岩で小さな島状の班点を伴う角石が目に止まる。この班点状のものは、岩石学的にいうと玄武岩礫等を角礫として捕獲しているもので、この岩石は、次章で述べるが伊豆半島東海岸の東伊豆地域、とりわけ稲取周辺に産出するものである。伊豆稲取の石丁場は、寛永五年までは土佐藩の山内家で

写真22　清水門肘金「万治元年」銘

写真23　清水門壺金「夫」

あったものが、寛永六年（一六二九）の時点で松平隠岐守・細川越中守・松平肥前守の三家に譲り渡したことが『細川家文書』や『山内家史料』に記されている。つまり、自藩で切出した石を大手渡櫓門の角石として築いている可能性があるのである。

(7)「万治元年」銘の肘壺と清水門

北の丸の清水門に行くと青銅製の肘壺（門に設置された蝶蕃）がある。肘壺は、門や潜戸の開閉のための金具で、上位を壺金、下位を肘金と呼称されている。そのうち、明暦大火の修復が記録された金石文が肘金に彫られている。清水門の肘壺は、サイズから大型と小型の二者があり、小型のものは潜戸に限られている。金石文は、大型の肘金には全てにあり、後述するように壺金の一部には漢数字や漢字一文字、記号などが認められる。しかし、主要な内容は、肘金に施されたものである。潜戸では、渡櫓門には無いが、高麗門には存在し、文字は、大型の肘金と同一内容が肘壺全体に彫られている（現状は、文字が肘金と壺金とでは角度が二〇度位振れているために、斜めに読まないと内容が判然としない）。

金石文の主要内容は、製作年月日・職名・製作者等であり、それらの順位、表記等に相異が認められる。文字資料から二型に分類することができる。

A型…年号、月日、職名、製作者の順で四行もしくは五行にわたるもの。年号の表記で「年」が「歳」の文字を使用していること、職名に「石火矢張」と「張」の文字を使用していること、製作者名の「渡辺」という文字に「渡邊」が用いられ、姓氏に「主膳正藤原」が入っていることを特徴とする。典型的な事例を紹介すると、

「万治元歳
　戊八月吉日
　御石火矢張
　渡邊主膳正藤原康
　則」

となる。製作者名が二行にわたるものや名が彫られておらず姓氏で途切れるものもある。

B型…職名、製作者名、年号、月日の順で三行から五行にわたるもの。三行と五行の違いは、製作者名と年月日が各一行であるか二行であるかによる。製作者名に、姓名の後に「作」の文字の有無があるので、さらに二分することも可能である。年号の表記に「年」の文字、職名に「石火矢大工」の「大工」の文字を用いていること、製作者名に楷書で「渡辺」が用いられ、姓氏に「善右衛門尉」が入っていることを特徴とする。なお名は、「康□」と二文字目がいずれも判然としない。典型的な事例を紹介すると、

「御石火矢大工
　渡辺善右衛門尉
　康□作

万治元年
戌八月吉日　」

となる。

A型・B型の筆跡は明らかに異なり、文字を彫るにあたって少なくとも二人の人物が関与していることがわかる。具体的には、A型が高麗門左手一段目・二段目、同・潜戸、渡櫓門左手一段目、B型の「作」が入るものとして高麗門右手一段目、渡櫓門右手一段目、「作」の無いものとして高麗門右手二段目、渡櫓門右手二段目、同・左手二段目等が該当する。

文字の内容を検討してみよう。

「万治元年」は、一六五八年で、明暦大火の翌年である。『東京市史稿』皇城編第壱によると、この大火の復旧として明暦三年（一六五七）九月二日、書院番河野権右衛門通定と花畝番揖斐與右衛門政近が田安門と清水門の構造奉行を命じられている。万治元年十二月十九日には、普請が完了したことによって奉行の河村善八郎重正が幕府より時服三領・黄金三枚を賜うことが記されている。すなわち、肘金の金石文と史料とは一致するのである。

職名の「石火矢」とは、大砲の別称で語源は明らかではないが、フランキ（仏郎機）とかハラカンと呼称される古い時代の後装砲で、我国では天正四年（一五七六）、大友宗麟が南蛮人に注文しはじめて得たといわれている。大砲＝大口径砲は、玉目一貫目（口径八㎝）以上のものを総称しており、肘壺の製作にあたっては従来の鋳物師による鋳造技術では不十分であり、大砲鋳造法の会得が不可欠であったために、この職名が使われたものと考えられる。ちなみに、清水門の肘壺は、肘金を受ける壺金の軸の部分となる大きさが、内径で二寸三分から二寸五分（七・〇～七・五㎝）、外径で五寸五分から五寸七分（一六・五～一七・〇㎝）、軸長七寸（二一・〇㎝）を測る。まさに大砲サイズなのである。

製作者の「渡邊氏」は、後述する田安門の「寛永十三年」銘の肘壺と同様の一族で、徳川家康が大友氏の滅亡後、流落しているところを慶長九年（一六〇四）五月、石火矢師渡邊三郎太郎を召し抱えたことにはじまる。『徳川實紀』第一篇所収の『東照宮御實紀』巻八には、慶長九年五月として

佛郎機工渡邊三郎太郎に豊後國葛城村にて采邑百石たまわり。御名の一字を御みづから給ふ。この後御用器機にもみな康の字を銘とするといふ。（家忠日記、寛永系圖、貞享書上）

とあり、『東照宮御實紀附録』巻二十八には

渡邊三郎太郎といふは。元豊後の大友が家人なるが。大友の命にて入唐し。石火箭の製作をよび放し様るならひ心得て帰國しけるが。大友亡て後は三郎太郎も流落し宗覚と改名し。同國府内の城主早川主馬が方に寓居してありしを。主馬よりかの石火箭を御覧に入しかば。こは軍用にかくべからざるものなりとて。宗覚父子を召出され。度々御用を仰付られ。殊に大坂冬の役には。駿府へめし石火箭調じて奉り。夏の役にも供奉し。落城の後城中にて焼し銅鉄の類を。ひとつに吹まとめて奉り。後年に至り領邑を賜はり。世々この御用奉る事となりぬ。（貞享書上）

とある。渡邊三郎太郎は、肘壺の製作が目的ではなく、あくまで石火矢（大砲）鋳造であり、一族も同様である。慶長十二年十二月には伊達政宗が石火矢二挺・五〇目筒三〇挺、慶長十七年三月には松平忠明が石火矢一二挺・大鉄砲一二挺等を家康より支給されているが、これらの石火矢は駿府で渡邊三郎太郎が製作したものと考えられている。また、『姓氏家系大辞典』第三巻には

62　豊後　國東郡眞玉村の名族渡邊氏は大神姓と称し、同郡徳六村の渡邊氏は藤原姓と云う。

とあり、さらに、

70　雑載　……又幕府小給地方由緒に「渡邊主膳、石火矢師渡邊佐次右衛門（地方五〇石）を載せ……以下略

と記されている。

すなわち、A・B型の渡邊（辺）氏とは、幕府召抱えの大砲鋳造師であり、名に「康」の一字が用いられているのは、史料と一致するところである。また、筆跡が異なること、姓の「邊（辺）」や姓氏が異なるところをみると、清水門の肘壺の製作にあたっては、少なくとも二人の人物が関与していることを示唆している。

なお、共通点として職名の文字の起首の「御」の文字の旁が「卩（ふしづくり）」ではなく、「阝（おおざと）」が用いられていることは特徴的であり、田安門や内桜田門とは異なるところである。

つぎに、壺金にみられる金石文について述べることにする。文字・数字、記号の彫られている位置と内容に特徴を見出すことができる。位置では、中心となる軸の腹部と軸から扉に延びる足の連結部下位の二者がある。前者は、全て漢数字である。高麗門右手二段目の「七」、同・左手一段目の「五」、同・左手二段目の「四」を好例とする。この三例は、肘金においても同様の漢数字が彫られていることから、肘壺をセットとして組立てるための数字であることがわかる。この場合、壺金では、前述の文字資料と漢数字とが離れた位置にある。ちなみに、この漢数字は、金石文のタイプに関係なく、A・B型の両者に認められる。なお、これに類するものとして、渡櫓門右手一段目では、肘壺の軸腹上端部に縦位に「¦」の記号が彫られているが、同様の効果をねらったものであろう。この軸腹の漢数字は、肘金と壺金とが揃って効果が発揮されるが、現実には一方のみで、製作者の意図と施行とが一致しない場合がある。高麗門右手三段目、同・左手三段目では、片方にのみ「六」の漢数字が認められる。

後者は、かなり特異といわざるをえない。文字として「夫」・「大」の二種類二口、記号として「≪」「⊖」と「→」の三種類四口が認められる。「夫」は、高麗門右手二段目に施されており、文字の横線二が長く、上端の突抜けが短いことから、あるいは「天」の文字を彫ったものであるかもしれない（写真23）。文字は、全体としてどっしりとした感がする。「大」は、渡櫓門右手二段目にあり、二本の線で「大」の文字が整然と彫られている。記号としての「≪」は、高麗門右手一段目、「⊖」は、渡櫓門右手一段目、「→」は、同・左右三段目に認められる。いずれも彫りが深く、文字・

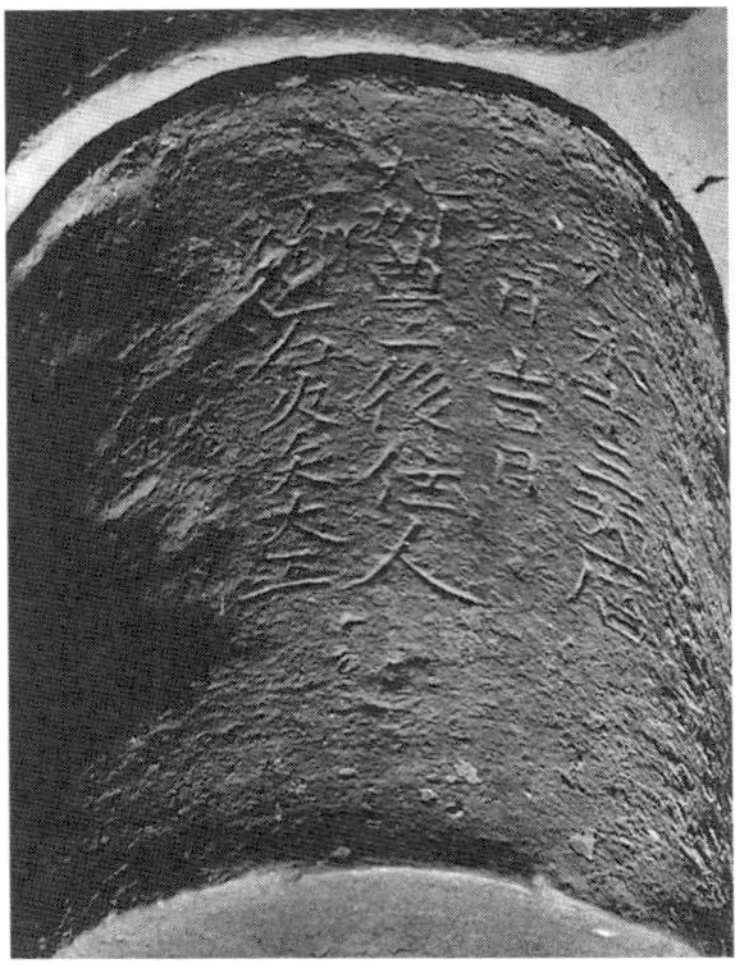
写真24　田安門「寛永十三丙子暦」銘肘金

記号とも大きなもので、それは、肘壺を門に設置した後に二次的に施されたと考えられるものではない。しかし、何故の目的をもって彫られたかは、残念ながら不明である。

(8) 江戸城における肘壺の変遷

江戸城における肘壺は、今日、北の丸の清水門・田安門、本城の大手門・内桜田門・平河門・北桔橋門、西丸の大手門・坂下門・外桜田門等で目にすることができる。素材には、前述の清水門のような青銅製のものと鉄製のものとの二者がある。鉄製のものは、平河門、内桜田門高麗門を好例として粗悪な造りのものが多く、時間軸を特定することはできないが、後出的とみて大過ない。

青銅製のものには、清水門の他に金石文が施されているものがある。それは、肘金に彫られているもので、田安門高麗門で二口、内桜田門渡櫓門で二口の四例がある。

田安門では、門の左右の二段目にある。文字は、一部、磨耗して判読しずらいものがあるが、内容・行数とも同じである。そこには、

　寛永十三丙子暦
　　九月吉日
九州豊後住人
御石火矢大工

渡邊石見守康直

作

と六行にわたり彫られている（写真24）。文献資料には、寛永十三年（一六三六）に田安門の建直しの記事はみあたらないが、金石文が雄弁に語っている。また、明暦三年（一六五七）の大火では、清水門と同様、全焼したように思われがちであるが、少なくとも高麗門は焼け残ったのである。さらに、高麗門左右一段目の肘壺を観察すると、素材はもとより鋳造法や法量などは金石文が施された肘壺と酷似している。つまり、同時に製作された可能性が高いと考えられるのである。その場合、清水門とは異なり、金石文は一部の肘金に彫られたということになる。

内桜田門では、渡櫓門左手一・二段目にある。職名と製作者は彫られているが、年月日は無く、そのため時間軸は明確ではない。そこには、

御石火矢張

石見守作

と二行にわたり記されている。文字は楷書で、田安門や清水門の金石文と比較すると大きい。個々の文字について検討してみよう。職名の「石火矢張」という表記は、清水門のA型の金石文にみられる。内桜田門では、「張」の文字の偏が「弓（ゆみへん）」であるのに対して、清水門では「[illegible]」の文字が用いられている。製作者の「石見守」は、田安門でみられるが、姓の「渡邊」と名は彫られていない。内桜田門の肘壺の時間軸を特定することは困難であるが、修築の記録として、慶長十九年（一六一四）と慶安二年（一六四九）の二者が目に止まる。第五節で述べているように、慶安二年の修築では、桝形内の石垣や渡櫓門の土台となる石垣が一新されている。一方、金石文の内容をみると、田安門のものよりもかなり簡略化されている。確かに一文字あたりのサイズは大きいが、法量は表13のように軸腹長が田安・清水両門と比較すると明らかに小さい。以上のことから、田安門の「寛永十三暦」銘の肘壺より新しく、慶安

表13　肘壺の法量

位置	壺金 内径	壺金 外径	壺金 軸腹長	肘金 外径	肘金 軸腹長	金石文の有無	素材	備考
田安・高麗門	七・二	一八・〇	二一・〇	一六・〇 一六・八	二二・五 二四・五	有	青銅	「寛永十三暦」銘
清水・高麗門	六・五 八・〇	一六・〇 一七・〇	二〇・五 二二・五	一六・〇 一六・五	二二・〇 二二・五	有	青銅	「万治元年」銘
清水・渡櫓門	七・五	一六・五	二一・五	一六・五	二二・〇 二二・五	有	青銅	「万治元年」銘
内桜田・渡櫓門	八・〇	一四・五 一四・〇	一七・二	一四・五	一七・〇	有	青銅	
外桜田・高麗門	七・五 八・八	一四・八	二三・一 二四・〇	一四・四 一五・〇	二三・五 二四・一	無	鉄	
外桜田・高麗門	八・〇 八・五	一四・七 一五・〇	二三・五 二五・〇	一二・〇 一五・二	二三・二 二五・〇	無	鉄	
平河門・高麗門	七・〇	一三・〇	一八・〇	一三・五	一八・〇	無	鉄	
平河門・渡櫓門	九・五	一五・〇	二四・五	一四・〇	二三・五	無	鉄	

二年の修築時に上屋と共に製作された可能性が高いと推察される。

つぎに、鉄製の肘壺について、若干、補足しておくことにする。

鉄製の肘壺は、青銅製のものと比較すると精巧ではないことを述べたが、法量と鋳造の二点から特徴を指摘してみたい。

表13の肘壺の法量をみると、肘金・壺金とも鉄製のものは、青銅製に比べて軸腹長がやや長い。また、壺金の内径

は、〇・五〜一・〇㎝程大きい。それに対して肘金・壺金とも外径は、二〜三㎝程小さい。つまり、鉄製の肘壺は、軸の器厚が薄いのである。

鋳造からみると、平河門と外桜田門を好例として、肘金・壺金とも一本造ではなく、二〜三の小型のものを熔接することによって個々を作出している。そこには、石火矢師としての鋳造技術はみあたらず、鋳物師の製作によるものと考えざるをえない。さらに、肘金の下端をみると、肘壺を連結する軸棒を熔接した痕跡を明瞭にとどめており、江戸城全体の肘壺を見渡した場合、技術の低下は一目瞭然である。

なお、本城大手渡櫓門の壺金は、他の門とは異なり、上端が軸腹から続く。所謂、蓋状の形態をとっている。軸棒を壺金全体で覆っているのである。本城大手門は、大正十二年（一九二三）までは渡櫓門を使用していたが、関東大震災で焼失し、昭和二〇年（一九四五）の東京空襲でも被災している。今日の渡櫓門は、昭和四十二年に復元されたものであるが、大正期以前の肘壺の復元であるならば、形態的にみて一つ加える必要がある。

四　元禄十六年の大地震と石垣金石文

(1)　元禄十六年の大地震

江戸時代前半の江戸での大地震としては、前述の寛永五年（一六二八）七月十一日の他に、慶安二年（一六四九）六月二十日、元禄十六年（一七〇三）十一月二十二日が記録されている。この地震は、同日丑刻（午前二時頃）房総沖を震沖地とするマグニチュード八・二といわれているもので、震源地に近い房総半島南部や三浦半島では、震度七程度の揺れがあったという。この地震によって相模・伊豆では大きな被害が生じ、倒壊した家屋が相模領内で四六一九戸、駿河領内で四七六戸あり、死者も小田原家中で八六人、城下で六五一人、相模領内で三六人、伊豆領内で六三九人、その他寺で九人、旅人四〇人の一四六一人がでたという。また、地震直後には火災も発生し、小田原城下は壊滅的な打撃を受けた。さらに、小田原から箱根間の東海道ではいたるところで大石による落石があり、通行不能であったという。このような状況下で、小田原藩では、幕府から一万五千両の借財をして当面の復旧活動を行ったのである。

ところで伊豆での被害が大きいのは、津波によるものである。和田村・川奈村・宇佐美村（今日の伊東市域）の被害がとりわけ大きく、津波の高さが一二mにも及んだという記録がある。伊東市物見が丘の佛現寺や同宇佐美西留田の行蓮寺には、津波供養塔が建立されている。

このうち、宇佐美漁港に近い行蓮寺の供養塔は、安山岩製の角柱状を呈し、元禄大津波犠牲者の六〇回忌（一七六三年）を記念して建立されたものである。側面には、

宝暦十二壬午天十一月二十三日建立之

幷浪流死之諸聖霊第六十年忌

の紀年銘が彫られている。また、裏面には、被害の状況が六行にわたり詳細に記されており、あわせて寛永十年（一六三三）正月十九日の津波被害の様子もうかがえる。

余談であるが、寛永十年正月の地震は、江戸では大きな被害の報告はないが、小田原では、元禄十六年の大地震と同様の被害がもたらされている。

『大猷院殿御實紀』巻二十二の正月廿に、

…今暁関東大地震す。こと更小田原一驛ことごとく破潰し。民屋一宇ものこらず。泥水湧出。箱根山より岩石くづれ落て。行人これがためにうたれ。死するもの多かりしとぞ。よて稲葉丹後守正勝に。速に道路の修治を加ふべしと命ぜられる。又小田原城廓は作事奉行酒井因幡守忠智。普請奉行黒川八左衛門盛至うけたまわり。公使を

表14『甘露叢』による元禄十六年の江戸城被害状況

場所	被害状況	人的被害
雉子橋門	大番所箱板書潰し	足軽二人、中間一人死亡、其他ケガ人有
小石川門	塀歪み、壁落	
市谷門	堀崩れ、石垣少崩れる	
筋違橋門	大番所後の塀損傷、石垣崩落	
浅草橋門	大番所後の塀損傷、石垣崩れる	
常盤橋門	門少々破損、大番所潰れかかる、塀、石垣崩落	
呉服橋門	門少々破損、土手、石垣、塀崩落	
竹橋門	桝形の箱番潰れる、多門歪む	
吹上御門	御門外張番所歪む 北の蓬華の石垣崩れる、塀損傷、壁所々落	
竹橋口御番所	別儀なし	
北之丸口	塀・石垣崩落	
清水門	石垣崩れ、所々破損	
一橋門	桝形内箱番所潰れる、壁落ち塀崩れる	
神田橋門	桝形内箱番所潰れる	
平川口門	門と壁残らず倒壊	

　以って修理せしめらる。…

とある。この地震の余震とみられるものが廿一日から廿六日にかけて連続的にかつ頻繁に起きたことが記録されており、その後は、序々に間隔があくが続いていることがうかがえる。かなりの大地震だったのである。

(2) 記録に残された元禄大地震による江戸市中・江戸城の被害

『柳営日次記』は、元禄大地震について、

　廿三日
　昨夜丑刻大地震。御城中所々石垣・御櫓・御多聞等崩破。其外江戸中大小名之家作・並町屋民家転倒夥敷也。其上相州小田原城中城外人家潰、失火燃出、人多損亡。安房・上総潮張、海民悉漂流、死亡者不レ可二勝計一。慶安二己丑年武州大地震有レ之以後者、今度初て也。

と記している。また、江戸城の被害状況について詳細に記した『甘露叢』には、

　十一月廿二日丑刻大地震、百七十年以来無レ之事ト云。

場所	被害状況	人的被害
和田倉門	大番所箱番所潰れる	中間七人死亡、ケガ人一二人
馬場先門	大番所箱番所潰れる	中間一人死亡、ケガ人一人
	御門外堀、南方石垣、五六間崩落	
鍛冶橋門	所々壁落	
数寄屋橋門	壁四五間崩れる	
山下門	箱番所潰れる	
半蔵門	塀崩れ、石垣損傷、大番所少し破損	
赤坂門	石垣、塀崩れ、壁崩落	
田安門	渡櫓壁落、石垣崩れる、総壁損傷	
外桜田門	御番東土塀四五間崩れる、其外壁瓦所々損傷	
虎之門	壁瓦所々損傷	
幸橋門	壁瓦所々損傷	
日比谷門	大番所潰れ、土塀残らず倒壊	当番土方市正・徒目付一人・小人二人・他一人けが・足軽四人ケガ
内桜田門	大番所潰れる、壁所々崩落	牧野駿府守家来、死人・ケガ人有
追手（大手）門	壁瓦所々崩落	
御城（本丸）	櫓、多門、所々瓦壁、石垣崩落	
西ノ丸	大損傷	

或説ニ、越後高田地震以来ノ大地震トナリ。宵ヨリ電光強ク、地震ノ後、丑ノ半刻ヨリ、星落飛テ暁ニ至ル。辰巳ノ方電光ノ如ク折々光アリ。地震ノ前ニ、地鳴ル雷ノ如シ、大ユリハ三度、小ユリハ数不レ知、凡一時ノ中に三四十度震リ、老中ヲ始メ諸将士早速登城。御城廻所々破損并大名屋布破損、大□如レ左。雉子橋御門、同内御蔵、大番所箱番所ツフレ、足軽二人・中間一人死、其外少々怪我アリ。小石川御門、塀ヒツミ、壁落。牛込御門、塀クツレ、壁ヲツル。市谷御門、堀崩、石垣少クツル。後略

とある。この記事をもとに、江戸城城門の被害状況をまとめたものが表14である。全ての門で何らかの塀や壁の崩落、所々で石垣の崩壊が生じていることがわかる。中でも地盤が悪い櫻田での被害は大きく、和田倉門・馬場先門・内桜田門の内外では死亡者の報告がでているのである。市中に拡げるならば、被害が甚大であったことは容易に推察されるところである。

幕府は、この地震の修復普請に元禄十六年十一月二十五日をもって総奉行に阿部豊後守正武・秋元但馬守喬知、御

用掛に井上大和守正岑・稲垣対馬守重富、作事奉行に松平伝兵衛乗邦・大島伊勢守義也、普請奉行に甲斐庄喜右衛門正永・水野権十郎忠順、小普請奉行に布施長門守正房、小普請方に遠山善次郎・永田半介・竹田藤右衛門・竹村権右衛門を命じている。

表15　震災復旧普請助役大名一覧（元禄十六年十一月二十九日付）

普請箇所	助役大名	金石文（竣工日）	竣工日
西丸下桜田・半蔵門迄 （西丸不レ残 外桜田門 半蔵門 田安門）	松平大膳大夫吉廣		宝永元年（一七〇四）四月二十九日
大手下乗橋門・中ノ門・玄関前 （大手辺并喰違 百人組仰門 中之門 玄関前辺）	松平右衛門督吉泰 （藤堂大学頭高睦に代わる）	宝永元年（一七〇四）甲申四月日 宝永元年（一七〇四）甲申四月日	宝永元年七月一日
和田倉・馬場先・内桜田・日比谷門 （内桜田門 和田倉 馬場先 蓮池門 日比谷門 上梅林坂 下梅林坂 平川口門 帯郭）	立花飛騨守宗尚	宝永元申年（一七〇四）四月吉辰 元禄甲甲（一七〇四）三月吉辰	宝永元年四月二十九日
下梅林坂平川門并帯郭	丹波五郎三郎秀延		宝永元年七月一日
数寄屋橋ゟ呉服橋迄（数寄屋橋ゟ鍛冶橋・呉服橋迄）	稲葉能登守知通		宝永元年五月十五日
常盤橋ゟ一橋迄（常盤橋ゟ神田橋・一橋迄）	戸澤上総介正誠		宝永元年五月十五日
一ツ橋ゟ雉子橋迄	加藤遠江守泰恒		宝永元年六月一日 （正月七日起工）

※普請箇所の（　）内は『毛利家記録』による

表16　震災復旧普請助役大名一覧（追加分）

普請箇所	助役大名	国名	居城	竣工日・他
御城廻り石垣	吉川勝之助廣達			毛利吉広の家臣
半蔵門より清水門辺り石垣、田安門、清水門	上杉民部大輔吉憲	出羽国	米沢城主	宝永元年五月十六日褒美
玄関前二重櫓・附武者走石垣・二丸銅門多聞・潮見坂	松平兵部大輔昌親	越前国	福井城主	宝永元年十一月一日
高石垣多聞二重櫓・上梅林坂門二重櫓	伊東大和守祐實			「宝永元甲申年み濃屋」金石文
北桔橋門多聞・同続二重櫓・上梅林坂門二重櫓迄多聞	黒田伊勢守長清	日向国	飫肥城主	宝永元年九月一日
坂下門・外桜田門・日比谷門	鍋島摂津守直之	筑前国	直方邑主	宝永元年九月一日
神田橋門・鍛冶橋新口・竹橋門・並多聞	秋月長門守種政	肥前国	蓮池邑主	宝永元年九月一日
半蔵門	六郷伊賀守政晴	日向国	高鍋城主	宝永元年九月一日
半蔵門より北の破損石垣二百十間余	毛利周防守高慶	出羽国	本庄城主	宝永元年九月一日
右ニ同じ、二百五十間	松平周防守康宮	豊後国	佐伯城主	宝永元年九月一日
筋違橋	有馬大吉良純	石見国	濱田城主	宝永元年九月一日
赤坂門	永井日向守直達	越前国	丸岡城主	宝永元年
小石川門	松平采女正定基	摂津国	高槻城主	宝永元年九月二十八日
虎ノ門	小出伊勢守英利	伊予国	今治城主	宝永元年九月二十八日
浅草見附	酒井靭負佐忠囿	丹波国	園部邑主	宝永元年九月二十八日
牛込門・市谷門・四谷門	内藤能登守義孝	若狭国	小濱城主	宝永元年十一月二十八日
幸橋・赤坂溜池落合	松平中務少輔信道	上野国	安中城主	宝永元年九月二十八日

また、十一月二十八日には、毛利大膳大夫吉広・藤堂大学頭高睦・立花飛騨守宗尚・丹羽五郎三郎秀延・稲葉能登守知通、加藤遠江守泰恒・戸澤上総介正誠に表15の助役を命じている。その後、十二月二日には、藤堂大学頭高睦が被災したために役を免ぜられ、松平（池田）右衛門督吉泰に代わっている。後述するが、これらのうち、松平右衛門督吉泰が担当した大手三之門・中之門、立花飛騨守宗尚が担当した内桜田門・蓮池門の石垣内からは、紀年銘の入った金石文が確認されているのである。

幕府では、各門や石垣の修復のために、さらに追加して助役を命じる。十二月十五日には、毛利吉広の家臣の吉川勝之助廣達、正月二十二日には、上杉民部大輔吉憲、三月二十二日には、松平兵部大輔昌親・伊東大和守祐實・黒田伊勢守長清・鍋島摂津守直之・秋月長門守種政・六郷伊賀守政晴・毛利周防守高慶、五月二十九日には、松平（松井）周防守康官・有馬大吉真純・永井日向守直達・松平（久松）采女正定基・小出伊勢守英利・酒井靭負佐忠囿・内藤能登守義孝が手伝の増員に名を連ねている。また、『手傳記』には、松平中務少輔信道の名もあり、助役は、総勢二十四家に及んでいる。増員は、助役大名だけではなく奉行にも及んでいる。正月二十五日には角南主馬國通・京極主計高久が修理奉行に、六月十八日には長谷川半四郎重尚・稲生七郎右衛門正房を城廻修理手伝方普請奉行に、服部久右衛門常方・根来平左衛門長安・仁賀保内記誠方・朝倉外記豊壽を城廻普請奉行に各々加補されている。

　ちなみに、増員された大名の普請箇所は、表16の通りである。修復工事は、先は江戸城の中核である本丸・西丸、さらに被害の大きい桜田周辺、そして外郭諸門の順で進められ、主要な箇所は国持大名が担当していることがわかる。

表17　毛利家の手伝普請

	普請箇所	状況
西丸	大手櫓	修復
西丸	大手冠木門	同
西丸	大手大番所	同
西丸	中仕切東多門	同
西丸	中仕切門	同
西丸	中仕切西多門	同
西丸	獅子口門	同
西丸	山里門	同
西丸	山里冠木門	同
西丸	山里大番所	同
西丸	吹上渡櫓	建直
西丸	吹上冠木門	修復
西丸	吹上大番所	同
西丸	玄関前渡櫓	建直
西丸	玄関前大番所	修復
西丸	二重櫓	建直
西丸	二重櫓車之多聞	同
西丸	裏門	同
西丸	裏門大番所	修復
	井伊掃部頭屋敷下大下水	修復
	田安門仮屋根	仕直
	所々番所	当分建
	※西丸手廻り壁当分壁繕	
	西丸所々石垣	築直
	半蔵門ゟ続南方外郭石垣	同
	馬場先門南方の御堀端石垣	同

　なお、二ノ丸殿舎・石垣も修築しており、二ノ丸殿舎は水野監物忠之、同・石垣の修築は内藤駿河守清枚が命じられ、ともに十一月

表18　震災復旧に要した毛利家の資料

品目	数量・他
材木	八六八本〔槻丸太・松丸太・櫓・完コマ・栂角〕
同・材木	三、五二八念（杉丸太）
掛塚榑木	二八、二九五挺
唐竹	六四、六五〇本（内、二八、九七四本拝借足代）
石	二、三七五本〔但、隅石・平築石・岩岐石・青石・小田原石・玄蕃石〕
割栗石	九三坪九合
木目石	三二坪
付芝	四〇六坪
大坂土瓦	二二三、五一六枚
摺縄	六九六束
石灰	三六四石
布苔	二六二貫七六〇目
同・布苔	一五貫三百目（但、松平右衛門督殿場所ゟ請取）
おり油	九斗
畳古床	百畳
空俵	六、六八五俵
谷土	一七七坪
砂	二二坪
役船	二、八七七艘

までには竣工している。

(3)　『毛利家記録』に残る毛利吉廣の手伝普請

毛利家には、元禄十六年の大地震に関する同家の担当した丁場の詳細な普請記録が残されている。注目される史料として、宝永二年十一月の日付で、毛利家家臣の鮎川作右衛門・香川太郎兵衛・口羽十郎兵衛・横山勘兵衛・國司式部・穴戸丹波の連署で勘定所に提出した裏書がある。それによると同家の丁場とその修復状況は、表17にあるように西丸を中心としていることがわかる。また、表17にはないが、破損した竹橋渡櫓門の取払いなども行っている。毛利家では、普請総奉行に穴戸丹波、添奉行に國司式部をはじめとする十三人の奉行のもとでこの任についている。

修復工事は、助役を命じられて間もなくの元禄十六年十二月八日に公儀役人、大工頭鈴木修理、同棟梁甲良豊前らと田安・竹橋両門での震災の立合いに端を発し、二日後の十二月十日にそれらの取払工事がはじまることが記録されている。その際、不要となった土塀・瓦等々の廃材の処理については、見当たらない。その後、震災の激しかった西丸の修復工事も開始され、翌、宝永元年（一七〇四）四月七日に竣工する。表17の普請箇所と工期とを照合すると、かなりの突貫工事で行われていることとがわかる。

前述の『毛利家記録』には、この修復工事に要した毛利家の人員・費用等に関する記事がある。そこには、人足が四八万四一三二人（このうち幕府役人に提出した日々の請負人足は二八万八五六六人）、費用が三二七三両一歩銀二匁八分四厘と米一二二四石五升一合八夕一才と記されている。

また、その中には、資材の内訳もみられ、十七品目（同一品目を除く）が載せられている（表18）。これに各種道具を要したのである。ちなみに、毛利家では、表17に示したように石垣の築直しも行っており、表18の石二三七五本、役船二八七七艘という記述から、相州・豆州で採石したかは判然としないが、産地から取寄せたことが推察される。

(4)『御城内外御作事御手伝方丁場絵図』

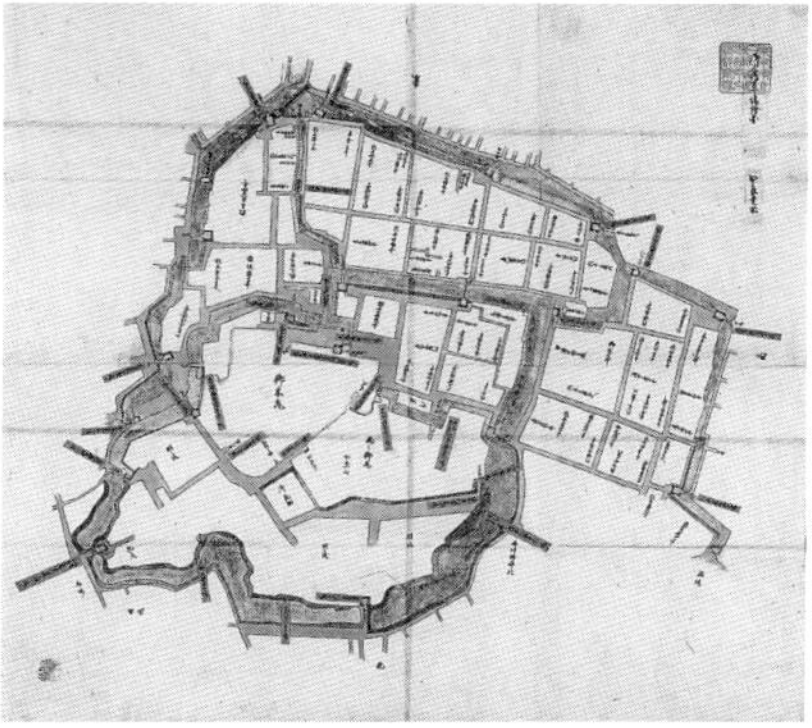

写真25　御城内外御作事御手伝方丁場絵図』
（都立中央図書館東京誌料文庫所蔵）

都立中央図書館東京誌料文庫所蔵『江戸城造営関係資料（甲良家伝来）』の中に、『御城内外御作事御手伝方丁場絵図』がある。この絵図は、幕府の大工棟梁の一家である甲良家に伝来したもので、元禄十六年の大地震を契機として、作事方の立場で各大名の普請箇所を示したものである。縦六五・〇cm、横六九・一cmの画面に江戸城の本丸・西丸とそれを取巻く吹上・北ノ丸、西丸下、雉子橋門から溜池にいたる外郭内の大手前・大名小路の平面図を描き、堀を青色、道を黄色で彩色し、その上に普請担当箇所を大名名を記した赤い付箋で示している。付箋の位置には、田安門が上杉吉憲、外桜田門が黒田長清などを好例として表15・16の普請箇所と担当した助役大名名と絵図とが一致していることがわかる。この絵図は、外郭の西側から北側—赤坂門から浅草門—にかけての部分が描かれていないが、文献資料の裏付けの一端となるものである。

ちなみに、絵図には製作年代が記入されていないが、宝永元年に描かれた写しとみて大過なかろう。

(5)　元禄十六年大地震復旧を知る石垣金石文

明治以降、門の解体や石垣修築工事に伴って、石垣の裏面から元禄大地震の復旧工事の一端を知る金石文が、これまで五例知られている。それらを列挙するとつぎのようになる。

(1)蓮池門
(2)内桜田門
(3)大手三之門渡櫓門
(4)中之門
(5)汐見坂側天端隅脇石

(1)・(2)は、明治時代に確認されたもので、『東京市史稿』皇城篇第貳に記されている。

(1)は、明治四十三年（一九〇〇）蓮池門を撤去する時に掘り出されたもので、残念ながら出土位置は明確ではない。現在、この金石文を刻んだ石は、車（歩）道を挟んで富士見櫓の東側、かつて存在した蓮池門の礎石の根石三個と排水施設に隣接して置かれている。安山岩製で、縦一一八cm、横三八cmを測り、平面形が長方形を呈するもので、丁寧に調整が施された面に三行にわたり楷書体で文字が彫られている（写真26）。

蓮池右左御門臺　　築之
立花飛驒守源宗尚

元禄甲申三月吉辰

金石文中の「元禄甲申」は「元禄十七年」にあたり、これは、前述の表2が示すように筑後国柳川城主の立花飛騨守宗尚が修築したことを示唆する資料である。

(2)は、『東京市史稿』に、内桜田門礎石にも「内櫻田左右石臺／寳永元申年四月吉辰／立花飛騨守源宗尚築レ之」とある。(1)より一ヶ月遅れであるが表15にあるように蓮池門と同様に立花飛騨守宗尚が修築したことを示唆している。内桜田門は、今日、高麗門・渡櫓門をはじめとする桝形が修築保存されており、金石文の施された石の行方は定かではない。

(3)・(4)は、皇居東御苑内の石垣修復工事に伴う調査の中で発見されたもので、表15にあるように藤堂大学頭高睦に代わって因幡国鳥取城主の松平（池田）右衛門督吉泰が修築したことを示唆する資料である。ともに金石文の内容は同一であり、かつその石は、石垣の最上位に左右一個ずつあるなどの共通点を持つ。ちなみに、(3)は、昭和四十年（一九六五）一月二十九日付の朝日新聞に写真入りで掲載されており、その他にササの紋、「角」、「○」などの刻印・刻銘も紹介している。

写真26　蓮池門石垣金石文

(4)は、平成十七年（二〇〇五）の石垣修復工事に伴う発掘調査の中で発見されたものである。中之門は、今日石垣のみが現存するが、蜷川式胤によって明治十一年頃に刊行された『観古図説』（撮影者は横山松三郎）の古写真と照合すると、渡櫓の建物は撤去されているものの、石垣は、当時のままで手が加えられていなかったことがわかる。

金石文が発見されたのは、最上位角石の背面で、金石文が施

写真 28　中之門石垣金石文

写真 27　中之門の遠景

された角石は、門正面右手は南東隅に、左手は南西隅（中雀門寄）にあり、両者はあたかも対角線上に配置されている。このうち一般公開された前者では、花崗岩製の長さが一間半程の巨大な角石の長軸中央にやや偏在して楷書体で三行にわたり彫られている（写真20）。

寶永元年甲申四月日

因幡伯耆両國主

松平右衛門督吉明築之

文字は、三行目の大名の名が他の二行よりも一回り大きく彫られている。前述した(1)・(2)と比較すると、三行であることは同じであるが、内容の順位、門の名称や領地名の有無など相違点もうかがえる。

ところで、金石文が施された角石の表面を観察すると、文字が彫られた周囲一面は入念に平滑に調整が施されているのに対して、それ以外の部位には細かな連続する線条痕やノミの調整痕が残り、荒々しく仕上げられている。また、端部には、数個の矢穴が認められる。人目に触れる反対側の面が金石文が彫られた周囲と同様、入念に平滑に仕上げられているのとは対照的で、背面の様相をよくとどめている。さらに、広範囲にわたりスス痕が認められるのも特徴である。江戸城は幾度となく火災に遭遇しているが、石垣の僅かな隙間から煙が入りこんだことによるものであろう。残念ながらこの時間を特定することはできない。

(5)は、(1)〜(4)が渡櫓門の土台石であるのに対して、高石垣の天端石の背面から発見されたものであり、趣を異にしている。この金石文は、平成十四年の梅林坂・汐見坂間石垣修復工事に伴う発掘調査で発見されたものである。その位置は、汐見坂側石垣天端の隅脇にあり、金石文は、天端石背面に六行にわたり彫られている。文字は、横位の状態にあり、石垣を積み上げる際に背面両端を打ち割り加工していることから、欠落している部分もある。

□□《寳永》元甲申年
□月十九日
□濃屋
庄次郎
築之

『宮内報』による中間報告によると、石垣天端部では部分的に宝永富士火山灰層（宝永四年噴火）があること。東面多聞櫓跡の下位から明暦大火によって生じた多量の焼けた瓦・焼土が一面に廃棄されていることなどから、層位学的成果などを交え、

　宝永元甲申年（一七〇四）／□月十九日／み濃屋／庄次郎／築之

と解釈している。同報告では、「み濃屋庄次郎」について、「明暦四　江府天守台修築日記」に初代に関する詳細な記述があることを指摘し、この金石文に彫られた人物は、その二代目もしくは三代目と推察している。

　振返って表16の復興助役大名をみると、ここでの担当箇所は、越前国福井城主の松平兵部大輔昌親とある。本来ならば、大名名を刻むところであるが、そうではないのである。この金石文を考えると、渡櫓台と高石垣は、両者とも、石垣ではあるものの機能や重要度は自ずと異なり、藩の事情も手伝って、このような形で残されたものであろうか。

現在、汐見坂を下った右手には、この金石文の写真を含め発掘調査の成果の一端が大型のパネルとして公開されている。

写真 29　中之門角石内部

(6) 中之門の修築工事

城郭の中で門の石垣の構造を知る機会は、きわめて少ない。近年では、報告されているものとして、赤坂門の発掘調査―この時は、基盤、根石、排水溝など―と田安門・清水門の史跡指定に伴う修理工事―櫓門の解体修理（上屋）、桝形の整備など―の事例があるに過ぎない。

中之門は、江戸城本丸の中で大手門・内桜田門・大手三之門・中雀門と共に諸大名が登城する上で必ず通過を余儀無くさせる重要な門であったことはいうまでもない。江戸時代におけるここでの守衛は、「御持弓、御持筒頭、但し与力十騎同心五十五人、与力番所幕張日々替」とあり、武備として鉄砲二五・弓二五（無装置付）であったという。法令には、「右五組一昼夜勤仕日光御社参之節八五組共不残御供仕候ニ付跡ノ御門番御手先へ被仰候事」の記述がある。外郭諸門と比べると守衛・武備とも著しく多く、大手六門の一つとしての特徴が顕著な記事といえるものである。

『観古図説』の古写真と修復工事に伴う調査以前の石垣の様子は同じであることは前述した。石垣は、門の左右とも大型の角石を用い横目が通る整層積で五段に積上げられている（写真27）。石材は、花崗岩が大半を占め、所々に安山岩もみられる。石の表面は、入念に平滑に仕上げられており、ススの付着はもとより、被熱によって部分的に膨張し、剥落しているところもある。ちなみに、解体修理のために百人番所前に積上げられた用材をみると、平石垣や高石垣の用材が顕著な角錐形であるのに対してここでは長方体を呈している。調整・整形痕は、金石文のところで述べたように人目に付かない背面や側面は粗雑になっている。解体・発掘調査は、公開されていないが金網フェンス越しに遠望すると、二つの特徴が目に止まる。第一点は、前述の石垣の下に二段の根石が認められることである。最下層の根石は、全て安山岩製で上位のものに比べ幅の狭い小型で同一サイズのものが用いられているようにみえる。根石の下は、一部で水が染み出していることから、そのままでは不安定である。おそらく基盤を堅固に補強した上に胴木が敷かれているものと推察される。ちなみに、石の表面の調整は粗雑のようにみえる。二段目の根石は、一段目とは異なり、上位と同様に花崗岩製の大型の角石が用いられている。当初より人目に触れず、根石として用いたことを示唆するものである。この二段の根石は、石材が異なることから、あるいは二時期の築造を示唆するものであるかもしれない。第二点は、石垣の内側には栗石が充填されていることである（写真29）。その量は、おびただしいものである。

ところで、中之門の石垣の修築は、宝永元年以前にも行われている。明暦の大火の修復として、幕府は、明暦三年（一六五七）九月二日、肥後国熊本城主の細川越中守綱利に大手門台・二ノ丸門台・中之門台・蓮池喰違門台の修築を命じている。細川綱利は、明暦四年三月十二日に起工し、同三月二十五日には小十人組二人を伊豆・相模に派遣して補修用の石材を調達していることが記されている。つまり、修築にはその石が使用されているのである。次章で述べるが、伊豆・相模の地域は安山岩の産地であり、中之門で主に用いられている花崗岩は産出しないのである。ちなみに、細川家の担当箇所の修復工事は、明暦四年七月十八日には竣工している。

五　『江戸城御外郭御門繪圖』と石垣桝形

(1)　「江戸城御外郭御門繪圖」

甲良家伝来資料の中に、『江戸城御外郭御門繪圖　全』がある。縦二八・一㎝、横三九・〇㎝の彩色が施された折本装で、外郭諸門に番所が入った平面図が各々描かれており、奥書には、「享保二丁酉年十月／御作事方／大棟梁／甲良豊前扣」の記述がある。

この絵図は、享保二年（一七一七）八月十六日・十八日前後の暴風雨によって武家民家はもとより、城内の諸門や橋など大きな被害を受け、その修復のために作成した控えである。

ちなみに、この風災による修理工事について『柳営日次記』には、

廿五日（享保二年八月）

上野、御宮・惣御仏殿・御門跡・其外山中不レ残。自坊ハ見合速ニ可レ致二修復一事。

馬場先御門。常盤橋。呉服橋。数寄屋橋。日比谷。山下。幸橋。虎之御門。芝口。赤坂。筋違并昌平橋木戸内共。浅草。桜田御用屋敷。千駄屋御蔵屋敷。三浦壹岐守御預り御櫓。三御厩。

右、風破十九ヶ所、御作事奉行方ニ而、御修復可レ仕候。

増上寺、御仏殿・方丈・其外山中不レ残。但、自坊ハ見合、速ニ可レ致二修復一事。

桜田御門。和田倉。一橋。竹橋。清水。田安。半蔵馬場曲輪御番所共。四ッ谷。市ケ谷。牛込。小石川。西丸下御用屋敷。

高倉屋敷。竹橋御蔵。御舂屋。津藤右衛門御厩。

右、風破十八ヶ所、小普請方ニ而御修復可レ仕候。

右書付、大和守・森川出羽守渡レ之。

後　略

とある。修復の所管が作事方と小普請方とに分れているが、これについては『憲教類典』に詳述されているのでそれにゆだねることにするが、被害の度合は別として外郭諸門全てで風災を受けていたことは疑いの余地がないところである。したがって、図30の外桜田門桝形図を好例として幕府の作事方大棟梁の職を代々務めていた甲良家に、外郭諸門の桝形の形状と番所の位置、さらには間取り図が残されていたわけである。後述するが、田安門、清水門の桝形を

図15　江戸城三十六見付（浅草橋門を除く）

復元するにあたっては、この図がもととなっている。

ところで奥書にある「甲良豊前」とは、四代・宗員を指し、豊前は通称でこの他に相員・助五郎・左衛門・志摩の名で呼ばれている。作事方の存職期間は、延宝五年（一六七七）から享保十一年（一七二六）までの五〇年余りで、享保十八年三月二十八日に没している。

(2)　門と石垣桝形

堀にかけられた城門は見附とも称される。「江戸三十六見附」の名があるように、見附は、一方では、見張りのための城門であるともいえる。それでは、江戸城の城門は三六かというと、幕末の慶応三年

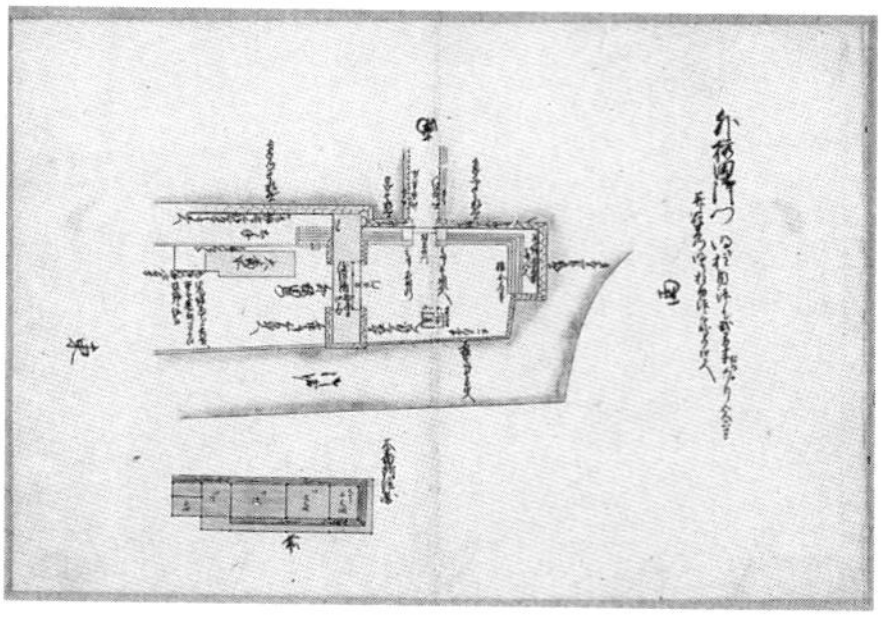

写真30　「外桜田門」桝形平面図（都立中央図書館東京誌料文庫所蔵『江戸城御外郭御門繪圖』）

（一八六七）の記録には、本城・西丸の中雀門・中之門・大手三之門・大手門・内桜田門・西丸大手門の大門六と諸門六〇、外桜田門をはじめとするそれらを囲繞する門や外郭諸門の二六をあわせた九二門とある。つまり、「江戸三十六見附」とは、江戸城の城門の数が三六であるというのではなく、数が多いということを表わしているのである。

近世城郭では、城門は、城内と城外とを区切る施設として重視され、多くの場合、四角い桝形の形状をとっている。そこでは、外に面する外門と内に面する内門からなり、双方が交互するように配置されている。外門のことを冠木門・高麗門、内門を渡櫓門といい、建築様式の上では、冠木門は二本の柱を建てその上に一本の柱を通した軽構造のもの、高麗門は二本の柱の上に切妻式の屋根がのり、控柱の上にも屋根のついたもの、渡櫓門は、下部が門で上部が櫓になっているものと区別している。しかし、文献資料や絵図などでは、冠木門と高麗門とを同じ意味で用いている場合が少なくない。

門の桝形には、曲輪内に組み込まれた内桝形と曲輪から突出した外桝形に大別することができる。前者は、大手三之門、和田倉門などを好例とし、後者は、外桜田門、平河門、田安門などがある。両者を組みあわせることによって防御機能を一層増している。外桜田門を一例にあげると、桜田土橋を渡り高麗門をくぐると正面には濠、左手には高麗門から続く石塁が半分程で途切れ、そのため桝形内の北、北西部は開放され、構造物は何らみあたらない。桝形内を右折すると豪壮な渡櫓門があり、門をくぐるとはじめて西丸下の曲輪内に入るのである。すなわち、外桜田門の場合、攻撃する側の観点でいうと、外から一挙加勢することは困難であり、仮に入ったとしても武装した堅牢な渡櫓門を突破することは容易ではないのである。本城への大名達の登場門である大手門・桜田門をみると、二方向が濠に面している。いわば、内桝形と外桝形との折衷的な形状をとっているのである。

桝形内は、外桜田門や内桜田門は例外であるが、一般的には大手門や和田倉門・田安門をはじめとして二つの門を挟むように石塁が囲繞している。石塁には、桝形内からの見張・攻撃を目的とした岩岐や狭間石を伴う瓦塀などが付設されていることはあるが、建造物がのることはまずない。例外的に、大手三之門では三方を多聞、中雀門では隅櫓が造営されている。

ところで、桝形に代表される諸門は、防禦機能を有していると述べたが、江戸城の場合には、具体的にどのようなものであったであろうか。

甲州流の軍学によると、桝形は、横五間・縦八間の四〇坪を標準とし、そこから「五八の桝形」の名称が生まれている。そこには、一坪につき鎧武者六人を置き、四〇坪であるから二四〇人、さらに一坪につき騎馬武者一人、全体で四〇人、双方で五〇騎一備をしたといわれている。江戸城では、後述する三十六見附の中では山下門が最も小さく、それでも六間・十二間ある。坪数では七二坪となる。時間の経過の中で、桝形の大型化をうかがうことができる。

ちなみに、江戸城の場合、小野清氏の著書『徳川制度史料』の中の「柳営行事上」慶応三年五月の記録によると、表19に示したように外郭諸門では、守衛・武備は羽織袴を着用した番士が三〜五人、鉄砲五〜一〇梃、弓三〜五張、長柄槍五〜一〇筋、持筒二梃、持弓一組の武器を備え警備していたという。門の守衛・武備は、各門の位置・機能によって大きく異なり、大門六門の中でもとりわけ要所にあたる大手門・内桜田門・西丸大手門の三門は厳重な警備がなされていたことがわかる。この相異は、後述するが、門・桝形の石垣の積み方、石材の種類と大きさ、調整痕などにも顕著である。

余談であるが、内・外郭に設置された城門は、街道筋や重要な通用路にあるために、庶民も通行する。そのため、

表19　江戸城三十六見附の守衛武備他（『江戸城三十六見附繪圖集成』一九八五を一部改変）

門の名称	守衛	武備	構築年代
中雀門	御書院番頭、但、与力十騎同心二十人宛、御玄関前与力番所幕張日々替	鉄砲二五・弓二五　無袋置付（御慶事五節句、弓鉄砲緋袋入二四、長柄二〇）	慶長十二年（一六〇七）
中之門	御持弓、御持筒頭。但、与力十騎同心五十五人宛、平生十二、三人、与力番所幕張日々替	鉄砲二五・弓二五　無袋置付	
大手三之門	御鉄砲百人組、但、与力二十騎同心百人宛、平生三十人、月次式日加番二十人、五節句加番五十人	鉄砲二五・弓二五　無袋置付	寛永六年（一六二九）
大手門	十万石以上の譜代大名家衆、番士十人の内番頭一人、物頭一人は常に肩衣着用、平常羽織袴着用	鉄砲三〇・弓一〇・長柄五〇・持筒二・持弓二	
内桜田門	譜代大名六・七万石勤仕、万端大手門と同	鉄砲二〇・弓一〇・長柄一五・持筒二・持弓二	慶長十一年
二ノ丸銅門	大番頭、但、与力三騎同心六人宛	鉄砲五・弓五　無袋置付	慶長十九年（一六一四）
平河門	譜代大名五万石以上勤仕、衣服ならびに勤め方は外桜田門と同	鉄砲二〇・弓一〇・長柄一五・持筒二・持弓二	
西丸大手門	十万石以下六万石以上譜代大名家番・勤仕、法令大手門と同	鉄砲二〇・弓一〇・長柄二〇・持筒二・持弓二	寛永元年
坂下門	御手先頭、但、与力五騎同心八人宛、与力番所の幕張毎日替	鉄砲二五・弓二五　無袋置付	
紅葉山下門	御手先組与力三騎同心六人宛、与力番所日々幕替	鉄砲五・弓五　無袋置付	寛永六年（一六二九）
外桜田門	譜代のうち外様に準ずる家筋の大名五万石以下三万石以上、半年又は一年交替勤仕、但、病気で滞府中のものは三年間勤務、番士五人、羽織袴準熨斗目半袴着、伴頭肩衣着用相成	鉄砲一〇・弓五・長柄一〇・持筒二・持弓二	元和六年（一六二〇）
日比谷門	一万石の外様大名参勤交代之衆一ヶ年勤仕、番士四人羽織袴着、法令外桜田門に同	鉄砲一〇・弓五・長柄一〇・持筒二・持弓一	寛永四年（一六二七）
馬場先門	譜代大名二・三万石に限勤仕、番士五人羽織袴着、法令外桜田門に同	鉄砲一〇・弓五・長柄一〇・持筒一・持弓一	寛永六年（一六二九）

和田倉門	譜代大名二、三万石限り番士羽織袴着、法令外桜田門に同	鉄砲一〇・弓五・長柄一〇・持筒二・持弓一	元和六年（一六二〇）
竹橋門	譜代大名一万石余り限菊ノ間衆二月、八月参勤交代の衆或いは定府の乗在府節は三ケ年勤仕、法令一橋門に同	鉄砲一〇・弓五・長柄一〇・持筒二・持弓一	元和六年（一六二〇）
清水門	一万石以下三千石以上寄合三年間勤仕、番仕三人羽織袴着、法令竹橋門に同	鉄砲五・弓三・長柄五・持筒二・持弓一	元和六年（一六二〇）
田安門	譜代大名一万石限菊ノ間諸衆二月、八月参勤交代の衆或いは在府の衆は三ケ年勤仕、番士四人羽織袴着、法令竹橋門と同じ	鉄砲一〇・弓五・長柄一〇・持筒二・持弓一	慶長期・元和六年
半蔵門	一万石余の譜代菊之間、番士四人羽織袴着	鉄砲一〇・弓五・長柄一〇・持筒二・持弓一	元和六年（一六二〇）
虎の門	一万石以下寄合五千石以上三ケ年勤仕、番士三人羽織袴着、法令幸橋門に同	鉄砲五・弓三・長柄五・持筒二・持弓一	元和六年（一六二〇）
芝口門			宝永七年（一七一〇）
幸橋門（御成門）	外様大名柳之間詰一万石、参勤交代の衆は一年、定府の衆は三年勤仕、番士四人羽織袴着	鉄砲一〇・弓五・長柄一〇・持筒二・持弓一	寛永十三年（一六三六）
山下門	一万石以下寄合三千石以上三年宛勤仕、番士三人羽織袴着、外曲輪に付法令幸橋門と同	鉄砲五・弓三・長柄五・持筒二・持弓一	寛永十四年（一六三七）
数寄屋橋門（芝口門）	一万石以下五千石以上の寄合三ケ年勤番、番士三人羽織袴着、法令日比谷門と同	鉄砲五・弓三・長柄五・持筒二・持弓一	寛永六年（一六二九）
鍛冶橋門	外様柳之間大名一万石余参勤交代の衆一年間勤仕、番士四人羽織袴着、法令日比谷門に同	鉄砲一〇・弓五・長柄一〇・持筒二・持弓一	寛永六年（一六二九）
呉服橋門	外様柳之間大名二万石余限り参勤交代の衆一ケ年勤仕、番士四人羽織袴着	鉄砲一〇・弓五・長柄一〇・持筒二・持弓一	寛永六年（一六二九）
常盤橋門	外様大名柳之間三万石以上限り参勤交代の衆一ケ年勤仕、番士四人羽織袴着、法令神田橋門に同	鉄砲一〇・弓五・長柄一〇・持筒二・持弓一	寛永六年（一六二九）
神田橋門	外様大名衆七万石或は国持大名の分家筋三万石以上限、番士五人羽織袴着、法令外桜田門に同	鉄砲一〇・弓五・長柄一〇・持筒二・持弓一	寛永六年（一六二九）
一橋門	譜代大名帝鑑、雁の間衆二万石に限、其以下助けは半年勤	鉄砲一〇・弓五・長柄一〇・持筒二・持弓一	寛永六年

	仕、番士四人羽織袴着、法令神田橋門に同		（一六二九）
雉子橋門	一万石以下五千石以上寄合三年勤仕、番士三人羽織袴着、法令一橋門に同、但、下座は大名衆と違い御側御留守居は総て下座	鉄砲五・弓三・長柄五・持筒二・持弓一	寛永六年（一六二九）
浅草門	一万石以下五千石以上寄合三ケ年間勤仕、番仕三人羽織袴着	鉄砲五・弓三・長柄一〇・持筒二・持弓一	寛永十三年（一六三六）
筋違橋門	一万石以下五千石以上衆三ケ年勤仕、番士三人羽織袴着	鉄砲五・弓三・長柄五・持筒二・持弓一	寛永十三年（一六三六）
小石川門	一万石以下三千石以上の衆三ケ年勤士、番士三人羽織袴着	鉄砲五・弓三・長柄五・持筒二・持弓一	寛永十三年（一六三六）
牛込門	一万石以下三千石以上の衆三ケ年勤仕、番士三人羽織袴着	鉄砲五・弓三・長柄五・持筒二・持弓一	寛永十三年（一六三六）
市ケ谷門	一万石以下三千石以上の衆三ケ年勤仕、番士三人羽織袴着	鉄砲五・弓三・長柄五・持筒二・持弓一	寛永十三年（一六三六）
四谷門	一万石以下三千石以上の衆三ケ年勤仕、番士三人羽織袴着	鉄砲五・弓三・長柄五・持筒二・持弓一	寛永十三年（一六三六）
喰違門	？	？	寛永十三年（一六三六）
赤坂門	一万石以下三千石以上の衆三ケ年勤仕、番士三人羽織袴着	鉄砲五・弓三・長柄五・持筒二・持弓一	寛永十三年（一六三六）
浜大手門	一万石以下五千石以上寄合衆三ケ年勤仕、番士三人羽織袴着	鉄砲五・弓三・長柄一〇・持筒二・持弓一	宝永四年（一七〇七）

門を通行するにあたって細則が定められている。享保六年（一七二一）の内外諸門の御門御定書全十八ケ条の中には、次のような条項が含まれている。

一、冠木御門は、夜中も開置、本御門は、卯刻（午前六時頃）開㆑之、酉刻（午後六時頃）可㆑閉㆑之。但くぐり（潜戸）は子刻（夜半十二時頃）迄開置、断次第開㆑之可㆑通㆑之。不審成義有㆑之、可㆓相改㆒事。

一、女之義、酉之刻より卯之刻迄、手形を取可二相通一。但し不審成義於レ有レ之は可レ改レ之事。
一、御番所近所ニ而喧嘩口論有レ之は、番之輩早速罷出取計、双方留置、御目付中之申達、可レ受二御差図一候、病人怪我人有レ之時は養生為レ致候様ニ可レ被二申付一事。
一、縦御役人たりと言共、故なくして御番所へ立寄すべからざる事。并茶湯水之外、一切出すべからざる事。
一、火之元大切之事候間、御番人食物之外、一切拵置べからざる事。
一、於二御番所一縦御用之儀といふとも、何様之物にても、一切渡レ借間敷事。
一、御門御番所等之屋根草を取、土居（土塁）之草折々苅候様に可レ被二申付一候。水打候節、柱根并土台えかけざる様、可レ被二申付一事。

享保六年閏七月

和田倉御門、外桜田御門、神田橋御門、常盤橋御門、馬場先御門、日比谷御門、半蔵御門、田安御門、竹橋御門、呉服橋御門、一ッ橋御門、鍛冶橋御門、数寄屋橋御門、清水御門、雉子橋御門。番中。

このほか通行者の階級や身分、格式、時間軸によっても警備の様式が異なり、守衛の人数・服装等についても表19に示したように細かく規定されているのである。

本城・西城の場合、同年の定書では、大手門・桜田門・西丸大手門の三門は卯刻から酉刻まで開いているが、下馬・下乗の制があり、乗物と伴連れの数に厳しい制限があった。ちなみに『柳営日次記』によると、万治二年（一六五九）九月五日の日付で「下馬より下乗之橋迄召連人数之覚」と「下乗之橋より内江召列人数之覚」が発令されている。江戸城の下馬所は、大手門・内桜田門・西丸大手門の三箇所が表下馬、平河門・坂下門・矢来門・北桔橋門が裏下場であり、通常、大名が登場するのは大手門・内桜田門と決められていた。（『徳川制度史料』「柳営行事」上巻によると下馬札の表記文字が異なり、表下馬では「下馬」と裏下馬では「下馬」と区別したとある。）ただし、総登場で混雑する時には、臨時に外桜田門・馬場先門・和田倉門を下馬所にしたのである。乗物は、大名と一部役人を除き基本的には下馬所で降り、そこからは徒歩となる。従者の数も制限されてくる。乗輿を許されている者も、下乗所で降りなければならない。下乗所は、本城では、大手三之門の外にあたる下乗橋、西城では西丸大手橋ぎわとなっている。例外として、御三家だけは中雀門まで入ることができた。すなわち、大手三之門からはほぼ全員が徒歩で本丸に入ったことになる。

伴連れの人数にも規定があり、下馬所までの中間・草履取を除く侍の数は、一万石以上の大名は先供、駕脇を含めて一三、四人、五万石以上が一七人、一〇万石以上が二〇人、国持大大名でも二五人を超えることはできなかった。下馬所からはさらに人数が減る。下乗までは、従四位および一〇万石以上の大名、国持大名の嫡子は侍六人、草履取一人、挟箱持二人、六尺四人、雨天時のみ傘持一人が許された。下乗からは人数がさらに減り、従四位および一〇万石以上の大名、国持大名の嫡子らは侍三人、草履取一人、挟箱持一人となる。一万石以上の一般の大名と三〇〇〇石以上の旗本、ならびにこれと同格の役人は侍が二人、三〇〇〇石以下は侍一人となっている。このように、諸大名にとっては、大手三之門・中之門・中雀門は必ず徒歩にて移動するわけであるから幕府の威厳を示すには格好であったといえる。また、少人数での登城であるが故に、これら三門の警備は大手門をはじめとする三門と比べると手薄であったことはうなずけるところである。

(3) 復旧された田安門・清水門の桝形

江戸城北の丸北辺に築かれた門として、田安門と清水門がある。明治維新後は、田安・清水両家の屋敷跡に近衛歩兵連隊の営舎が設営され、両門はその営門にあてられていた。関東大震災では田安門の渡櫓門が倒壊し、また、終戦後陸軍が解体されるにいたって両門の破損は急激に進んでいく。昭和四十一年（一九六六）、旧江戸城田安門と清水門が重要文化財に指定されるのに先掛けて、文化財保護委員会によって事前の調査および復原工事が実施されている。その成果は、昭和四十二年に『重要文化財　旧江戸城田安門、同清水門修理工事報告書』として刊行されている。両門の肘壺に施された金石文については前述したので、ここでは枡形・石垣について述べることにする。なお、引用した絵図は、甲良家伝来資料『江戸城外郭御門繪圖』によるものである。

田安門は、高麗門と渡櫓門から枡形を構成する門で、入枡形の形式をとるものである。高麗門を入ると正面および左手に石垣を、渡櫓門は右折する形状をとり、高麗門の左右の塀の内側には岩岐が設けられている。絵図には、渡櫓門を入った右手に大番所が描かれている（写真31）。着工工事の時点では、枡形内の東・北壁石垣は下の二〜三段を除き上部は取り除かれ、渡櫓門の基壇となる石垣は、歪みが激しかったという。

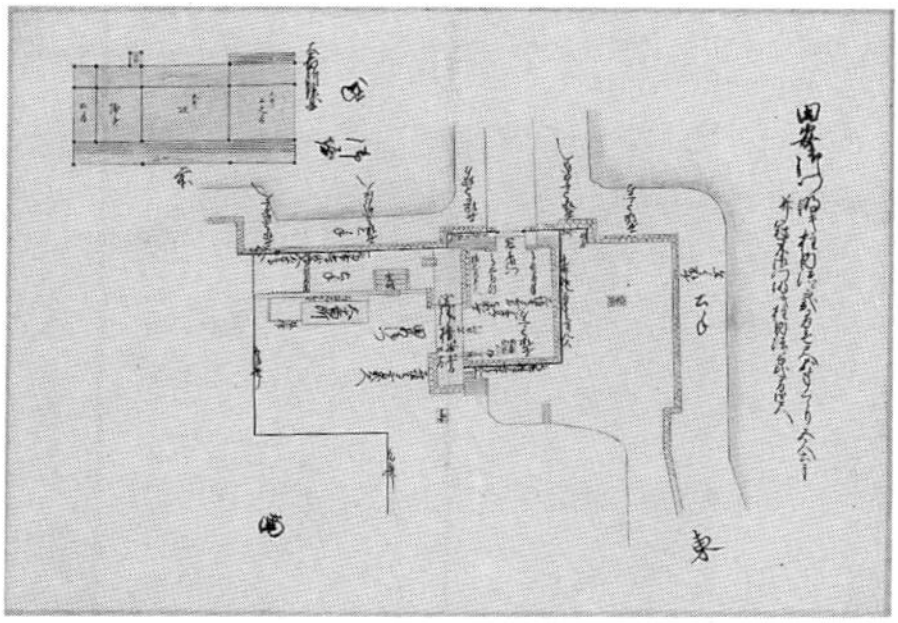

写真31　「田安門」枡形平面図（都立中央図書館東京誌料文庫所蔵『江戸城御外郭御門繪圖』）

石材・調整痕・積方に特徴がある枡形内に面する渡櫓門の石垣をみることにする。つぎの三点が注目される。第一は、石材にピンクの色調を持つ花崗岩が多用されていることである。石垣全体としては、安山岩を主体としているが、角石をはじめとしてその存在が何かと目につく。現存あるいは部分的に残存している外郭諸門の中で、ピンクの色調を持つ花崗岩の多用は、田安門を除くと外桜田門にしかみあたらない。田安門は、慶長十二年（一六〇七）には存在していたが、その後寛永六年（一六二九）には松平伊予守忠昌が手伝普請を、また高麗門の「寛永十三年」銘の肘壺の存在によって同年に修築されたことはほぼ間違いがない。現存している花崗岩の切石は、おそらく寛永期以降の修築によるものと考えられる。第二は、角石を除くと切石は概して小振りであり、それらの積方が横目の通った整層積であることである。江戸城での整層積は、中

写真32　田安門渡櫓門台石垣

之門、大手三之門の渡櫓門、万治元年に再建された天守台などにみられるが、それらの切石はいずれも大型である。その点では比較はいささか困難ではある。しかしながら、諸門や櫓、平石垣などが積方は別として石材が安山岩であるのに対してここにあげた三箇所の石垣が花崗岩ないしは花崗岩を主体として修築されているのは偶然なことであろうか。第三は、切石の調整痕として間隔の狭い線条痕（スダレ痕）が多くに施されていることである。線条痕は、縦位と横位の方向があり、田安門では、統一がなされているわけではないが、一種の装飾的な効果を果している。江戸城で、石垣に線条痕がまとまってみることができるのは、中之門から二ノ丸銅門に通ずる石垣と、汐見坂南壁および汐見坂と梅林坂間の石垣を好例とする。このうち前者は、やや幅のある深い線条痕を施した平石が、数個を除き縦位に積まれている。二ノ丸に面する北端の角石や角脇石にもこれらと同様の線条痕が平石垣に続いて部分的に施されており、全体としてこの石壁が意図的な装飾効果をねらっていることがうかがえる。

清水門は、高麗門と渡櫓門から桝形を構成する門で、出桝形の形式をとるものである。高麗門を入ると正面には石垣、左手は開け清水濠に面し、渡櫓門は右折する形状をとり、高麗門の左右の塀の内側には岩岐が設けられている。絵図には、高麗門の正面左手上には多聞櫓、渡櫓との間には瓦塀が描かれている。渡櫓門を入ると、正面および右手に石垣さらには土坡が築かれ、左手には僅かに石段が描かれている。石段がある西側には、絵図には記されていないが北の丸の台地が延びている（写真33）。今日、渡櫓門を多門櫓に沿って左折すると、絵図にある石段の坂道が続いている。内桝形の左手奥には、大番所がみられる。工事着工の時点では、内桝形内は、渡櫓門の通路面から約一・五ｍ

の高さに盛土がされ、渡櫓門の南西側面には大正年間に添え積みした石垣があったという。また、渡櫓の土台の石垣の上には、棟通りの柱位置の礎石がほぼ完存しており、旧柱位置から柱間を割付けると、北方が八間、一・九三九m（六・四尺）間隔、南方が一二間、一・八七九m（六・二尺）間隔で収まり、絵図にある渡櫓門の「弐拾間　四間」の記載と一致するという報告がある。

内桝形内は、盛土がされていたことから、その除去をかねて発掘調査が実施され、大きな成果が得られている。とりわけ、つぎの四点は注目される。第一は、絵図にある大番所の礎石が検出されたことである。礎石は、抜かれているものがあるが一六個発見され、建物は、礎石および推定位置を単純に結ぶと桁行一〇間、梁行三間で、柱間はおおむね六尺五寸（一・九七m）を測る。しかし、この建物跡は、絵図にある大番所とほぼ同位置にあるが、すんなり写真33の建物と一致するわけではない。第二は、内桝形内から外桝形の樋門に続く排水路（旧水路）が検出されたことである。この排水路は、北の丸台地に沿って下り、西側の土坡石垣隅で連結し、それに沿うものと、大番所跡西側梁行に沿い桝形内中央で左折し、再び右折して渡櫓門中央通路下を通り樋門にいたるもので、部分的に暗渠となっている。また、内桝形内の西側およびそれに連結する南側の排水路には、切石敷による底石が認められる。清水門が台地を下った裾部に修築されているために、排水に十分な配慮がなされていることがわかる。第三は、内桝形内を左折し、多聞櫓に沿う坂道で、土留用の旧段石が検出されたことである。この段石には、自然石・割石・切石などが用いられ、一様ではなく、段幅は坂が緩やかなので段幅が広く、七尺を超えるところもある。第四は、前述したが内桝形内の大番所跡に近接して

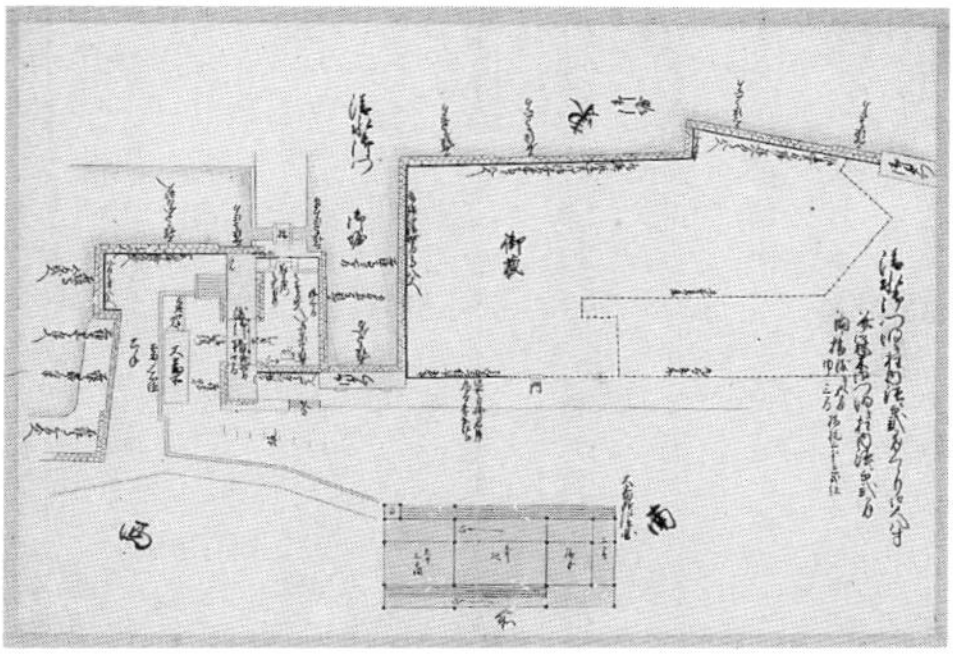
写真33　「清水門」桝形平面図（都立中央図書館東京誌料文庫所蔵『江戸城御外郭御門繪圖』）

西南隅から井戸跡が検出されたことである。

清水門の桝形は、表19に示したように元和六年（一六二〇）には完成されたといわれている。その後、寛永元年（一六二四）には、浅野但馬守長晟が修築を命じられている。高麗門・渡櫓門の石垣の基礎が築かれたのはここまで溯ることができる。第三節で述べたように、清水門は、明暦の大火の被害が甚大であった。渡櫓門潜戸の肘壺を除き、いずれも「万治元年」銘の金石文が彫られているのである。上屋はもとより、肘壺を替えねばならないほど火力が強かったということになる。この修築には、明暦三年九月二日、書院番河野権右衛門通定と花畝番揖斐與右衛門政近が構造奉行を命じられている。万治元年閏十二月十九日には普請が出来、田安・清水両門の普請奉行を務めた河村重正善三郎が行賞を賜っている。この段階で修築が行われているのは疑いの余地がないところである。清水門桝形内の石垣をみると、渡櫓門を好例としてススの付着している角石や平石が目にとまる。天守台東壁南東部や中雀門左右側壁の石垣が火熱によって剥落したり、ヒビ割れ状態にあるものと比べると度合が緩やかであるが、明暦大火を乗り越えた築石が含まれているのかもしれない。ちなみに、元禄十六年の大地震では、上杉民部大輔吉憲が半蔵門から清水門あたりの石垣の修築を担当したことや清水門の石垣が崩れて所々破損したという記録はあるが、他の諸門と比べると被害は少なかったようである。

清水門、とりわけ渡櫓門の石垣をみると、二つの特徴を指摘することができる。第一は、角石・角脇石のある門の通路周辺を除くと石垣の積方が打込みハギであり、そのため用いられている割石の調整が現存する諸門と比較すると粗いことである。第二は、刻印が多いことである。一例をあげると、外桝形内右手の石壁には、種類豊富な一三個の刻印石がある。風化や彫りの浅さ等から判読しにくいものが含まれるが、具体的には、「○」、「回」が二個、「中」、「⊜」、「⧗」、「⊕・⊕・回」、「耳」、「十・⌒」、「8」、「⧖・8」、「㊀」、「十・」」、「∞・U」となる。その中には、黒子状に突出した陽刻「㊀」が一点含まれている。刻印の帰属を考えると、前田・山内・浅野の少なくとも三家以上が関係している。ちなみに、この裏面は、「⊜」、「⁙」、「⊛・〇・□」、「⌓」、「△」が三個、「し・⊙」、「⊗・M」の九個がある。前述と同一の刻印もあるが、新しい種類のものが多い。刻印石をみる限りでは、後世の補修による平石が含まれているかもしれないが、大名が単独で築城石を用意し、しかもそれを積上げたとは到底考えることができない。それは、寄方と築方は別であることを示唆することになる。

江戸城の現存する渡櫓門の石垣に施された刻印石は、概して少なく、ある場合でも目の付きにくい位置に数個程度である。例外として、上梅林門の石垣をあげることができる。上梅林門の南壁・東側壁には、「十」・「┐」・「三」の刻印が一つの築石に単独（きわめて少ない）もしくは複数の組みあわせによるものを三〇個以上発見することができる。そこでは、刻印石の数が多いにもかかわらず、刻印がほぼ三種類に限られている。つまり、刻印同士が有機的関連を持っているのである。この場合には、刻印を施した人物（大名や藩）と築手とが同一である可能性が高い。

写真 34　清水門渡櫓門台石垣

(4)　桝形内の石垣と石垣調整痕

江戸城の諸門の位置や機能等による相違を述べてきたが、それが一層、顕著となるのは、桝形内の石垣、とりわけ渡櫓門の石垣の石材・大きさ・積方と角石の調整痕に表われている。

本城の諸門をみると、中雀門・中之門・大手三之門・内桜田門を好例として、花崗岩を多用していることに気がつく。しかも、巨石が多く、目に付く場所に配置されている。つまり、視覚的効果を兼備したものとなっているのである。四つの事例で考えてみよう。

写真35　西丸大手門側面の石垣

前節で述べた中之門は、その典型的な一つである。安山岩製の巨石もいくつか用いられているが、花崗岩を主体としているのは一目瞭然である。中之門は、明暦大火、元禄大地震で修築した記事があるが、その際に一部の石材を花崗岩から安山岩へと補塡した可能性が高い。つまり、地下に埋没している根石を除くと、渡櫓台の全てに花崗岩を使用していたかもしれないのである。中之門の修築時期は、文献資料上は明確ではない。『江戸図屏風』にはその容姿が描かれているので、寛永十一年（一六三四）頃までは溯ることができる。『参考落穂集』の中に、

古老伝へいふ、慶長中江城御造営の時、西国四国等の大名各領地の木石を船に積て献上したり。既に御本丸中の御門に向ひて、右方の多聞下の角石の、すくれて大き成る台石を肥後石と呼ふ。これ加藤肥後守清正・肥後国隅本の大守として献する所なりと言ふ。其御門を入りて直に升形のむかふの石垣の中の大石に大孤石と切付たる石と小孤石と切付たる石と、二ツのよほと大なる角石あり。是も清正献する所と申伝ふ。

という逸話がある。中之門が慶長期には存在していた可能性があること、石垣に肥後石（花崗岩）の巨石を用いていたという記事の内容は、検証を要するところであるが傾聴には値するものである。

大手三之門は、『慶長十三年江戸図』に「大手土橋」の記述があるが門そのものの存在は明示してはいない。寛永九年申十二月の版元がある『武州豊嶋郡江戸庄図』や前述の『江戸図屏風』には、右折する桝形が描かれている。構築者・時期は不明であるが、門の構築時期は、少なくとも寛永九年以前となる。現存する桝形は、高麗門を入り左折す

る形状をとるが、史料と照合すると寛永十二年（一六三五）、二ノ丸拡張時に藤堂大学頭高次が大手下乗橋桝形修築の記事と重なる。築石でみると、前述した中之門と比べるとはるかに少ないが高麗門の天端石と角石の一部に花崗岩が、同石材は渡櫓門の角石や角脇石にも用いられている。とりわけ、後者には、中之門と同様、巨石が用いられており、中でも本丸側に面する西側では花崗岩が目立つ。ちなみに、同所では、中之門と同様、整層積となっている。一方、二つの門を囲う石垣は、巨石角石が用いられているが、いずれも安山岩製である。すなわち、花崗岩製の築石の使用位置について、多分に意図的なものがうかがえるのである。今日、目にすることができる石垣は、後世における修築があるが、石材の選択や積方は、寛永十二年のものが基本となっているものと考えられる。

内桜田門は、高麗門を入ると左手に桜田濠、正面に石垣で右折をとる桝形の形状にあるが、桝形内の石垣と渡櫓門に花崗岩が多用されている。このうち、桝形内正面の石垣は、数個を除き花崗岩製の切石によって築かれている。石の表面には、細かな線条痕を施した調整痕を持つ築石も認められる。また、天端石には、土塀との間に施した狭間石の痕跡を有する四角い穴も数個穿たれている。この桝形内の石垣の積方は、切り込みハギによる一種の整層積である。この石垣の裏面は、岩岐が設けられており、それを除くと安山岩製の平石によって打ち込みハギによる積方で築かれている。平石には、「㊥」と「㊉」の刻印が数個認められる。このように石垣の表裏では、石材・積方と全く異なっているのである。渡櫓門の石垣は、整然とした切り込みハギによる積方で、個々の切石用材は、端部が低く中央が迫り上るアール状の加工が顕著である。そのために、石垣間のデテールが明瞭であるという共通点を持つ。しかし、他方では石材に異なりが生じている。渡櫓台の通路を挟んで南側（西丸下側）では、補塡用の灰色の色調の花崗岩も数個あるが大半は安山岩で占有されているのに対して、北側では、上位四〜五段がピンクの色調を呈する花崗岩の切石で構築されている。桝形内の左手は、前述の石垣がそのまま櫓門まで延びているので正に好対照といえるのである。ちなみに、北側における現状での最下位の築石は、角石一個を除き全て安山岩製であることから、構築当初から渡櫓門の土台となる石垣を、左右石材を代えて築いたというわけではない。内桜田門の修築は、『慶長十三年江戸図』には右折の形状をとる桝形が描かれているが、史料を通して確実にうかがえるのは前章で述べたように慶長十九年（一六一四）の毛利長門守秀就によるものである。毛利家の慶長期における石丁場は、伊豆の川奈・富戸にあったことが『山内家史料』や『細川家文書』に記されているが、そこで採石された築城石を用いる限りにおいては安山岩製である。さらに、毛利家文書においても、淡路島周辺の花崗岩を江戸に運搬したという記事はみあたらない。すなわち、内桜田門におけるピンクの色調を持つ花崗岩製の切石を用いた修築は、慶長十九年ではなく、それ以降と考えられるのである。『毛利家記録』によると、慶安二年（一六四九）六月二十日の地震で毛利長門守秀就は内桜田門舛形内の築直を命じられたとある。花崗岩の調達は別にして、桝形内の石垣および渡櫓台は、近年では関東大震災後に修築されているが、慶安年間に築かれたものが基礎になっている可能性が高いのである。

西丸大手門は、寛永六年（一六二九）に酒井雅楽頭忠世によって修築されたことが『東部實録』や『御當家紀年録』に記されている。今日、同門左右の角石・角脇石は、苔が生えて変色しているが、ピンクの色調を持つ花崗岩が用いられている。これらの石に続いて渡櫓門の通路を挟んだ両側壁の石垣は、全て安山岩製である。切石の表面は、入念に平滑に仕上げ、かつビシャンによる細かな斑点状の調整痕をとどめており、それらは、おおむね横目を通すかの様相で切り込みハギに積まれている（写真35）。この場合も、花崗岩は、渡櫓門の石垣の中では象徴的な位置に用いられているのである。

ここで述べたピンクの色調を持つ花崗岩は、江戸城築城石の用材という視点でみると、伊豆や真鶴・小田原などの豆州・相州および上州の安山岩に圧倒され、運搬する距離の問題もあり、量的にはきわめて少ない。その中にあって、確実な時間軸でおさえることができるのは、天守台の万治元年（一六五八）になる。それ以前というと、前述したように中之門や大手三之門の渡櫓門を好例として寛永年間までは溯ることができる。質素な素行を好んだ家康・秀忠の代では、築城石に花崗岩を用いることはほとんどなかったものと考えられよう。それは、本城の大手門桝形の修築を元和六年（一六二〇）に伊達陸奥守政宗が担当しているが、石垣が暗示している。

つぎに、石材の大きさでみると、渡櫓門台を除くと、中雀門と大手三之門の桝形内の石垣に突出して巨石が用いられている。前述したように二つの門の桝形は、隅に櫓が付いたり多聞がめぐるなど諸門と比べると大きく異なる。やはり、幕府の威厳を誇示するためのものであろう。共に、切り込みハギによる整層積（布積）である。中雀門は、慶長十二年（一六〇七）に修築されているが、明暦大火で天守を含む本丸殿舎と共に焼失する。『後見草』は、天守台に用いられていた伊豆石（安山岩）のうち「大きつね」「小きつね」と称する巨石を玄関前門（中雀門）桝形の修築に利用したことを伝えている。中雀門に入る手前西側の石垣には、長さ一三尺一寸（三九七㎝）・高さ五尺一寸（一五三㎝）と長さ九尺（二七〇㎝）・高さ五尺一寸（一五三㎝）の安山岩製の巨石切石が二つみられる。この両石が『後見草』が伝える天守台から移築されたものであるかは定かではない。余談であるが、今日、中雀門の両側石壁をみると被熱によって亀裂が生じたり、剥落したものやススが付着した築城石が目に付く。石自身が焼成を受けていることから、これらを明暦大火後、天守台の築石を移設したものと考える人がいる。しかし、それはつぎの三点で誤りといわざるをえない。第一は、ススの付着や亀裂は別として、被熱を受ける前の切石表面の痕跡として、天守台にはない渡櫓門の石垣にみられるビシャンによる格子目状の調整痕が認められること。第二は、第二節で述べた寛永度の天守台の規模を考慮すると、中雀門の切石では小さいこと。第三は、被熱によって剥落した角石の中に、ピンクの色調を持つ花崗岩が含まれていること。本丸は、明暦大火後も弘化元年（一八四四）五月十日、安政六年（一八五九）十月十七日、文久三年（一八六三）十一月十五日と幕末にたて続けに火災に遭遇する。時間を特定することはできないが、被熱の痕跡は、その時のいずれかのものによるものであろう。

清水門の渡櫓門の石垣の特徴については前述したが、門の機能にもよるが概して本城・西城から離れるにしたがって石は小型となり、表面の調整は荒く、積方も切り込みハギから打ち込みハギが多い傾向にある。和田倉門の事例でみてみよう。

和田倉門は、和田倉橋を渡ると左折の桝形形式をとる。大手門と同様、元和六年（一六二〇）に東北の諸侯によって修築されたもので、寛永五年の大地震では浅野但馬守長晟によって築直されたことが『侯爵浅野家回答』に記されている。渡櫓門をはじめとし桝形内の石材は全て安山岩が用いられており、角石・角脇石を除くと総じて用材は小振りである。桝形内の渡櫓門の石垣は、右手（西）側は西辺の石垣に近接していることもあり、入念な調整が施された切石で切込みハギによる積方であるのに対して、左手は、長さが増し、通路側約二〜四mは切込みハギであるもののそれに続く和田倉濠側にあたる東側では表面の調整も粗く打込みハギに代わっている。それは渡櫓門を入ってからも同様である。打込みハギは、岩岐が付設されている東側で顕著である。桝形内の西壁は、高麗門を入ると正面にあたる。積方は、切込みハギであるが、北側にいくにしたがってそれは緩み、やがて打込みハギへと代わる。一辺の中でこのように積方が変化するのは、築直によるものと考えられる。他方、個別にみると西壁の切石は、渡櫓門に近い部分では、ビシャンで平滑・入念に調整されているが、四分ノ一程から調整が粗くなり、端部には矢穴痕をとどめるものすら存在する。北壁では、現状での最下位の一部と天端近くで切込みハギがみられるが中程は打込みハギとなっている。

和田倉門は、江戸時代前半に限定しても、作事方を含めると、元和期以降、寛永六年、万治二年、宝永元年、享保二年の四回に及ぶ修築記録が残されている。その主たる要因は、大地震であり大火による災害である。前章や後節で述べたように、和田倉門をはじめとする桜田一帯は、元来、地盤が軟弱である。したがって地固めを堅固にした場合でも耐震性に関しては、自と限界があるのは仕方がないところである。振り返って、和田倉門桝形内の石垣を外郭諸門と比較してみると、外桜田門・田安門の場合、渡櫓門には花崗岩を多用し、切込みハギであり、外桜田門は亀甲積、田安門は整層積と構えが整然としているのに対して、和田倉門では安山岩に限られ、しかも一部では打込みハギによる積方がみられるなど雑然としている。築直があるとはいえ、大分、異なるのである。表19に示したように、警備・武備からみた防禦的機能とともに庶民を交えた利用頻度なども考慮した方がよさそうである。

(5) 渡櫓門角石の調整痕

内外諸門の石垣の特徴の一つとして、渡櫓門角石の調整痕がある。石材・積方とともに門を通過する上で間近に目にすることができる石でもある。角石の加工・調整の上で、二類に大別することができる。

A類　外見する角石の二つの面が直線的に仕上げられ、二つの面が接する角が直角に調整されているもの。

B類　外見する角石の二つの面の断面形が蒲鉾形を呈する丸味を帯びた仕上げとなっており、二つの面が接する角が明瞭な稜線や直線による沈線で調整されているもの。

写真36　平河門角石調整痕

A類には、中之門・大手三之門・大手門・西丸大手門・外桜田門・田安門・清水門などが属する。大手門や清水門では、部分的に磨痕が認められ（写真28）、外桜田門では角石の一部に花崗岩が用いられ、ノミ打ちの痕跡をとどめるものも認められる。

B類には、中雀門・内桜田門・平河門・西丸玄関前門・坂下門・和田倉門などが属する。坂下門は、桝形が左接する形状をとっていたが、明治に入り高麗門および周囲の石垣が撤去され、現在は渡櫓門のみが向きを替えて移築されたものである。なお、渡櫓門ではないが、北桔橋門の角石もこれに属する。

写真37　西丸玄関前門角石調整痕

写真38　大手門角石調整痕

B類は、さらに三型に細分することができる。

b_1型　角に明瞭な稜線を作出し、二つの面は緩やかな膨らみを有するもの。二つの面は、ビシャンによって入念な調整が施されている。

b_2型　角に明瞭な稜線やコヤスケによる沈線を作出し、二つの面の膨らみがb_1型より顕著なもの。

b_3型　b_2型と同じ形状をとり、二つの面に格子目状の調整痕が深く施され、それによって装飾的効果を高めているもの。

b_1型には、中雀門・坂下門・和田倉門などが属する。A類に近く、門によっては双方が用いられているものがある。b_2型には、内桜田門・平河門・北桔橋門などが属する。いずれも石の中央部は平坦であり、そのため断面形が典型的な蒲鉾形を呈している。b_3型には、西丸玄関前門の一例のみである。B類の典型とするb_2・b_3型は、現存する諸門では、本城・西城の門に限られている。石の接する面が他の類型と比べて高低差があり、そのために陰陽のコントラストがつきやすく、より立体的な石垣の表面が形成される（写真36・37）。これも、幕府の威厳を誇示し、装飾的効果にも役立っている。

つぎに、時間軸について考えてみることにする。

諸門は、前章や表19に示したように、大半が慶長期から寛永期の間に修築されたものである。素材が石であるから、渡櫓門の基礎となる石垣は、構築当初のものがそのままの状態で今日に残されていると思いがちであるが、実際には大地震や大火などの災害によって、補修や築直が行われているとみてまず間違いがない。そのことは、文献にも記されている。

補修・築直をみる場合、助役を命じられた大名や旗本などが勝手に修築したわけではない。幕府には、普請奉行や石垣方がおり、各大名にも前述の前田家のように石垣築奉行や穴生衆がおり、それらは常に幕府側の指導のもとで進行していく。第二節で述べたように、明暦大火の復旧にあっては、幕府側の石垣方は、穴生の出身者があたっている。つまり、石垣の修築では、幕府と藩とは穴生衆という点で結びつき、いわゆる技術集団としての縦割社会が形成されていたのである。そのような視点から考えられるのは、ある時点のものが基礎となり、それを踏襲することで一族の繁栄につながり、大改修を行うには、上からの強い指示がない限り行えないということである。そこで、ある時点とは、いつを指すのであろうか。これまで少し述べたが、三代将軍家光の時代と考えてみたい。家光が将軍職にあるのは、元和九年（一六二三）から慶安四年（一六五一）の間である。すなわち、寛永度の修築が主体となっている。勿論、その前後も関係し、元和六年、明暦三年から万治二年の修築も考慮しなければならない。第三節において、大手門の基礎となっているのを、元和六年（一六二〇）の伊達陸奥守政宗の修築と考えることを述べた。本節のＡ類には、正に元和六年や寛永度の修築の形跡が残っているのである。Ｂｂ$_1$類もＡ類より幾分後出するが、準ずるものであろう。

Ｂｂ$_2$類・Ｂｂ$_3$類は、Ａ類よりは後出する。内桜田門の石垣で述べたが、同門の大幅な改築としては、慶安二年（一六四九）の江戸大地震がその契機となっている。本城内でも、内桜田門と平河門の角石の調整は、よく類似している。相違点は、内桜田門が花崗岩と安山岩の二つの石材を用いているのに対して、平河門では安山岩のみとなっている。

写真39　西丸玄関前門側面石垣

その点は、門の性格が表下馬と裏下馬によるものであろうか。Ｂb_3類に属する西丸玄関前門は、記録にはでてこないが、二重橋の擬宝珠に「慶長拾九年／甲寅八月吉日」銘の金石文が残されている。門の初現という点では、同年に西丸では下馬前を含む石垣修築の記事があるので、慶長期には、すでに櫓門ではない軽構造の冠木門は存在していたのかもしれない。文献資料では、寛永六年（一六二九）、土井大炊頭利勝が修築したと記されている。同門の石垣は、今日、全て安山岩で築かれ、通路側を好例として切込みハギによる整層積が顕著である。石材はやや小振りではあるが、石垣に施された調整痕は、優美であり豪華である（写真39）。それは、形式的にみた場合、Ｂb_2類よりも新しいと考えざるをえない。前節で述べたように、元禄十六年（一七〇三）の江戸大地震では西丸諸施設は潰滅的な打撃を被る。建直にあたって華美な調整が施されたとしても不思議ではない。

六　石垣の刻銘・刻印

石垣には、しばしば記号や文字、数字などが彫られているのを目にする。刻印・刻銘である。ここでは、刻銘とは、大名の名や家臣の名、石垣を積む上で順位、方角など目的が明確な文字・数字等を彫りこんだものを指し、石に刻まれたそれ以外の記号を刻印と称することにする。

刻銘・刻印の目的については、朽木史郎氏や藤井重夫氏などによって、つぎのような解釈がされている。

(1)　工事担当者の印…大名の氏名や官職、家紋や馬印・船印。普請奉行や工事担当家臣の印、工事人夫の組印などの略号。

(2)　石材切出地の地名。

(3)　土木工法上の印…石垣を積上げる上での順位の数字や符号による絵番付状のもの。

(4)　その他…石材の個数や寸法、構築年代など。

昭和三十四年（一九五九）、大坂城総合調査では、外濠・中仕切・天守閣周辺・内濠の総延長約一一・二㎞、二八三壁面の約五〇万個を対象とする石垣調査が行われ、そのうち、約一万五〇〇〇個に刻印が施されていたという。村川行弘氏は、著書『大坂城の謎』の中で、同調査による刻印が一二四七種類あり、そのうち基本形として二〇〇種内外に分類できると報告している。

周知のように、江戸城は、大坂城と比較するとおよそ四倍の面積をもつ。築城にあたっては、外様大名や譜代大名をはじめ天下普請として総動員体制が敷かれている。したがって、刻印も大坂城の比ではなく、相当数が見込まれるのである。

刻銘・刻印は、施文にあっては、生産地である石材切出地と消費地である江戸との二系統がある。前者については、次章で詳細に述べているのでそれにゆだねることにし、後者の場合でみると、あらかじめ用意しておくものと、石垣を積む間近に施すものとの二者がある。両者を正確に区別することは困難であるが、積む間近のものとして清水濠の北端角石の「五目」や、かつて竹橋門およびその周辺に存在した「三目／丈一寸」などをあげることができる。「五目」は、大坂城の石垣にもみられるもので、石垣積石の順序を示し、下にさらに四個（切）存在することを示唆している。「三目／丈一寸」も同様のものであるが、竹橋門が改修され、現在は国立近代美術館側の角脇石として積直し用いられ

図16　刻印調査の地点

ている。

江戸城の門や櫓、さらには平石垣を概観すると、刻印が濃密にみられる部分と希薄もしくは皆無の部分の二者がある。前者には、数量が多いが刻印が一～三種類と少なく特定の帰属を示唆するものもあれば、数量はもとより種類が豊富で石材を用意する寄方と石垣を積む築方が相異するものなどがあり、時間軸の上での特徴ともなっている。

江戸城の石垣刻印の全てについて述べることは到底不可能なために、筆者の踏査記録や発掘調査報告書をもとに、その一端を紹介することにする。

(1)　牛込門の「阿波守」銘角石

ＪＲ総武線飯田橋駅の新宿寄改札

口を出て左手側に、牛込門の石垣の痕跡とともに一個の角石が置かれている。

角石は、安山岩製で小口面が三尺二寸×二尺七寸（九六×八一㎝）、長さが六尺九寸（二〇八㎝）を測り、角の一部が欠損しているが、調整時の細かな線条痕を所々にとどめている。長軸方向（控）の一辺に偏在して、「入阿波守内」の五文字が彫られている（写真40）。文字は、全長が三尺六寸（一〇八㎝）あり、個々は、五寸から六寸（一五〜一八㎝）とやや大きくしかも深く彫られているために鮮明に読み取ることができる。冒頭の「入」の文字は、いりがしらの上端が小口面の端部に達しており、後に続く「阿波守内」の文字よりも幾分、右側に寄っている。画数が二画と少ないことから判然としないが、波や守の字体とは異なるようにもみえる。

写真40　牛込門「入阿波守内」刻銘石

牛込門は、前章で述べたように、寛永十三年（一六三六）に外郭諸門の修築の際に、阿波国徳島城主の蜂須賀阿波守忠英によって築かれたものである。その点では、角石の刻銘はうなずけるところである。同門は、明治三十五年に撤去され、現在は渡櫓台の一部をとどめるのみであるが、解体中に偶然発見され、その資料性から保存されていたものと思われる。第四節で述べた石垣金石文と同様、江戸時代においてはこの刻銘は目にすることはなかったのである。

平石に大名の名を刻んだものとして、「羽柴越中守」銘が知られている。これは、平成十四年の梅林坂・汐見坂間石垣修復工事に伴う発掘調査で石垣の背面から発見されたもので、刻銘は、前述の牛込門の刻銘と比べると銘の大きさははるかに小型である。

ちなみに、「羽柴越中守」とは、次章第二節ならびに第五節で述べているように豊前国小倉城主の細川越中守忠興を指すものである。つまり、刻銘は、細川家が肥後国熊本城主に転封される前のことであり、慶長期に限定されてくる。

本丸と二ノ丸間は、家康入城以降、名称は別として白鳥濠によって二分されていた。長大な白鳥濠の北半が埋立てられ、縮小するのは、寛永十二年ないしは寛永十四年の修築工事によるものと考えられている。ここに、高石垣が築かれるようになるのは明暦大火以降のことであり、それまでは現状の半分位の高さの平石垣が築かれており、本丸からは階段状のテラスが形成されていた。それは、第三節の『江戸城図（明暦元年）』や発掘調査によって裏付けされている。

すなわち、「羽柴越中守」銘の平石は、切り出された慶長期の石垣ではなく、再利用を含めても寛永期以降の石垣として用いられているのである。しかも、汐見坂と梅林坂間の張り出した石垣の修築には、文献史料をみる限りにおいて細川家は係っていない。牛込門の「入阿波守内」銘の角石とは、大分、異なるのである。

(2) 門・桝形内石垣の刻印

大手六門のうち、西丸大手門を除く五門（中雀門・中之門・大手三之門・大手門・内桜田門）では、高麗・渡櫓両門の台や桝形内の石垣をみわたすと、目に付くところには、先ず刻印はみあたらない。それは、意図的に避けているかのようである。例外的に、大手門渡櫓台の正面右手天端に「∧二」の刻印一個があるが、それは小さくほとんど目立たないものである。これら五門のうち、平成十七年度の中之門修築工事では、右手側面根石に「Φ」、左手側面根石にも二個の刻印が認められた。さらには百人番所前の広場に仮置された角石の背面に「○」の刻印が施されているなど、人目のつかない部位には刻印が存在しているのである。同様のことは、昭和四十三年の大手三之門の石垣修復工事でも新聞報道されている。ちなみに「Φ」の刻印は、花崗岩に施されており、一尺は優に越える大型のもので、同刻印は金沢城の石垣にもしばしばみられるものである。前田家が用意したものであろうか。

すなわち、大手六門は、江戸城にあっては表玄門にあたり、幕府の威厳を示すことはもとより最も目立つ場所の一つであり、そのために修築大名の刻印などはもってのほかであったに違いない。

大手六門と比べると、平河門ではやや緩和される。高麗門左手側面の天端には、門を閉鎖すると長さが一尺二寸（三六cm）を測る大型の刻印「匚」があり、渡櫓台の左手背面には「大」・「◬二」・「〇」の三個の小型の刻印が認められる。渡櫓台の刻印は、「大」を好例として築石の表面を入念に調整した上で刻まれたものであり、おそらく石垣を築く直前に施されたものであろう。ちなみに、「◬二」の刻印は、後述する和田倉濠や半蔵濠鉢巻の石垣にもみられ、大坂城では越前宰相忠直が用いていることが知られている。平河門の刻印は、高麗門と渡櫓門では、大きさ・種類が異なるが、時間軸と帰属もまた相違するものと考えられる。前節で渡櫓門角石調整痕について述べたが、平河門渡櫓門の石垣は、最も古い場合では、寛永十二年（一六三五）の桝形を変更する時点まで溯るが、元禄十六年の大地震の復旧普請についての記述（一三五頁、表15）があるので、その際に積直され、刻印が施された可能性もある。つまり、渡櫓門の刻印は、後出的要素が高いのである。

大手六門と平河門を除く、現存する渡櫓門台の刻印を集成したものが表20である。

上梅林門が平河口から入ると二ノ丸と本丸とを画する城中城門であること、同様に、城中六〇門の一つであるが裏下馬門でもある坂下門を除くと他は外郭諸門であることをあらかじめ断っておきたい。

資料が少ないが、概して、渡櫓門台の石垣への刻印はきわめて少ない。その点では、清水門と上梅林門が突出して多く、異様な景観を示している。

先ず、刻印が稀少な和田倉門と外桜田門の事例をみることにする。和田倉門では、五点の刻印があるが、「㊀」と「㊁」の刻印が大きく、位置を含めて特徴的である。「㊀」の刻印は、左手側面の背面寄、上から二段目の角脇石に、「㊁」の刻印は、左手背面の角脇石にこれまた施されている。他の三点が小型で矢穴痕を含む割石に施されているのとは全く異なる。二つの刻印は、幾分、磨耗しているためにやや鮮明さを欠くが、あたかも門の修築大名を誇示しているかの

（大手六門、平河門を除く）

背面		側面	その他
左手	右手		
無	無	無	
「H·㊂」、こ、つ、	△3、⁘、㊂、◠、「ひ·⊙」、「⊗·□|·㐅」、「⊗·山」、	𡗗、回、⊙、△、凸、N、〇、し、「十·|」、「◺·十」、「㊂·ニ」	
――	不明	十5以上、ニ複数 ㄱ5以上、「十·ㄱ·ニ」複数 「十·ㄱ」10以上、「十·ニ」5以上	
㊂、日、⊥、」	無	回	左手内側面㊀
無	無	不明	
無	無	不明	

れ、渡櫓門は現状に移設されている。

ようである。和田倉門は、元和六年（一六二〇）に東北諸侯によって修築され、その後も大火や大地震などによって幾度となく改修されている。大坂城・駿府城の刻印調査では、「㊀」を戸川肥後守達安と松倉豊後守重政、「㊂」を杉原伯耆守長房と本多因幡守政武に求めている。和田倉門では、それらの大名が修築したという記録は全くみあたらない。仮に、刻印の帰属が四家の大名のいずれかであるならば、それは、寄方としての意味を示唆していることになる。外桜田門の場合も同様である。刻印は、正面左手の二重橋濠に面する角石に、「〇・⧗」が認められる。個々の刻印の大きさも長径が一尺二寸（三六㎝）前後と大きくよく目立つ。この刻印は、金沢城・大坂城・駿府城の調査によって前田家の家臣のものであることが明らかにされている。さらに、渡櫓門左手奥角石には、小口面を最大利用した「田」の刻印が認められる。外桜田門は、家康が入城時においては「小田原御門」と称される木戸門であったが、石垣を用いた桝形が修築されるのは本城大手門、和田

表20　現存する渡櫓門台に施された刻印

門の名称	正面	
	左手	右手
田安門	無	十2
清水門	無	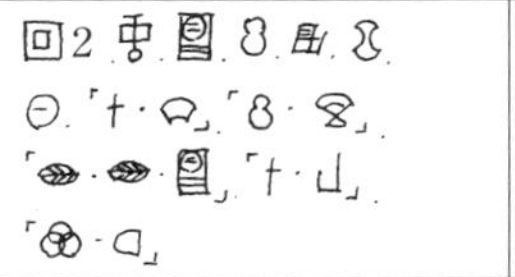
上梅林門	——	L2、十3、一3、亅、△、「L・十・一」、「L・十」、「十・十」
和田倉門	無	無
外桜田門		無
坂下門	無	無

※・清水門正面右手の刻印「⊖」は陽刻である。
・坂下門は、左折の形式をとる桝形であったが、明治期に高麗門が撤去さ

倉門などと共に元和六年のことである。その後、幾度となく改修・修築が行われているが、前田家が担当したという記録はみあたらない。

渡櫓門台の刻印の種類が突出している清水門について少し検討してみたい。清水門は、第二章や本章第五節で述べたように、石垣を用いた桝形が修築されるのは、元和六年のことであり、寛永元年（一六二四）、浅野但馬守長晟によって修築されている。石刻の刻印に主眼を置いて述べてみよう。清水門の石垣の刻印は、渡櫓門台以外にも、表21に示したように実に多い。このうち、大坂城の刻印調査や伊豆石丁場の調査によって、刻印の帰属が明らかになっているものを示すとつぎのようになる。「〓・〓・〓・〓」が前田筑前守利常、「〓」が浅野但馬守長晟、「〓・〓」が山内土佐守忠義、「〓・九」が細川越中守忠興、「〓・十」が森美作守忠政、「回」が有馬玄蕃頭豊氏、「㊂」が稲葉彦六典通、「○」が毛利長門守秀就、「⊕」が島津左馬頭忠興（浅野但馬守長晟の可能性もある）・「⊡」が黒田筑前守長政などとなる。刻印でみる限り、一〇家以上の大名が関与していることになる。また、これら一〇家の大名は、前田筑前守利常を除きいずれも慶長十九年（一六一四）の江戸城修築を命じられており、伊豆での採石に奔走する共通点を持つ。すなわち、清水門の刻印の種類と

表 21　清水門刻印（渡櫓門を除く）

位　置	刻　印	点数
高麗門正面左手	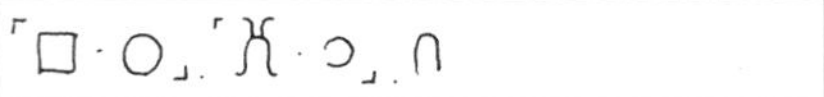	3
外桝形内南西壁	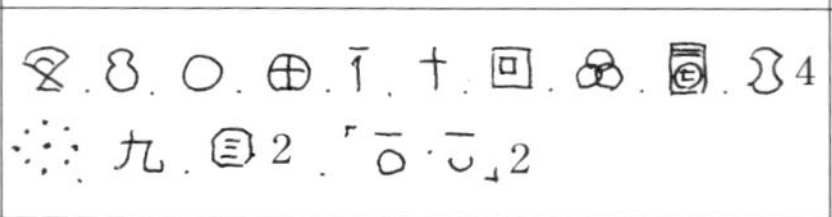	19
内桝形内北西壁	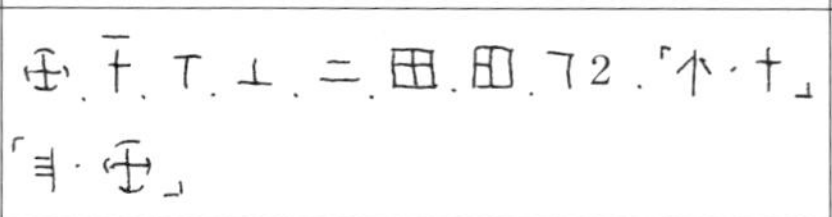	11
渡櫓門に続く南石垣		3
牛ケ淵に面する石垣	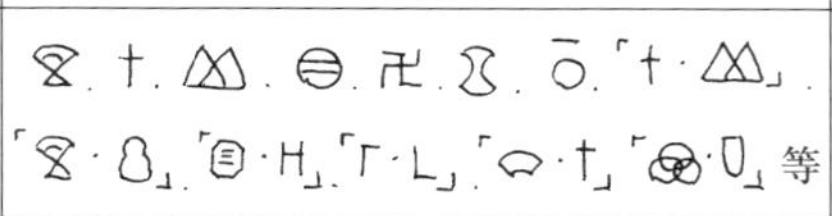	多数

※牛ケ淵に面する渡櫓門南西側壁及びそれに続く平石垣は刻印が多く表　参照。

表 22　上梅林門近くの石垣刻印

位　　　置	刻　　　印	点数
梅林坂北壁	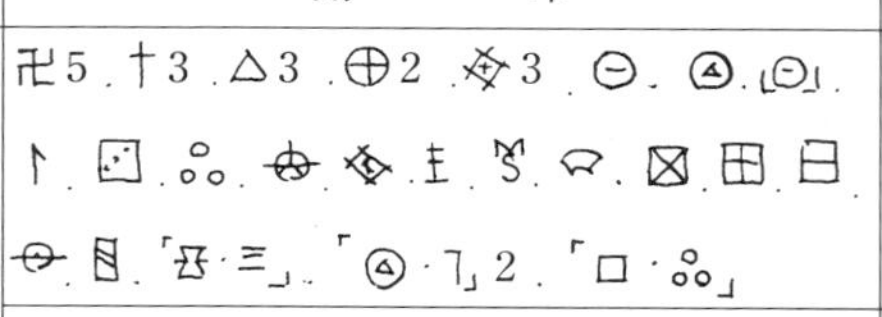	36
梅林坂南壁		57
汐見坂北壁		1
汐見－梅林間．南壁		4
同・北壁		3

数量の豊富さは、大名が単独で石材を集めて修築したのではなく、寄方と築方の両者が存在し、築方は、複数の大名からなる寄方の石材を用いたことを示唆しているのである。その一面では、刻印の数量の多少はあるが、清水門は、前述の和田倉門や外桜田門と同様であるともいえる。

つぎに、表22の上梅林門の刻印についてみてみよう。同門石垣の刻印の特徴を示すために、表22では、周辺の石垣を集成してみた。上梅林門の刻印は、正面右手東端の角石に施された「十・十」を好例としていずれも五寸以下の小型のサイズであり、「十」・「┐」・「二」の三種類の刻印が主体となり、それらが単独もしくは組みあわせて施されていることを最大の特徴としている。そこでは、三種類の刻印に有機的関連があることを示唆している。また、東側側壁では、とりわけ一つの石垣に複数の刻印が施されたものが多い。前述の角石の「十(クリス)」が方向を替えて近接して存在している事例をみると、複数の刻印を刻むことにも意味を持っているようにも思えてくる。

写真41　上梅林門角石の刻印

他方、梅林坂を挟んで対峙する北壁および東壁の石垣をみると、表22にあるように刻印は、とにかく種類が多く、数量も豊富である。江戸城の刻印では、最も濃密に分布する一つでもある。角石にも刻印が多くみられ、七寸以上の大型の刻印も点在する。何よりも、上梅林門の三種類の刻印のうち「二」を除く「十」と「┐」はみられるものの、その数量や占有率はきわめて低いといわざるをえない。この梅林坂の北・東壁は、上梅林門の桝形とみることはできないが、石垣刻印でみる限り全く異なるのである。同所の石垣は、隙間が大きく、東壁などは一部が迫り出すなど積方が良好ではない。第二節で述べたように、万治年間の天守台再建の折、前田加賀守綱紀は、梅林坂の辺の石垣を崩し、花崗岩の大石を引き上げたと『松雪公夜話』は伝えているが、まさにその箇所に該当するものであるかもしれない。現状の石垣は、万治年間に一旦、崩された後、同石材を用いて再度、積直したと考えるのである。ちなみに、文献資料でみる限りにおいて、梅林坂の石垣の当初の修築は、慶長十一年（一六〇六）もしくは慶長十九年（一六一四）である。刻印の中には、「⚂・8・⧖・田・ｲ・不・△・卍」が前田筑前守利常、「◈・◇・†」が黒田筑前守長政、「⊕・井」が島津左馬頭忠興、「Ⓐ・┐・†・⌓」が森美作守忠政（「†」・「⌓」は、加藤左馬助嘉明の可能性もある。）、「ஃ」が松浦法印鎮信など慶長年間に修築を命じられた大名が含まれており、それを裏付けている。

それでは、上梅林門の刻印は如何なるものであろうか。文献資料では、同門の修築記事の初現として、寛永四年（一六二七）、稲葉丹後守正勝の名がみえる。稲葉正勝は、寛永九年（一六三二）、下野真岡城主から八・五万石で小田原城主として転封し、翌年から小田原二の丸の石積みを開始するが、寛永十一年には没している。小田原城二の丸中堀の発掘調査では、根石を中心として「㊂」・「Ⓣ」・「七二」など約四〇種類の刻印が確認されており、その中には「┐」も含まれている。稲葉家の家紋は、「㊂（折敷三文字）」である。親戚筋にあたる稲葉彦六典通や稲葉淡路守紀通は、大坂城の石垣刻印に「㊂」の刻印を用いている。江戸城でも前述の清水門をはじめとして、大手濠の竹橋門脇の石垣などに同刻印は認められる。すなわち、稲葉氏が同家を暗示する刻印ならば、「†・┐・二」ではなく、「㊂」の方がより効果的であろう。小松和博氏は、著書『江戸城―その歴史と構造―』の中で、上梅林門に続く梅林櫓の創建時期を元和八年（一六二二）と推察している。文献資料には、元和度の天守台を構築するために、石垣用材の運搬路にあたる梅林坂辺に徳川忠長の邸宅があったので、元和八年三月十八日に移徙したとある。すなわち、この頃に石垣が積まれた可能性もあるのである。明暦大火や元禄大地震などの災害復旧にも、本多内記政勝、丹波五郎三郎秀延の名がみられる。同時期、大手三之門、中之門、内桜田門でも修築工事が行われており、近年、石垣用材の傷みや歪みのための修復工事では、刻銘や一部刻印が検出されているが、表面に露出することはなく、それらは、いずれも背面や側面に施されていたことが明らかにされている。中でも刻印に限っていえば、災害復旧時のものではない可能性の方が高い。

　したがって、上梅林門の刻印の帰属は謎であるが、刻印を元和年間から寛永年間に築かれた石垣に刻まれていたものとみることには大過なかろう。

　表22には、梅林坂北壁・南壁に続く汐見坂・梅林坂間の刻印についても記した。この部分は、二ノ丸側に張り出しており、白鳥濠の北半を埋め戻し、天守台脇より東照宮を移し建立したもので、当初は平石垣が築かれていた。その時期は、寛永十二年ないしは寛永十四年頃のことである。高石垣に変更されるのは、明暦大火後の明暦三年によるものである。石垣の刻印は、とにかく少ない。高石垣の上位にある南壁の「〇」や北壁の「△」は、刻印の上位を線条痕（スダレ痕）が走り、そのため刻印の一部は消え、存在感が薄れている。高石垣下位の刻印も、前述の石垣背面から発見された「羽柴越中守」の銘文が彫られた石垣と同様、高石垣を修築するために新規調達されたものではなく、あらかじめ石置場に用意されていたものを利用したもので、刻印は、万治年間のものではない。

　このように、近接している箇所とはいえ、時間軸が異なると、刻印の数量や種類の多少などは全く相違するのである。

　江戸城の桝形内石壁の刻印には、少し注意を払わねばならない。一例として田安門の事例をあげておく。田安門桝形内の高麗門を入って左手、北東壁には、「⋅ヨ」・「∝」・「◎」・「⊕」など数種類の刻印が目に止まる。前節で述べた『重要文化財　旧江戸城田安門・同清水門修理工事報告書』によると、昭和四十一年の修理工事着工時点において、同石壁は、下の二〜三段を除き取り除かれていたと記述されている。現在、目にする刻印は、四、五段目のものが多く、下位の石垣用材には調整痕として線条痕が施されているのに対して刻印石にはそれらがない。（「⋅ヨ」の刻印は線条痕の上から施されており、位置も下から二段目にあり、古手の様相を示している。）報告書には、残存した石垣の正確な位置を示したものがないことから推測の域を脱しきれないが、石垣の刻印は、構築時のものではなく、修復時の置石の中に偶然刻印が施されていたものを用いた可能性もあるわけである。

外桜田門・和田倉門・清水門などの諸門が元和期に修築されたものであり、石垣刻印からみた場合、その種類や数量に違いはあるものの共通性が認められることは指摘した。しかし、寛永期に修築された牛込門・赤坂門・四谷門などの外郭諸門の場合は、いささか様相が異なる。

牛込門は、今日、渡櫓門台の片側と桝形内石垣の一部が遺存する。渡櫓門台を見渡す限り、刻印を発見することはできない。しかし、前述のように角石の側面に「入阿波守内」の文字が刻まれており、この部分が露出しなかったとはいえ、担当大名を明示している。文献資料は、牛込門の修築を寛永十三年、蜂須賀阿波守忠英と伝えている。

赤坂門は、桝形の一部が復原されているが、昭和六十二年から六十三年にかけての発掘調査によって石垣に「米・⊡」の刻印が発見されたことを報告している。他方、神奈川県真鶴町の町民センター前と鵐窟前には四個の刻印石が置かれている。そこには、「⊡・米」、「⊡・电・⧗」、「口・⊡・口」の刻印がみられる。また、丸山丁場内にある民家の庭先には、自然石に「⊕・电」の刻印が施されている。同町内には、慶長年間から寛永年間にかけて福岡藩黒田家に関する供養碑が存在する。同藩の採石に関する史料もある。すなわち、これらの刻印が黒田家に関するものであることはほぼ間違いない。赤坂門は、牛込門と同様、寛永十三年に修築されており、黒田右衛門佐忠之が担当している。

四谷門も同様である。昭和六十二年から六十三年にかけて実施された発掘調査において、桝形内の石垣から「〇」と「三」の刻印が各一点発見されている。前者の雁金紋は、毛利長門守秀就が居城である萩城や大坂城石垣に用いており、寛永十三年、同氏の四谷門修築の記事と重なるのである。

すなわち、寛永年間に修築された牛込門・赤坂門・四谷門の石垣には、刻銘や刻印の違いこそあれ、普請を担当した大名の印が施されているのである。これは、後述する平石垣にもいえることであり、刻印の帰属が明らかにされた大坂城にもあてはまることである。

(3)　富士見櫓の刻印

富士見櫓は、本丸の南端にあり、同・櫓台石垣は、慶長十一年、築城家として名高い加藤肥後守清正と浅野紀伊守幸長によって修築されたと伝えられている。石垣の隅は、算木積によって優美な曲線が描かれているが、そこに用いられている角石や角脇石をみると他の箇所とは異なり、長方体の角は稜線側の二つの角は直角であるのに対して、小口面の反対側や控え部分では雑然と切断されている。すなわち、整然とした角石によって築かれてはいないのである。それは、角石や角脇石間に詰石が施されていることにも現われている。これは、一面では石垣修築の古さを物語っている。

また、後年、天守閣が炎上して再建が断念されるとその機能が富士見櫓に仮せられ、最重要の櫓の一つであったことがうかがえる。

写真42　富士見櫓台角石の刻印

富士見櫓台の石垣には、刻印が小さいものの、実に数多くの石に施されている。石垣の間近での観察ではないことから、数量や符号に誤差があるかと思われるが、集成したのが表23である。櫓台の東南壁で七五個以上、同西南壁で一四〇個以上、両者をあわせると優に二〇〇個を越える刻印を確認することができる。ここでの刻印は、以下の四つの特徴をあげることができる。一は、施文されている用材は、角石・角脇石・平石の区別なく満遍無くみられること。二は、刻印は一個の石材につき一

表 23　富士見櫓台およびその周辺の刻印

位　置		刻　印	点数
富士見櫓・隣接石垣	東南壁	⊛40以上．△11．-⊖-9．⊙5．⊖3．⊕3．回3．○	75以上
	西南壁直下	⊛35以上．△18．⊙9．-⊖-6．○6．回2．⌒2．一2．▽．井	72以上
	南壁中央	⊛20以上．○16．△7．日3．井3．⊜2．-⊖-2．-⊖→．Ⓢ．⊕．开．	57以上
	南壁西側	-⊖→5．-⊖-5．△5	15
	続・南東壁	⊙．-⊖→．(ff)	3
	隣・南壁．東壁	⊛．△	2
		⊛3．⊙3．-⊖-2．△2	10
下埋門右手南東壁		○．-⊖⊖-．⊙．㊈．×	5
書院出櫓　北東壁		□2．▱	3
同・南東壁		-◎-．-◎-．○．⊛．Ⓨ．一．井．「回·十」	8

※刻印の右側数字は、数量を示したものである。

点であり、しかも小型である。三は、刻印の分布は、東南壁では櫓が立つ直下の範囲に集中しており、下埋門側の北半では皆無である。西南壁では、櫓の直下およびそれに続く中央での密度が高く、西に行くにしたがって希薄となる。垂直分布でみると、上位ではほとんどみられず、中位以下に集中している。四は、刻印の種類は一八種類とやや多いが、数量でみると「⊛」が九五個以上と二つの石壁のうちの四五％以上を占め、櫓直下に限定するとその比率はさらに高まり過半数近くと圧倒する。次いで多いのは、「△」の四一個、「○」の二三個、「⊖」の二二個となっている。

　つぎに、刻印の帰属について検討してみよう。

　最大の数量を占める「⊛」は、浅野紀伊守幸長ではほぼ間違いない。同家は、駿府城二ノ丸角二七間余りを担当しているが、同所の石壁からは「⊗」・「⊕」・「⊜」・「◎」の刻印が発見されている。また、次章で述べる熱海市瘤木《こぶき》石丁場の「浅野紀伊守内／右衛門佐」の標識石には、「⊕」と「⊛」の刻印が施されており、同家が「⊕」の刻印も用いていることが確認されている。「△」は、大坂城刻印調査では細川越中守忠利や毛利長門守秀就が用いたとの報告がある。しかし、清水門の刻印の帰属で述べたように、細川家の「∴・九・三」や毛利家の「○」など両家を代表する刻印が認められないことから、他家を考えた方がよさそうである。田端寶作氏の『駿府城刻印調査の謎』によると、駿府城二ノ丸坤重櫓台付近を担当した福島左衛門大夫正則に「△・△・⌓・⌓・┐・十・△」の刻印が認められるという。それらの刻印は、同家の居城、広島城や亀山城でもみられる。したがって、「△」や「⌓」の刻印は、福島家が調達した石材とも考えることができる。「⦶」・「⦶」・「⊟」・「⊖」などの刻印は、金沢城の石垣にみられ、前田家の可能性が高い。前田筑前守利長は、慶長十一年・十九年の助役を命じられてはいないが、次章の熱海市中張窪石丁場を好例として同家の石丁場が慶長年間に存在したことは確実である。すなわち、石垣の刻印は、前田筑前守利長が自発的に築城石を献上したことを示唆しているのである。寛永年間に降下するが、同家の石丁場が存在する東伊豆町本林石丁場からは、「⦶・井」の刻印石が、その積出港である稲取港の南防波堤からは「⦶」の刻印石が各々発見されている。「⊙」は、大坂城刻印調査では、前田筑前守利常、毛利長門守秀就、池田宮内少輔忠雄などが用いている。先代を含めて三家とも可能性はある。「回」は、前述したように有馬玄蕃頭豊氏と考えられる。

以上のことを踏まえ、富士見櫓台の石垣刻印をみると、史料にある修築者の一人、浅野紀伊守幸長が調達した石材が多く用いられているが、西南壁角石・角脇石を好例として「⊗」・「⦶」・「△」の刻印が無造作に積まれていること（写真42）などは、修築担当者が自藩の築城石を用いて修築したものではない。やはり、各大名が調達した築城石を集めたことがうかがえるのである。『大日本史料』所収の「石道夜話」には、加藤肥前守清正が富士見櫓台の石垣を修築したことを伝えているが、同家に関する刻印はみあたらない。

巽奥櫓台・蓮池巽櫓台の刻印一覧

平　　石	特記事項

	北側石垣は、強く被熱
他に1	
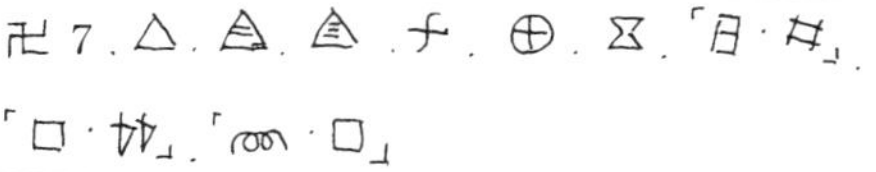	角石２個に銘
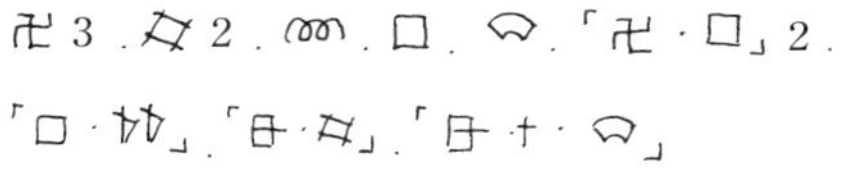	

本丸の南東部、白鳥濠の南端近くに東側に張り出した櫓台が存在する。台所前三重櫓である。この櫓台は、『慶長十三年江戸図』に白鳥の南側が東に突出する部分が描かれているので、富士見櫓台とほぼ同時期に修築されたものと考えられている。角石稜線の勾配は、富士見櫓と比べるときついが、角石・角脇石の用い方や平石の積方など類似している。ここでの刻印は、東端中央部の天端石近くの「」一点のみである。後世の積直しもあるかもしれないが、大分、違いがある。

(4) 桜田巽櫓台・巽奥櫓台・蓮池巽櫓台の刻印

江戸城の二ノ丸・三ノ丸に配置された三つの櫓台刻印についてみてみよう。

桜田巽櫓台は、桔梗濠が内桜田門から大手門にかけて直角に曲がる隅、三ノ丸の南西端に位置している。現存する富士見櫓・伏見櫓・桜田巽櫓の三つのうちの一つの櫓台でもある。櫓台は、南東角が整然とした角石を用いた算木積であるが、それ以外は西側、北側へと続く平石垣と別段、変わりはない。ちなみに、内桜田から清水門にいたる平石垣は、前章で述べたように元和六年（一六二〇）の修築によるものであ

表24　桜田二重櫓台・

位　　置	角石・角脇石
桜田二重櫓南壁	無
巽奥櫓東壁	个
同・南壁	無
蓮池巽櫓東壁	⅃、口 2 卍（北、角石）
同・南壁	卍、「口・〇〇・卄」西 卍 2、「口・〇〇・卄」東

※刻印右の数字は点数

る。櫓台南壁の石垣を観察すると、以下のことがいえる。一つは、角石・角脇石に刻印はみられないこと。一つは、表24に示したように二〇種類以上の刻印を確認できるが、いずれも小型のもので相関性を持たないことである。表24には、桜田巽櫓の直下の石垣刻印と共に西側に続く約二m程の範囲の刻印を記したが、種類こそ大分、増加しているが、全く同じ傾向にある。大坂城の刻印調査と伊豆の刻印調査によって、刻印の帰属が明らかなものをあげると、「〔〕」が堀尾山城守忠晴、「回」が有馬玄蕃頭豊氏、「〇」が毛利長門守秀就、「⊛・卜・Ü」が浅野但馬守長晟、「⊜」が稲葉彦六典通、「ᛏ、ᛏ、囗」が前田筑前守利常、「て、⊙、△」が寺澤志摩守廣高、「⊕」が加藤五郎八恭興、「〔〕」が加藤左馬助嘉明などとなっている。富士見櫓台以上に寄方の大名の名が登場する。

巽奥櫓台は、三ノ丸尚蔵館の裏手に位置し、寛永十二年（一六三五）、二ノ丸拡張のために石垣普請を藤堂大学頭高次、櫓の造営を稲葉美濃守正則が担当したものである。櫓台は、東壁の北端が出隅となっており、南端の角石・角脇石を除き被熱を強く受け、そのため石垣の表面が剥落していることを特徴としている。刻印は、南側の角石に唯一、「个」が一個認められる。南壁は、櫓台と平石垣との区別がなく直線的に延びており、刻印は、櫓の位置と考える平石に、「⊕・亠△」、「⊕」と判然としないものを含む三個ときわめて少ない。また、平石垣には、「⊠」・「⊕」・「ㄱ」三個・「×・□・〇」・「回」・「二」・「⊕」三個・「⊛・⊕」・「ㄣ」・「◬」・「⋈」・「⊙」・「〇」二個・「⊃」・「二」など不明なものを含めると二〇数個の刻印が認められるが、総じて小振りである。南壁に用いられている平石の数量に対して刻印石

写真 43　蓮池巽櫓台の刻銘のある角石

写真 44　蓮池巽櫓台角石の「卍」
刻印石

の数量も少ないといわざるをえない。さらに、大坂城の刻印調査の成果を踏まえると、修築を担当した藤堂家が大坂城で用いた「十」や「〒」の刻印が全くみられないのである。石垣の刻印をみる限り、藤堂家を暗示する資料はみあたらない。

後述する寛永十三年の外濠普請で各大名が担当した丁場に、各々を明示する刻印石を多用しているのとは、櫓台を含めて全く異なる様相を示している。ちなみに、慶長年間に修築されたといわれる大手三之門前の右手を北進する東壁と比較すると、石積の積方がやや異なり、刻印も同所の方が種類・数量とも豊富である。時間軸の差が顕著に現われている。

蓮池巽櫓台は、西丸下に面する蛤濠の南東隅に位置し、西端と北端が出隅となっている。前述した桜田二重櫓台とは近接しているが、出隅の有無など構造的に異なる。史料には、櫓台および三重櫓の造営時期に関する記述はみあたらないが、寛永期以降の後出的なものと考えられる。特徴的なこととして、櫓台を担当したと考えられる阿波国蜂須賀家を明示する刻印石を多用し、あわせて刻銘を刻した角石がみられることである。刻銘の角石は、東壁の南端、天端石を除くと上から三段目と九段目にあり、文字は、下段のものは長軸の側面に二行にわたり彫られている。堀を挟んでいるために至近距離で観察することができないこと、同所櫓台の角石・角脇石・平石の刻印と比べると彫りが浅いことなどから判然としないが、おおむねつぎのようになる。「□□《松平》阿波守内／小□□□□」（写真43）一行目の阿波守とは、前述の牛込門の刻銘が施された角石と同様であり、二行目はその家臣名を掘り込んだものである。ちなみに、冒頭の部位は、工具で削られ消されている。この櫓台で蜂須賀家を明示する刻印に「卍」がある。最も目立つのは、角石に大きく深く彫り刻まれたもので四点ある。一点は、東壁北端の天端石を除くと上から二段目、他の三点は、南壁にあり、二点は刻銘の角石の側面にあたる東端で天端石を除くと二段目（東壁側小口面に「亅」の刻印があるので、この角石には少なくとも二個の刻印が施されている。）と四段目、一点は西端で堀の水面上三段目にある。刻銘石を含め、四点の「卍」は、実に存在感が強い。さらに、四点の「卍」の角石に準ずる位置にあたる角脇石には、表24に示したように東壁で二個に「□」、南壁で東・西に「□・ꝏ・卄」を二個各々配置している。この四点の角脇石にも意図的なものを感じる。つぎに、平石の刻印をみてみよう。東壁で一六点、南壁で一二点の二八点を確認することができるが、そのうち前述の角石・角脇石に用いた五種類の刻印が一八個に用いられている。「⊕」・「⧗」・「日」・「†」・「⌓」など

写真45　蓮池巽櫓台　水面に浮かぶ「□・ꝏ・卄」の刻印石角石

検討の余地はあるものの、刻印でみる限りでは、平石の大半を蜂須賀家が用意したものと考えられるのである。石垣の普請（築方）を特定する史料は、慶長・元和年間のものにはみあたらない。また、明暦大火や元禄大地震の修築では石垣に刻印はほとんど施されてはいない。他方、後述する外濠の呉服橋と鍛冶橋間の発掘調査の成果によって、寛永十三年（一六三六）の普請では、丁場普請絵図と刻印とが一致することから、刻印の帰属と因果関係があることが明らかにされている。したがって、蓮池巽櫓台の刻銘・刻印も、このあたりの時間軸を想定することができるのではなかろうか。

(5) 内郭・外郭諸門周辺の刻印

本城大手門・内桜田門・西丸大手門の三門では、高麗門に続く桝形の背面や櫓台の側面に刻印はまず見出すことはない。それは、意図的に拒んでいるようでもある。反対に、それらの部位やそれに続く平石垣に刻印を多用している箇所があるので、少し触れてみたい。ここでは、内郭の三箇所と外郭の二箇所を扱うことにする。なお、刻印の点数は、至近距離での観察ではないことから、最低限の数量であることをあらかじめ断っておきたい（表26も同）。大手三之門右手平石垣は、寛永十二年の二ノ丸拡張以前は、下梅林門左手の天神濠に面する平石垣に直進するもので、濠を含めて三ノ丸とを区画する機能を果していた。この平石垣には、五〇点以上の刻印石があるが、種数も三六種類（文字を含めると三八）と豊富である。刻印は、全て小振りのもので、少なくとも六家以上の大名が関与している。代表的なものをあげると、「・・」が加藤肥後守清正、「・・・」が森美作守忠政、「」が前田筑前守利常、「・・」が浅野紀伊守幸長、「」が生駒讃岐守一正、「」が脇坂中務少輔安治などとなっている。

下梅林門左手脇は、天神濠の北端であるが、刻印石は八〇点程と多いにもかかわらず種類は少ない。「□」が半数以上を占めるが、この刻印は、共伴関係から前田筑前守利常・蜂須賀阿波守至鎮・黒田筑前守長政・（このほか立花飛騨守宗茂・片桐出雲守孝利・桑山左衛門佐一直・立花主膳正種次）ら多くの大名が用いており、帰属を特定することは困難である。余談であるが、後述する外濠の鍛冶橋門に近接する丸の内一丁目遺跡では、毛利市三郎高直の丁場で「□」の刻印を多用しているという報告もある。「□」に次いで多いのは、「」が一五点あり、「」や「卍」などもみられる。

北桔橋門脇は、最も高い高石垣の一つであり、高麗門脇右手側に刻印石が集中している。門の左右をあわせると五〇点余りが存在する。注目される刻印として、「」・「」・「ひ」の三種がある。「」の刻印は、次章で述べるが鈴木茂氏の調査によると伊東市内では新井山石丁場、御石ケ沢石丁場をはじめとして数箇所でみられ、境界石の存在、

表 25　内郭・外郭諸門周辺の刻印

位置		刻印	点数	特記事項
北桔橋門脇	右手（北壁西側）	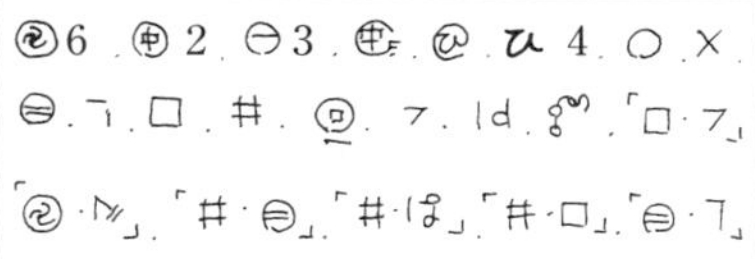	33	角石に
	左手（北壁東側）	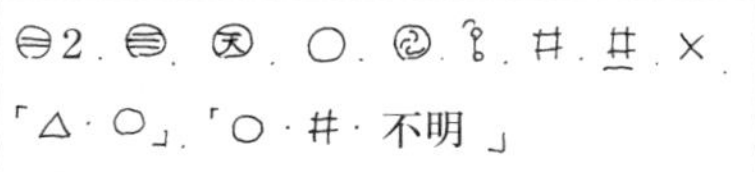	12	
大手三之門脇	右手（東壁南側）	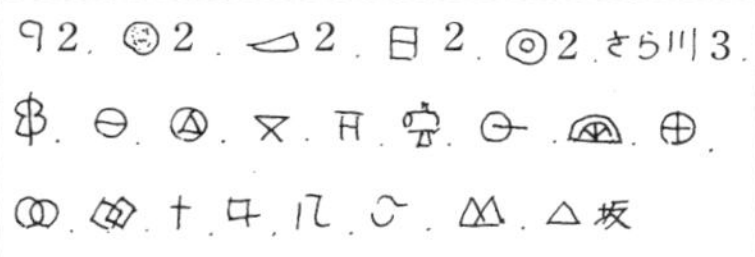	30	
	（東壁北側）	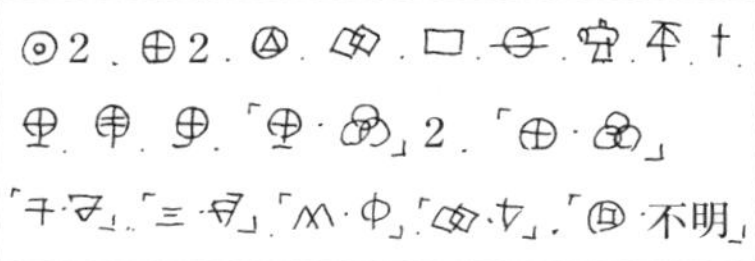	22	
下梅林門脇	左手（東壁）	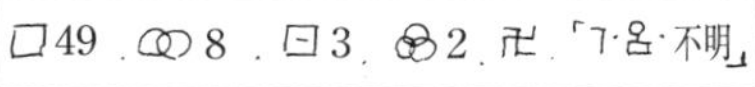	64	
	手前（南壁）	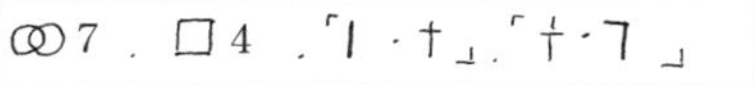	13	
外桜田門脇	左手	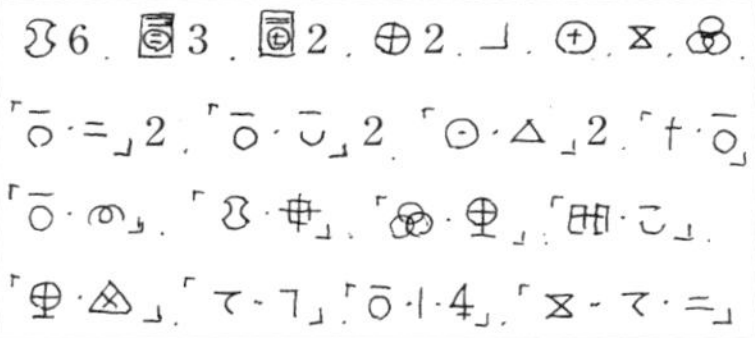	32	天端石に
	右手（渡櫓台）	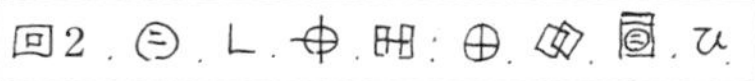	10	
清水門脇	右手（渡櫓台側面）		24	角脇石に
	（続・南西壁）	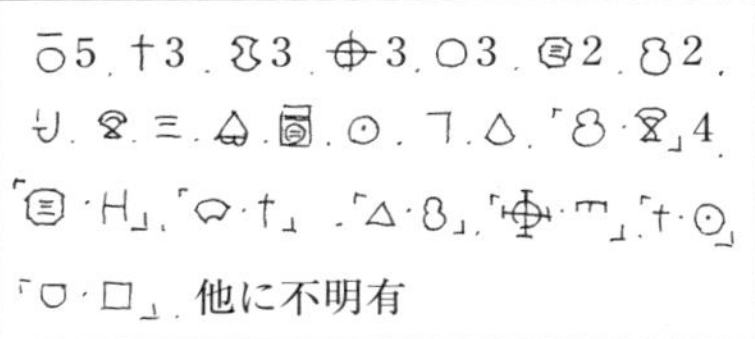	40	

「宇佐美村差出帳控」の採石記録、「三頭巴紋」の家紋などから松平隠岐守定行に求めることができるという。また、「㋪」は、大坂城の寛永元年の修築で立花飛騨守宗茂が使用しているという。「ひ」の報告はないが、同家のものであろうか。この三種類の刻印をみる限り、松平隠岐守定行が伊勢国桑名藩主に就くのが寛永元年（伊予国松山藩に転封するのは寛永十二年）、立花飛騨守宗茂が陸奥国棚倉一万石から筑後国柳河藩一〇・九万石に転封するのが元和六年であることから、慶長期に溯ることはまずない。史料には残されていないが、寛永五年（一六二八）七月十一日の大地震で江戸城はいたる所で崩壊するが、その時の修築によるものであろうか。

　外桜田門高麗門の左手石垣は、通路に近いこともあり、刻印を確認しやすい場所の一つである。二〇種類、三〇点以上の刻印石を見出すことができる。代表的なものをあげると、「⧖・中」が堀尾山城守忠晴、「○・ᄀ・ニ・ᗰ・⊞」が毛利長門守秀就、「⊛・⊕」が浅野但馬守長晟、「⊜」が細川越中守忠興、「て・ᄀ・⊠」が寺澤志摩守廣高などとなっている。右手の渡櫓門下にあたる石垣には、これらに加えて「回」の有馬玄蕃頭豊氏、「⊡」の前田筑前守利常（大坂城では「⊠」も用いている。）などの刻印もみられる。桜田門から日比谷門にかけての凱旋濠の石垣は、日比谷濠・馬場先濠の石垣とともに慶長十九年に修築されている。史料には、前章で述べたように桜田・日比谷辺を加藤肥後守清正と浅野但馬守長晟が担当したとあるが、刻印でみる限りにおいて、築城石が両家の刻印で占有されていることはない。富士見櫓台の石垣や大手三之門右手の平石垣と同様の様相を呈しているのである。

　清水門高麗門右手脇は、渡櫓台さらには平石垣が続き、牛ケ淵の北端でその石垣は途絶えている。内桜田から清水門にいたる平石垣と清水門の桝形は、元和六年（一六二〇）、東国の諸侯によって修築され、寛永元年には同門が浅野但馬守長晟によって造営されている。刻印は、六〇数点がみられるが、櫓台から遠ざかるにしたがって希薄となる。隅近くではほとんどみられず、大地震などの復旧の際に新たな石材によって積直されたものであろうか。櫓台下の刻印をみると、「&・⧗・△」の前田筑前守利常、「◠・十」の加藤左馬助嘉明、「回」の有馬玄蕃頭豊氏、「⧖」の堀尾山

天神濠石垣

上梅林門渡櫓（東側）

梅林坂左手

板下門裏手（移設）

清水門渡櫓

坂下門裏手（移設）

写真46　江戸城刻印石

城守忠晴、「△・十」の森右近大夫忠政、「〇」の毛利長門守秀就、「⊗・▢」の浅野但馬守長晟らが関与し、それに続く平石垣には、これら刻印に加えて、「㊂・H」の稲葉彦六典通、「三・⊜」の細川越中守忠興などの刻印もみられる。ここでも特定の大名の刻印はみられず、元和六年の天下普請でそれ以前に採石・運搬した西国大名の築城石を用いて修築したことを示唆している。

(6) 清水濠・平河濠・和田倉濠の平石垣刻印

諸門とは少し離れた平石垣の刻印をみてみよう。ここでは、元和六年の修築が伝えられる清水濠・平河濠・和田倉濠に面する四地点の事例で述べることにする。なお、この四地点は、場所によって崩落のための積直しの形跡がうかがえるが、刻印石が多く、修築当時の様相を比較的よくとどめている。なお、各地点の位置を示すと、清水濠①は、清水門外桝形と堀を挟んで対峙する石垣で、石垣中程中位に樋門があるがそれより南西側のおよそ二〇m位の範囲。清水濠②は、①を北東側に進むと水面に「五目」の刻印が入った角石があるが、そこから南東方向に延びる石垣が出隅を構えるがそこまでの東半。平河濠は、竹橋門の左手、帯郭の北側石垣およそ二〇m位の範囲。和田倉濠は、和田倉墳水公園の北側、内堀通りから東へ約二〇m位の範囲。

清水濠①は、前述の清水門や清水門右手脇と近接しているが、刻印でみる限りやや異なる。細川越中守忠興の刻印が目立つが「九」が八点と多く、「⁘」の九曜紋に「⊡」が共伴する事例がみられる。「⌓」の生駒讃岐守正俊、「(小)」の生駒壱岐守高俊、「𠚤」の京極若狭守忠高などの刻印もある。また、現在の坂下門内でも確認することができる「☆」、帰属が判然としないが「(小)」・「回」・「□」・「□」などの刻印があるのも特徴的である。ちなみに、これに続く清水濠①と②間の石垣には、刻印はみられるが分布密度がきわめて薄く、そこからも新しい様相をうかがうことができる。

清水濠②は、門から離れた位置にあり、堀を挟んでいるために、刻印を肉眼で確認することは困難である。目立た

表 26　平石垣の刻印

位置		刻印	点数
清水濠①			44
清水濠②		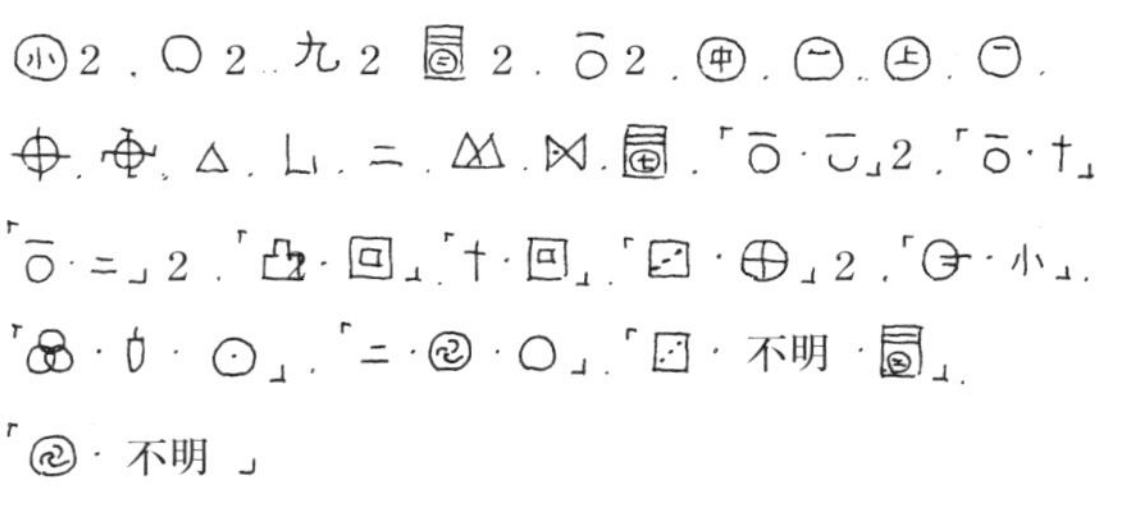	37
平河濠	竹橋門左手下	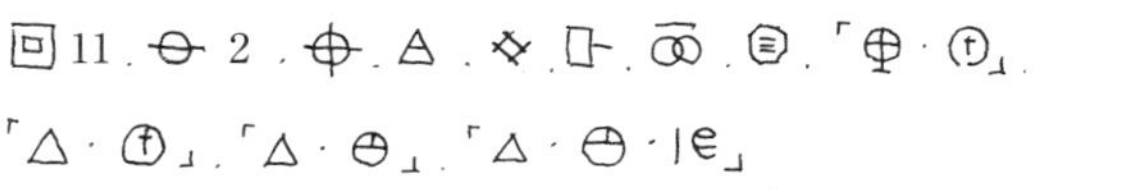	62
	竹橋門東側	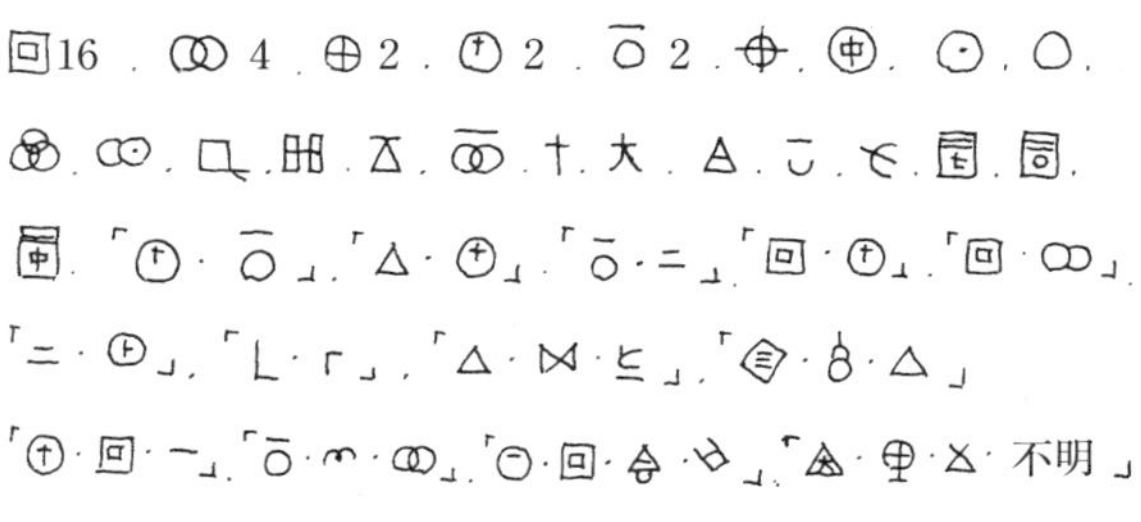	
和田倉濠			34

※刻印右の数字は点数

ないという理由ではなかろうが、他の三地点と比較すると刻印の分布密度はやや薄い。また、出隅に用いられている築城石は角石・角脇石を除くとやや小振りであり、刻印も「⊠」・「凵」・「❀・ᗝ・⊙」・「⦵」の四点と少ない。積直しをした可能性もある。「㊥小」や「三・㋡・〇」の刻印など若干ではあるが慶長・元和期以降の使用刻印などもみられる。「⛶」と「目㊂」が同一平石に彫られており、前田・細川のいずれに帰属するかが注目される。刻印をみる限り、毛利長門守秀就が最も多く、細川越中守忠興・前田筑前守利常が次いでおり、黒田筑前守長政・森美作守忠政・有馬玄蕃頭豊氏、浅野但馬守長晟の刻印もみられる。後出的なものとして、生駒壱岐守高俊・加藤出羽守恭興・松平隠岐守定行の刻印もある。これらの刻印は分散しており、やはり石垣の修築に特定大名を示唆するものではない。

平河濠・和田倉濠の地点も、刻印の種類や組みあわせなどによって刻印の帰属する大名がやや異なるが、同じ傾向にあるといえる。

(7) 外濠平石垣の刻印

ここでは、発掘調査によって得られた外濠四地点の刻印について述べることにする。半蔵濠鉢巻遺跡は、土居の上に築かれた石垣で、慶長十六年の修築にはじまる。その後、大地震や豪雨などによって度々崩壊し、石垣の積方にもその形跡が顕著である。時間軸、石垣の構築方法などで、他の三地点とは異なる。

丸の内一丁目遺跡、同（Ⅱ）、呉服橋付近遺跡は、鍛冶橋と呉服橋間に位置し、寛永十三年（一六三六）の修築工事で四組の池田新太郎光政組と五組の黒田右衛門佐忠之組が担当したことが知られている。ちなみに、後述するが、『立花家文書』の中に「江戸城普請分担図」があるが、絵図に描かれた大名丁場の位置と発掘された刻印を伴う石垣とが整合することが報告されている。詳細にみることにしよう。

丸の内一丁目遺跡と同（Ⅱ）とは隣接しており、表27のC地点とDブロックとは元来、中川内膳久盛の一つの丁場である。したがって丸の内一丁目遺跡A地点から同（Ⅱ）Aブロックにかけて鍛冶橋側から呉服橋側へと続いていることになる。石垣は、明治期に上位を撤去しているためにかなり低くなっており、そのため、実際に存在した刻印の数量はかなりの数にのぼる。丸の内一丁目遺跡の近代とした刻印は、原位置を失い、平石を再加工し、近くに新たな石垣を築いたもので、数量を推測する参考資料としてあげたがそれを裏付けている。最も特徴的なのが、池田組（四六頁、表8参照）の毛利市三郎高直と山崎甲斐守家治の丁場である。両丁場では、実存した築城石のおよそ七割に刻印が施されており、毛利家には「[刻印]」と「□」が、山崎家には「(山)」の刻印が用いられている。毛利家の刻印石の中で、「[刻印]」は三点と少ないが、いずれも山崎家との境界もしくはそれに近接するように配置することで際立っている。近代遺構の中に、「[刻印]・(山)」の共伴する資料があり、それを暗示している。また、刻印石は、一個に一点を原則としているが、同じ刻印を複数施しているものも毛利家で三点（「□」が重なって「[刻印]」を含めると四点）、山崎家で一点あるが、そのうち後者の刻印は、「(山)(日)」と円文が接し、山の文字が相対しており特徴的である。さらに、山崎家の刻印には、「[刻印]」と「(山)」が重複して一点の刻印をなしているものが二点発掘されている。報告書では前後関係が判然としないが、おそらく「(山)」の刻印が後出するものと考えられる。「[刻印]」の刻印の帰属はわからないが、何らかの手段でその石を調達し、石垣を築く際に「(山)」の刻印を施すことで普請担当者を明示したものである。

中川内膳正久盛の丁場では、種類の異なる刻印が四点と少ない。それに隣接する加藤出羽守泰興の丁場では、刻印が皆無と前述の毛利・山崎の両家の丁場と比較すると様相が全く異なる。普請大名によっては、寛永十三年の修築工事で、担当した丁場の石垣に刻印を施すことを行わなかったり、ごくわずかの場合もありうることを示唆しているのである。ちなみに、中川・加藤の両家丁場には、刻印に代わるものとして墨書の存在が報告されている。同様な事例は、平石ではなく本端石（裏込石）ではあるが、朱で「石伐・五・三・△・〇」などと書かれた仙台城本丸のものがある。注目されるところである。

表27　外壕平石垣の刻印（各報告書より）

位置		刻印	備考
半蔵濠鉢巻	出隅以南	⋈、卍、⊙、⊖2、◎、8、井、ソ、卍、「⊙・⊕」、「亼・不明」	積直し顕著
	中央	⊙5、◎4、亼5、ソ3、井2、⋈2、△、亼、口、从、ㄱ、囝、⊕、「亼・⊙」、「ソ・⊙」2、亼、「⊙・⋈」、「井・⋈」、「⊙・ㄱ」、「△・△」、「井・⊗」、「井・⊕」、「ソ・テ」、「ㄱ・子」、「⊕・⊕」、「⊙・⋈・△」、「⊙・ソ・ㄱ」	
	出隅以北	⊙2、亼、井、⊙、⊕、「井・⊙」、「⊙・亼」	
呉服橋付近	A地点	「回・口」、「回✓・回」、×、S	明治24年石垣撤去、昭和24年積直し
	C地点	回3、ひ、ハ、口、ㄱ、「L・回」、「回・口」、「米・回」、「ㄏ・⊕・回」	松平（黒田）右衛門佐組の用材を再加工、原位置移動
	D地点	回3、十3、ひ、ㄏ、米、「回・L・回」、「回・十」、「ㄣ・回・⊕」、「吕18・〇・口」	
丸の内一丁目（Ⅱ）	Aブロック	十9	小出大和守
	Bブロック	十10、六2、L2	小出対馬守
	Cブロック	無（墨書有）	加藤出羽守
	Dブロック	L、凵（墨書「七十七」「三十」）	中川内膳正
丸の内一丁目	C地点	「⊖⊖・δ」	中川内膳正
	C地点	(山)52、「㊂㊉」2、「⊕・⊙」、⊗	山崎甲斐守
	B地点	□55、♉3、◇、十、朋、「口・口」3、「口・十」	毛利市三郎
	A地点	(山)2	
	近代	(山)13、□13、♉8、ㄏ6、〇3、凵、⊠、⊠、「(山)・♉」	近代に再加工し、積直し

※刻印右の数字は点数。

丸の内1丁目同・（Ⅱ）遺跡の区分は、『立花家文書』「石垣方普請丁場図」によるものに改変。

呉服橋付近遺跡は、前述の「江戸城普請分担図」では、三組の細川越中守忠利組が担当し、該当する範囲は、南側から稲葉民部少輔一通、有馬左衛門佐直純、立花民部少輔種長の丁場と記されている。発掘された石垣刻印の中には、「ひ」の立花民部少輔種長と考えられるものが若干みられるが、大半は、「回・□・回・□・米・⊕」などを好例として黒田右衛門佐忠之（黒田甲斐守長興・黒田市政高政の刻印も含まれるものと考えられる。）に帰属するものである。黒田右衛門佐忠之は、五組の組頭で、同家が担当した丁場は、同遺跡の南側、呉服橋と鍛冶橋のおよそ中間に位置する。発掘された石垣は、寛永十三年に修築されたものは明治二十四年に撤去され、その後、昭和二十四年に新たに積直されたものである。新石垣は、寛永期の石垣とは積方が異なり、そこで用いられたのが黒田家の担当した丁場の転用材であったというのである。この遺跡の刻印は、一次資料ではないが、種数と数量からみる限りでは、撤去されストックされていた石垣用材の帰属が黒田家の一家に集中しており、前述の丸の内一丁目遺跡・同（Ⅱ）とともに、外濠における石垣修築工事の普請担当丁場の様相を暗示しているのである。

半蔵濠鉢巻石垣遺跡は、表27に含めたが、前述の三遺跡と比較すると、修築された時期、石垣の構造が異なり、同一視することは適当ではない。発掘された資料は、刻印の種類・数量が正確に報告されたものであることから、比較する上で掲載した。石垣は、土居の上に築かれていることから、通常の石垣と比べて基礎が弱く、そのため、寛永期以降、大地震や豪雨などの災害によって度々、崩壊し、修復した記録があり、随所にその痕跡をとどめている。慶長期の石垣は、土居直上に築かれた一・二段といっても過言ではない。したがって、刻印石は、大半が崩壊後、再度利用できるものは積上げ、そのため修築当初の慶長期のものもあれば、修復時の寛永期以降のものも存在する。刻印は、六九個の築城石にみられるが、調査範囲がおよそ七〇m、対象となる石材が一一三一個ということを考慮すると少ない数字である。度重なる修復記録があるが、大幅な築城石の用材変更を看取することができる。

七　「慶長拾九年」・「寛永元年」銘の擬宝珠

橋梁の勾欄の柱頭につける装飾金具として、今日、平河門に架る平河橋に「慶長拾九年」と「寛永元年」銘の二型の金石文が入った青銅製の擬宝珠が存在する。前者を慶長型、後者を寛永型と呼称すると、両者は、形態・法量に幾分、相違があり、時間軸の上での型式学的分類が可能である。それについては後述するとして、これらの擬宝珠は、元来、平河橋に存在したものではない。

明治に入り、西丸大手橋と二重橋が改架されることになり、それらはその際に移設されたものである。前章で述べたように、『東武實録』には、寛永元年（一六二四）五月、川勝舟後守広綱・多賀左近常長を奉行として西丸大手橋の改架が行われ、同年七月に完成したことが記されている。残念ながら、二重橋に関する記述はみあたらない。すなわち、後者の寛永型の擬宝珠は、西丸大手橋に架けられていたものである。

(1)　甲良家伝来『西丸二重橋建地割』

甲良家伝来資料の中に、幕末、萬延度の『西丸二重橋建地割』がある。縦三七・一㎝、横三八・二㎝を測る折装で、左下には「甲良之印」の朱方印の押捺がある。第三節で明暦大火後、本城大手橋の改架を担当した相馬家手伝の文献史料を紹介したが、橋梁に関する史・資料はほとんどみあたらず、本図は、建築学の上でも貴重な資料となっている。構造的な特質は別として、図中の勾欄柱頭には擬宝珠が描かれている。

前述の平河橋擬宝珠のうち、慶長型と寛永型の両者の銘文の背面には、各型一点ではあるが「元禄十三年／庚辰八月　橋掛直」と彫られている。これは、西丸大手橋、二重橋が共に元禄十三年（一七〇〇）に改架されたことを示唆

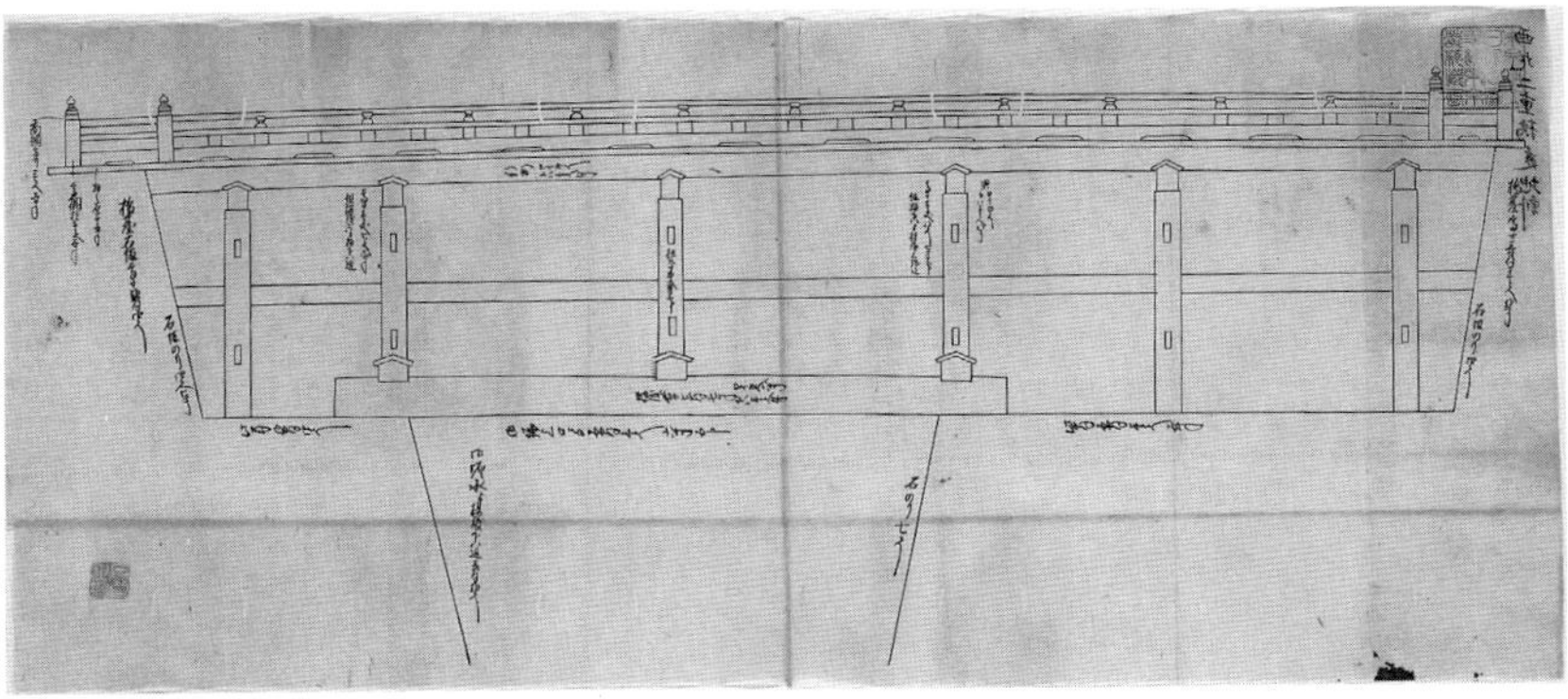

写真47　『西丸二重橋建地割』（都立中央図書館東京誌料文庫所蔵）

しているのである。

振り返って、二重橋より平河橋に移設された慶長型の擬宝珠は四点あるが、いずれにも万延度に橋掛直との金石文はみあたらない。改架に伴う金石文の加筆は、元禄十三年以降、行われていないのである。

(2)「慶長拾九年」銘の擬宝珠

平河橋に慶長型の擬宝珠は四口あるが、いずれもつぎの四行にわたる金石文が彫られている（写真48）。

慶長拾九年
甲寅八月吉日
御大工
椎名伊予

製作者の椎名伊予とは、下野国天明（栃木県佐野市）の鋳物師の家に生まれ、名を吉次という。慶長十九年、京都方広寺の梵鐘の鋳造に脇棟梁としてあたり、伊予守の名を許された人物で、その後、江戸城修築で幕府に召抱えられたといわれている。江戸での代表的な作品には、「元和三丁巳二月」の紀年銘がある芝公園東照宮銅燈台や「元和三丁巳三月吉日」の紀年銘がある上野清水堂鰐口などが知られている。

慶長型の擬宝珠は、形態的にみると、つぎのような特徴をもっている。胴

写真 48 「慶長拾九年」銘擬宝珠

部は、柱頭に向かってごくわずかではあるが緩やかに開き、そのため円筒形というよりは釣鐘形に近い形状をとる。横走する二条一組の隆帯が三単位あり、覆鉢を除くとこれら隆帯によって二つの区画帯が形成されている。金石文は、そのうち上位区画帯に彫られている。首部は、覆鉢と宝珠とを区画する受部が短く、そのため全体的に首長の様相を呈している。宝珠は、最大径が下位にあるため、後述する寛永型と比べると重厚感を増している。

慶長期の擬宝珠として、岡本良一氏は『大坂城』の中で、大阪府高麗橋の「慶長九年」銘の鉄製のものを紹介している。直径三五・四cm、高さ六七・二cmを測り、金石文として「慶長九年／甲庚八月吉日／御大工／奉行／吉久」の六行にわたる刻銘があるという。その形状は、写真でみる限り、宝珠こそ類似するが首・胴部とも後述する寛永型に酷似しているのである。二重橋擬宝珠と高麗橋擬宝珠とは、型式学的な相違を見出すことができるのである。すなわち、二重橋に存在した「慶長拾九年」銘の擬宝珠は、従来の形状にとらわれることなく、鋳物師椎名伊予の独自性がいかんなく発揮されているのである。

(3)「寛永元年」銘の擬宝珠

同年銘の擬宝珠は、形状は同じであるが、金石文からみると二種類各三口の合計六口が存在している。はじめに、金石文を二型に分類し、資料を紹介することにする。

A型　文字が五行にわたるものである。年号の表記が、十干十二支にあたる「甲子」が先で「年」があとに続く。職名と名を後年、斜線で消している。末尾に製作者名に続き「作」の文字が彫られている。

「寛永元甲子年
八月吉日
大工
椎名源左衛門尉
者勝作」

B型　文字が四行にわたるものである。年号の表記が、「年」が先で「甲子」があとに続く。職名を後年、斜線で消している。

「寛永元年甲子
八月吉日
大工
長谷川越後守」

西丸大手橋の擬宝珠に何故、二人の製作者がみられるのかは判然としない。香取秀眞氏の『江戸鑄師名譜』によると、前述の椎名家を幕府の御用鋳物師として確固たる地位を築いた椎名伊予守吉次は、正保三年（一六四六）に病死し、その後は、息子の椎名兵庫頭吉綱が継いだとある。つまり、擬宝珠金石文の二人の人物は、椎名伊予とは強固な血縁的関係までにはいたっていない。おそらく、二人とも広義の弟子と思われる。椎名源左衛門尉吉勝の代表的な作品には、「元和二年正月吉日」の紀年銘がある下野那須郡野羽野上天満宮鍔口が知られている。長谷川越後守は名を吉家といい、「寛永八年龍集辛未秋九月」の紀年銘の武蔵高尾山有喜寺鐘や「寛永十一甲戌暦八月九日」の紀年銘がある芝三田高輪寶島山大信寺鐘などがある。

余談であるが、二代目吉綱は、「元和三年丁巳四月十七日」の紀年銘がある日光東照宮銅燈台をはじめとして寛永・

写真49　「…長谷川越後守」銘擬宝珠

正保・慶安の各期を通じて多くの作品を残しており、江戸城に関しても、明暦大火後の復旧として常盤橋と日本橋の擬宝珠に金石文が存在したことが伝えられている。常盤橋には、「明暦四戊戌年／八月吉日／鋳物御大工／椎名兵庫頭吉綱」、日本橋には、「萬治元戊戌年／九月吉日／椎名兵庫頭吉綱」と彫られてあったという。江戸東京博物館に行くと六階に全長五一ｍの日本橋が半分に復元されている。その擬宝珠には、「鋳物御大工／椎名兵庫頭」・「萬治元戊戌年／九月吉日／日本橋／御大工／椎名兵庫」・「鋳物御大工／椎名兵庫頭」・「正徳二壬辰年／七月」の四種類の金石文がみられる。正徳二年（一七一二）銘の橋掛直は別として、レプリカの金石文（三種類）と記録に残された史料とは必ずしも一致しているわけではない。二代目吉綱銘の擬宝珠は、この他、呉服橋や小石川御門橋にも存在したという。呉服橋には、「萬治二己亥年／八月吉日／鋳物師大工／椎名兵庫頭」、小石川御門橋には、「寛文元年／五月吉日／椎名兵庫頭吉綱」と彫られていたという。しかし、詳細に調査した前掲の香取氏によると、書上には二代兵庫萬治元年病死とあり、過去帳にも萬治元年十二月八日の記述があるという。つまり、呉服橋と小石川御門橋の擬宝珠の製作には、椎名兵庫頭吉綱が携わることは不可能であり、一門の別人物ということになる。

振り返って平河橋にある寛永型の二型の擬宝珠金石文を検討すると、一点、気になることがある。それは、後年とはいえ職名となる「大工」の文字が鏨によって斜線ではあるが消されていることである。それは、現存する六口、全てにいえる。前述のように、平河橋の擬宝珠は、明治に入って西丸二重橋・大手橋から移設されたものであり、仮に移設後であるならば、慶長型の四口にも同様の痕跡が残るはずであるが、そこにはみあたらない。したがって、職名を斜線で消したのはそれ以前の西丸に架けられていたある時点ということになる。残念ながら、その時間を特定することはできないが、二重橋の慶長型には消されていないところをみると、寛永型を製作した人物が存命中の可能性が高く、それは何らかの不具合が生じ、寛永元年に架けられてさほど時間を経過しない中で行われたものと推察される。周知のように西丸大手橋は、外郭諸門等に架けられた橋と異なり、誰でも気軽に渡れるものではない。第五節で述べたように、橋の先にある西丸大手門は、本城大手門・内桜田門とともに最も厳重な警備が敷かれた一門である。そこには、単に文字を消すという以外に、重要な目的が暗示されているのである。

寛永A型の擬宝珠金石文には、職名の「大工」の他に名の「吉勝」が消されていることを述べたが、鏨によって斜線で消去している点は共通するが、各々斜線の方向が異なっている。それは、同型の三口にいえることでもある。消去する斜線は、職名では右下りであるのに対して、名は左下りとなっている。両者の順位を考えると、「大工」の斜線が寛永A・B型とも同一方向であることから、消去という点では、先ず職名が第一義的なものであったと考えられる。

写真 50　「寛永元年」銘擬宝珠

寛永型の擬宝珠は、形態的にみると、つぎのような特徴をもっている。胴部は、おおむね円筒形を呈し、二条一組の隆帯が二単位横走する。隆帯間は、一本分程の間隔を保ち、隆帯の断面形は、半円形状を呈している。そのため、胴部は立体感を増している。金石文は、二組の隆帯によって区画された幅広い区画帯に施されている。首部は、覆鉢と宝珠とを区画する受部の立ち上りが長いために、やや短い。宝珠は、最大径がほぼ中央にある。慶長型と比べると、スマートであるが重心が高い分、不安定となっている。ちなみに、型式学的には、大阪府高麗橋の系譜をたどることを述べたが、それについて若干、加筆しておく。高麗橋の擬宝珠は、宝珠こそ前述の慶長型と同様、最大径を下位にとる重厚感があるのに対して、首・胴部は寛永型の祖型となる様相が顕著である。とりわけ、首部は、宝珠と覆鉢とを区画する受部の立ち上りが長いため、形状の上ではすでに同一となっている。胴部は、円筒形を呈し、横走する二条一組の隆帯が二単位施されているが、二条の隆帯は間隔をあけることなく接したまま囲繞し、その断面形は半円形を呈すが、寛永型のものより弧面の膨らみがやや小さい。

以上のように、平河橋に現存する寛永型の擬宝珠は、型式学的にみた場合、大阪府高麗橋のものにより近く、その系統をひくものとみなすことができるのである。

八　発掘された江戸城

千代田区内において、江戸城、江戸城内堀・外堀に関する遺跡の調査は、管見の限りでは、今日まで二〇箇所以上確認できた。ここでは、その中から発掘調査により石垣を中心に重要な成果が得られた一〇遺跡について紹介していく。なお、各遺跡をまとめるにあたっては、すでに刊行されている報告書をもととしており、発掘成果から判明した江戸城中における土地利用の在り方についても提示できるよう心掛けた。

⑴　江戸城本丸

ここは現在の宮内庁書陵部庁舎の一画に位置し、江戸城本丸の北端に位置する。後藤宏樹氏によると、一七世紀代には本丸大奥の北端もしくは虎口空間の一部に該当し、一九世紀代には大奥長局の一画へと変化してゆくことが報告されている。

発掘調査の結果、北面する石垣の裏込部分と南面する石垣が検出された。報文によると、二列の石垣は正反対に面しており、また、江戸城の堀などに現存する石垣よりやや小さいと考えられることから、城内の区画に用いられたも

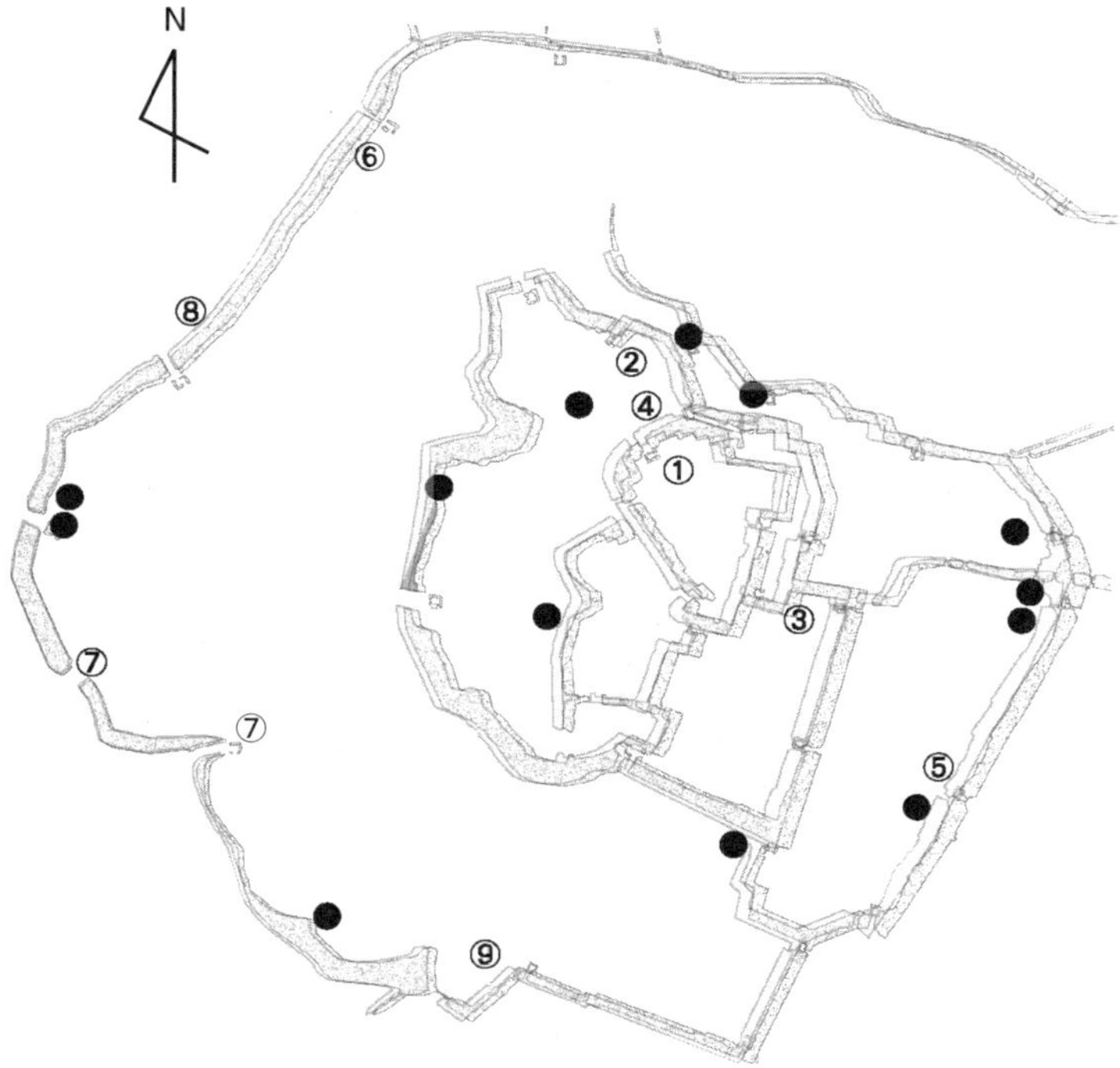

番号	遺跡名	主な遺構											
		石垣	石組	井戸	上水跡	下水址	盛土	土留	溝	杭列群	竹柵	板柵	その他
①	江戸城本丸												
②	北の丸公園地区遺跡			○			○		○				
③	和田倉遺跡			○	○	○		○					地下室
④	竹橋門遺跡		○	○									
⑤-1	丸の内一丁目遺跡	○	○	○	○				○				木組、埋桶
⑤-2	丸の内一丁目遺跡Ⅱ	○											柱穴
⑥	牛込御門外橋詰	○							○				
⑦	赤坂御門・喰違土橋	○				○			○				
⑧	市ヶ谷御門外橋詰・御堀端	○	○	○					○	○	○	○	土手修復跡
⑨	文部科学省構内遺跡	○							○				柱穴

図17　江戸城内における主な発掘調査地点

（番号は本文に対応　黒丸は他の調査地点
『江戸城の考古学』『東京駅八重洲北口遺跡』参照）

のと推定されている。その他にも、本丸大奥関係の石組溝や暗渠などの遺構が確認され、遺物としては、陶磁器と瓦の出土が大半を占めている。出土した陶磁器類の多くは近世以降に属し、中には大奥の一部を示す紅皿や鬢盥などが認められるが、特殊性がないという特徴から、出土遺物の大半が日常生活に使用されたものであると考えられている。

調査地区は、近世から近代にかけての火災等を契機として、くり返し行われた盛土による整地層に覆われ、少なくとも三回の造成工事が施された結果、一部では盛土層が最大一〇mに達することが確認された。

江戸城内郭での発掘件数が少ない中、本遺跡の発掘調査から江戸城本丸においても盛土による大規模な造成が行われていたことが明らかにされ、さらに遺物から大奥という特殊な生活を垣間みられることは興味深いことである。

(2)　北の丸公園地区遺跡

ここは江戸城北の丸の南東端に位置する。元和年間の江戸城天下普請を契機として寛永九年（一六三二）頃には老中安藤重長、正保元年（一六四四）頃には徳川長松（綱重）、寛文期には家光正室孝子の屋敷地であった。その後、延宝二年（一六七四）孝子の死去に伴い、火除地としての機能も含めて幕府の蔵地（竹橋蔵地）となって幕末にいたっている。

現在、標高一一mの高台に位置しているが、発掘調査によって、約八mにも及ぶ盛土が確認された。報文によると、出土遺物から盛土は元和六年（一六二〇）の北の丸普請に伴って形成されたものとしている。盛土中には、一九世紀中葉に築かれたと推定される、多量の遺物が廃棄された遺構と大規模な整地層が検出されている。遺物は、瓦や陶磁器を中心とし、被熱しているものが多いことから、当地を利用した火災処理がうかがわれ、「大於久（大奥）」「にし於く（西奥）」などと釘書きされた食器類の出土から、本丸で使用された什器も持ち込まれたとされている。その結果、これらの遺構・遺物は、天保期から安政期にかけて江戸城を襲った火災や地震の後始末のためであり、調査区を含む

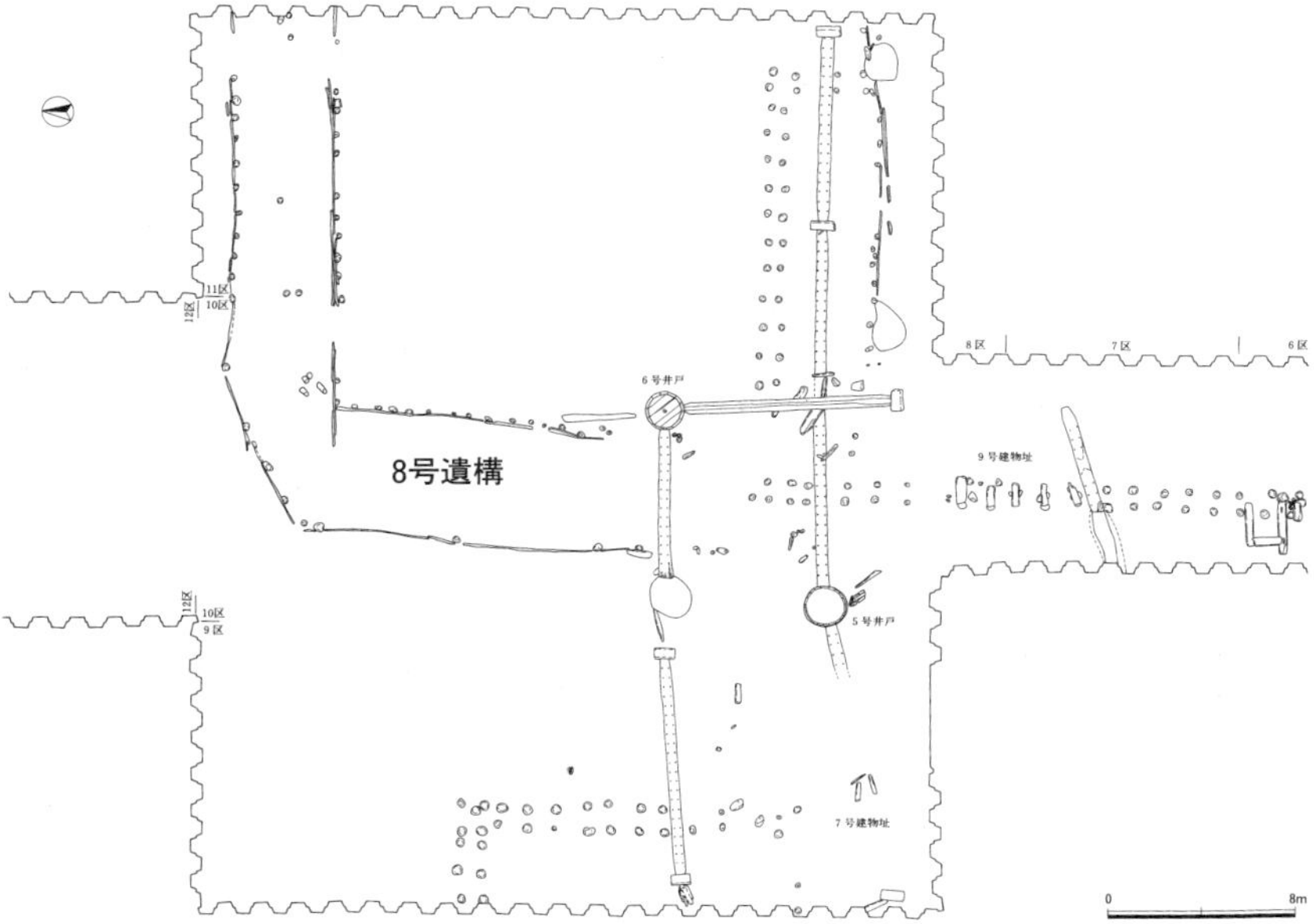

図18　和田倉遺跡北側拡大図（後藤ほか、1995より）

竹橋蔵地は、本丸一帯の被災処理用の地域として利用されていたと考えられている。

発掘調査から、北の丸地区でも、南側に隣接する竹橋地区と同様の大規模な埋め立てが確認された。そして、災害処理の際には、郭の一画でさえ利用されることが判明した点は重要な成果である。

(3)　和田倉遺跡

ここは、和田倉門に隣接し、現在の和田倉噴水公園の一部にあたる。江戸時代には、和田倉御門内あるいは馬場先御門内、西丸下などと呼ばれ、かつては大名屋敷や、御用屋敷・厩といった幕府御用地などの用途で使用されていた。

発掘調査の結果、報文によると、現在の皇居外苑一帯は江戸時代初期に埋め立てられる日比谷入江の一画にあたることが判明した。出土した遺構は、一八世紀後半以降に構築される建物跡や上水道跡などがある。中でも八号遺構は、杭を支えとして土塁板が貼り巡らされたもので、多数の建築部材が出土している。この建築部材の解釈については二つある。一つは建物跡、もう一つは寛政三年（一七九一）の上水配管図に、「池」の記入があることから、池の外周を巡る土留めとも考えられている。この八号遺構からは建築部材だけでなく陶磁器も多く出土し、「厩」と書かれた墨書陶磁器や、「安永二年」（一七七三）「文化八年」（一八一一）という年号の入った陶磁器などが発見されている。これらの文字資料は、遺構や遺物の年代、さらに遺跡の性格を判断していく材料として注目されている。

上水道跡としては玉川上水から引かれたものがみつかっている。先に述べた上水道配管図では、玉川上水が敷地南側の道路を走り、敷地の西側で引き込み、東側へと流れるようになっている。敷地東側に井戸が集中しており、上水井戸が四箇所、堀井戸が一箇所配置されている。そして、上水は最終的には敷地の奥にある池へと流れる仕組みとなり、本敷地での上水道は飲料水としてだけでなく、池あるいは防火用水などにも活用することが推測されている。上水道の構造は、木樋と呼ばれる木製の水道桶から井戸に直接繋げる方法が主体であることが確認されている。また、試掘調査時に下水関連の遺構も検出されているが、江戸時代の絵図とは異なる規模であったことから、明治十年代以降に、江戸時代使用されていた下水を作り変えたものと考えられている。

(4) 竹橋門遺跡

ここは、現在の東京国立近代美術館の前庭にあたる。

発掘調査により中世から近世にかけての遺構・遺物が検出された。中世の遺構群は二つの時期からなり、第Ⅰ期は一二〜一三世紀ごろ、第Ⅱ期は一五世紀後葉〜一六世紀ごろまでとされる。また、第Ⅱ期の遺物群の特徴から調査地域は、武士階級の居住した城館址の一部と推定されている。第Ⅰ期の様相は、史料に記された江戸氏の盛衰と一致し、さらに、第Ⅱ期の開始時期が太田道灌によって江戸城がほぼ完成された長禄元年（一四五七）ごろと重なることは、調査地区の第Ⅱ期が城館址の一部にあたることを裏付けている。

江戸時代、ここは絵図によると竹橋門内に位置し、門内の一角には大番所が配されていた。発掘調査により石組遺構や井戸址が確認され、大番所の位置が一七世紀中葉以前と以後とで異なるという想定が報告されている。検出された近世遺構群は史料や絵図では確認されず、江戸城の一部として発掘によって明らかにされた。近世の陶磁器類の出土数は極端に少なく、本遺跡が江戸城の門内に位置していることに起因していると考えられている。

報文でも述べられているが、本遺跡の発掘調査により記録に残されていない中世の江戸城内の構造の一部が明らかにされた。つまり、過去の歴史を復元していくためには考古学的な手法が不可欠であり、このことは近世においても同様であるといえる。

(5)　丸の内一丁目遺跡（1次）

この遺跡は、東京駅の南に位置し、江戸時代においては鍛冶橋門の北側に隣接していた。

発掘調査の結果、江戸城外堀の石垣の根石部分と、外堀に隣接する武家地の遺構が検出された。石垣は基礎として基準尺が刻まれた土台木（胴木）を据えていることから、土台木の長さの調整が可能となり、それによって丁場割りを行っていたことが推定されている。

この地点が立花家文書にある「石垣方普請丁場割図」と一致したことから、出土した石垣が寛永十三年（一六三六）の外堀普請によるものであり、また、記載された丁場の幅の数値や、土台木に認められた線刻から京間を基準単位としていたことが判明された。

報文によると、刻印のあり方から、丁場における個々の区画が推定され、「石垣方普請丁場割図」や、大坂城の石垣刻印調査との照合の結果、岡山藩池田新太郎光政を組頭とした三田藩九鬼大和守久隆、佐伯藩毛利市三郎高直、成羽

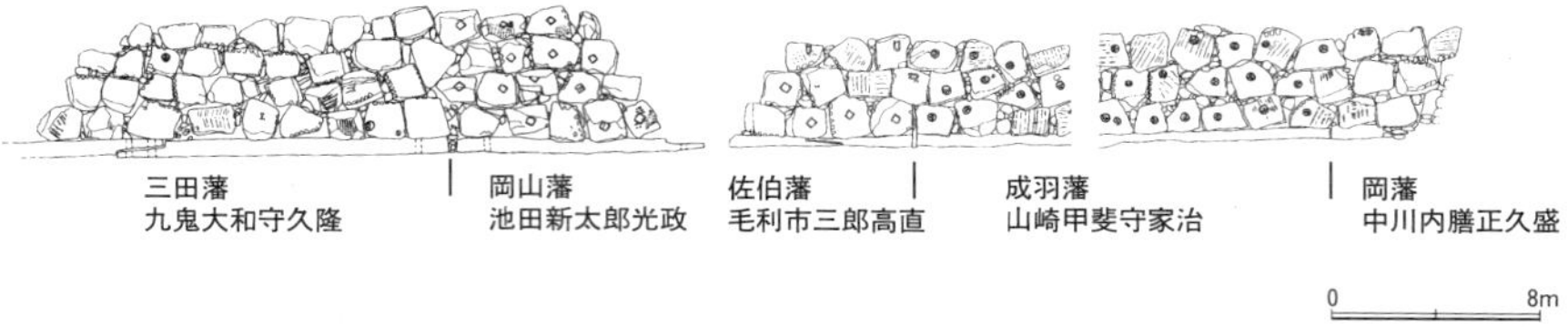

図19　丸の内一丁目（1次）石垣立面図・部分（谷川・後藤ほか、1998より）

藩山崎甲斐守家治、岡藩中川内膳正久盛の五家の大名の普請丁場であることが特定された。さらに、組頭である池田家丁場の入角の位置を起点として南北方向に土台木を割り付けていくという普請工程が確認された。また、各大名家の基礎地盤工事などの技術には大きな差異が認められないことから、一連の工程として組全体で行われたと考えられている。

本遺跡の発掘調査を通して外堀普請の工程が明らかになったことは、天下普請を解明する手がかりの一つとして重要である。

(6)　丸の内一丁目遺跡（2次）

本遺跡は、東京駅の南東に位置する。(5)の項目でふれているように、江戸時代には、外堀に設けられた外郭門の一つ「鍛冶橋門」の北方に位置する石垣と、その周辺地域に該当する。一九九六年に一次調査が行われた。その際、寛永一三年（一六三六）に構築された江戸城外堀の石垣などが発見され、文献資料に残された記録と合致するという成果が得られている。二次調査は二〇〇四年に実施された。この調査では、一次調査地の北続きの石垣が発見され、さらに石垣構築以前の外堀の痕跡が確認されている。

二次調査においても一次調査と同様に、立花家文書「石垣方普請丁場割図」と照合した結果、文献記載内容とほぼ同一であることが認められた。この資料によると、本調査地点は、岡山藩池田新太郎光政の組に属する岡藩中川内膳正久盛、福岡藩黒田右衛門佐忠之の組に属する大洲藩加藤出羽守泰興・園部藩小出対馬守吉親・出石藩小出大和守吉英の、計四家の大名の丁場に割りあてられている。

石垣の構造については、報文にて詳細に述べられている。「石垣はまず堀の縁を溝状に掘り窪めることから行われる（地形根切）。その溝の底には長さ五～六m、三〇cm角程度の太い材（主にマツ）が二本並べて敷かれ（土台木）、その上に築石と呼ばれる石垣石が布積み（下から一段ずつ平行に積み上げていく工法）で積み上げられていく。築石の前二段分程度と、築石の裏側には、握り拳大から三〇m大を中心とした川原石と割石が充填される。築石が高くなるにつれ、裏側には盛土がなされ、最終的には土手が形成される」といった構築工程が明らかにされている。調査では、地中または堀の水面下にあたる石垣の最下部三段ほどがみつかり、さらに、調査範囲の二箇所で出角・入角が確認されている。

その他にも、寛永十三年の石垣構築以前に相当する遺構が検出され、江戸城外堀の初期の状態を把握していく上で重要な資料を提供している。

(7) 牛込御門外橋詰

ここは、江戸城外堀牛込御門外橋詰の北面北側に位置する。発掘調査の中心となったのは橋詰石垣で、寛永十三年（一六三六）の外堀開削に伴い構築されたものである。ここの石垣については、栩木真氏による詳細な分析が行われている。氏の報告によると、石垣は、硬質な砂層を基盤とし、これに二列六本の胴木と根石を配し、高さ四間～五間（七～九m）、一五～一七段にわたって積み上げられている。積み方は、いわゆる打込み接ぎである。石垣の背面には、裏込石（栗石）が一間～二間半（二～四・五m）の幅で充填されており、これより奥は橋詰基盤の版築となることが判明された。石垣石は、安山岩を主体とする〇・四～〇・八t前後のものであり、石垣石表面には加工痕がみられ、角錐状に成形されている。また、「大」や「田」といった文字や、記号等をモチーフにした刻印が四六種類以上刻まれ、判読が困難な墨書も認められている。普請担当者については発掘成果や文献資料による情報が少ない中、牛込御門升

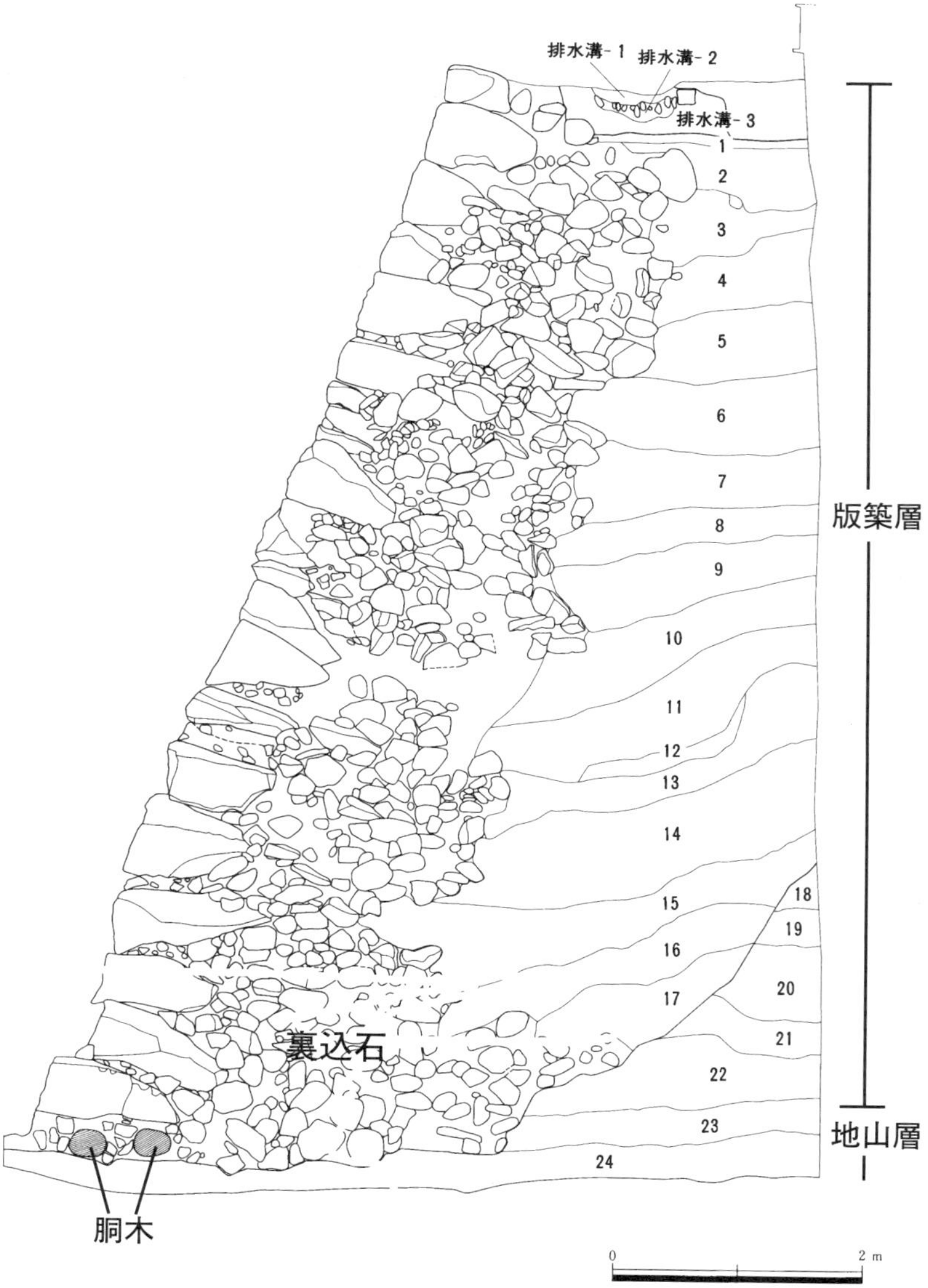

図 20　牛込御門外橋詰石垣東側断面（滝口・谷川ほか、1994 より）

形を担当した蜂須賀家によって同時期に構築されたものではないかと考えられている。

橋詰石垣に共伴する遺物は「元符通寶」と「大観通寶」の銭貨二点である。初鋳年代は「元符通寶」は一〇九八年、「大観通寶」は一一〇七年である。いずれとも北宋銭で「寛永通寶」が鋳造される寛永十三年以前に日本で広く使用されていた。

ここでの発掘成果は江戸城外堀の石垣構築を技術面から捉えることのできる貴重な情報を呈示していると思われる。

(8)　赤坂御門・喰違土橋

ここでは枡形石垣が発見された赤坂御門を中心に述べてゆく。

この遺跡は、江戸城外堀の南西部に位置し、溜池の低地帯を望む台地の縁辺に立地している。江戸時代においては、赤坂御門と紀伊和歌山藩徳川家麹町邸の一部に該当する。

発掘調査では、赤坂御門は、寛永一三年（一六三六）に福岡藩黒田右衛門佐忠之によって台地斜面上に構築されたもので、桝形北東部分の石垣は、掘り抜かれた白色粘土層上に、胴木などの土台を据えず、直接根石を設置した上に構築されていたことが判明された。それ以外の部分では、ローム層や黒色土を基盤とし、根石の下に版築や栗石敷きが施されるなど、石垣基礎構造が同じ枡形内においても一様ではないことが認められている。

発見された石垣の表面には、「◎」などの刻印が認められ、その石材が輝石安山岩であることや、同様の刻印が神奈川県真鶴町の福岡藩石切丁場でも確認されたことから、同所より搬出されたものと考えられている。

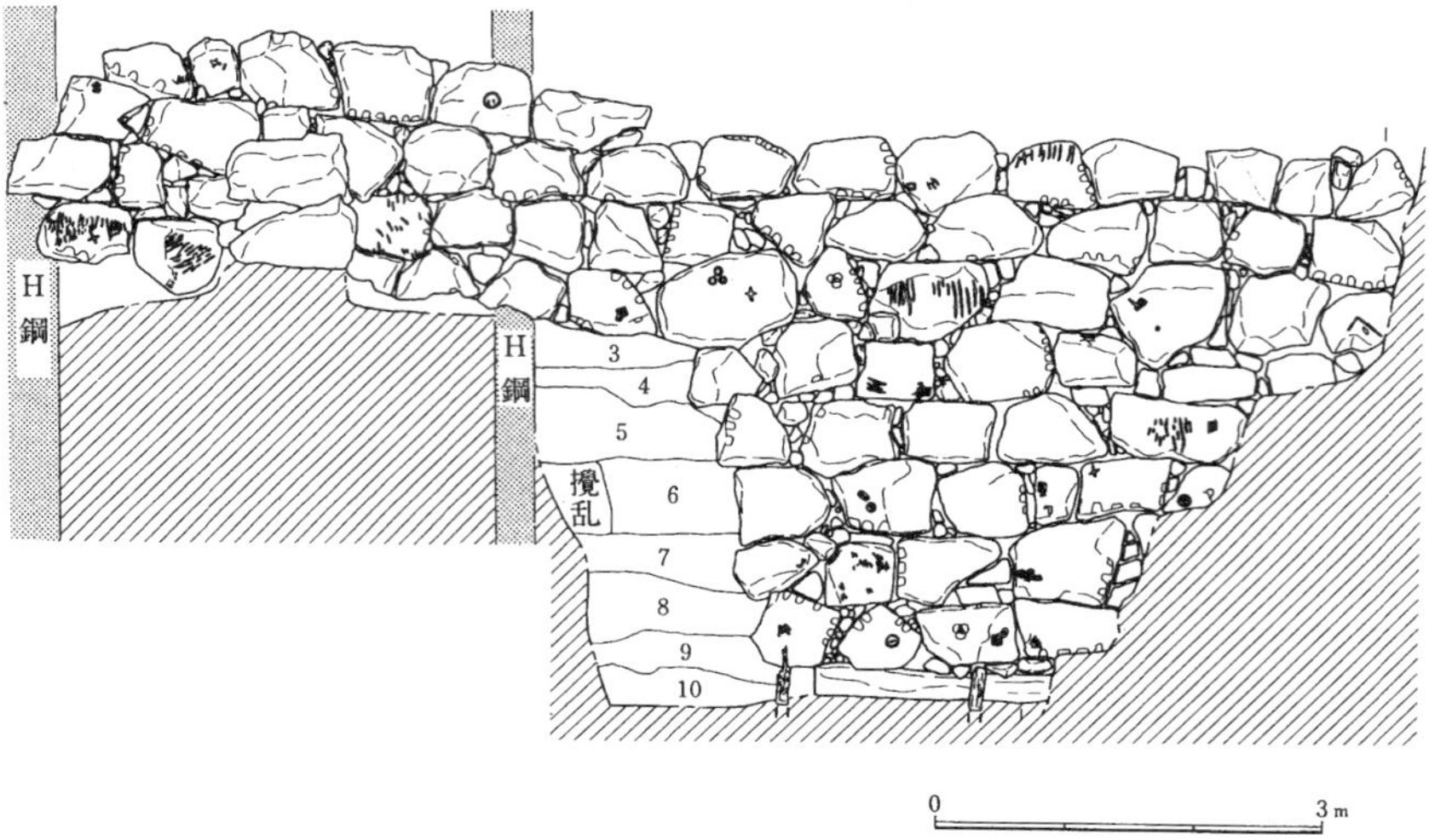

図 21　市ヶ谷駅舎地点 1 号石垣立面図（滝口・谷川ほか、1997 より）

(9) 市谷御門外橋詰・御堀端

ここでの発掘調査は、市ケ谷駅舎地点、外濠公園換気地点、牛込濠換気地点の三地点で行われた。これらの地点は、東京西部に広がる武蔵野台地東端の、市ヶ谷の台地と四谷の台地を分ける谷の中に位置すると報告されている。ここでは、市ヶ谷地点について紹介していく。

市ヶ谷地点では、調査の結果、江戸城外堀の普請・修復に関する遺構が検出された。報文によると発掘調査地点は、江戸城市谷御門橋詰の橋台の石垣と御堀端の土手および堀内にあたる。土手の断面観察から複数の時期に及んでいることが明らかとなり、検出された遺構はⅠ～Ⅶ期までに区分されている。この各期の中で石垣構築に注目した場合、市谷駅舎地点のⅡ期（一七世紀前葉）を挙げることができる。このⅡ期では、寛永十三年の普請で津山藩主森内記長継が構築したとされる、高さ二間半～三間（五ｍ）、九段積みの市谷御門外橋詰の橋台の石垣が検出された。石垣に用いられている石材は、安山岩を中心とし、重さは〇・二～一・二ｔ前後の間知石を主体としている。石垣石はそれぞれに加工痕が認められ、角錐状に成形されている。石垣石表面には「田」や丸に「い」、丸に「一」などの刻印が施されている。これらの石垣石には、石質・成形・刻印に関して江戸城外堀跡牛込御門外橋詰の石垣と類似するものが含まれているとされる。

その他の時期でも石垣は、土手内面に築かれることで、土手の補強材に使用されている。幾度の災害に見舞われた江戸において、被災後、当地での土手の修復方法は、砂を埋め戻す方法から、崩壊跡の開口部に石垣を構築する方法へと変化してゆくことが判明されており、土手修復技術の一端を明確にすることのできる資料である。

⑽　文部科学省構内遺跡

本遺跡は、文部科学省構内に位置する。報文によると、江戸時代、本遺跡は、江戸城外郭門である虎の門へと続く外堀と、その西側に隣接した日向延岡藩内藤家上屋敷、旗本村瀬家屋敷地等の一部に該当することが史料から判明している。第一次調査では、外堀に沿う道路と、その西側に並ぶ武家屋敷地の一部を調査し、第二次では、外堀の石垣を中心に調査された。ここでは、第二次調査において、石垣が良好に残存していたA地点とC地点について紹介していく。

本遺跡にて発見された石垣は、岡山藩池田新太郎光政が組頭を勤めた丁場に相当する。A地点では、長さ約三五ｍで、七段(高さ約四・五ｍ)ほど残存し、二六三点の築石が検出された。本調査地点は史料から、北側が三田藩九鬼大和守久隆、南側が石道惣築（複数の大名が共同で作業した丁場）に相当するが、九鬼家丁場では刻印が少なかったことから、丁場境が明確に認められていない。北側と南側とで、石垣の積み方に関して比較されており、南側の方が、築石の高さが不揃いで、石と石との隙間が大きく、北側より雑な積み方である。また、石垣断面から一・五〜二・〇ｍごとに規模の異なる栗石が交互に積まれていること、五〜七段目にかけて栗石背面に土が充填されるといったことが判明し、およそ三段ごとずつに、石の積み上げ作業に工程差が認められるとしている。石材は真鶴産の安山岩を主

体としている

次にC地点では、長さ約二五・二m、一四段（高さ約七・四m）ほど残存し、二九七点の築石が検出された。本地点は史料から、北側が庭瀬藩戸川土佐守正安、南側が佐伯藩毛利市三郎高直の丁場にあたる。調査の結果、毛利家側では、ほとんどの築石に「矢筈」の刻印が認められ、この刻印の分布範囲から丁場境が認められた。石材は、伊豆半島周辺の安山岩であるが、真鶴産や東伊豆産などの石材が混在することが明らかとなり、普請を行った大名が複数の石切場で石材を調達したことを示しているとされている。

以上、雑駁ながら江戸城、江戸城内堀・外堀に関連する発掘調査成果について述べてきた。今回、紹介した遺跡は江戸城関連遺跡の中で、ごく一部であり、全てについて取り上げることはできなかった。しかし、各遺跡において、当時の大名等が同一の方法で石垣や土塁を形成したのではなく、そこの環境にあわせ、工夫を凝らしながら石垣を構築、または修復していることが読み取れると思われる。また、丸の内一丁目遺跡のように、史料との合致といった事例もあり、発掘成果と文献資料とを比較していくことの必要性を改めて感じた。今後の調査・研究の進展に期待したい。

第三章　伊豆の石丁場

一　伊豆の石丁場

(1)　文献からみた石丁場の分布

江戸城修築のための築城石の採石は、慶長・元和・寛永年間を中心として盛行し、その後も明暦大火や元禄大地震などを契機として災害復興の必然性から、短期間ではあるが需要に応じて行われている。

とりわけ、慶長から寛永年間にいたる採石は、江戸城修築のための根幹をなすもので、平石に限定しても大坂城築城石との対比から少なくとも一〇〇万個以上（おそらく二〜三〇〇万個）が切出されたことが推察される。第一章で述べたように、それらは天下普請として幕府が諸大名に助役を命じて行われたものであるが、採石を命じられた助役大名の名は記録として残されているものの、意外にも幕府側による諸大名の採石箇所＝石丁場に関する記録はみあたらない。

諸大名の藩記録の中には、情報の多少は別として、該期の石丁場に関する史料を目にすることができる。ここでは、自藩はもとより広範な様相をうかがうことができる『山内家史料』「御記録」にある「相模伊豆之内　石場之覚」と『細川家文書』「公儀御普請」の中にある「伊豆石場之覚」の二者を取り上げることにする。

『山内家史料』の「石場之覚」

この史料は、土佐藩石奉行が、慶長十八年（一六一三）六月二十八日付の相模・伊豆に関する石丁場の報告である。『伊東市史』に紹介されている「伊豆ノ国内」の一部を記述すると以下のようである。

　伊豆ノ国

一、伊豆ノ山　人不ㇾ居石番者計。　松平武蔵守殿

　同

一、熱海　人不ㇾ居石番者計。　森右近殿衆

　同

一、たか　人数三百人程、石切り舟にもつみ申候。　羽柴左衛門大夫殿衆

　同　（虫喰いの為二字不明）

一、同所左　仕舞にて罷上り候。　鍋島信濃守殿衆

　同

一、網代　人数六百人程、石切り舟にもつみ申候。　加藤肥後守殿衆

以下　略

表28には、相模の石丁場である岩村の岩谷石丁場、真鶴の大が窪石丁場の報告を載せていないが、土佐藩石奉行の報告には、慶長十一年に江戸城修築を命じられた助役大名の内のおよそ半数が伊豆に石丁場を持っていたことになる。ちなみに、慶長十一年の助役大名と対比したのは、一般的に公儀普請の石切りは前年より行われるが、第一章で述べたように、慶長十九年の江戸城修築にあたっては、前年の十月十二日に幕府より西国大名に対して事前の通達がなされており、それ故、書状の日付がそれ以前であることから両者の関係を求めようとしたものである。勿論、記録

表28　慶長十一年の助役大名と土佐藩石奉行による伊豆石丁場の報告

慶長十一年（一六〇六）助役大名 大名	居城	石高(万石)	慶長十九年(一六一四)助役の有無	慶長十八年土佐藩石奉行の報告 石丁場	人足・他
細川越中守忠興	小倉城主	三六・九	有	宇佐美	三〇〇人程
松平筑前守利常	金沢城主	一一九・五	無		
池田三左衛門輝政	姫路城主	五二	有	伊豆ノ山	石番者
加藤肥後守清正	熊本城主	五一・五	有	網代	六〇〇人程
福島左衛門大夫正則	広島城主	四九・八	有	たか（多賀）	三〇〇人程
浅野紀伊守幸長	和歌山城主	三七・六	有		
黒田筑前守長政	福岡城主	五二・三	有	宇佐見	一〇〇人程
				伊東	五〇〇人程
田中筑後守忠政	柳河城主	三二・五	有	宇佐見	四〇〇人程
鍋島信濃守勝茂	佐賀城主	三五・七	有	たか（多賀）	
堀尾帯刀可晴	富田城主	二四	有		
山内土佐守一豊	高知城主	二〇・二	有	稲取	一〇〇人余
毛利長門守秀就	山口城主	三六・九	有	川奈	五〇〇人程
				ふと（富戸）	三〇〇人程
有馬玄蕃頭豊氏	福知山城主	八・一	有		
生駒讃岐守一正	高松城主	一七・一	無	はど	一〇〇人程
寺澤志摩守広高	唐津城主	一二	有	川奈	三〇〇人程
蜂須賀阿波守至鎮	徳島城主	一七・六	有		
藤堂佐渡守高虎	今治城主	二三	有		
京極修理高知	宮津城主	一二・二	有		
中村伯耆守忠一	米子城主	一七・五	無		
加藤左馬助嘉明	松山城主	二〇	有		
保科肥後守正光	高遠城主	二・五	無		
古田兵部少輔重勝	松坂城主	五・五	無		
遠藤但馬守慶隆	八幡山城主	二・七	無		
木下右衛門大夫延俊	日出城主	二	無		
※森右近大夫忠政	津山城主	一八・六	有	熱海	石番者

※は慶長十一年の助役大名に含まれていない。

に残る慶長十八年十月以前に翌年の天下普請に関する情報をいちはやく入手していた大名は存在したであろう。

ところで、この史料の正誤性を検証するには、考古資料の裏付けが簡便である。詳細なことは次節以降にゆだねるが、一例をあげてみよう。自藩の稲取での採石は別として、細川家の宇佐美での採石を示唆する「羽柴越中守石場」標識石の存在や御石ケ沢地区での同家の刻印、川奈や富戸での毛利家や寺澤家に関する刻印などは、その証左となるものである。また、記録とは範囲が幾分、逸れるが熱海市下多賀に所在する瘤木・中張窪石丁場の「羽柴右近」の境界石なども、広義の上ではそれを暗示する資料といえよう。

しかし、後述する『細川家文書』「伊豆石場之覚」にも該当することであるが、熱海市下多賀瘤木石丁場で発掘された「浅野紀伊守内　右衛門左」の標識石にみる浅野家石丁場、同所中張窪石丁場の「慶長十六年七月廿一日」銘のある有馬家石丁場や同石丁場の「慶長十九年」銘と周辺に分布する加賀藩家臣の刻印にみる前田家石丁場に関する記述は、いずれもみあたらない。

すなわち、この史料は、それ自体が私的性格の強いものであり、そのために、客観的な史実を必ずしも正確に伝えているわけではない。

『細川家文書』の「伊豆石場之覚」

寛永十三年の外郭修築を前に、寛永十一年（一六三四）十一月九日には、幕府から細川越中守忠利や毛利長門守秀就ら一部の大名に内命が下される。細川家では、内命以前にこの情報をいちはやく入手し、江戸留守役から伊豆代官の小林十郎左衛門を通じて伊豆石丁場の現状把握に努めたが、念頭には諸大名に先駆けて伊豆での石丁場の確保があったことは言及するまでもない。この史料では、寛永十一年の時点における小田原藩内の早川新丁場から下田にいたる東浦の石丁場・湊など三九箇所とそれに続く西浦の三五箇所の合計七四箇所が記されている。その内容は、

　伊豆石場之覚

　高三百七拾六石八斗余

一　早川新丁場　石多湊ヨシ

　　巳ノ年三大納言様御丁場

一　大ケ窪　但石橋之内　石多湊吉

御代官八木二郎右衛門
巳ノ年小笠原右近大夫殿丁場
早川ゟ石橋迄拾丁

（以下　略）

というもので、石丁場・湊を含む地名、石高、湊の良悪、支配代官名、採石大名（先年は主に慶長年間、巳ノ年は寛永六年）、丁場間の距離等々が記されている。

『細川家文書』の中には、翌寛永十二年三月朔日付の史料として「伊豆相模之内細川越中組へ相渡申石場の覚」があり、北原糸子氏によって紹介されている。その内容は、

東浦
伊豆ノ内
一　いなとりノ内梅木沢　先年　松平土佐守殿
巳年
同　隠岐守殿
同　越中守殿
同　肥前前殿
亥年
有馬左衛門佐
山崎甲斐守
稲葉淡路守
渡

九鬼大和守

以上

坂崎半兵衛

佐藤安右衛門

（中略）

寛永拾弐年三月朔日

というものである。これは、翌年の外郭普請を前に石材調達のための割符と考えられている。ここで注目されるのは、北原氏が指摘されているように組編成がなされていることである。

二つの史料から、石丁場名と採石大名を記したのが表29である（石丁場の位置は図22を参照）。このうち、後者の史料にみられる伊豆石丁場での細川越中組と第一章で述べた寛永十三年の外郭普請で石垣方に任じられた細川越中守組とを対比したのが表30である。

両者を比較すると、寛永十三年の外郭普請という目標のもと、共に細川越中組に属するにもかかわらず、伊豆石丁場と江戸石垣方では、構成する大名がおよそ半数程、入れ換っている。もう少し詳細にみると、伊豆石丁場での組編成の方が小規模であることがわかる。一〇万石を越える国持大名は、細川越中守忠利と立花飛驒守宗茂の二家に限られ、他はいずれも五万石以下の小大名である。江戸での石垣方の蜂須賀阿波守忠英と森内記長継の二家の国持大名は含まれていないのである。

二つの史料の史実を検証してみよう。

前者の「伊豆石場之覚」では、寛永十一年の段階で記されたことから、「先年」の石丁場の記述についてはおよそ二〇有余年が経過していることから記憶も曖昧となり、前述の下多賀の瘤木・中張窪石丁場の浅野・森・前田の三家の

表29 『細川家文書』「伊豆石場之覚」に記された相模・伊豆の石丁場とその検証（北原一九九五を改変）

丁場名	先年（慶長・元和） 大名	先年 考古・文書・他	巳年（寛永六年） 大名	巳年 考古・文書・他	亥年（寛永十二年） 大名	亥年 考古・文書・他	備考
早川新丁場			三大納言				
大ケ窪			小笠原右近大夫忠真				
石橋			小笠原幸松				
米神			井伊掃部直孝				
根府川			三大納言 井伊掃部直孝				
江之浦	堀尾山城守忠晴		松平下総守忠明		立花飛騨守宗茂 立花民部少輔種長 有馬左衛門佐直純 平岡石見守重勝 山崎甲斐守家治	●　●　●	
久津見	蜂須賀阿波守至鎮		三大納言				
岩			三大納言				
白磯							
真名鶴			本多美濃守忠政				
しとど笠島	鍋島信濃守勝茂		井伊掃部直孝				
円山	黒田筑前守長政		三大納言	●○			水戸家境界石 『真鶴村明細帳』
川ふり（新丁場）			尾張大納言義直				
新井	加藤左馬助嘉明		松平山城国忠國				
黒崎	鍋島信濃守勝茂		岡部内膳長盛				
黒崎			尾張大納言義直				
伊奈村			京極丹後守高廣				
熱海			紀伊大納言頼宣				
多賀	細川越中守忠興		紀伊大納言頼宣 小笠原右近大夫忠真 小笠原幸松 水野日向守勝茂 松平山城守忠國 加藤肥後守忠広 北条出羽守氏重		［大西かほら］ 細川越中守忠利		

上多賀	福島左衛門大夫正則		尾張大納言義直		[熊がとう] 立花飛騨守宗茂 立花民部少輔種長 有馬左衛門佐直純 戸川土佐守正安 平岡石見守重勝 山崎甲斐守家治 稲葉淡路守紀道 九鬼大和守久隆 桑山左衛門佐一玄		
網代村	細川越中守忠興 松平中務 酒井宮内家次	○コ	井伊掃部直孝 松平紀伊守家信 北条出羽守氏重 松平中務 加藤肥後守忠広		[外ヶ浦] 立花飛騨守宗茂 立花民部少輔種長 有馬左衛門佐直純 戸川土佐守正安 平岡石見守重勝 山崎甲斐守家治 稲葉淡路守紀道 九鬼大和守久隆 桑山左衛門佐一玄 [京安寿谷] 細川越中守忠利		細川家標識石 『聞間家文書』
宇佐美	伊東修理大夫祐慶		松平隠岐守定行 細川越中守忠利	●コ	[大丁場] 有馬左衛門佐直純 山崎甲斐守家治 稲葉淡路守紀道 九鬼大和守久隆 [小丁場] 立花飛騨守宗茂 立花民部少輔種長 戸川土佐守正安 平岡石見守重勝 桑山左衛門佐一玄	コ コ	『萩野家文書』
湯川村	鍋島信濃守勝茂		本多美濃守忠政				
松原村	藤堂和泉守高虎						
和田村	黒田筑前守長政		紀伊大納言頼宣				

新井村	黒田筑前守長政 生駒讃岐守正俊 脇坂淡路守安元		本多美濃守忠政				
川奈村	毛利長門守秀就		尾張大納言義直 紀伊大納言頼宣	○ ●			『駿州、豆州、相州、御石場絵図』 尾張家境界石
富戸村	寺沢志摩守廣高 毛利長門守秀就	○コ ●コ	嶋修理兵衛石切ニテ 尾崎様へ上申	●			毛利家境界石 『駿州、豆州、相州、御石場絵図』 『川名村明細帳』
八幡野	津陸奥守丁場ニテ 商人切上申						
赤沢	(元和)本多下総守俊次						
大川	有馬玄蕃頭豊氏 福島左衛門大夫正則	○	尾張大納言義直		[大塚谷] 立花飛騨守宗茂 立花民部少輔種長 戸川土佐守正安 平岡石見守重勝 桑山左衛門佐一玄		福島家刻名の角石
堀河			紀伊大納言頼宣				
稲取	松平土佐守忠義	○ ●	松平隠岐守定行 細川越中守忠利 前田備前守利常	● ● ●コ	[梅木沢] 有馬左衛門佐直純 山崎甲斐守家治 稲葉淡路守紀道 九鬼大和守久隆		山内家家臣標識石 山内家刻名の角石 『細川家文書』
耳高			尾張大納言義直				
小土肥			菅沼織部定芳				
戸田	細川越中守忠興 鍋島信濃守勝茂	○ ○	駿河大納言忠長 紀伊大納言頼宣 尾張大納言義直 菅沼織部定芳 小笠原右近大夫忠真		[南丁場] 立花民部少輔種長 平岡石見守重勝 桑山左衛門佐一玄 稲葉淡路守紀道 九鬼大和守久隆		細川家境界石 鍋島家標識石

江梨					［大窪］立花飛騨守宗茂 ［東崎］有馬左衛門佐直純 山崎甲斐守家治 戸川土佐守正安		

※「伊豆石場之覚」によると、西浦には井田、江梨、足保、立保、平沢に「駿府様丁場」、久料、古宇に「駿河様丁場、本多伊勢守、松平主殿丁場有」と記されている。
○：標識石・境界石　コ：刻印　●：古文書・絵図

石丁場の未記入をはじめとして、かなり情報が不確実であるといわざるをえない。ちなみに、『山内家史料』と照合すると、自藩を除くと、多賀の福島左衛門大夫正則、伊東の黒田筑前守長政、川奈の毛利長門守秀就、富戸の毛利長門守秀就と寺澤志摩守廣高、稲取の山内土佐守一豊（忠義）の僅か五箇所が一致するに過ぎない。

また、網代の『聞間家文書』の中に、石丁場の存在時期は記されていないが、御石ケ沢（現在は伊東市宇佐美）に三右衛門が管理している細川家の石丁場があり、石に「㊥」の刻印があると記されている。後述するが、御石ケ沢第二地区で「㊥」の刻印石が発見されており、考古学的にも実証されている。史料の巳年（寛永六年）の宇佐美には、自藩と松平隠岐守定行の石丁場が存在したことが報告されている。ちなみに、同地区では、松平隠岐守の刻印石も報告されている。ここだけみると、自藩の石丁場のことであり、二つの文献資料と考古資料とは、完全に一致するようにもみえる。しかし、宇佐美での石丁場に関する記述は正確ではないのである。御石ケ沢第二地区では、「㊥」の刻印石に近接して「松平宮内少石場」の標識石が存在する。つまり、この標識石は、岡山城主の池田宮内少輔忠雄の石丁場が存在したことを示唆している。池田忠雄の藩主としての在職期間から、この標識石が元和期もしくは寛永期のいずれの時間軸を示すものであるかは定かではないが、いずれにしても史料からは欠落しているのである。

史料の巳年に関する事例をもう一例あげてみよう。「伊豆石場之覚」には、小田原藩内の石丁場として、早川新丁場から伊奈村までの一七箇所が記されている。しかし、小田原藩内には、寛永六年の時点においては、早川新丁場より以北にも、数多くの大名丁場が存在していたのである。次節で述べるが、松平土佐守忠義の境界石や加藤肥後守忠広の標識石、「塚原村明細帳」に記された大名丁場などが裏付けとなっている。ちなみに、早川新丁場以北に大名丁場が存在した背景には、小田原藩の内情と密接な関係がある。小田原藩では、江戸初期において二度の番城の時期を迎える。そのうち二度目にあたる元和九年（一六二三）から稲葉丹後守正勝が入封する寛永九年（一六三二）十一月までの期間においては、寛永五年の大地震を契機として、翌年の江戸城修築工事があり、急速な石材の需要から、同藩内の北西部に新たな石丁場が開発されたことは、容易に推察される。しかし、稲葉氏が入封後は、やがて大久保氏に継承され、城主が絶えることはなかったことから、早川新丁場以北の大名丁場は、一時的なものであり、発展することはなかったのである。

表30　細川越中組の相模・伊豆石丁場と江戸城普請の構成大名一覧

寛永十二年『細川家文書』にみる伊豆での細川越中組

大名	居城	石高（万石）
◎細川越中守忠利	熊本城	五四・一
立花飛騨守宗茂	柳川城	一〇・九
立花民部少輔種長	三池邑	一
有馬左衛門佐直純	久留米城	五・三
・平岡石見守重勝	徳野邑	一
・山崎甲斐守家治	成羽邑	三
・戸川土佐守正安	庭瀬邑	二・二
稲葉淡路守紀通	福知山城	四・五
・久鬼大和守久隆	三田邑	三・六
・桑山左衛門佐一玄	布施邑	一・三

寛永十三年、外郭普請の細川越中組

大名	居城	石高
◎細川越中守忠利	熊本城	五四・一
○蜂須賀阿波守忠	徳島條	二五・七
○森内記長継	津山城	一八・六
有馬左衛門佐直純	久留米城	五・三
立花飛騨守宗茂	柳川城	一〇・九
立花民部少輔種長	三池邑	一
○木下右衛門大夫延俊	日出城	三
○稲葉民部少輔一通	臼杵城	五
稲葉淡路守紀通	福知山城	四・五

「伊豆石場之覚」が記された寛永十一年の時点では、小田原藩では稲葉美濃守正則が襲封し安定期に入り、新たな石丁場の獲得が困難であることから、意図的に逸したものであるかもしれない。

なお、史料の中に、「巳年」の項に西国大名の名が少ないのは、同年、大坂城普請に課役を命じられていたことに他ならず、看過してはならない。

後者の「亥年」の史料は、伊豆石丁場において、従来、みられなかった組編成による採石が行われたことは、先ず特筆すべきことである。

つぎに、本文で引用した「いなとり（稲取）ノ内梅木沢」を一例として考古資料と照合してみると、細川越中組の有馬・山崎・稲葉・九鬼の四家に渡されているが、前章の丸ノ内一丁目遺跡や大坂城の石垣刻印調査では、有馬左衛門左が「㊧」、山崎甲斐守が「山」、稲葉淡路守が「㊂」などの刻印を用いているが、当該する石丁場内にはそれらの刻印は一つとしてみあたらない。他の石丁場でも同様のことがうかがえる。それは、寛永十二年の細川越中組の石丁場では、従来、頻繁にみられた刻印は、この時点では施されなかった感すらする。

ところで、『細川家文書』にみる「亥年」の石丁場名と助役大名は、いずれも細川越中組に関することが記述されたものであり、全てが網羅されているわけではない。

一例をあげると、伊東市新井には、前田家から委譲したと考えられる松平隠岐守定行の石丁場がある。境界石や刻印から存在は確実視することができる。しかし、史料には、両家に関する記載は欠落しているのである。また、『福岡県史』近世史料編には、亥ノ二月十八日（寛永十二年）の書状で、外郭修築工事を翌年に控え、福岡藩主黒田右衛門佐忠之は、伊豆石場惣奉行に小河織部政良を任じ、その職務にあたらせたことが記されている。真鶴町内の浄土宗湊上山西念寺の境内には、初代藩主黒田長政の没後一三回忌の供養塔が小河織部正良によって建立されている。さらに、安政六年（一八五九）に再建された「石工先祖碑」には、同氏の業績とともに筑前国より派遣した七人の石工棟梁の名が刻まれている（写真8）。ちなみに、小河氏は、岩村の小松山に「口開《くちあけ》丁場」を開設したといわれている。すなわち、史料と金石文によって、寛永十二年の時点において福岡藩の石丁場が今日の真鶴町内に存在したことは疑う余地のないところである。

ところで、黒田右衛門佐忠之は、寛永十三年の江戸城修築工事では、石垣方の五組の組頭に任じられている。同組には、支藩の東蓮寺藩黒田市政高政、秋月藩黒田甲斐守長興が含まれている。両家も亥年に「真鶴石場」での採石記録が残されており、福岡藩石場惣奉行小河織部政良の指導を仰いだことは容易に推察することができる。しかし、支藩の二家を除くと、福岡藩が、相模・伊豆の石丁場で、細川越中組のような組編成によって採石を行ったことを示唆する史料はみあたらない。

すなわち、寛永十三年の外郭修築工事のための相州・豆州における石の切り出しは、細川越中組のような組編成のものもあれば、従前のように大名単独で行う二者が存在していたものと考えられるのである。

『細川家文書』の中にある「亥年」の記録は、前述の事例をあげるまでもなく、細川家が関連する記事のみを集成したものであり、したがって石丁場における全ての様相が網羅されているわけではない。そのため、公的な記録というには遠く及ばず、やはり私的性格のものであるといわざるをえない。

『山内家史料』・『細川家文書』の二種類の史料を通していえることは、山内と細川の両家が、地元代官を通じて精力的に石場情報を収集することで、他家よりも石丁場の獲得を優位に展開することができ、それが、今日の石丁場の様相を研究する上で貴重な情報源となっていることは確かである。

(2)　石材の産地

江戸城や外堀の石垣に使用されている石材の産地を知るには、古文書や刻印からの産地推定が最も確実性が高いが、地質学および岩石学からのアプローチも可能である。築石の主要石材として使われている安山岩は、火山から噴出した溶岩である。安山岩は、火山岩に分類される岩石であり、地表や地下浅部において、地下深所から上昇してきたマグマが冷却されて形成されたガラス質の岩石である。一般に火山岩という岩石は、マグマの化学組成、マグマの

写真51　平河濠に面する石垣

冷却速度、鉱物の晶出順序、マグマと鉱物の反応関係などが異なることにより、肉眼や顕微鏡下において構成鉱物や組織に違いが現れる。このことは、火山体単位あるいは溶岩毎の特徴を識別できる可能性を示唆しており、石垣石材と石丁場を結びつける手がかりとなる。

江戸城の石材供給地であった伊豆半島には、いくつかの第四紀火山が分布している。図22には伊豆半島における石丁場や、石を運び出した港の分布に加え、第四紀火山の分布を示した。代表的なものとしては、伊豆東海岸には北から箱根火山、湯河原火山、多賀火山、宇佐美火山、大室火山群および天城火山が分布し、伊豆西海岸においては井田火山、達磨火山、棚場火山および蛇石火山が分布する。

江戸城における半蔵濠、二重橋濠、梅林坂・汐見坂石垣や、外堀石垣が検出された丸ノ内一丁目、文部科学省構内などについては、主に肉眼による石材鑑定がなされている。江戸城の石材はこれまで伊豆半島に由来するということが漠然といわれてきたが、石垣石材の分析調査および伊豆半島の原産地に関する調査の成果が蓄積されており、いくつかの産地のものについては、肉眼観察や顕微鏡観察から半島内での産地の推定が可能となってきている。本項では、築石、裏込石などの石垣に関連した石材について、伊豆半島や関東地域の地質を概観しながら岩石学的な見地からの石材産地について述べることとする。

築城石

築城石の主要石材は、安山岩である。安山岩は、日本列島に産する第四紀火山の体積の約七〇%を占めるといわれるほど、ありふれた岩石である。色調は、一般に黒灰色〜灰白色を呈し、急冷したガラス質な岩相のものほど黒味が強くなる。構成鉱物としては、無色鉱物として斜長石、有色鉱物として斜方輝石、単斜輝石、角閃石、磁鉄鉱などを含む。稀に、石英やかんらん石を含むものもある。肉眼的には、斑晶と呼ばれる数㎜大の鉱物が含まれており、白色を呈する厚板状の斜長石や、黒褐色を呈する柱状の輝石類が散含されている場合が多い。全岩化学組成は、SiO_2が五

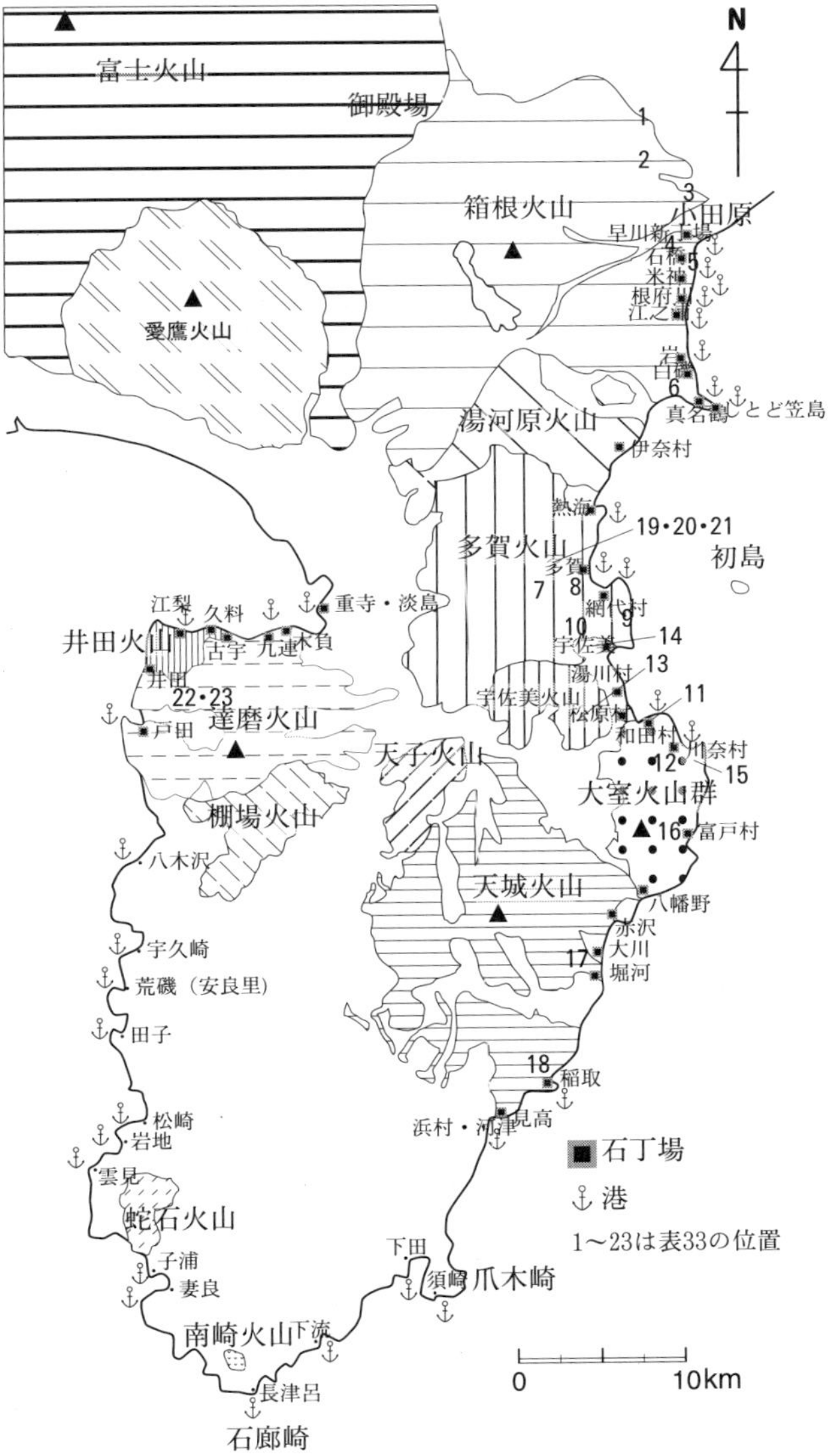

図 22　伊豆半島の第四紀火山および石丁場の分布図（第四紀火山の分布については、日本の地質「中部地方Ｉ」編集委員会編、1988 に、石丁場の分布については細川家文書「伊豆石場之覚」を基にした北原、1999 に従っている。）

二〜六三wt％で、Na_2O+K_2O（アルカリ）の量比によりアルカリ系列と非アルカリ系列に分類される。伊豆半島に分布する安山岩の大部分は非アルカリ岩に分類される岩石で占められる。

江戸城の石垣に使用されている石材は、肉眼および鏡下における観察から、真鶴系安山岩、宇佐見―多賀系安山岩、東伊豆系安山岩の三種が識別されている。これらは、上記の火山に対応させると真鶴系安山岩が箱根火山、宇佐美―多賀系安山岩が宇佐美火山・多賀火山、東伊豆系安山岩が天城火山に由来する。

真鶴系安山岩（図23―1）は、中期〜後期更新世の箱根火山の外輪山を構成する溶岩に由来する石材である。当時、石山六ヶ村と称された根府川から真鶴にいたる範囲の丁場がこれに該当する。石山六ヶ村とは、根府川村（現小田原市）、江の浦村（現小田原市）、岩村（現真鶴町）、真鶴村（現真鶴町）、吉浜村（現湯河原町）、門川村（現湯河原町）を総称している。各地で採掘され、とくに岩村―真鶴村の丁場は最盛期には一〇〇箇所にも及んだとされている。江戸期には築石、板石、四面塔石、仏石、花石などとして江戸に出荷されている。分布面積が広く、溶岩も多数層あるので岩相も一様ではなく、多岐にわたっている。岩質的な特徴は、多孔質・多斑晶質であること、稀に流理構造が発達すること、きわめて稀に緑簾石などを伴って変質していることなどである。また、この産地の安山岩の肉眼的な特徴としては、孔隙中に楔状のトリディマイトが認められることがあげられる。

宇佐見―多賀系安山岩（図23―2）は、前期更新世の宇佐美火山および多賀火山の溶岩に由来する玄武岩質安山岩〜安山岩質玄武岩である。江戸期に採掘された旧採石場が多数知られており、とくに宇佐見地区に多い。間知石・割石・角石に使用されたとされており、岩質的には、玄武岩質な組成を示すことから優黒色であり、堅硬緻密質である。輝石とかんらん石を斑晶として含有し、かんらん石の斑晶の含有率が比較的高いという特徴がある。

東伊豆系安山岩（図23―3）は、東伊豆町に分布する更新世中期の天城火山溶岩に由来する安山岩である。その丁場の分布は東伊豆町大川から稲取にいたる範囲である。大材で、角石に多く使用されていることが多い。大川付近の

1．産地　真鶴（真鶴系安山岩）
斜方輝石単斜輝石安山岩

2．産地　宇佐美(宇佐美-多賀系安山岩)
かんらん石単斜輝石安山岩

3．産地　大川（東伊豆系安山岩）
石英含有斜方輝石単斜輝石安山岩

4．産地　内浦重寺
角閃石デサイト

5．産地　河津
緑色凝灰岩

6．産地　下賀茂
火山礫凝灰岩

図 23　原産地石材

写真52　東伊豆町谷戸ノ入石丁場

溶岩は、河川または斜面の巨礫を原材料とし、成形して角材として出荷されたとされている。岩質的には、真鶴産の安山岩と比較して、外観上はやや淡色で緻密である。輝石の他にかんらん石を含有し、肉眼的に数cm～数十cmの捕獲岩がみられることが最大の特徴である。顕微鏡下では石英を外来斑晶として取り込んでおり、石基にクリストバライトが生じている。五万分の一地質図幅「稲取」によると、稲取周辺で採取される石材は、浅間山溶岩と呼ばれる溶岩に由来し、この溶岩はかんらん石斑晶の量が溶岩の分布する場所により不定で、鏡下でみられないこともあるとされている。

　伊豆東海岸においては、上記の産地の他に、伊東市を中心として分布する一五万年前以降に活動した東伊豆単成火山群や、その基盤である鮮新世の汐吹崎玄武岩類があり、伊東市の和田、川名、富戸、八幡野という石丁場では、これらに由来する岩石も採掘されていたと考えられる。東伊豆単成火山群のうち、海岸に面する主要な安山岩溶岩は大室火山および小室火山であるが、両者ともかんらん石安山岩からなり、斜長石と石英の捕獲斑晶を含む特徴があると『地質学雑誌』で大山火山岩の地質を説明した葉村和親氏が指摘している。小室火山の安山岩は、鏡下においてかんらん石の斑晶に斜方輝石の反応縁を有する傾向があり、鏡下観察を併用した産地推定には有用であると考えられる。

　江戸の築城石には、伊豆東海岸の石丁場からの石材が多く搬出されていたことは明らかであるが、伊豆西海岸地域にも数々の丁場が知られている。伊豆西海岸においては現在の沼津市内浦重寺および西浦地区、戸田村井田・戸田地区に数多くの石丁場跡が確認されており、江戸城・駿府城・久能山に切り出されたとされている。

　内浦地区においては新第三紀末の鮮新世の内浦安山岩類が分布する。内浦安山岩類は火山角礫岩・凝灰角礫岩・凝灰質砂岩・溶岩で構成される。溶岩は斜方輝石単斜輝石安山岩からデイサイトまでの岩相変化が認められている（沢村　一九五五）。

西浦・井田・戸田地区には第四紀の達磨火山溶岩が分布する。西浦地区には旧村名で古宇村、足保村、久科村、江梨村の四村に尾張家、水戸家、阿波松平家の大名衆の預り石丁場があり、安山岩を切り出していた時代があったとされている。この地域には達磨火山以前に活動した若松崎安山岩類（かんらん石の微斑晶をまれに含む無斑晶質安山岩）と達磨火山の後期溶岩流（斜方輝石単斜輝石安山岩）が分布する。また、井田火山に属する変質して緑色、軟弱となったものが、達磨火口内で小規模に採石され、江戸時代に井田石として多量に切り出されたとされている。井田地区の岩質はかんらん石安山岩質玄武岩とかんらん石・単斜輝石安山岩質玄武岩である。

築石には、安山岩以外に、デイサイトおよび花崗岩類の使用が認められている。いずれも白色系の石材であり、黒灰色系の安山岩の石垣に混じって点在している。使用量が多い場所でも、石垣全体に対して三％以下程度の使用割合である。

デイサイトは、一般に SiO_2 量がおよそ六三〜七〇wt％で安山岩よりも珪長質な火山岩である。SiO_2 が多いため、白色系のものが多い傾向がある。斑晶としては、石英、斜長石、カリ長石、単斜輝石、斜方輝石、角閃石、黒雲母などを含む。石英は湾入状の外形を示すものが多く、斜長石には普通、著しい累帯構造が発達する。斑晶以外の石基とよばれる基質部分は、細粒またはガラス質な場合が多い。日本では、古くから「石英安山岩」という名称が使用されてきたため、古い文献では石英安山岩とされているものが多いが、近年ではデイサイトの名称が一般に使用されている。デイサイトという名称は、ルーマニアの Dacia 地方に由来しているとされている。

江戸城や外堀の石垣に使用されているデイサイトは、肉眼では白色を呈し、径五㎜大の比較的粗粒な斑晶を含むことが特徴となっている。斑晶としては石英、斜長石、角閃石および輝石が含まれる。鏡下では、角閃石や輝石が弱く

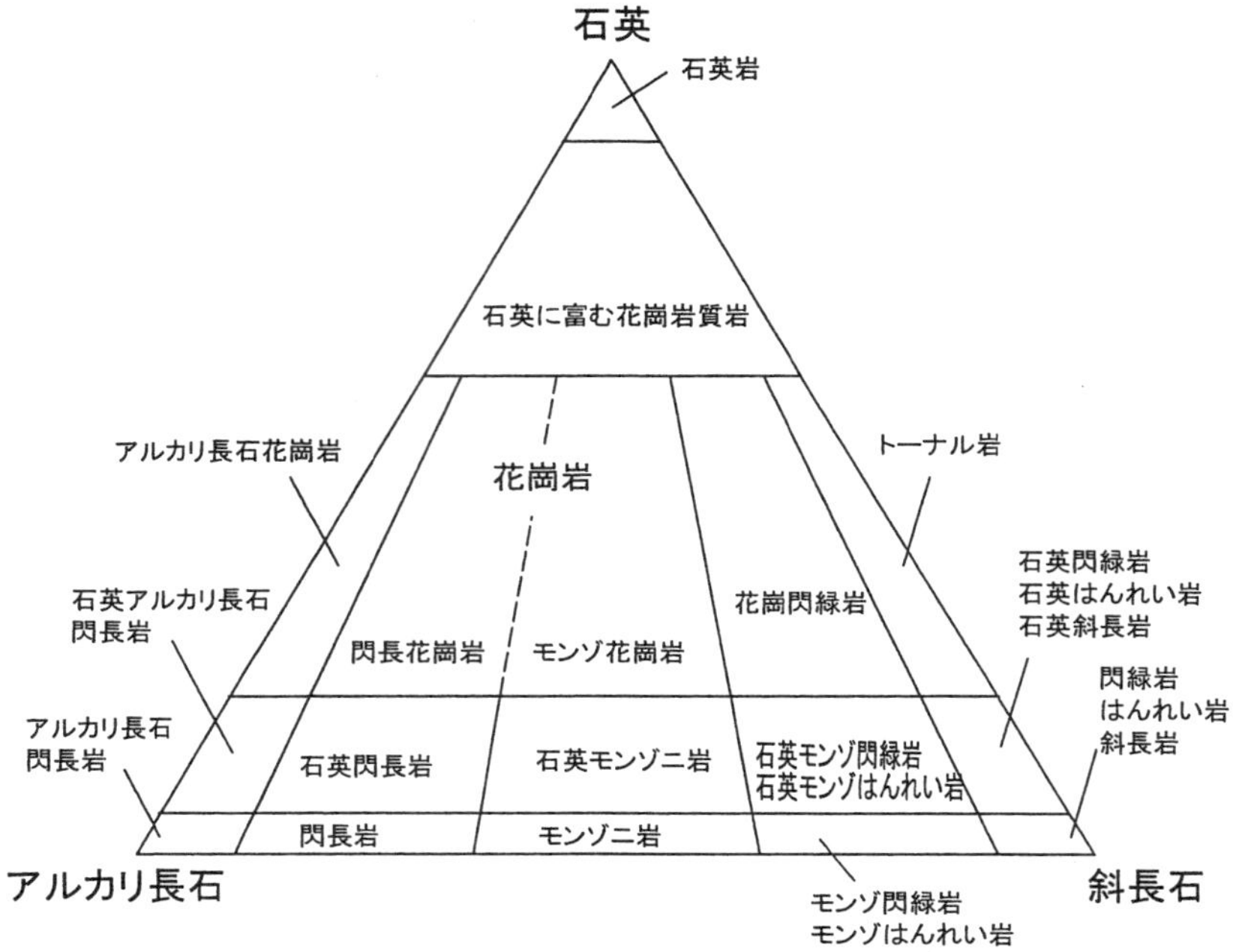

図 24　花崗岩質岩の分類（Le Maitre et al., 2002）

粘土鉱物化していることや、安山岩～玄武岩、石英閃緑岩、凝灰岩などの捕獲岩片を含むことが特徴として挙げられる。このような岩相は、沼津市に分布する鮮新世の内浦安山岩類中のデイサイト（図23―4）と酷似しており、江浦湾や内浦湾を中心とした江ノ浦や内浦重寺などの石丁場より採掘されていたと考えられる。

花崗岩類に分類される岩石は、一般に無色鉱物の石英、カリ長石、斜長石を主成分とする白色系の結晶質な岩石である。有色鉱物として黒雲母、角閃石、白雲母、ザクロ石などを散含し、ゴマ塩状の外観を示す。花崗岩類は、石英、斜長石およびアルカリ長石の三成分の体積比により、花崗岩、花崗閃緑岩、トーナル岩、モンゾニ岩、閃緑岩、閃長岩等に細分される（図24）。普通、花崗岩やみかげ石といった場合、広義の花崗岩を意味し、これらの岩石を包括している。

江戸城の築石として使用されている花崗岩類は、淡紅色系の中粒花崗岩ないしは白色系の中粒

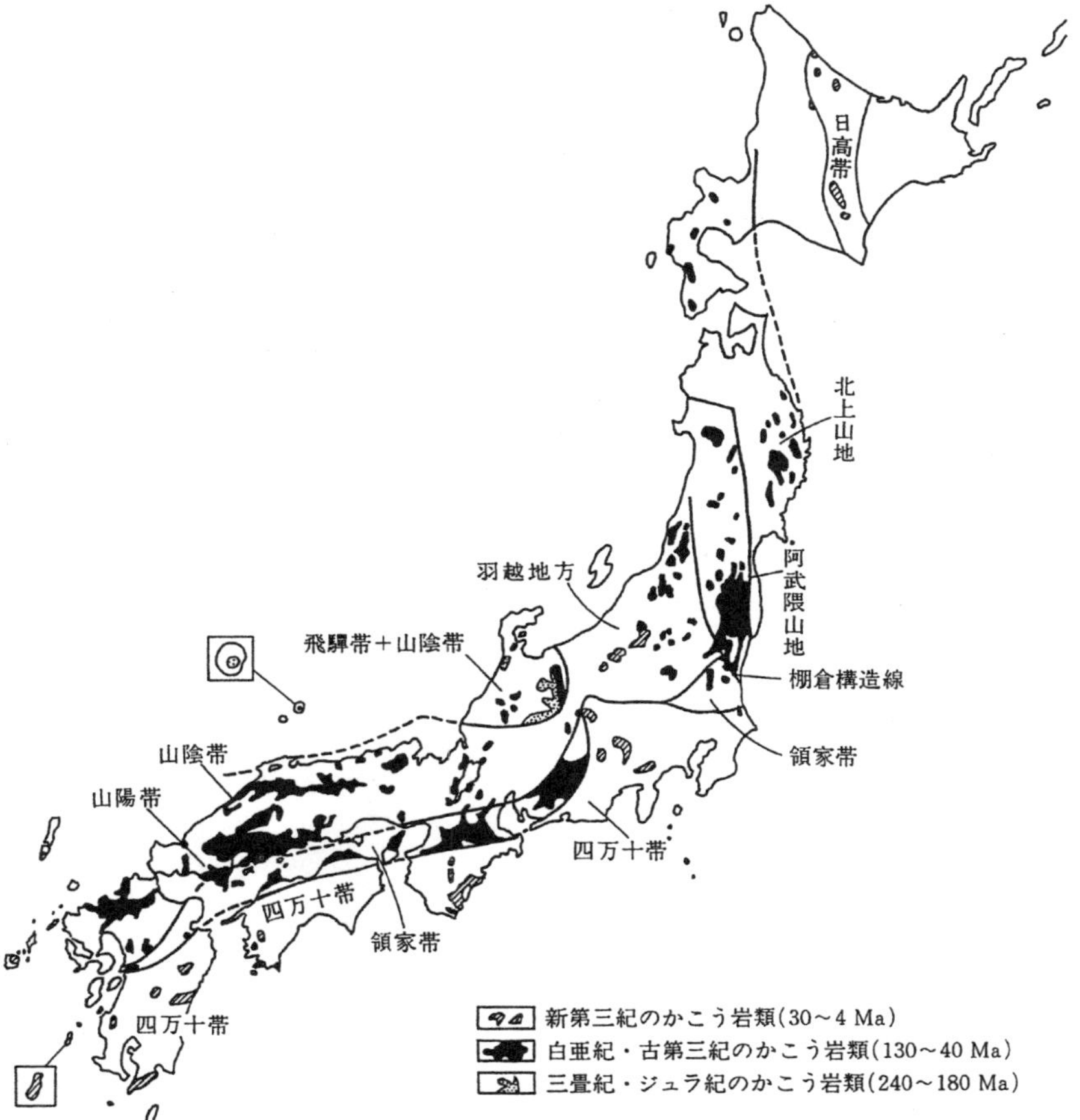

図25　日本における花崗岩の分布（久城、1989）

花崗閃緑岩である。伊豆半島には花崗岩類は分布していないため、伊豆半島以外の産地が想定される。しかし、花崗岩は、図25に示されるように、日本全国に散在していることに加え、岩相も互いに似ていることが多い。そのため、岩石学的な特徴からの産地推定が難しい石材の一つとなっている。関東周辺においては、群馬県の沢入花崗閃緑岩体、茨城県の稲田花崗岩体、山梨県の甲府花崗岩体などが知られているが、石材の運搬の事情を考慮すると、海岸に面

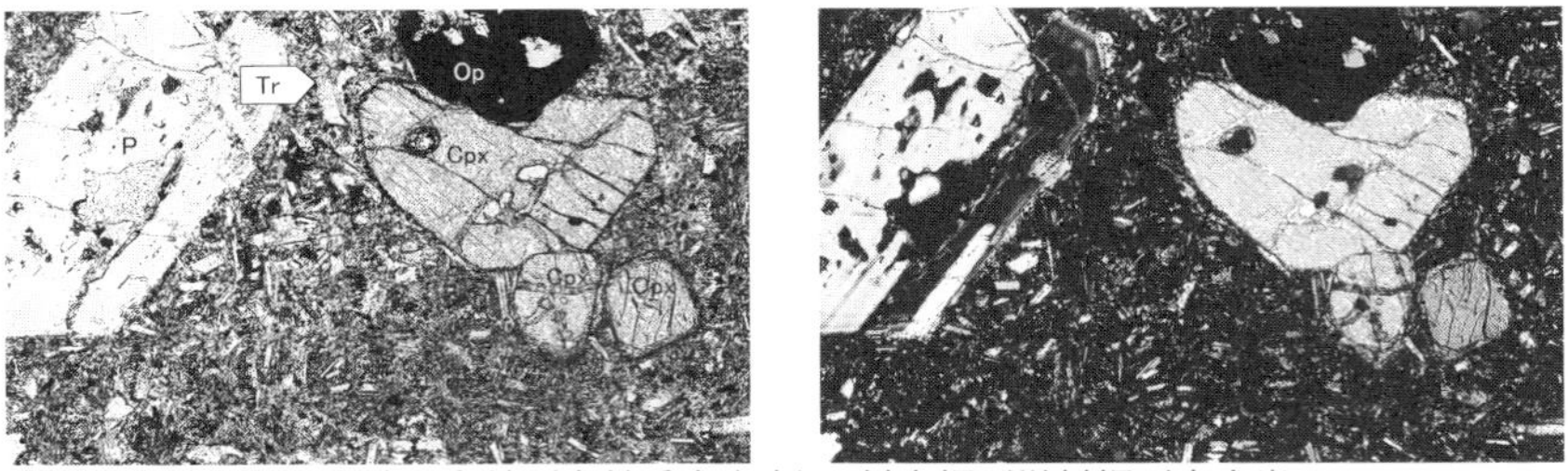

1．原産地試料　産地　真鶴（真鶴系安山岩）　斜方輝石単斜輝石安山岩

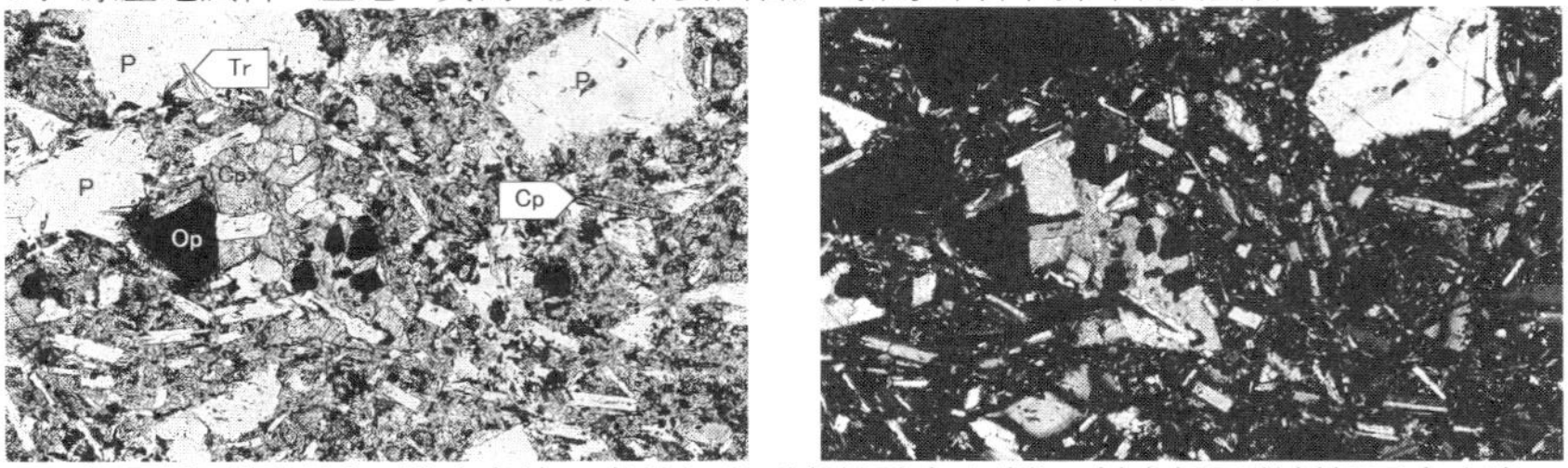

2．江戸城石垣試料　推定産地　真鶴など（真鶴系安山岩）　斜方輝石単斜輝石安山岩

3．原産地試料　産地　宇佐美（宇佐美一多賀系安山岩）　かんらん石単斜輝石安山岩

4．江戸城石垣試料　推定産地　宇佐美など(宇佐美一多賀系安山岩)　かんらん石斜方輝石単斜輝石安山岩

5mm

Tr：トリディマイト　Pl：斜長石　Opx：斜方輝石　Cpx：単科輝石　Ol：かんらん石
Op：不透明鉱物　Vg：火山ガラス　Gm：石基　P：孔隙
左列は下方ポーラー、右列は直交ポーラー下。

図 26　顕微鏡写真(1)

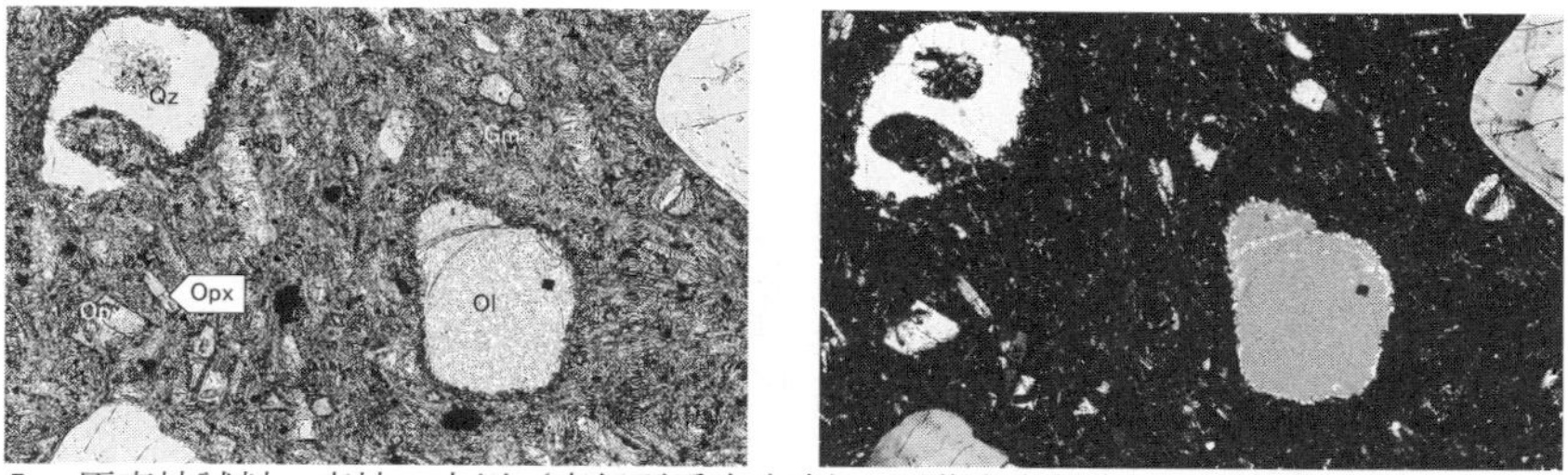

5．原産地試料　産地　大川（東伊豆系安山岩）　石英含有斜方輝石単斜輝石安山岩

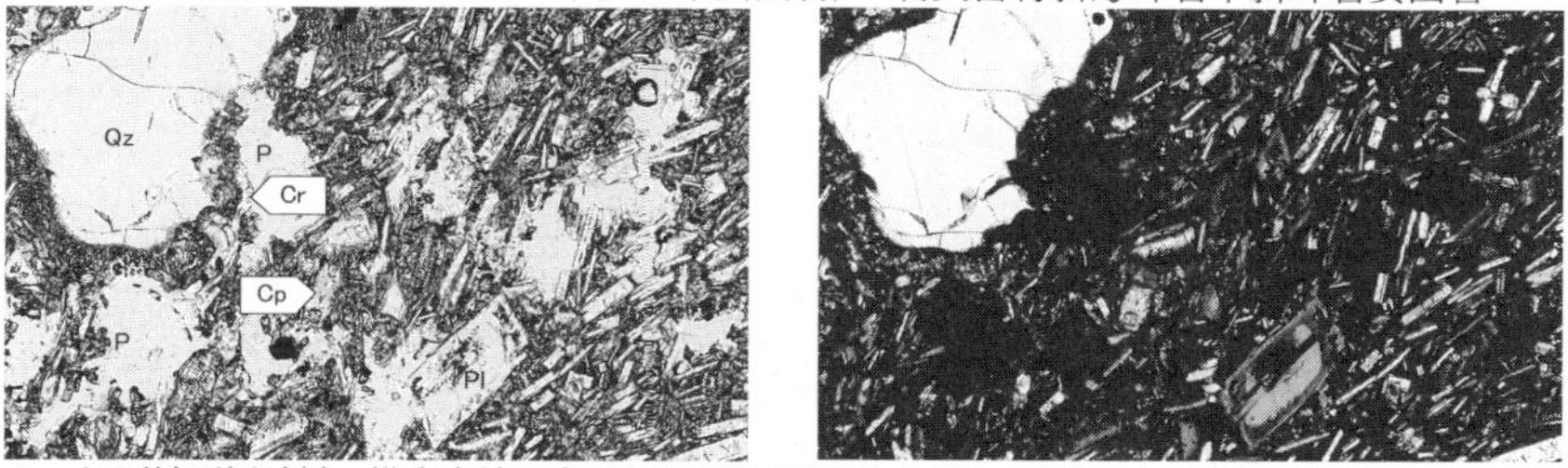

6．江戸城石垣試料　推定産地　大川など(東伊豆系安山岩)　石英含有斜方輝石単斜輝石安山岩

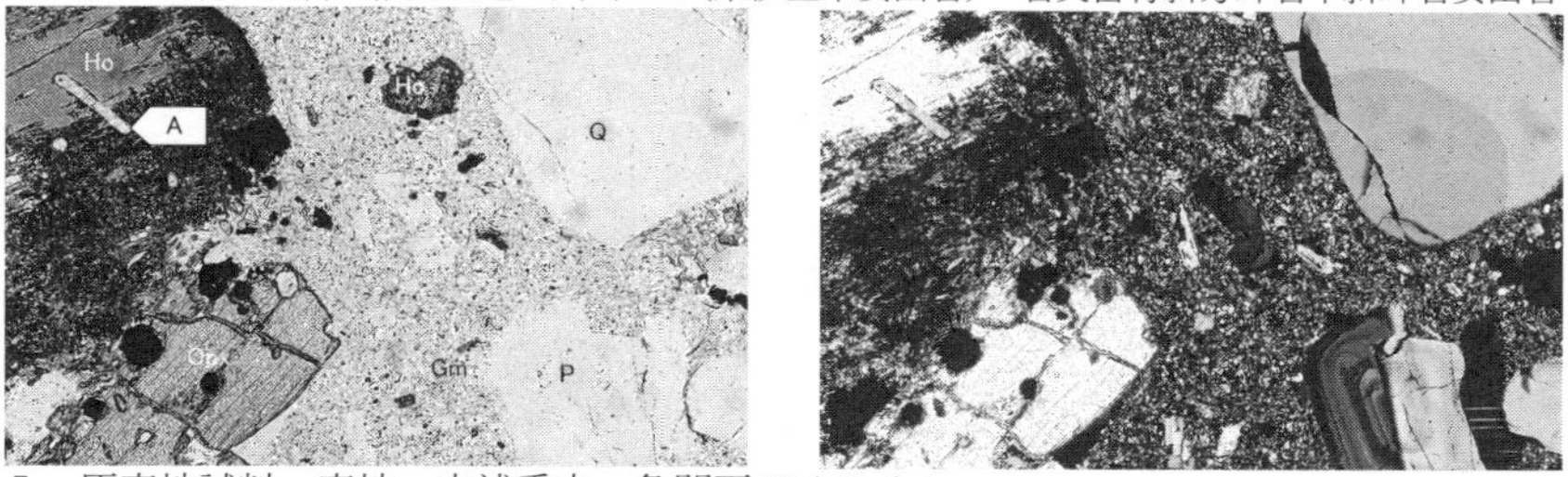

7．原産地試料　産地　内浦重寺　角閃石デイサイト

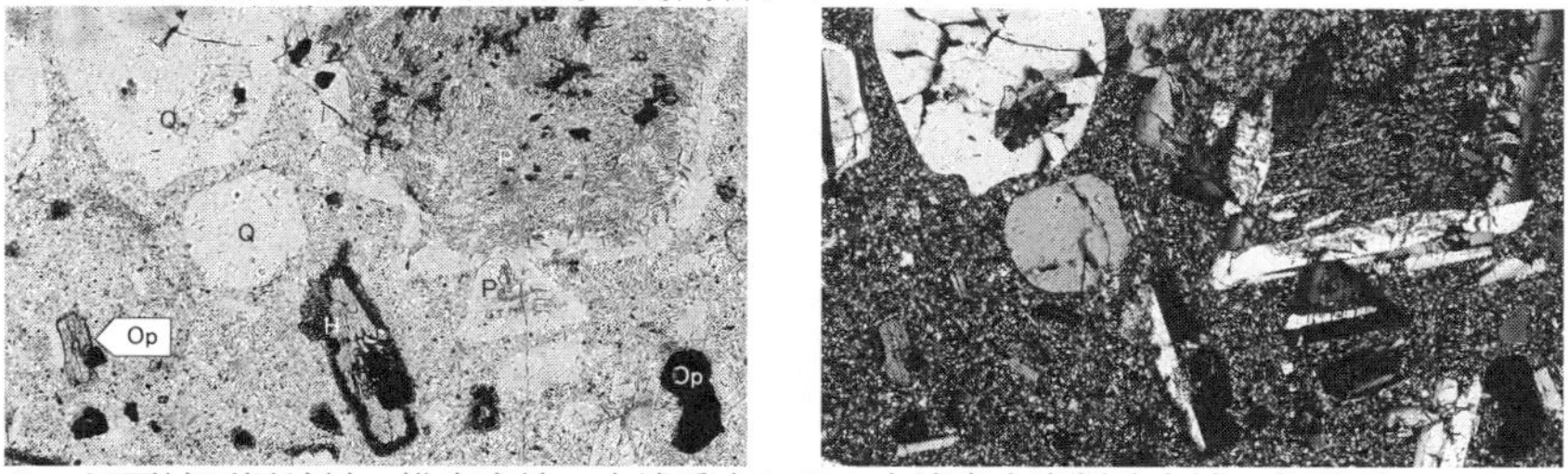

8．江戸城石垣試料　推定産地　内浦重寺などの内浦安山岩類分布域　角閃石デサイト

5mm

Qz：石英　Cr：クリストバライト　Pl：斜長石　Ho：角閃石　Opx：斜方輝石
Cpx：単科輝石　Ol：かんらん石　Op：不透明鉱物　Ap：燐灰石　Gm：石基　P：孔隙
左列は下方ポーラー、右列は直交ポーラー下。

図 27　顕微鏡写真(2)

する石丁場に由来する可能性が高いと考えられ、東海地方や、関西地方に由来を求める方が自然である。大坂城築城の際に使用された小豆島からの花崗岩も持ち込まれているといわれているが、小豆島は淡紅色を呈する広島型の花崗岩が主体となっており、白色系の花崗閃緑岩の分布は少ないと考えられる。したがって、江戸城に使用されている花崗閃緑岩については、小豆島以外の産地も想定される。

上述した岩石の産地の推定は、肉眼鑑定による情報よりも、鏡下観察からの構成鉱物や組織の観察データにもとづいて行われる。鏡下観察には岩石の薄片プレパラートを用いる。薄片プレパラートは、岩石を薄くスライスした後、プレパラートへ貼り付け、30μm（0.03 mm）の厚さまで研磨したものである。岩石を30μmの厚さまで薄くすることにより、岩石を構成する鉱物の多くは透光性となり、色調や形態などが観察可能となる。

観察は偏光顕微鏡という生物顕微鏡とは異なる顕微鏡で行う。偏光顕微鏡は、岩石の記載に用いられることが多いため、岩石学用顕微鏡とも呼ばれている。生物顕微鏡と比べると、二枚のポーラーがあることや、コノスコープという装置が取り付けられているという点が異なっている。実際の観察、同定は、ポーラーを一枚にした下方ポーラー、または、ポーラーを二枚にした直交ポーラーという状態で、四〇倍〜一〇〇〇倍の倍率で行う。鉱物の色、屈折率の違い、劈開の性質、光学性、光軸角、消光角、伸長、双晶、複屈折などを参考に構成物の同定を行ってゆく。岩石のタイプにより、観察記載の方法は異なるが、火山岩の場合、斑晶鉱物と石基鉱物に大きく分けて記載される。斑晶とは火山岩において肉眼レベルで観察できる大きさの鉱物粒子を意味し、石基は斑晶以外の基質部分をいう。

前述した真鶴系安山岩に属する真鶴産安山岩、宇佐美―多賀系安山岩に属する宇佐見産安山岩、東伊豆系安山岩に属する大川産安山岩、および、内浦重寺産のデイサイトについての鏡下観察による構成物の量比を表31に示す。同表には、江戸城の石垣において原産地の推定された試料の量比表も併せて各試料の下段に掲載している。この表に示されるように、江戸城の石垣より採取された試料と原産地試料との構成鉱物の種類を比較した場合、ほぼ同様な種類構

表31 火山岩類の構成物

産地		岩石名	斑晶 石英	斑晶 斜長石	斑晶 角閃石	斑晶 斜方輝石	斑晶 単斜輝石	斑晶 かんらん石	斑晶 不透明鉱物	捕獲岩片 安山岩	捕獲岩片 ドレライト	石基 石英	石基 トリディマイト	石基 クリストバライト	石基 斜長石	石基 黒雲母	石基 角閃石	石基 斜方輝石	石基 単斜輝石	石基 かんらん石	石基 燐灰石	石基 ジルコン	石基 不透明鉱物	石基 火山ガラス	変質鉱物 セリサイト	変質鉱物 スメクタイト	変質鉱物 炭酸塩鉱物
真鶴（真鶴系安山岩）	原産地	斜方輝石単斜輝石安山岩		○		＋	＋						△		△				△				△	○			
	江戸城	斜方輝石単斜輝石安山岩		○		＋	△		±				＋		○			＋	△				＋	△			
宇佐美（宇佐美―多賀系安山岩）	原産地	かんらん石単斜輝石安山岩		○				△							○				○				△	△			
	江戸城	かんらん石斜方輝石単斜輝石安山岩		○		＋	＋	○	＋					±	○				△				＋	△			
大川（東伊豆系安山岩）	原産地	石英含有斜方輝石単斜輝石安山岩	＋	○		△	△	±					＋		○	＋		△	△				△	○			
	江戸城	石英含有斜方輝石単斜輝石安山岩	＋	＋		±	＋	±	±					±	○			＋	△				＋	△			
内浦重寺	原産地	角閃石デイサイト	△	○	△	＋	±		△		△	○			○		＋	＋	±		±		△	±		△	＋
	江戸城	角閃石デイサイト	△	○	＋	＋			±	△		○			○	±	±	±	±		＋	±	＋		＋	±	

◎：多量（＞50％）　○：中量（50～20％）　△：少量（20～5％）　＋：微量（5～1％）　±：きわめて微量（＜1％）

成をしていることが明らかである。このような鏡下観察による岩石学的なデータをもとに、前述の石材の産地が推定されている。鏡下においては、図26〜28に示されるような状況が観察される。写真左列が下方ポーラー、写真右列が直交ポーラー下における状況である。

裏込石

石垣の裏には、裏込石と呼ばれる石材が詰められている。石垣の裏に裏込石を詰めることにより、石垣を補強し、安定性を増す効果が得られることに加え、水はけがよくなるため、石垣の孕み出しを抑える効果がある。江戸城外堀における裏込石には、径一〇〜六〇㎝程度の玉石や割石が使用されている。裏込石に使用されている石材の種類は、隣り合う丁場毎に異なる場合もあれば、ほぼ同じ種類のものが使用されている場合もある。ここでは、裏込石に使用されている石材の種類およびその産地について述べる。

裏込石には、大きく分けて円礫状を呈する玉石と、角礫状を呈する割石の二種類が使用されている。江戸城外堀の裏込石には、玉石が約四割、割石が約六割の割合で使用されている。玉石には、花崗岩類、安山岩類、流紋岩質凝灰岩、凝灰質砂岩、砂岩、頁岩、チャート、ホルンフェルスなどが、割石には、流紋岩、安山岩類、凝灰角礫岩、火山礫凝灰岩、凝灰岩、スコリア質凝灰岩、凝灰質礫岩、凝灰質砂岩、凝灰質頁岩、砂岩、泥岩、チャートなどが主に使用されている。各岩石を岩石学的な観点から分類すると、花崗岩類は深成岩に、流紋岩および安山岩類は火山岩に、凝灰角礫岩、火山礫凝灰岩、凝灰岩、流紋岩質凝灰岩およびスコリア質凝灰岩は火山砕屑岩に、凝灰質礫岩、凝灰質砂岩、凝灰質頁岩、砂岩、泥岩およびチャートは堆積岩に、ホルンフェルスは変成岩に分類される。間石や飼石についても、裏込石と同様な石材が使用されているので、以下の記述ではこれらも含めて述べる。

深成岩および火山岩は、マグマが発生してから固結するまでの火成作用によってできる産物である。マグマが、地下深部において固結した場合は深成岩が、地表または地表近くにおいて固結した場合は火山岩が形成される。深成岩類は一般に孔隙はほとんど発達せず、堅硬緻密質な性質を有する。火山岩は、一般に堅硬であるが、火山ガスの抜け穴がしばしば発達するため、多孔質な組織を有するものが比較的多い傾向がある。

火山砕屑岩は、火山活動によって噴出・崩壊した岩片やマグマ由来の物質が、固化した岩石である。含まれる砕屑物の形態、構造、粒度によって分類される。粒度からは、六四㎜以上が火山岩塊、二～六四㎜が火山礫、二㎜以下が火山灰と分類されており、火山灰、火山礫および火山岩塊の量比により、一般に図29に示される分類図が用いられる。また、主要な構成粒子などの種類により、スコリア質などの名称が頭に付される。一般に新第三紀以降の火山砕屑岩類は、軟質で強度が弱いという難点があるが、加工が容易であるという利点もある。

堆積岩は、陸源砕屑物を主体とした陸源砕屑岩と、生物の組織や化学的沈殿物からなる生物岩（または化学沈殿岩）に大きく分けられる。広義には火山砕屑岩も、堆積岩に含まれる。陸源砕屑岩は、構成粒子の主要な粒径から、二㎜以上のものを礫岩、二～〇・〇六三㎜を砂岩、〇・〇六三㎜以下を泥岩と呼んでいる。中古生層に含まれるものは堅硬緻密質であるが、新第三紀以降の地質に含まれるものは比較的軟質である。生物岩は、炭酸塩、硫酸塩、シリカなどでできている岩石で、チャートなどがこれに該当する。チャートは一般に中古生層に含まれ、きわめて硬い岩石の一種である。

変成岩は、変成作用を受けた岩石である。変成作用とは、既存の岩石が本質的に固体の状態で、地下の高温・高圧の新しい環境で安定なものに再構築されるという現象である。変成岩の元となる原岩は上記の火成岩、火山砕屑岩、堆積岩など様々な岩石であり、岩石の輪廻という観点からは重要な岩石といえる。変成岩は、一般に地下深部において形成される岩石であるため、堅硬緻密質である。火山岩で覆われる伊豆半島には分布しない石材の一種である。

裏込石に使用されている石材は、玉石と割石でその産地は大きく異なっている。玉石は円礫であり、河川の河床礫が使用されているのに対し、割石は伊豆半島や鎌倉などから築石と共に運び込まれていたとされている。個々の石材

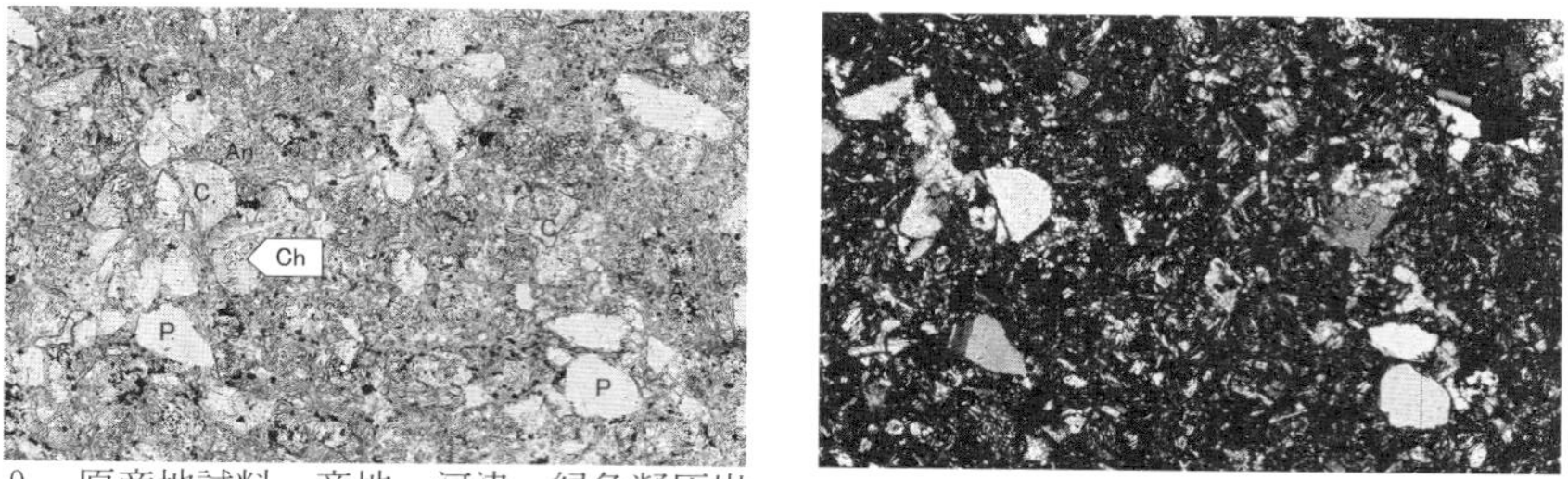

9．原産地試料　産地　河津　緑色凝灰岩

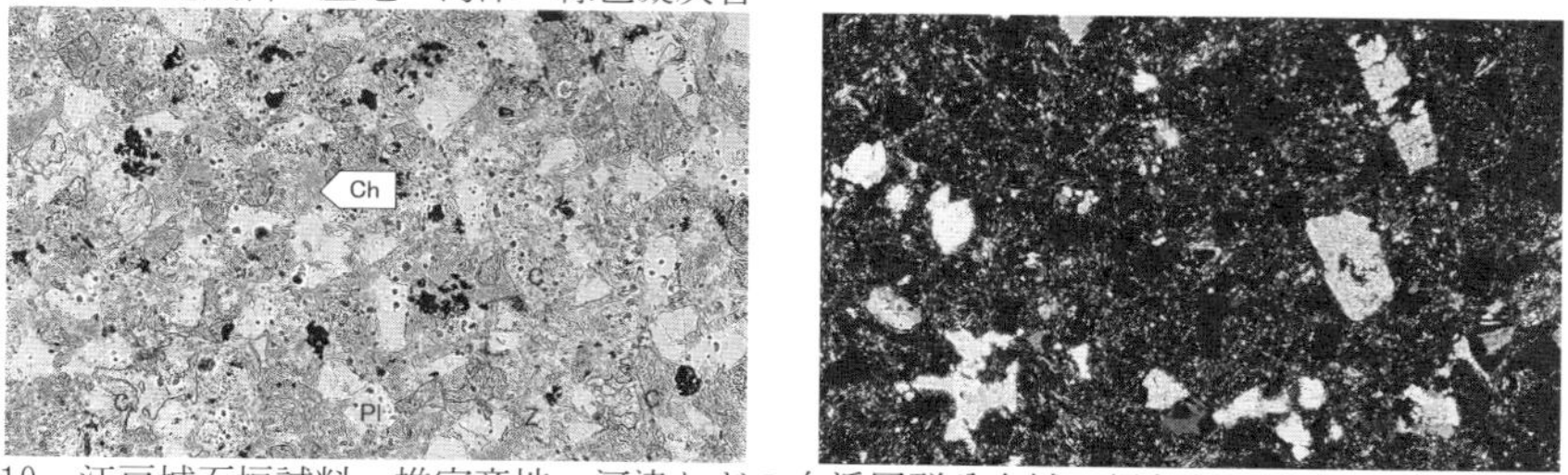

10．江戸城石垣試料　推定産地　河津などの白浜層群分布域　緑色凝灰岩

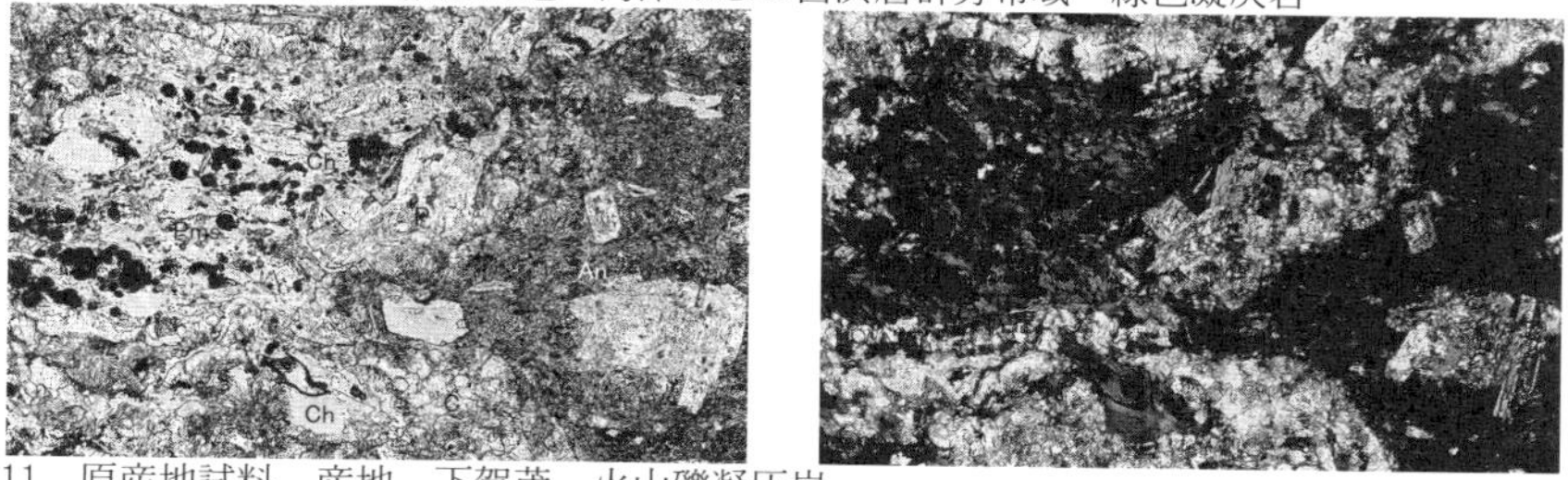

11．原産地試料　産地　下賀茂　火山礫凝灰岩

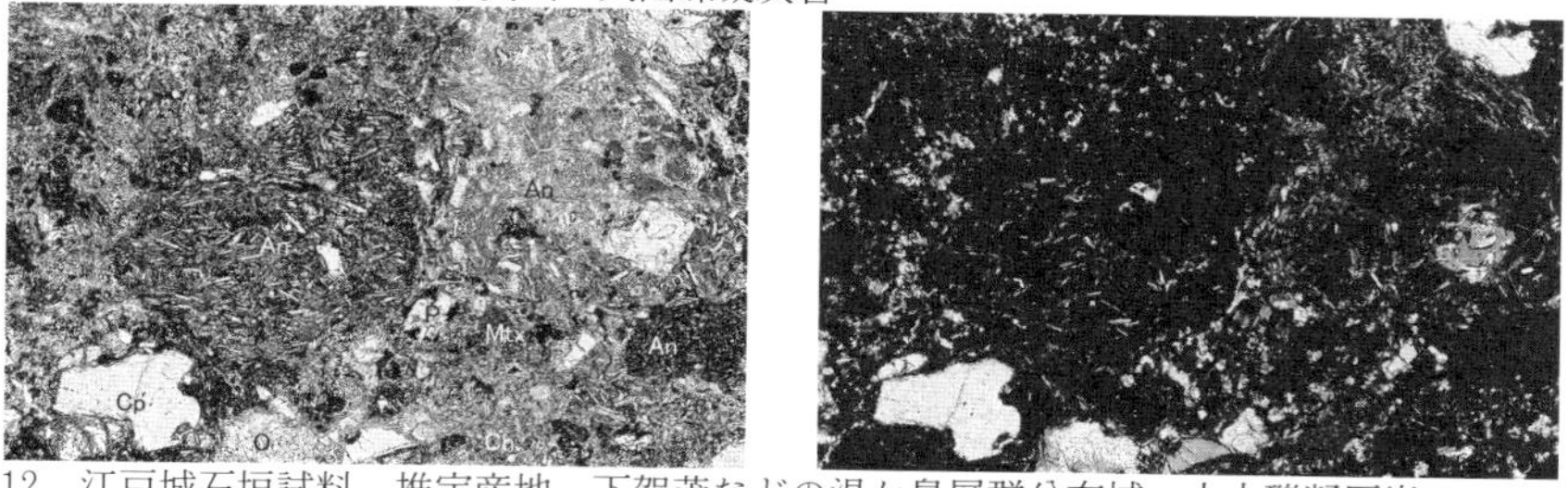

12．江戸城石垣試料　推定産地　下賀茂などの湯ケ島層群分布域　火山礫凝灰岩

Pl：斜長石　Cpx：単科輝石　Ch：緑泥石　Cc：炭酸塩鉱物　Ze：沸石　5mm
An：安山岩　Pms：軽石　Mtx：基質
左列は下方ポーラー、右列は直交ポーラー下。

図 28　顕微鏡写真(3)

について、地質学および岩石学的な観点から、伊豆半島の地質および関東地域の地質と照らし合わせ、その由来について述べる。参考のために、伊豆半島の地質図を図30に、関東地域の地質概略図を図31に示す。

深成岩類に属する石材としては、花崗岩、花崗閃緑岩などが使用されている。これらは主に玉石に多く認められる。花崗岩類は、伊豆半島には分布しない石材であり、玉石であることを考慮すると、当時の江戸周辺を流れる河川の河床礫に由来すると考えられる。関東地域における花崗岩類の分布地域としては、群馬県東部の渡良瀬川上流部、群馬県北部の利根川最上流部、東京都を流れる多摩川の最上流部などがある。

火山岩類に属する石材としては、流紋岩、安山岩などが使用されている。流紋岩は、関東地域においては、ほとんど分布していない岩石である。流紋岩は割石として多く認められることから、伊豆半島より運ばれたと推測される。伊豆半島においても流紋岩の分布は小規模であるが、伊豆半島の基盤となる新第三紀中新世下部の湯ヶ島層に伴って分布する。安山岩類は、玉石と割石の両者にほぼ同程度ずつ認められる。玉石に使用されている安山岩は、緻密質なものが多く、利根川上流や、栃木県を流れる鬼怒川上流に点在する北関東の第四紀火山に由来する河床礫と考えられる。割石として認められる安山岩は、多孔質なものが多く、真鶴系安山岩と同質な岩相を示すことから、同地域の築石の廃材などが運び込まれたと推測される。

火山砕屑岩類に属する石材としては、凝灰角礫岩、火山礫凝灰岩、凝灰岩、流紋岩質凝灰岩、スコリア質凝灰岩などが使用され

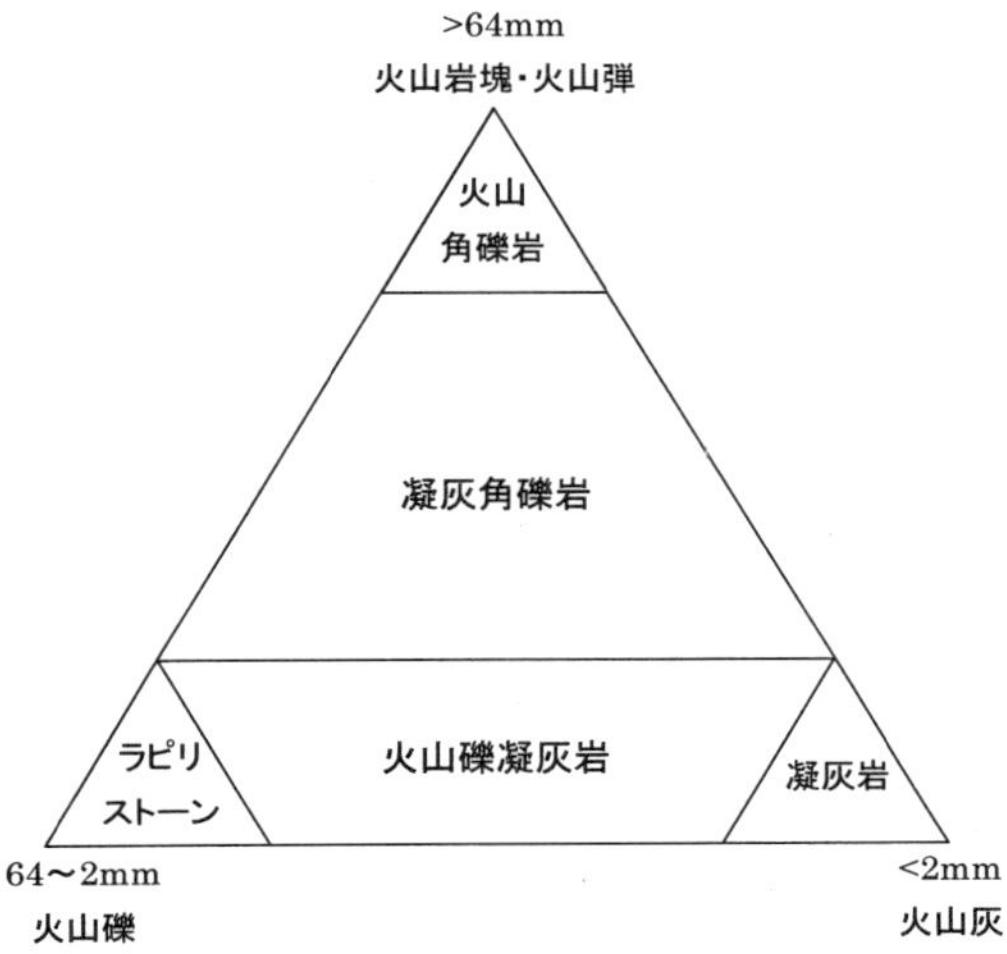

図29 火山砕屑岩の構成粒子の粒径による分類

ている。凝灰角礫岩、火山礫凝灰岩、凝灰岩およびスコリア質凝灰岩は割石として、流紋岩質凝灰岩は玉石として認められる。

凝灰角礫岩および火山礫凝灰岩は、緑色を呈し、火山礫を多量に含む石材であり、東北地方の日本海側や、南部フォッサマグナ地域に特徴的にみられるグリーンタフとよばれる岩石の特徴を有する。グリーンタフは、伊豆半島にも分布する石材であり、前述の伊豆半島の基盤を構成する湯ヶ島層がこれに相当する。同層は、図30に示されるよう

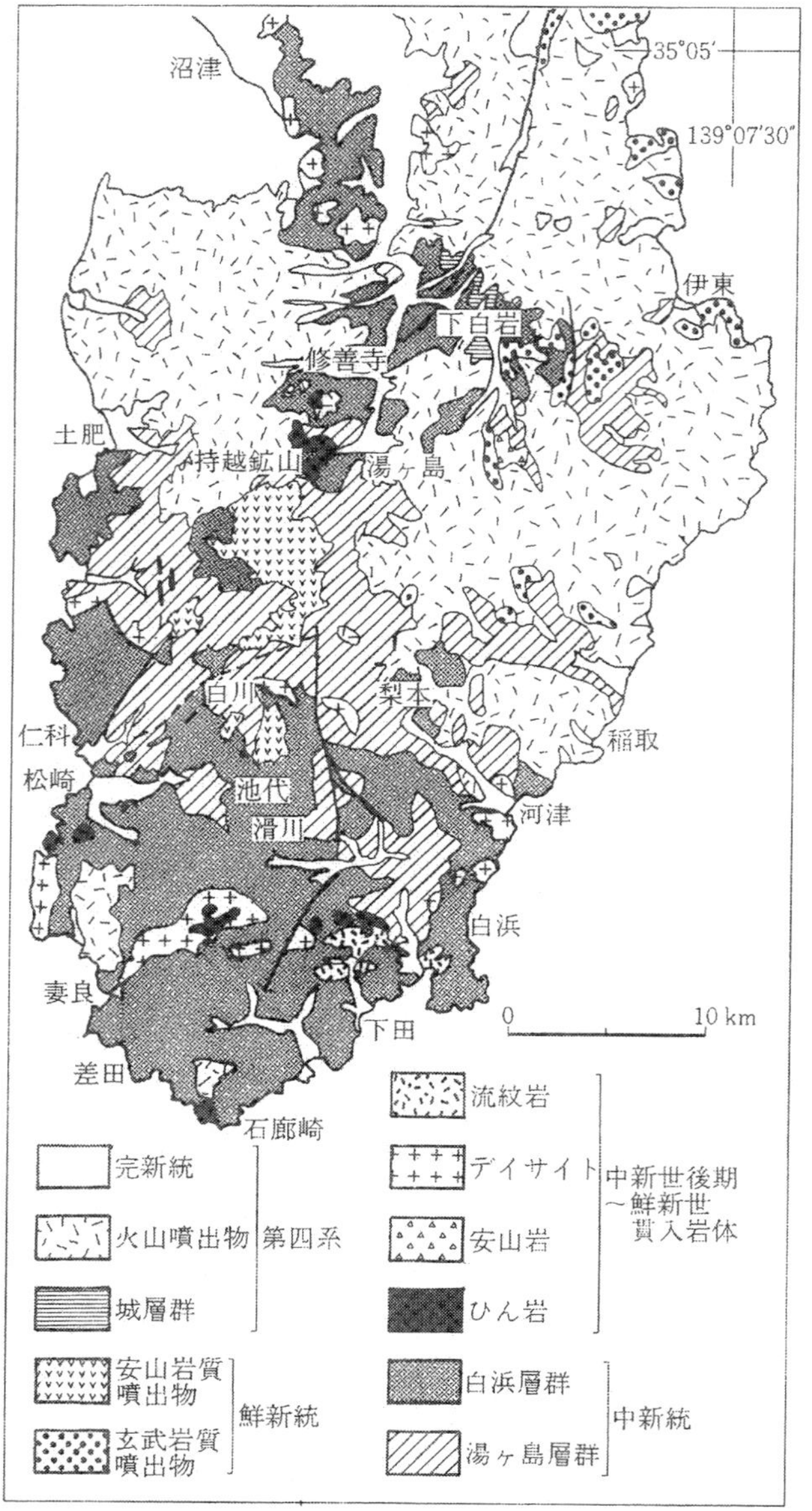

図 30　伊豆半島の地質図（日本の地質「中部地方Ｉ」編集委員会編、1988 より）

に伊豆半島の各地に露出するが、採石された地域は下田市およびその西方地区で「斑石」の名称で採石されたとされている。凝灰岩は淡緑色～灰白色を呈する粗粒凝灰岩であり、伊豆半島の白浜層群と類似する岩相を示す。伊豆町下賀茂産の火山礫凝灰岩および河津町河津産の凝灰岩の鏡下観察データを、それぞれの原産地に由来すると推定される江戸城の石材のデータと併せて表32に示す。表に示される構成物の種類はほぼ同様であり、肉眼的な組織の特徴も酷似していることから、湯ヶ島層群や白浜層群に由来する石材であることは明らかである。

スコリア質凝灰岩は、三浦半島や房総半島に分布する新第三紀中新統～鮮新統の三浦層群に由来する石材と推定される。肉眼的に識別が容易な石材であり、細礫サイズのスコリアが成層し、黒色の縞が発達するという特徴がある。鎌倉石と呼ばれる石材にも、この種の岩石が使用されている。

流紋岩質凝灰岩は、硬質な岩相を示し、玉石として含まれている。径数㎜大の石英斑晶を散含する特徴があり、基質は灰白色～赤褐色を呈している。これらは、渡良瀬川最上流部の中禅寺湖周辺に分布する後期白亜紀～古第三紀（約八〇〇〇万年～約六〇〇〇万年前）の奥日光流紋岩類に由来する火山砕屑岩類と考えられる。独特な石英斑岩様の岩相を示すことから、古くは石英斑岩の名称で呼ばれていた岩石である。石英斑岩は半深成岩に分類される岩石の名称であるが、一九六〇年代に入ってからの調査により、流紋岩質溶岩や溶結凝灰岩からなる珪長質火山岩類であることが明らかにされてきたという経緯がある。これらは、西南日本における濃飛流紋岩、湖東流紋岩類、高田流紋岩という後期白亜紀～古第三紀の珪長質火成岩類にも対比されており、類似した岩相を示す特徴がある。火山砕屑岩でも後期白亜紀～古第三紀という古い時代の岩石であるため、伊豆半島に分布するような軟質な火山砕屑岩類とは異なり、堅硬緻密質な岩相を示す。堅硬なため、河川の下流部においても円礫として特徴的に認められる岩石の一種である。

堆積岩類に属する石材としては、凝灰質礫岩、凝灰質砂岩、凝灰質頁岩、砂岩、泥岩、チャートなどが使用されて

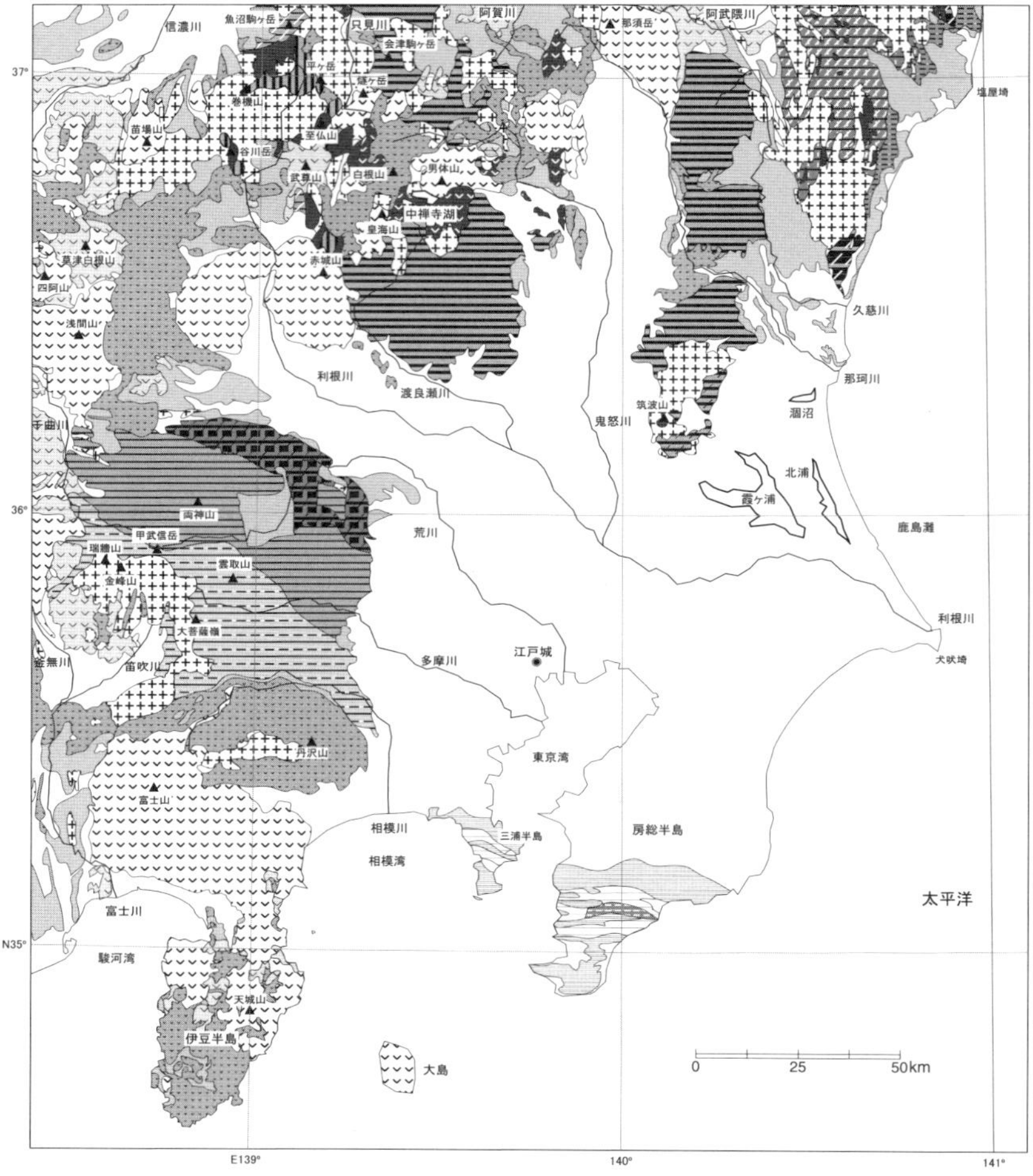

図 31　関東および周辺地域の地質概略図（地質調査所、をもとに作成。主に固結岩の分布を示している。）

いる。凝灰質砂岩および凝灰質頁岩の大部分は、割石として使用されており、上述のスコリア質凝灰岩と同様に、三浦層群に由来するものが大部分を占めていると考えられるが、凝灰質砂岩は伊豆半島の湯ヶ島層群や、白浜層群においても含まれる石材であり、これらに由来するものも少なからず含まれていると考えられる。房総半島では、千葉県富津市と鋸南町に跨る鋸山を中心として採石されていた凝灰質砂岩を主とする房州石が有名であるが、この時代から利用されていたかどうかについては不明である。房州石も同じ三浦層群に由来する石材である。砂岩、頁岩および

凡例

・深成岩を主とする地質
白亜紀～中新世
花崗岩類
安山岩・玄武岩・デイサイト・流紋岩および同質火砕岩など
二畳紀（一部、白亜紀～古第三紀）
苦鉄質～超苦鉄質岩類（至仏山超苦鉄質岩類など）
はんれい岩・閃緑岩・蛇紋岩など

・火山岩・火山砕屑岩を主とする地質
更新世～完新世の火山岩・火山砕屑岩類
安山岩・玄武岩・デイサイト・流紋岩および同質火砕岩など
鮮新世～更新世の火山岩・火山砕屑岩類
安山岩・玄武岩・デイサイト・流紋岩および同質火砕岩など
中新世～鮮新世の火山岩・火山砕屑岩類
安山岩・玄武岩・デイサイト・流紋岩および同質火砕岩など
白亜紀～古第三紀
奥日光流紋岩類など
流紋岩・デイサイトおよび同質火砕岩など

・堆積岩を主とする地質
中新世～鮮新世
三浦層群
スコリア質凝灰岩・凝灰質砂岩・砂岩・泥岩など
葉山層群・保田層群
凝灰質砂岩・泥岩など
中新世
中新世の堆積岩類
砂岩・泥岩・礫岩など
白亜紀～古第三紀
白水層群・双葉層群
頁岩・珪質頁岩・砂岩・チャート・かんらん岩・はんれい岩など
嶺岡層群
頁岩・珪質頁岩・砂岩・チャート・かんらん岩・はんれい岩など
四万十帯
砂岩・頁岩・チャート・石灰岩・塩基性火山岩など
ジュラ紀
秩父帯
頁岩・珪質頁岩・砂岩・チャート・かんらん岩・はんれい岩など
足尾ー八溝帯など
砂岩・頁岩・チャート・石灰岩・塩基性火山岩など
三畳紀～ジュラ紀
奥利根層群・岩室層など
頁岩・砂岩・礫岩など

・変成岩を主とする地質
白亜紀～古第三紀
筑波変成岩類・吾国山変成岩類
黒雲母片麻岩・黒雲母片岩・粘板岩など
ジュラ紀
三波川帯
緑色片岩・泥質片岩・緑色岩など
～中生代後期
御斎所変成岩類・竹貫変成岩類
緑色片岩・角閃岩・珪質片麻岩など
二畳紀
水無川変成岩類・川場変成岩類
泥質千枚岩・砂岩・頁岩など
デボン紀～二畳紀
日立変成岩類・八茎変成岩類
粘板岩・砂岩・玄武岩・チャート・石灰岩・緑色片岩・黒色片岩など

表 32　火山砕屑岩類の構成物

産地		岩石名	鉱物片						岩片						基質(変質鉱物)								
			石英	カリ長石	斜長石	斜方輝石	単斜輝石	不透明鉱物	軽石	凝灰岩	流紋岩	安山岩	玄武岩	珪化岩	石英	粘土	セリサイト	緑泥石	緑簾石	不透明鉱物	サポナイト	炭酸塩鉱物	沸石
河津	原産地	緑色凝灰岩	±	＋	△					＋	±	○					＋	○	±	±		△	＋
	江戸城	緑色凝灰岩	＋	±	＋	±			±			△		±			△	○	＋	±		△	＋
下賀茂	原産地	火山礫凝灰岩			△		＋					○			△	△		△		±	○	○	△
	江戸城	火山礫凝灰岩			±		±	±		△		○	○		△	△		○		＋	△	±	＋

◎：多量（＞50%）○：中量（0〜20%）△：少量（20〜5%）＋：微量（5〜1%）±：きわめて微量（＜1%）

チャートは、堅硬緻密な岩相を示す中古生層の岩石である。産地としては、多摩川上流域の白亜紀〜古第三紀の四万十帯、荒川上流域の秩父地方に分布する石炭紀〜ジュラ紀の秩父帯、渡良瀬川流域のペルム紀〜ジュラ紀の足尾帯などが考えられるが、江戸城の地理的な位置を考慮すると、荒川由来のものが大部分を占めていると推定される。

変成岩類に属する石材としては、ホルンフェルス、菫青石ホルンフェルスなどが使用されており、玉石に多く認められる。ホルンフェルスは、一般に堆積岩の泥岩が、地下深部において花崗岩質マグマの逆入による熱変成作用を被ることによって形成される岩石である。関東地域におけるホルンフェルスは渡良瀬川上流域の沢入花崗閃緑岩体の周囲、多摩川・荒川最上流部の甲府花崗岩体の周囲、群馬県川場村の川場変成岩中などに分布することが知られている。河床礫としては、渡良瀬川経由での利根川において多く含まれる傾向がある。渡良瀬川上流域の沢入花崗閃緑岩体の周囲に形成されるホルンフェルスは菫青石と呼ばれる斑状変晶を有する菫青石ホルンフェルスが多く、肉眼的には白色の点紋が特徴的に観察される。また、菫青石は粘土鉱物化していることが多く、風化に対して弱いため、溶脱してクレーター状の穴が散在しているものもしばしば認められる。

関東地域の地質にもとづき、裏込石に使用される石材の由来をまとめるとおおむね次のようになる。ただし、これらの岩石名が付された岩石が、必ずその水系に由来するとは限らず、同一岩石名でも産地は様々であることについては留意する必要がある。

・利根川・渡良瀬川水系

花崗岩類・流紋岩質凝灰岩（奥日光流紋岩類）・ホルンフェルス・安山岩（玉石）

・荒川水系

砂岩・頁岩・チャート

・伊豆半島

凝灰角礫岩・火山礫凝灰岩・緑色凝灰岩、凝灰質砂岩・流紋岩・安山岩（割石）

・房総半島・三浦半島

スコリア質凝灰岩・凝灰岩・凝灰質礫岩・凝灰質砂岩・凝灰質頁岩

裏込石の石材組成は、丸ノ内一丁目遺跡などの外堀石垣の例をみると、大雑把には利根川・渡良瀬川・荒川に由来する礫が四割、伊豆半島の割石が三割、房総半島または三浦半島に由来する割石が三割となっている。伊豆半島の割石や、鎌倉石といわれる火山砕屑岩類の割石は、古文書などからその利用が知られているが、ここで興味がもたれる石材は玉石として使用されている河川の礫であり、その採取地が不明となっている。江戸時代はじめの江戸周辺では、利根川、荒川、渡良瀬川が入り乱れており、しばしば洪水に見舞われたとされている。利根川の河川改修以前は、利根川は荒川に合流していたため、下流域においては、混在した礫種組成であったと考えられる。河床礫とみられる裏込石の石材組成は、これと整合しており、利根川・渡良瀬川水系の石材がやや多い傾向があるものの、荒川水系の礫も混在する組成を示しており、下流域の河床礫が使用されていた可能性が考えられる。しかしながら、河床礫の採取地点が複数あり、荒川の採取地、利根川の採取地と別々な採取地点があった可能性も考えられるだろう。また、人頭大サイズの河床礫が当時の河川の下流において採取できたかどうかについても疑問が残り、今後、明らかにしてゆく

写真53　竹橋門の裏込石

べき課題である。

裏込石の石材組成やその産地について述べたが、裏込石に関するデータはあまり蓄積されていないというのが現状である。それは、裏込石が発掘調査において重要視されないという傾向があることに起因していると思われる。そのため、石垣の丁場によっては、上記の石材組成とは異なるものも今後の調査から、現れてくる可能性がある。裏込石は、築石と比較し、種類が多く、地質学的、岩石学的には非常に興味深い石材群である。江戸城のみならず、他の城郭においても、石垣調査においては必ず調査対象とするべき遺物であるといえる。

その他の石材

石垣には、石垣の背面に石材を使用した遺構がしばしば検出される。代表的なものは、水路などの石組溝であり、炉なども検出されている。水路などの石組溝に使用される石材は、板状に粗く整形された石材が使用される。石材の種類は、安山岩、緑色凝灰岩、火山礫凝灰岩、溶結凝灰岩、凝灰岩、凝灰質砂岩である。炉石にも、緑色凝灰岩および溶結凝灰岩が使用され、岩相は水路石組に使用される石材と同質である。いずれの石材も岩質から、伊豆半島に由来していると考えられるが、以下に、各岩石の特徴と由来について簡単に述べる。

使用されている安山岩の多くは、真鶴系安山岩であり、その中でも多孔質で比較的軟質なものが使われている。緑色凝灰岩には、いわゆるグリーンタフに属する石材が使われ、伊豆の国市長岡に産する白浜層群の長岡青石（伊豆青石）または河津町に産する湯ヶ島層群の沢田石（河津青石）と類似した岩相を示す。火山礫凝灰岩は、前述した伊豆半島の基盤となる新第三紀中新世下部の湯ヶ島層に由来する石材と考えられる。

溶結凝灰岩は、灰色〜紫灰色の基質で、火山岩片を含み、黒色のガラス質なレンズを縞状に散含する岩相を示す。このガラス質な黒筋を挟む独特な岩相から、神奈川県小田原市風祭に産する溶結凝灰岩と判断される。本石材は、軟質軽量であるため、加工がしやすいという特徴があり、水路用の底石および側石として多量に使用されている。この石材は、駿府城や、名古屋城においても使用されており、大型の築石の間詰石としても利用されている。

凝灰岩および凝灰質砂岩は灰白色を呈し、中〜粗粒の砕屑物を多く含み、岩片として流紋岩質岩片などが含まれている。このような岩相は、伊豆半島においては、半島の各地に分布する白浜層群の凝灰岩類に酷似している。五万分の一地質図幅「修善寺」によると、白浜層群は、下田市白浜から河津町にかけての東海岸に広く分布し、凝灰岩および凝灰質砂岩は下部層から中部層にかけて主に分布するとされている。

使用石材の歴史的変遷

真鶴産安山岩は江戸城および江戸城外堀の石垣の主要石材であることは、既述のとおりであるが、その真鶴地区は旧村名の岩村を中心に石材業の伝統があり、現地の「石工先祖の碑」によると、土屋格衛が平安時代の末の頃に採石業を創業したとされている。岩村を含む石山六ヶ村からは、北条氏の頃から切り出されており、江戸城の大規模な普請後、本格的な採石がはじまる。

江戸城における石垣の構築は、土層観察や石垣の積み直しなどの観察により、少なくとも慶長〜寛永、明暦および宝永の三期に分けられる。江戸城の築石に使用される石材は、常に安山岩九七〜九九％、その他一〜三％という割合で使用されている。安山岩のなかでも、真鶴系安山岩は九〇％以上の割合で使用されている。真鶴系安山岩以外の石材の使用割合は、石垣の増築や修復に関連して多少の変化が認められる。

慶長〜寛永期の石垣は、石垣の基礎をなすものであり、その築石は真鶴系安山岩が九四％以上を占め、その他に東伊豆系安山岩などが含まれる。白色系石材であるデイサイトや花崗岩類はごく僅かに使用されている。この時期の水路の石組やその他の遺構には、デイサイト、花崗閃緑岩、火山礫凝灰岩などが使用されている。

明暦期の石垣は、明暦二年（一六五六年）に発令の出された石垣の増築であり、明暦三年の大火に見舞われるが、その年に完成する。明暦期における築石も、真鶴系安山岩が主要石材となっているが、デイサイトおよび花崗岩類は慶長〜寛永期の石垣と比較し、やや多く使用される傾向がある。水路の石組には、伊豆の緑色凝灰岩および風祭の溶結凝灰岩が多くなる。

元禄一六年（一七〇三年）の大地震で石垣は崩れ、宝永元年（一七〇四年）に修復される。宝永期に修復された石垣においても、真鶴系安山岩が石材の主材となっている。明暦期の石垣と比較してデイサイトおよび花崗岩類の使用はやや少なくなる。水路の石組には、明暦期と同様に伊豆産の凝灰岩類、および、風祭の溶結凝灰岩が多用されている。

慶長期から宝永期にいたる期間においては、上記のように各石材の使用割合はごく僅かに変化しているが、石材の種類は慶長期からほぼ同様である。つまり、石材の産地や、供給量はほぼ一貫したシステムとなっていた可能性が示唆される。このことは、寛永一三年（一六三六年）に築かれた江戸城外堀の石垣についても同様であり、その石垣の石材組成は、安山岩九七〜九九％、その他一〜三％となっている。その他の石材には、デイサイトおよび花崗岩も含まれている。

江戸城や、江戸城外堀に使用されているデイサイトや花崗岩は、明治－大正期の補修の際に使用されたという可能性なども考えられる。しかし、これらの一部には、石垣の下段部分に使用されているものや、震災の影響を受けないとみられる低い石垣に使用されているものなどがあり、明らかに初生的に積まれたと思われるものも認めることができる。築石の石材を安山岩一〇〇%としないで、白色系のデイサイトや花崗岩を混ぜた理由については疑問が残るところである。

二　標識石と境界石

江戸城石垣普請のために、相州・豆州の石丁場には、その帰属を示す大名や家臣の名を刻んだ標識石や境界石が存在することが知られている。ちなみに、「標識石」とは、大名や家臣、あるいは藩を特定できる名を刻んだもので、「境界石」とは、それらに範囲や距離などの事項を加えたものである。両者には、年号や日付、刻印などが刻まれたものもある。

(1)　標識石・境界石の分布とその集成

これまで、二三例の報告がある。その中には、天保十年（一八三九）に発行された『相中襍志・智』の中に記された小田原藩早川村海蔵寺の水田中に存在した「慶長十七子／羽柴右近石場／六月廿日」の標識石、昭和四十一年の道路工事までは存在した東伊豆町北川の「大久保石見守御石場」の標識石、平成十二年の宅地造成までは存在した小田原市久野の「加藤肥後守／石場」の標識石などを好例として、湮滅したり所在が不明になっているものも含まれている。

それらを集成したものが、表33である。石丁場の位置は異なるが大名・藩名で重複するものがあるので、それらを除外すると一六件の人名・藩名が登場していることになる。それらの分布は、北は南足柄市塚原向坂ならびに小田原市久野の「松平土佐守」境界石、伊豆東浦では小田原市早川石垣山一夜城内の「加藤肥後守」境界石から東伊豆町稲取の山内家家臣「百々越前安行」の標識石、西浦では戸田村の「鍋島信濃守」標識石、「細川越中守」境界石と広範囲にわたる。前述の『山内家史料』や『細川家文書』の文献史料と対比すると、記載された大名や藩名は大幅に少ないが、分布からみた外枠という点では、おおむね一致する。

強いて異なる点をあげると、標識石・境界石が小田原藩内の北西部に実在することである。従来は、『細川家文書』「伊豆石場之覚」から、石丁場の分布は、早川以西と考えられてきた。しかし、内田清氏が指摘するように、小田原藩の番城時代、山内家『忠義公紀』や「塚原村明細帳」には、小田原藩の北西部に松平土佐守忠義、織田河内守長則、伊東修理大夫祐慶、石川主殿頭忠総、松平石見守（池田輝澄）、松平右京大夫（池田政綱）、松平宮内少輔（池田忠雄）、京極丹後守（京極高広）、加藤肥後守（加藤忠広か）、古田兵部少輔（古田重恒）らの石丁場が存在したことが記述されている。「松平土左守」境界石や「加藤肥後守」標識石などは真にそれを裏付ける資料となっている。

つぎに、小田原藩内北西部を除き、文献史料と標識石・境界石の金石文資料が一致するものとして七例がある。それは、真鶴町丸山の「水戸殿石場（水戸中納言頼房）」境界石、熱海市下多賀の「羽柴右近（森右近大夫忠政）」標識石、伊東市宇佐美の「羽柴越中守石場（細川越中守忠興）標識石、伊東市川奈の「尾（尾張大納言義直）」境界石、伊東市富戸の「松平大膳大夫（毛利大膳大夫綱広か）」境界石、東伊豆町稲取の「越前（百々越前安行）」標識石、戸田村の「細川越中守石場（細川越中守忠興か）」境界石と少ないが、何分にも文献史料の私的性格が強く正確さに欠けること、標識石・境界石の中には湮滅、未発見資料があることによるものと思われるが、一方ではそれらの金石文資料が必ずしも大名や藩の帰属を示すための普遍的なものではないことを忘れてはなるまい。ちなみに、後者の場合には、刻印が代用したものと考えられる。

標識石・境界石の設置場所と旧道

各大名が石丁場の確保を明示するためには、標識石や境界石の設置場所が重要となってくる。そこで、まず地形からみた発見場所の特徴を指摘してみたい。四型に分類することができる。

Ⅰ、山頂付近

Ⅱ、山腹もしくは山裾

Ⅲ、平地

Ⅳ、その他

Ⅰ類には、1・10の二例がある。10は、宇佐美地区の最高峰ナコウ山（三五二・七m）より尾根伝いに一〇m程下った稜線の鞍部にあり、標識石の前面には、二〇〇〜三〇〇㎡程度のテラスが形成されている。ここから港までは、直線距離にして優に二㎞はある。Ⅱ類には、2・4・9・11・13・17・18・20・21などがあり、大半がこれに属する。この中には、旧道・修羅道などの道を多分に意識したものとそれとは無関係に地形からのみの二者がある。前者には、17の旧下田街道に面する事例や20・21の修羅道を共有する事例を好例とする。後者には、2・11・18などがある。なお、道についていては後述する。Ⅲ類には、3・5・7・16の四例がある。3は、かつて山間が開けた久野川に隣接する水田中に存在したものであるが、今日、その地を訪れると、採石・加工に適する自然石や割石の残滓などは全く認められない。それ故、本来の設置場所をとどめたものではなく、集中豪雨などの要因によって土砂の流出と共に二次的に位置を変更した可能性が高い。7は、Ⅲ類としたが、宮川の河川敷より発掘され同様の理由によって原位置をとどめるものではない。長軸径が約五mを測り3より一m程大きい巨石にもかかわらず流出しているのである。16は、伊東市富戸海岸の背後に断崖絶壁、僅かに開けた海岸線の平場で鈴木茂氏によって発見されたものである。この境界石も、残念ながらみあたらない。毛利家が富戸海岸で石丁場を確保したことは慶長期にはじまり、寛永期以後も続いていく。考古資料としては、海岸で一尺三寸（四〇㎝）を越える「□」の刻印石が残存し、徳川林政史研究所所蔵『駿州・豆州・相州・御石場絵図』中の「富戸村釜屋御丁場」に尾張家の石丁場に隣接した西側に「松平大膳大夫殿丁場」

の集成一覧

帰属大名	時間軸	備　　考
松平土佐守忠義（山内）	寛永期	山内家史料『忠義公紀』に記載
松平土佐守忠義（山内）	寛永期	山内家史料『忠義公紀』に記載
加藤肥後守忠広	寛永期	『塚原明細帳』に記載 刻銘「三左」は刻印に対応する位置 宅地造成後、不明
加藤肥後守	（寛永期）	石垣山一夜城南曲輪東口中門で発見 原位置移動
羽柴右近大夫忠政（森）	慶長17年（1612）	『相中襍志・智』に記載 現存せず
水戸中納言頼房か	寛永期以降	原位置移動
浅野紀伊守幸長	慶長期	調査後、埋戻し保存
羽柴右近大夫忠政（森）	慶長期	山内家史料『相模伊豆之内石場之覚』に記載、海岸近くの公園に移設
松平宮内少輔忠雄（池田）	（元和期）	刻印（L）は、刻銘の右側に有
羽柴越中守忠興（細川）	慶長期	『細川家文書』「伊豆石場之覚」に網代村で記載
松平隠岐守定行	寛永期	
松平隠岐守定行	寛永期	
竹中伊豆守重利	慶長期	
		（毛利家臣名か）
尾張家	寛永期以降	「駿府・豆州・相州　御石場絵図」の「川奈小かじ御丁場」絵図に記載
（毛利大膳大夫綱広）	（慶安期以降か）	「駿府・豆州・相州　御石場絵図」の「富戸村釜墨御丁場」絵図に記載
大久保石見守長安	慶長期	昭和41年以降不明
百々越前安行（山内土佐忠義の家臣）	慶長期	『山内家史料』の「御記録」・「御代々記」に記載
有馬玄蕃頭豊氏	慶長16年（1661）	
羽柴右近大夫忠政（森）	慶長期	『山内家史料』に記載 字体は、8に酷似
有馬玄蕃頭豊氏	慶長16年（1611）	
鍋島信濃守勝茂	慶長期	『細川家文書』「伊豆石場之覚」に記載
（細川越中忠興）	（慶長期）	『細川家文書』「伊豆石場之覚」に記載

表 33　標識石・境界石

番号	石丁場名	所在地	種　別	刻　　銘	刻　印
1		南足柄市塚原向坂	境界石	「此尾北南谷川切　水／たり下原まで北は大峯／いり舟帰口ノ北かの／村山切いりを下／松平土佐守いし者（場）」	無
2		小田原市久野字鶴巻	境界石	「つるまき山いりから／沢切くほ入まで／松平土佐守／石者（場）」	無
3		小田原市久野字柳河原	標識石	「加藤肥後守／石場」 「三左」	卆
4	（石垣山）	小田原市早川字梅ヶ窪	境界石	「此石かき左石／加藤肥後守／石場」	無
5	早　川	小田原市早川字海蔵寺前	標識石	「慶長十七子／羽柴右近石場／六月廿日」	—
6	岩	真鶴町岩	境界石	「従是東二十八間／水戸殿石場」	無
7	瘤　木	熱海市下多賀	標識石	「浅野紀伊守内／右衛門左」	⊕・◓
8	瘤　木	熱海市下多賀	標識石	「羽柴右近」	無
9	御石ヶ沢第2	伊東市宇佐美	標識石	「松平宮内少石場」	┐・(|＿)
10	なこう山	伊東市宇佐見	標識石	「羽柴越中守石場」	無
11	新井山	伊東市新井	境界石	「いよ松山／此より丁ば」	◎・中
12	新井山	伊東市新井	境界石	「石はいよ松山／これより北みなみ」	◎
13	鎌　田	伊東市鎌田	境界石	「これより南／竹中伊豆守」	ᘏ
14	洞ノ入	伊東市宇佐美		「田中」	♉
15	川　奈	伊東市川名	境界石	「尾」	無
16	富　戸	伊東市富戸	境界石	「是より大膳大口…」	無
17	北　川	東伊豆町北川	標識石	「大久保石見守御石場」	無
18	磯　脇	東伊豆町稲取	標識石	「越前」	⊕・中・⊗
19	多賀山	熱海市多賀	境界石	「有馬玄蕃石場／慶長十六六月二十三日」	—
20	中張窪	熱海市下多賀	標識石	「羽柴右近」	無
21	中張窪	熱海市下多賀	境界石	「是よりにし／有馬玄蕃／石場／慶長十六／七月廿一日」	無
22	戸　田	戸田村	標識石	「鍋島信濃守」	—
23	戸　田	戸田村	標識石	「これよりにし／ほそかわ越中守石場」	—

の記述がある。詳細なことは、次項にゆだねるが、これらは16の裏付け資料に価するものといえよう。Ⅳ類には、6と15の二例がある。15は、他の標識石・境界石と比較すると、「尾」一字ということで特異であるが、前述の絵図をみると、尾張徳川家は、駿州・豆州・相州に二三箇所の石丁場を確保していたことがわかる。それらの個々の石丁場絵図には、尾張家の所属を明示するために「此石ニ尾之字切付置」と石の位置を記し、朱線で囲んでいる。つまり尾の刻銘が境界石となっているのである。15が発見された「川奈村小かじ路御丁場」絵図には、海岸・山腹の四箇所に同境界石が記されている。したがって立地という点では、境界石の位置が複数にまたがっていることになる。ちなみに、尾張家の石丁場絵図には、全ての石丁場に同様の記述がされており、今後、新たに発見される可能性は十分ある。6は、昭和三十九年の新幹線開業に伴うトンネル工事の排土搬出にいたるまでは丸山石丁場に存在し、現在は、藤沢家の庭先に移設されている。これをⅣ類としたのは、近年の所在地変更もあるが、形態的に特異であり、単純に山中に設置し所在を明示したとは考え難いからである。以前にも、境界石の設置位置が変更された可能性をもつのである。

標識石・境界石を設置するにあたり、その所在を明示する必要がある。最も効果的なのは、当時の人々が利用した各種「道」に面する場所である。一例をあげると、10の「羽柴越中守石場」の標識石は、なこう山山頂近くの眺望のよい場所に設置されているが、今日、ここを訪ねようとすると、JR宇佐美駅から徒歩で二時間はかかる。途中まで車を利用しても尾根道は一時間を要する。歴史遊歩道が整備されているが、ここを訪れる人影はほとんどなく、実に不便な場所にある。そのため、一見すると、標識石は、細川家を誇示し、採石作業を行う人夫達に威厳を鼓舞しているかのように感じるが、それは間違いである。この尾根道は今日でこそ利便性に欠けるが、江戸時代にあっては、宇佐美と網代を結ぶ重要な旧道としての交通路であり、かつては峠を登りきると「大島茶屋」が存在した。ここから稜線に沿って旧宇佐美村の内陸部にある塩木道・峰・阿原田などの入谷集落とを結ぶ旧道が存在したのである。加藤清志氏は、『伊豆東浦路の下田街道』の中で、この旧道の峠道を「琵琶転の嶮」として東浦路最大の難所とし、旧道の面影や峠道の途中にある道標などを紹介している。古老の話を交えているが大正末期に開通した海岸沿い自動車道が出来るまでは唯一の街道であったことは間違いない。

すなわち、この標識石も道に面することで多くの人々の目に触れ、それによって所在を明示していることになる。熱海市下多賀の中張窪石丁場には、20と21の二つの標識石・境界石が発見されている。森右近大夫忠政と有馬玄蕃頭豊氏が隣接して採石していたことを示唆する資料であるが、それらの発見場所は、修羅道を兼ねた道に面する山側にあり、両家が設置場所を多分に意識していた様子がうかがえる。

(2) 形態分類とその解析

標識石・境界石が彫られている素材面の作出方法とその大きさ、文字の内容・行数・表記方法、字体（同一大名で複数発見されている場合）、刻印の有無とその位置、帰属、時間軸等々がその対象となる。これまで報告されている資料の中には、簡単な紹介のみで考古資料としての計測、記述が十分に行われていないものが数多くあり、そのため、制約があることをあらかじめ断っておきたい。

はじめに、文字が彫られている素材面からみることにする。これには、文字を刻んだ部位を意図的に作出しているかが焦点となり、三型に大別することができる。

(1)　自然面

(2)　矢割りにより分割・調整した平坦面

(3)　入念に加工・調整した角柱状の平面

写真54　「羽柴越中守石場」標識石

写真55　「羽柴右近」標識石（瘤木）

(1)類には、1・2・3・8・9・11・13・18を好例とする。3・8・18は、いずれも長軸径が三mを超える巨石で、18は石の頂部、3・8は短軸の片面に彫られている。1・3・8に彫られている文字は浅く、概して小さい。なお、20は、文字とは反対側の面が割れているが、「羽柴右近」が彫られている面には素材を変更した痕跡がないので、ここに含めた方がよいかもしれない。(2)類には、4・7・10・15・21を好例とする。10は、二mを超える自然石を矢割りによって二分し、それによって生じた平滑面の中央に長さ三尺七寸（一一一cm）、幅七寸（二一cm）の範囲に「羽柴越中守石場」の七文字が深く大きく彫られている。7は、前述のように本来設置されていた状況を推察することは困難であるが、長さ五mを超える巨石を矢割りによって分割・加工し、そこで生じた狭長な上面に二行にわたり「浅野紀伊守内　右衛門佐」の一〇文字が深く彫られている。この石には、「⊗」と「⌓」の刻印が認められ、そのうち「⌓」の刻印は自然面に彫られており、彫銘と彫印との間に若干の時間差を生じている可能性をもつ。21は、周囲八mの巨岩に鑿の調整によって広範な平坦面を作出し、五行二一文字が彫られている。文字が彫られている縦二尺（六〇cm）、横二尺七寸（八一cm）という画面は最大のもので、文字の彫りはやや浅いが、一文字が大きいことを特徴としている。(3)類は、6の一例のみであり、形態的に特異な存在である。一尺（三〇cm）四方の角柱状で頭部は一寸の高さで角錐形に仕上げられている。高さは、現状で八三cmを測るが、埋没している部分もあるのでおそらく二尺八寸～二尺九寸（八四～八七cm）位と推測される。調整は、文字が彫られている面とは反対側にあたる裏面を除き、入念に研磨が施されている。標識にあたる「水戸殿石場」の五文字は、長さが二尺二寸（六六㎝）の範囲に大きくかつ彫りが深いのに対して距離を示した「従是東二十八間」の七文字は右上に偏在しかつ小さく彫られている。

つぎに、文字の内容、刻印の有無についてみると以下のように分類することができる。

〔大名・家臣の名、藩名〕

Ａ　大名の名のみ。

Ｂ　大名の名に家臣の名が加わるもの。

Ｃ　家臣の名のみ。

Ｄ　藩名を示すもの。

〔年号・月日の有無〕

Ｘ　年号・月日のあるもの。

Ｙ　年号・月日のないもの。

〔距離・範囲（境界石のみ）〕

イ　距離・範囲を明瞭に示すもの。

ロ　起点のみを示したもの。

写真56　「水戸殿石場」境界石

〔刻印の有無と刻印の数〕

ａ　刻印のあるもの。刻印の数に応じて a_1・a_2・a_3…。

ｂ　刻印のないもの。

標識石の中で最もシンプルなＡＹｂ類には、8・10・20・22の四例があ

写真57 「有馬玄蕃」境界石

る。17も形式的にはこれに属するが、後述するように「大久保石見守」とは大名ではなく、天下総代官の大久保長安を指すもので、それ故にここでは例外的なものとしておく。AXb類には、5と19の二例がある。その中でも5は特徴的である。5は、前述のように文献史料によるものであるが、年月日の表記方法が唯一、大名の名を挟んで左右にみられるものである。「羽柴右近」の標識石は、小田原市早川で一例、熱海市下多賀で二例発見されているが、年月日の有無、「…石場」の表記など相違点もある。BYa_1類には3、BYa_2類には7が属する。3は、家臣の名が大名の名とは反対側に、7は位置が下がるが家臣の名が併記され二行に彫られている。CYa_3類には18、DYb類には15が属する。

境界石の表記方法にも数型が存在する。AXロb類には、21の一例がある。「有馬玄蕃」に関する境界石・標識石は、いずれも熱海市下多賀・多賀の接近したところから二例の報告があるが、共に慶長十六年（一六一一）の年号が入り、月日も21が七月二一日、19が六月二三日とほぼ同時期に石丁場での採石・加工が開始されていることは注目される。AYロb類には、4・13・16・23の四例がある。4を除き、境界の起点を「是より方角…」とはじまる共通点を持つ。4の境界石は、発見場所を含めていささか問題点が生じている。4は、小田原市早川に所在する史跡石垣山一夜城の南腰曲輪に登る東口外門の右手裾部で発見されたものである。周知のように、一夜城は、天正十八年（一五九〇）、豊臣秀吉が小田原城主の北条氏直を攻撃するために築かれたものである。仮に、4が当時のものとすると、「加藤肥後守」とは加藤清正が該当するが、加藤清正は、同年の小田原攻めには参加しておらず、しかも当時は肥後守ではなく、主計頭を受領している。また、一夜城は、石垣を多用しているが、4の周囲には採石・加工が行われた形跡は全くない。4の境界石は、長軸径が一m足らずの石材に逆位で、文字は小さく浅く彫られているために、細心の注意を払っても見逃すことが多い。すなわち境界石としての役割を果しておらず、後世に移動された可能性が高いのである。A

Yロa_1類には、13の一例がある。刻印「○」は、刻銘とは別面にあたる上位中央に施されている。AYイb類には、1・2・6の三例がある。1・2は、松平土佐守（山内忠義）が塚原山と鶴巻山での石丁場の範囲を明確にしたもので、表記方法が類似している。境界石で藩名を示したものは伊東市新井で発見された二例があり、共に刻印を伴う。DYロa_1類に12、DYロa_2類に11が属する。11・12の「いよ松山」とは、伊予松山藩を指すもので、同藩は、慶長五年（一六〇〇）に加藤嘉明が入封し、蒲生忠知を経て寛永十三年（一六三六）に松平定行が城主となっている。11・12に共通する刻印の「◎」は、三頭巴紋を表し松平家が家紋として用いている。11には、他に「中」の刻印がある。この刻印は、加賀藩前田家の家臣が使用している。すなわち、刻銘と共に二つの藩の刻印が施されていることになり、刻印そのものも境界石の役割りを果している。

写真58　「竹中伊豆守」境界石

(3)　標識石・境界石の帰属と時間軸

ここで登場する大名や藩名などは、「松平土佐守」二例、「加藤肥後守」二例、「羽柴右近」三例、「水戸殿」一例、「浅野紀伊守」一例、「松平宮内少（輔）」一例、「羽柴（細川）越中守」二例、「竹中伊豆守」一例、「松平大膳大（夫）」一例、「有馬玄蕃」二例、「鍋島信濃守」一例、「大久保石見守」一例、「（百々）越前」一例、伊予松山藩二例、尾張藩一例である。これらを時間軸に沿ってみると、おおむねつぎのようになる。

慶長期に入るものは、「羽柴右近」・「浅野紀伊守」・「羽柴越中守」・「竹中伊豆守」・「有馬玄蕃」・「鍋島信濃守」・「大久保岩見守」・「越前」があり、所属不明な14を除くと、二二例中一二例とおよそ半数を占める。このうち「羽柴」姓の標識石は、豊臣秀吉より羽柴姓を賜った二十数家の大名のうちの二家であり、「羽柴右近」とは、津山城主一八・六万石の森右近大夫忠政を、「羽柴越中守」とは、小倉城主三六・九万石の細川越中守忠興を指すものである。細川家の場合、伊豆東浦では、10の宇佐美なこう山で標識石が、西浦では23の戸田で境界石が発見されている。この二箇所は『細川家文書』「伊豆石場之覚」の文献資料とも一致するが、金石文の冠の表記が前者は「羽柴」に対して、後者は「ほそかわ」を用いており異なる。その理由は定かではないが、採石担当者や構築された時点での時間差などが推察されよう。「浅野紀伊守」とは、和歌山城主三七・七万石の浅野紀伊守幸長を指すものである。同氏は、慶長十八年に卒し弟の但馬守長晟が遺領を継いでいるので自と時間的に制約されてくる。この他、「有馬玄蕃」とは、延岡城主八万石の有馬玄蕃頭豊氏を、「鍋島信濃守」とは、佐賀城主三五・七万石の鍋島信濃守勝茂を、「竹中伊豆守」とは、府内陣屋二万石の竹中伊豆守重利を指すものである。このうち竹中氏は、慶長九年と慶長十九年の助役を命じられている。

慶長期の中で、17と18は特異な存在である。18の越前とは、高知城主二〇・二万石の山内土佐守一豊に仕えた百々越前守安行を指すものである。同氏は、近江国犬上郡百々村の出身で、かつて織田秀信に仕え山崎の合戦で手がらをたて豊臣秀吉の斡旋で従五位下と越前守を朝廷から受領している。関ケ原の戦では西軍につき敗れたが、慶長六年（一六〇一）山内一豊に招かれ〇・七万石を給う。名築城家で高知城の築城では御城惣奉行として全てを任されている。標識石が発見された稲取へは、慶長十一年（一六〇六）二月に派遣され、その後、丹波篠山城普請に従事していた慶長十四年に病死している。

17の大久保石見守とは、前述のように初代石見銀山奉行、その後、佐渡奉行、伊豆金山奉行を兼ね天下総代官といわれた大久保石見守長安を指す。甲斐の猿楽師太蔵大夫の次男に生れ、武田氏滅亡後は徳川家康に見出され、やがて小田原藩主大久保忠隣から大久保の姓を賜り、慶長十八年（一六一三）に卒している。この標識石の存在は、天下普請で助役を命じられた大名以外にも、石の献上を申し出た人物がいたことを示唆するものであり、注目に値する。

寛永期に入るものは、「松平土佐守」・「加藤肥後守」・「松平宮内少（輔）」「いよ松山」の七例がある。「松平土佐守」とは、高知城主二〇・二万石の山内土佐守忠義を指すものである。前述のように、『忠義公記』に寛永五年（一六二八）七月十一日の江戸大地震を契機としてその修築のために、同年八月三日付の現地派遣役人からの石丁場確保記事があるがそれと一致するものである。「加藤肥後守」とは、熊本城主五四万石の加藤肥後守忠広を指すものである。3・4の刻銘は、筆跡が異なるが文字は小さく浅く彫られており、小田原藩の番城時代のものとみて大過なかろう。さらに、加藤家は、寛永六年に改易されているので、寛永期でもごく限られた時間内となる。いよ松山とは、前述のように伊予松山藩松山城主、一五万石の松平隠岐守定行を指すものである。同氏は、寛永十三年に伊勢桑名藩から転封しており、境界石はその後のものである。

寛永期以降のものとして、「水戸殿」・「尾（張）」・「松平大膳大（夫）」の三例がある。寛永六年の天下普請では、徳川中納言頼房（水戸家）は築方、徳川大納言義直（尾張家）は寄方に助役を命じられている。この時は、徳川大納言頼宣（紀井家）、徳川大納言忠長（駿府）も動員されたのである。そのために、二つの境界石が寛永年間に建てられたとしても問題はない。しかし、6の水戸家の境界石は、前述してきた慶長期・寛永期の標識石・境界石と比較すると、他に類をみないほど形状が整然としており、後出的要素が強い。水戸家の場合、藩主頼房が寛永二十年（一六四三）に真鶴村に来村し、名主の五味家で休憩したことが「源頼房公来駕記」に記されているが、その後、水戸光圀も同家に本陣を構えるなど何かと係りが深い。つまり、この標識石は、単に石丁場の境界を明示するのではなく、藩主が彼地を訪れた折など存在そのものを誇示しているようにもとれ、その場合には、寛永十三年の江戸城外濠の修築が完成した以後に設置された可能性が高いといえよう。15は、前述の『駿州・豆州・相州・御石場絵図』の中の一枚に描かれているが、それは、『駿州・豆州・相州・三ケ所御石場御預り主差出候證文帳』とともに「豆州御石場事　御作事方ゟ出候図面一冊　留帳壱冊」と書かれた袋に収められている。文献史料となる石場預り主証文帳には、享保十年（一

刻印の施された角石一覧

刻　印	法量（cm）		関連大名	時間軸	備　　考
	小口面	長　さ			
㊧	130×110	313	有馬左衛門佐直純	寛永期	谷戸山石丁場に「㊧」の刻印石有
㊂	120×　94	247	羽柴左衛門大夫正則(福島)	慶長期	刻銘・刻印は同一面、刻印は逆位
—	135×128	307	松平土佐守忠義(山内)	寛永期	4と共に民家宅前
—	123×105	300	松平土佐守忠義	寛永期	
—	112×　95	226	松平土佐守忠義	寛永期	役場前へ移設
—	128×126	264	松平土佐守忠義	寛永期	
—	100×100	(150＋50)	松平土佐守忠義	寛永期	
—	112×　95	223	松平土佐守忠義	寛永期	稲取大川河口より移設
⬭	110×100	264	(松平土佐守)	寛永期	境内に「⬭・◯・◇」の刻印石有
回・井	92×　87	200			伊豆稲取駅前へ移設

七二五）の年号が記されている。絵図は、その中に書き込まれた大名の名などからおおむねその頃描かれたものと推察され、それ故、「尾」の境界石を設置した下限はここに見出すことができる。毛利家が富戸に石丁場を確保していたことは、慶長期に溯るが、境界石に彫られた大膳大夫の受領名を調べると、江戸時代初期では、綱広と吉広の二人の人物が該当する。綱広が家督を継ぐのは慶安四年（一六五一）であり、吉広は元禄七年（一六九四）である。両者とも寛永期後のことである。ちなみに、前述の絵図の中の「富戸村貳ケ所之内　釜屋御丁場」には「松平大膳大夫殿丁場の由」と記入されている。

(4)　刻名・刻印のある角石

伊豆東浦には、採石・加工を施している石丁場、運搬途上の修羅道脇、船積みを待つ海岸周辺などに五〇個余りの角石が残置されている。それらの大半は、採石・加工を指示した大名や藩を知る手がかりは残されていない。僅かに大名の名や刻印が彫られたものがある。管見では、表34に集成した一〇例が知られている。この刻銘・刻印のある角石を解析することによって、標識石や境界石が残されていなくても、大名丁場を特定することができる。

表34　伊豆東浦の刻銘・

番号	丁場名	所在地	刻　銘
1	谷戸山	東伊豆町大川	—
2	細久保	東伊豆町大川	「(一行目は不明)羽柴左衛門大夫□」
3	向	東伊豆町稲取	「御進上　松平土左守／十内」
4	向	東伊豆町稲取	「進上　松平土左守」
5	十王堂	東伊豆町稲取	「進上　松平土左守」
6	磯　脇	東伊豆町稲取	「進上　松平土左守」
7	愛宕山	東伊豆町稲取	「進上　松平土左守」
8	八幡神社	東伊豆町稲取	「進上　松平土左守」
9	吉祥寺	東伊豆町稲取	—
10	向　山	東伊豆町稲取	—

※刻銘・刻印は全て小口面

なお、表34の2〜8については、次項で詳細に述べるので、ここでは簡単に触れることにする。

刻銘のある角石は、東伊豆町大川の旧下田街道脇の「羽柴左衛門大夫内」銘の角石と同町稲取磯脇石丁場・愛宕山石丁場・稲取港周辺に残置された「進上　松平土左守」銘の角石群の二者に大別することができる。

前者は、細久保B石丁場で加工・調整した運搬途上で修羅道から逸れ、そのまま残置されたもので、「羽柴左衛門大夫」の銘から、その帰属は広島城主四九・八万石の福島左衛門大夫正則である。銘文は、風化・剥落があることから全容は知りえないが、これが、慶長期の献上角石であることは間違いない。『細川家文書』「伊豆石場之覚」にも、先年として福島正則の石丁場が大川に存在したことが記されている。

後者は、「松平土左守」銘から、その帰属は高知城主二〇・二万石の山内土佐守忠義である。山内家は、慶長年間より稲取に石丁場を開き採石を行っているが、刻銘の角石の製作時期を特定する上で、稲取港向きに残置された「御進上　松平土左守　十内」の金石文と『山内家史料』「御記録」が手がかりとなる。文献史料によると、山内家が稲取で採石を終了するのは、寛永六年のことである。それは、『細川家文書』の中に、同年、稲取梅木沢の山内家石丁場を松平隠岐守、同越中守、同肥前守の三家に譲渡した記録によって裏付けされる。それ以前はというと、寛永五年七月の江戸大地震で山内家は、幕府に対して寛永五年十二月二十六日の段階で材木五五〇本、角石二〇、平石三〇〇の献上を申し出、翌正月二三日と閏二月四日の二回にかてけそれらを運搬したことが幕府石奉行から出された受取手形によって確認されている。つまり、寛永五年の段階では、完成した角石をあらかじめ確保しておいたかもしれないが、同時に採石した可能性が高い。ここで注目されるのは、稲取港向に残置された3の大角石である。3は、現存している「進上　松平土左守」銘の角石の中でも一際大きく、調整も丁寧で立派なもので、小口面が四尺五寸×四尺二寸（一三五×一二七㎝）、長さが一丈二寸（三〇七㎝）を測り、刻銘には他の角石と異なり、「御進上」と「十内」の三文字が加えられている。この文字は、松平土佐守忠義が幕府に進上（献上）する一〇個の角石の内の一個ということになる。前述の献上目録にある。「角石二〇」とは明らかに異なるのである。これは、山内家が次回の普請に備え、あらかじめ準備したものと考えられるのである。寛永六年に山内家の石丁場を松平隠岐守ら三家に譲渡することは前述したが、『忠義公紀』「御手許」によると、寛永六年六月二八日付の由比五左衛門から団権助に宛てた書状には、同日の段階で稲取石場に土佐守衆一〇〇人いるとある。つまり、ここまでは石丁場で採石・加工を行っていたと考えられ、それ故に、磯脇石丁場と愛宕山石丁場内に「進上　松平土左守」銘の角石が残置されているのである。

なお、1と10の刻印のある角石は、1の場合、東伊豆町大川谷戸山石丁場内に㊧の刻印、10の場合、東伊豆町稲取本林・向田石丁場内から「回・井」の刻印石が発見されているが、それらの帰属は明確ではない。

(5)　石工先祖碑、貴船神社手水鉢

真鶴町内は、今日でも本小松・新小松のブランド名に代表されるように採石作業が盛んである。江戸時代慶長期には、黒田筑前守長政や鍋島信濃守勝茂が石丁場を開き、その後、寛永期になると徳川御三家の石丁場が集中してくるといわれている。先年、丸山石丁場が存在した地内の下水道工事の折、「◎・卍・⊠」、「□・◎・□」、「◎・米」の刻印石が発掘され、また、青木利夫氏の所有地にも「卍・⊕」の刻印石が存在し、同石丁場が黒田氏と深い係りがある

ことを示唆している。

前述の「水戸殿石場」境界石以外にも、町内には大名（丁場）と関係のある金石文資料が残されているので、主要な二つの事例を紹介してみたい。

石工先祖碑

小松山の山腹斜面に開発した口開（口発）石丁場、その東に位置する高石丁場と丸山石丁場脇を通り真鶴磯崎に抜ける道のことを地元では、「専祖畑道」と呼称している。この道は、江戸時代においては石材運搬路として使われたもので、この道の途中、海側に面する平場に面して「石工先祖碑」と墓碑・供養碑が建てられている。「石工先祖碑」は、戦乱や災害によって二度崩壊し、現在建立しているのは安政六年（一八五九）のものである。碑文には、慶長十一年（一六〇六）筑前福岡藩主黒田長政が諸大名に先がけて、同藩士小河《おごう》政良に命じ配下の七人の善工（中村久左衛門・堀江吉大夫・長崎十左衛門・小野太右衛門・淵上用左工門・河原里兵衛・森田四六兵衛による中興祖）とともに採石丁場を開発し、其所を後に発口《くちあけ》と名ずけたことが記されている。一方、『福岡県史』の小河家文書には、藩主黒田忠之から小河織部政良に通達した「伊豆石場万奉行之者」の日付けは亥ノ年（寛永十二年）二月十八日となっている。口開石丁場の採石開始時期は定かではないが、江戸時代初期に黒田家によって開発されたことは疑う余地のないところである。ちなみに、「石工先祖碑」の脇に七基の墓碑・供養碑が建てられているが、そのうち六基は中興祖に名を連ねた人物であり、いずれも寛永十二年の年号で四月〜九月の逝去の日付が彫られている（残りの一基は欠損し、「(?)　寛南無阿　七月」とあり、おそらくもう一人の人物と考えられる）。

なお、町内の浄土宗湊上山西念寺には、寛永十二年八月四日の日付が入った「興雲院殿古心道卜大居士（黒田長政）」の十三回忌の為の供養塔が建てられている。施主名はないが、小河織部正良によるものであろうか。

「鍋島信濃守勝茂」の銘の手水鉢

真鶴半島の付根に、船祭りで著名な貴船神社がある。江戸時代には、貴船明神の名で親しまれていた。貴船神社の船祭りの起源は、寛文十二年（一六七八）の「相州西郡西筋真鶴村書上ケ帳」（五味家文書）に舟中の祈禱に御輿をつくり二十二年以前、卯年より三年に一度宛行ったと記されていることに由来するという。いわば、石材業の隆盛と共にはじまったというわけである。

貴船神社の本殿に登る石段の左右に小振りの手水鉢一対が寄進されている。側面には、小さく浅い文字で、

寛永十二年乙亥九州肥前国

奉寄進手水鉢　鍋島信濃守

福地六郎右衛門

六月吉日

と彫られている。本殿に向って左手の手水鉢の金石文は、「奉寄進」の文字が消えかけており、判読は困難となっている。ちなみに、これら金石文は、背面に施されており、そのため一見しただけでは気づくことはない。ところで、鍋島家は、『細川家文書』「伊豆石場之覚」によると、先年（慶長期）真鶴半島では「しとど笠島」と「黒崎」に石丁場を開いていたことが記されている。貴船神社の手水鉢の銘文は、寛永年間のものであるが、これは、同家と真鶴とが密接な関係であることを示唆し、寛永年間も引き続き石丁場を確保したことを物語っているのであろう。

三　『駿州・豆州・相州・御石場絵図』と尾張家石丁場

寛永六年（一六二九）の江戸城天下普請では、尾張・紀州・水戸の御三家も助役を命じられている。御三家の手伝普請は、寄方で、石垣を築くための石材調達にあたったことは前述の『細川家文書』「伊豆石場之覚」や真鶴町「水戸

殿石場」境界石の存在によって周知の通りである。

(1)　尾張家石丁場絵図と預り石證文帳

徳川林政史研究所には、尾張家が所有していた石丁場に関する史料が所蔵されている。それは、『駿州　豆州　相州御石場絵図　全』一冊と『相州　豆州　駿州　三ケ所御石場御預り主差出候證文帳』一冊からなり、「豆州御石場事御作事方ゟ出候図面一冊　留帳壱冊」と書かれた袋に収納されている。

絵図と預り石證文帳とは対をなしており、尾張家の同地域二三箇所の石丁場の様相について詳細に記述されている。

絵図は、赤・黄・緑・青・茶・墨（黒）の六色による彩色で、縦四三・八㎝、横五九・八㎝の画面におおむね一つの石丁場が一枚に描かれ、それらが綴じられ冊子となっている。

各場面にみる特徴は、右上端に墨書で預り石證文帳と一致する所在地を記し、絵は、東・西・南・北の方位を明確に示し、石丁場周辺の地形、とりわけ山の形状や岩肌、海岸線等々を爪描きの後、彩色し、時には街道や神社など特徴的なものが加えられている。石丁場は、太い線で朱書の境界が引かれ、その中に墨書で石丁場名を記している。境界線上には、いたる所に「此石ニ尾之字切付置」と記した境界石が配置され、境界石間の距離が明記されている。石丁場内の石材の数量は、朱書きで記されているが、そこには、「御献上作石」と「御自分作り石」の二つの名称が登場し、使い分けられている。多くは、前者のみであるが、後者も加えられた事例がある。一例として、「岩村九ケ所之内」丸山御丁場をあげると、

此御丁場ニ　御献上作石四百七拾八本
　　　　　　御自分作り石壱本　　有り

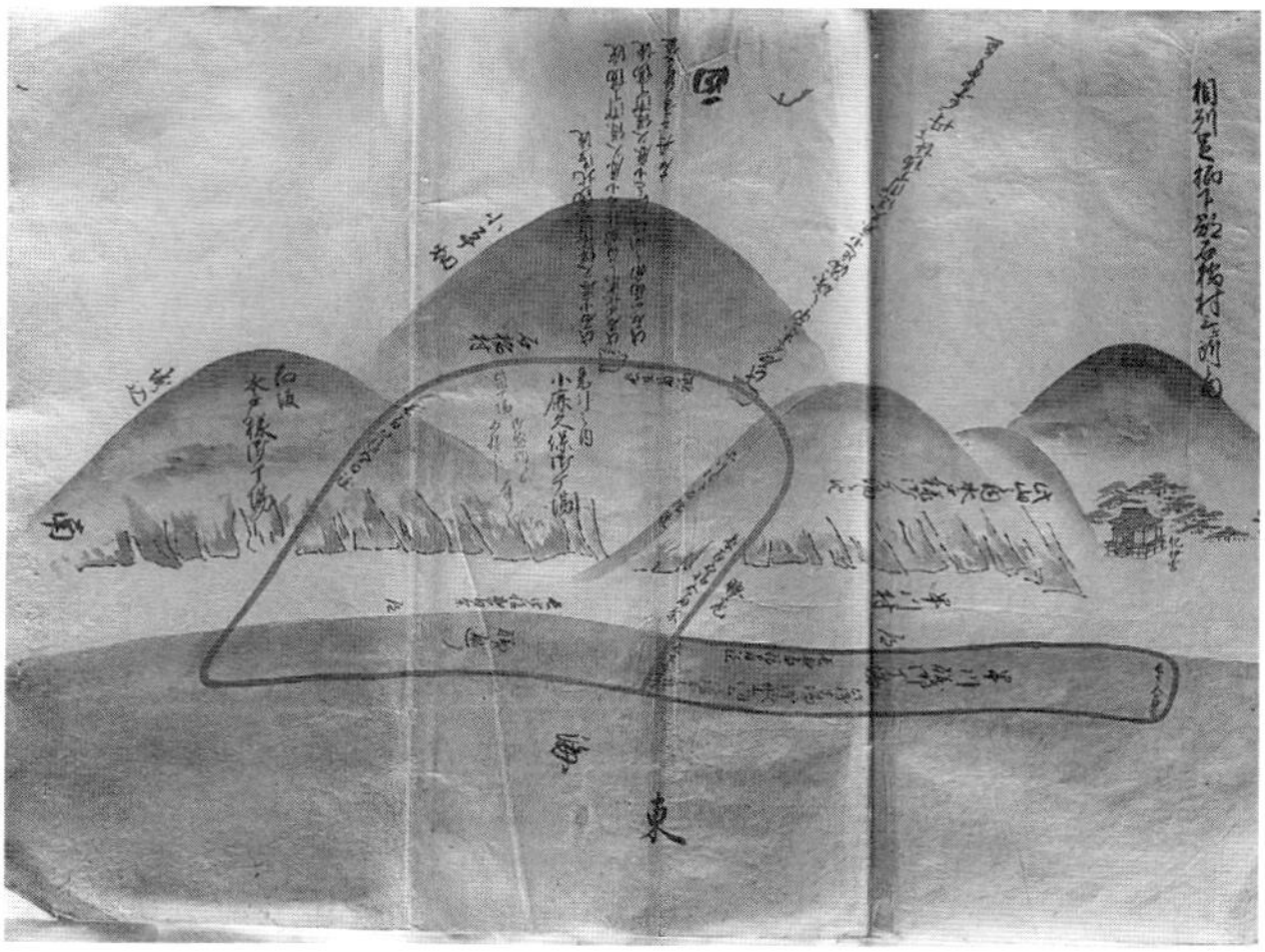

写真59　早川磯丁場・小廉久保御丁場絵図（徳川林政史研究所所蔵）

と二行にわたり記されている。つまり、公儀用と自藩用との両者の石（指定はないようである）があったことになる。ちなみに、「相州足柄下郡岩村九ケ所御丁場御預り帳」をみると、丸山御丁場の献上作石四七八本の内訳は、角石一本、角脇石一九本、升形石五〇本、平石二四六本、三尺石一五九本、大平物三本とある。

また、絵図の中には、尾張藩の石丁場名はもとより、他の大名丁場や商人丁場の名もみられる。他の大名丁場は、紀州と水戸の御三家の石丁場がしばしば隣接するが、それ以外では、「石橋村三ケ所之内」久保尻御丁場の図に「稲葉能登守殿丁場」、「岩村九ケ所之内」高御丁場の図に「土屋相模守御丁場」、「豆州加茂郡富戸村弐ケ所之内」釜屋御丁場の図に「松平大膳大夫殿丁場の由」の三名の大名が登場する。稲葉能登守とは、豊後臼杵の稲葉知通（薫通の可能性も有）、土屋相模守とは常陸土浦の土屋政直、松平大膳大夫とは長門萩の毛利綱広ないしは毛利吉広を指すもので、いずれの大名も十七世紀後半から十八世紀初頭のある時期に藩主として活躍した人物である。

證文帳は、表35の「相州足柄下郡石橋村三ケ所御石丁場御預り帳」から「駿州駿東郡徳倉山之内大谷田御石丁場壱ケ所御預り帳」までの八冊が、『相州　豆州　駿州　三ケ所御石場御預り主差出候證文帳』の外題の入った表紙で綴じられている。個別の石丁場預り帳には番号が付けられているわけではないが、7と8とは同一の石丁場のもので、7

には「享保十年（一七二五）巳九月」、8には「寛政三年（一七九一）亥三月」の日付がみられる。つまり、8は、後世の段階での丁場改め時のものといえる。預り石證文帳にみる尾張家の石丁場は、相州で一四箇所、豆州で八箇所、駿州で一箇所の合計二三箇所あるが、相州、とりわけ岩村（今日の真鶴町）での石丁場が九箇所と多い。

表 35　尾張藩、相州・豆州・駿州石場預り帳と絵図（享保 10 年）

番号	『相州・豆州・駿州　三ケ所御石場御預り主差出候證文帳』	絵図枚数
1	相州足柄下郡石橋村三ケ所御石丁場御預り帳	3
2	相州足柄下郡岩村九ケ所御石丁場御預り帳	9
3	相州足柄下郡土肥村之内貮ケ所御石丁場御預り帳	2
4	豆州加茂郡川奈村御石場壱ケ所御預り帳	1
5	豆州加茂郡富戸村貮ケ所御石丁場御預り帳	2
6	豆州君沢郡古宇村貮ケ所五ケ所御石丁場預り帳 足保村 江梨村貮ケ所	5
7	駿州駿東郡徳倉山之内大谷田御石丁場壱ケ所御預り帳	1
※ 8	駿州駿東郡徳倉山之内大谷田御石丁場壱ケ所御預り帳	※（1）

※　8には、7を寛政3年亥3月に丁場改めした時のことが記されている。

内容は、各村の石丁場預り人から尾張藩石奉行の勝野三五七に宛てた書上で、各々の村々、石丁場における預り石の数量が記載されている。1〜7の書上の日付が、いずれも享保十年（一七二五）巳九月となっており、一斉に行われたことがわかる。また、各史料には、朱書で安永九年（一七八〇）子年におよそ半世紀ぶりに行われた丁場改め時の様相が付箋を交えて記入されている。

ここで、尾張藩における最も規模の大きい岩村の石丁場について少し触れてみたい。

尾張藩が岩村に石丁場を開いたのは、寛永六年の天下普請が契機となっているが、文献史料の上では、元禄十年（一六九七）丁丑八月十二日の日付で岩村の弥五四郎ほか二人の石丁場預り人が同藩の小松原丁場と丸山丁場に保管されている石材の数量と種類に関する書状が最も古いものである。この史料は、真鶴町教育委員会に所蔵されているもので、二つの石丁場で平石一四七本をはじめとする五二二本の石材が計上され、そのうち四六二本が藩側に渡されたことが記されている。ちなみに、この数量は、後述する享保十年の書上の数量と一致する。

表36 「相州足柄下軍岩村九ヶ所御石場預り帳」の保管石材一覧

石丁場名		角石	角脇石	升形石	平石	三尺石	大平物	
小松原	享・10	1	1	11	347	1,106	2	1,468
	安・9 不足分				307 ※土中に埋没		2 不明	
丸　山	享・10	1	19	50	246	159	3	478
	安・9 不足分			5	45		2	
玄　蕃	享・10		7	18	7	81		113
	安・9 不足分							
久津梅	享・10				3			3
	安・9 不足分				3 ※海中			
橋之上	享・10			6	10			16
	安・9 不足分							
宇当坂	享・10	1	1	10	57		1	70
	安・9 不足分							
高	享・10	1	3	13	145			162
	安・9 不足分							
打　合	享・10				442			442
	安・9 不足分							
巻之上	享・10	1		1	78	73		158
	安・9 不足分							

享保十年巳九月の「相州足柄下郡岩村九ヶ所御石丁場預り帳」には、尾張藩の丁場が、小松原・丸山丁場に新たに玄蕃・久津美・橋之上・宇当坂・高・打合・巻之上丁場の七箇所が加わり九箇所となっている。史料は、延宝八（一六八〇）申年の丁場改め時の預り石八七八本の記述にはじまり、前述の元禄十年の数量、さらに溯り明暦三（一六五七）酉年に預けられた四二九七本の内訳、万治元・二（一六五八・一六五九）戌・亥年に御用とした一三八七本の内訳を記し、差引き二九一〇本が管理されているとある。そして、この二九一〇本について九箇所の丁場、各々の数量と内訳が記されている（表36）。

絵図に記された朱書の本数は、これによるものである。また、万治年間に使用したとある一四〇〇本余りの石材は、明暦大火の修復によるものであることは容易に推察される。この書上には、安永九（一七九〇）子年二月の丁場改めの様相が付箋に記されていることは前述したが、丁場の規模の大きい小松原・丸山丁場での石の不足が目立つ。小松原丁場では三〇九本、丸山丁場では五二本が埋没等によって不足している。

石丁場の管理は、時間の経過とともにずさんとなっていく。五味源太郎氏所蔵の「五味甚左衛門旧記之控」の中に、弘化二年（一八四五）八月十一日の日付の入った「御尋ニ付丸山御丁場書上控」がある。丸山丁場は、御三家が採石しているが、名主の五味家はとりわけ、水戸家とのかかわりが強い。史料にでてくる預り丁場の広さが「高さ三丈程・横弐拾六間程・奥行八間程」という内容は、前項で述べた「水戸殿石場」境界石に彫られている「従是東二十八間」という金石文資料ともほぼ一致する。すなわち、史料の中には、特定の藩名や大名は登場してこないが、水戸家の丸山丁場とみてまず間違いない。この五味家は、代々丸山丁場の管理を任せられていたが、代を重ねることで丁場の由来は忘れ去られ、先年、石を切り出したことがあったにもかかわらず、その年代ははっきりしないとある。そして丁場内に放置されたあら拵の角脇石が五三本あり、小石の類も大分あるが土中に埋まったものが多く数はわからないとも記している。つまり、時間の経過とともに幕府の石の需要がめっきり減少し、それによって丁場改めもほとんど行われず、丁場の機能が停止していることがうかがえるのである。

ところで、絵図と預り石證文帳とは対をなしていると述べたが、厳密にいうと絵図の方が先行する。それは、絵図の中に記された大名丁場がヒントとなる。「岩村九ケ所之内　高御丁場」絵図には、「土屋相模守御丁場」の名がみられる。土屋相模守は、常陸土浦の藩主で土屋政直を指している。政直は、延宝七年（一六七九）に襲封し、享保七年（一七二二）に没する。はじめは、受領名が「能登守」であり、後に「相模守」に叙任される。一方、「富戸村貮ケ所之内　釜屋御丁場」絵図には、「松平大膳大夫殿丁場の由」とある。松平大膳大夫は、長門萩の毛利家の藩主の受領名で、寛永年間以降、享保十年までの間に「大膳大夫」に叙任されたのは、綱広と吉広の二人がいる。綱広は、秀就の亡き後、慶安四年（一六五一）に襲封し、天和二年（一六八二）に隠居し、元禄二年に没している。吉広は、綱広の没後、吉就を挟んで元禄七年（一六九四）襲封し、宝永四年（一七〇七）に没している。絵図の中に記された松平大膳大夫が毛利綱広・吉広のいずれを指すものであるかは定かではない。

この二つの事例は、絵図の描かれた時期が、享保十年以前、十七世紀後半から十八世紀初頭であることを示唆するものといえよう。

(2)「釜屋御丁場」絵図と富戸海岸

『駿州　豆州　相州　御石場絵図』の中に富戸に関する丁場絵図が二枚含まれている。「釜屋御丁場」と「脇野浜御丁場」である。

伊東市富戸の海岸は磯場で、今日ではダイビングスポットとして多くのダイバーが集まり、海のレジャーを楽しんでいる。海岸の背後には、岩肌を露わにした断崖絶壁や急峻な山並が迫っている。

富戸での採石は、慶長年間にはじまる。『山内家史料』「相模伊豆之内石場之覚」や『細川家文書』「伊豆石場之覚」には、毛利長門守秀就が丁場を開いたことが記されている。その後、寛永六年の天下普請を契機として尾張家が参入する。尾張家にとって丁場が開く寛永六年と絵図が描かれた十八世紀前後とでは、時間差にして七〇年前後の歳月を経るが、当初の丁場がよほど不良でない限り、それを閉じたり、位置を変更することはまずなかったものと考えられる。

尾張家の富戸での二箇所の丁場のうち「釜屋御丁場」絵図とよく似た景観を目にすることができる。富戸から払《はらい》を経て門前岬に抜ける海岸線は、L字状に大きく彎曲する。そのうち、富戸から払にかけての彎曲するとっつきの部分のことを地元では「釜屋」と呼んでいたという。この払から北北東に向かう海岸線には、大小様々の形状をした転石や円礫が折り重なって分布している。大型の転石の中には、矢穴列や矢穴痕を明瞭にとどめるものが点在し、かつてここが石丁場であったことを示唆している。矢穴は、長径が二寸程の小型のものもみられるが、総じて三寸を超える大型のものが多い。沖合からみたこの海岸線と背後の山の景観は、まさに「釜屋御丁場」絵図の背景と一致するのである。

「釜屋御丁場」絵図には、緩やかに彎曲する海岸線と岩肌を露出した三体の急峻な山が描かれ、右端には海岸に面して基盤層が露呈している。釜屋御丁場は、海岸線から中央に描かれた山の中腹にかけての範囲で、「尾」字を彫った四箇所の境界石が目印となっている。境界石間には距離が示されており、海岸では四拾八間余（約八六m）、西側で山腹まで四拾三間余、東側で山腹まで三拾間余、山腹間で五拾三間余とある。ちなみに、この丁場には、「此御丁場献上作り石百八拾六本有り」と朱書されている。丁場での石の保有量としては、そこそこの規模である。富戸でのもう一箇所の丁場、「脇野浜御丁場」絵図には一一四本とあり、それよりも多い。さらに、絵図中の尾張家の丁場の西側には、「松平大膳大夫殿丁場の由」と書かれており、毛利家の丁場が隣接していたことがわかる。

今日、「釜屋御丁場」が存在したあたりには「尾」の字の境界石は存在しない。また、尾張家を明示する刻印石もみ

写真 60　「釜屋御丁場」絵図（徳川林政史研究所所蔵）

写真 61　富戸海岸遠景

写真62　「〇̄」の大形刻印石

あたらない。しかし、地元には尾張と毛利の境界と伝わる巨石と、毛利家の「〇̄」の刻印石が海岸に存在する。境界石と伝わる巨石は、「元船石」と呼ばれ、絵図に描かれた三体の山の中央、海岸の「尾」の境界石近くに位置する。長軸が三m、高さが二m余りの角柱状を呈する巨石で、長軸方向にあたる左右の面は、矢割りによって垂直に割落されている。また、地面とは反対側にあたる上面の中央には、一七個の矢穴が直線的に穿たれ、そのうち山側から数えて八個目にあたる矢穴には、周囲に〇と十の記号が彫られ、そのため「⊕」の刻印となっている。「元船石」の西側、一〇m程には長軸が二m程のやや扁平な割石がある。山側にあたる平滑な自然面には、東浦では最大規模の刻印が施されている。この刻印は、鋭利な鑿で深く点彫りされており、現況では直径が一七寸（五〇㎝）余りの「〇」印となっている。割面を考慮すると、刻印本来は、「〇̄」であった可能性が十分ある。「見聞諸家紋」には、「一⁂（一文字三星）」が毛利家の家紋とあり、刻印の「〇̄」はそれを簡略化したものである。尾張家との境界近くに位置することによって、この刻印石が標識石の代わりの役割を果たしたことが考えられるのである。この刻印石の西側およそ三〇mには、二つの刻印石が存在する。一つは、「〇̄」の刻印石であり、もう一つは「三」の刻印石である。前者は、長径が約三・五m程の自然石で、刻印は、山側の平滑面に施されている。前述の刻印石と同様の工具を用いて彫られているが、それよりも一回り小さい長径一三寸（三九㎝）を測るものである。後者は、自然面もとどめるが中型の割石で、刻印は東面して逆位に施されている。したがって、刻印石は、原位置をとどめているものではなく、二次的に移動したものである。このように、海岸線に「〇」と「〇̄」の大型刻印石の存在によって、ここに毛利家の丁場が存在したことは疑いの余地がないところである。ところで、ここで取り上げた富戸の毛利家丁場は、刻印が大きく鮮明に彫られていること、矢穴の大きさが三寸を超える大型のものが多いことなどを特徴としている。そのため、これらの痕跡は、「釜屋御丁場」絵図が描かれた時点に開かれたものではなく、慶長期に溯ることを示唆しており、以後、同家が主体となって管理されていたと考えることができる。

払から富戸にかけての海岸線を歩くと、おおむね「釜屋御丁場」絵図に描かれた三体の山の左端前面の海岸には、今日でも大・中型の転石が数多く目に止まる。その中には、矢穴痕をもつものも少なくない。それに対して、釜屋御丁場にあたる海岸線には、元船石を除くと東側の境界あたりに大型の矢穴石がみられる以外は、いずれも小型の円礫で、矢穴石はまずみあたらない。富戸では、近年まで採石が行われており、それによるものであるかもしれないが、江戸時代の様相とは、大分、異なるのである。

(3)「久津海御丁場」絵図と青木家所蔵「岩村字澤尻石丁場絵図」

「岩村九ヶ所之内　久津海御丁場」絵図に対比できる史料として、真鶴町岩地区の青木春江氏所蔵文書の中に、「岩村字澤尻石丁場絵図」がある。青木家には、この他に明治期に同所付近を描いた絵図が所蔵されているので、それを交えて検討することにする。

「久津海御丁場」絵図

弧字状に外彎する海岸線には荒々しい岩肌が露出し、背後には、山並が幾重にもそびえている。海岸に平行して山間や稜線近くには道が描かれている。石丁場は、山頂と山腹に「此石ニ尾之字切付置」と書かれた境界石四個を含むもので、間口が狭く、奥行が広い形状をとり、その範囲は、海側で八間余（約一四ｍ）、山側で九間余、北西側で九〇間余（約一六〇ｍ）、南東側で七〇間余とある。丁場内の石の数量は、朱書で

此御丁場ニ御献上作石三本　有り

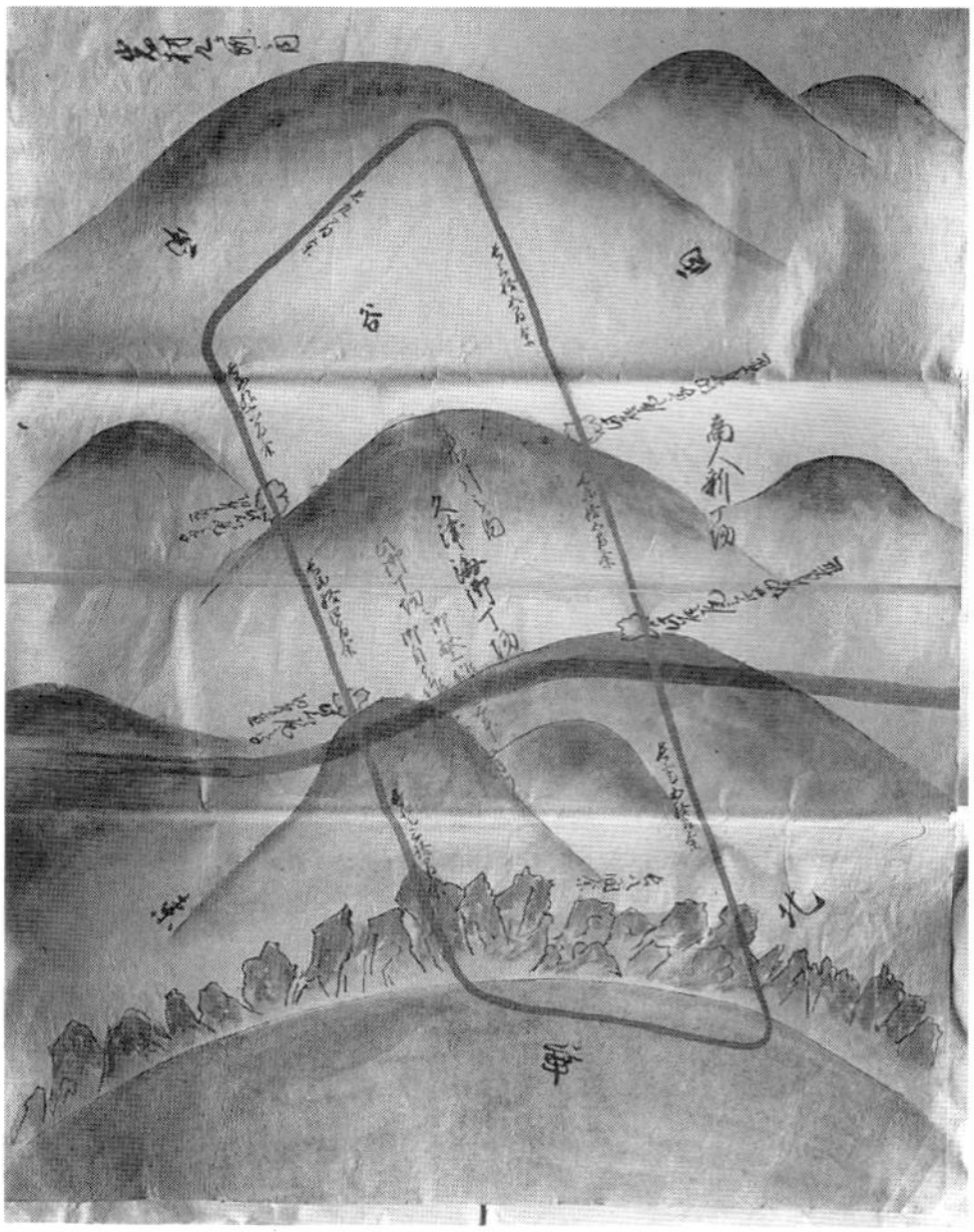
写真63　「久津海御丁場」絵図（徳川林政史研究所所蔵）

御自分作石五拾本

と書かれている。表36では献上石が三本であることからごく小規模のように感じるが、絵図には御自分作石五〇本が加えられており、そこその規模であることがわかる。また、尾張家の久津海御丁場に隣接して西側には、「商人新丁場」が記されている。

「岩村字澤尻石丁場絵図」

青木家所蔵の古絵図は、縦二七・六㎝、横七九・〇㎝の画面に、岩村の東部から江浦村境にいたる範囲の海岸線や山並の景観が簡略に描かれたものである。年代不明ながら、大名丁場の名称や岩村での漁業に関する情報が記入されていることを特徴とする。

大名丁場は、正確な位置を示したものではないが、御三家に加えて「阿州様（蜂須賀家）」の名があり、四家六丁場の名称がみられる。画面左手には、四大名の「沓海御丁場」（説明文の中には久津海御丁場の文字もみられる）、右手には、紀州・阿州様の「納戸御丁場」が記されている。尾張家の沓海（久津海）御丁場は、左手に紀州、右手に阿州の沓海御丁場に挟まれた中間に位置している。ちなみに、「久津海御丁場」絵図に記入されている「商人新丁場」の名称はみあたらず、石材業の窮乏の一端が垣間みえる。

各石丁場の上位にあたる山腹や岩肌の間には、「鯔見小屋」と「此所真鶴村魚見小屋（せいろう）場ニ仕度申候」三箇所の記入がある。岩村では、江戸時代初期から江戸城築城や神田上水をはじめとする城下の諸建設、諸藩の江戸屋

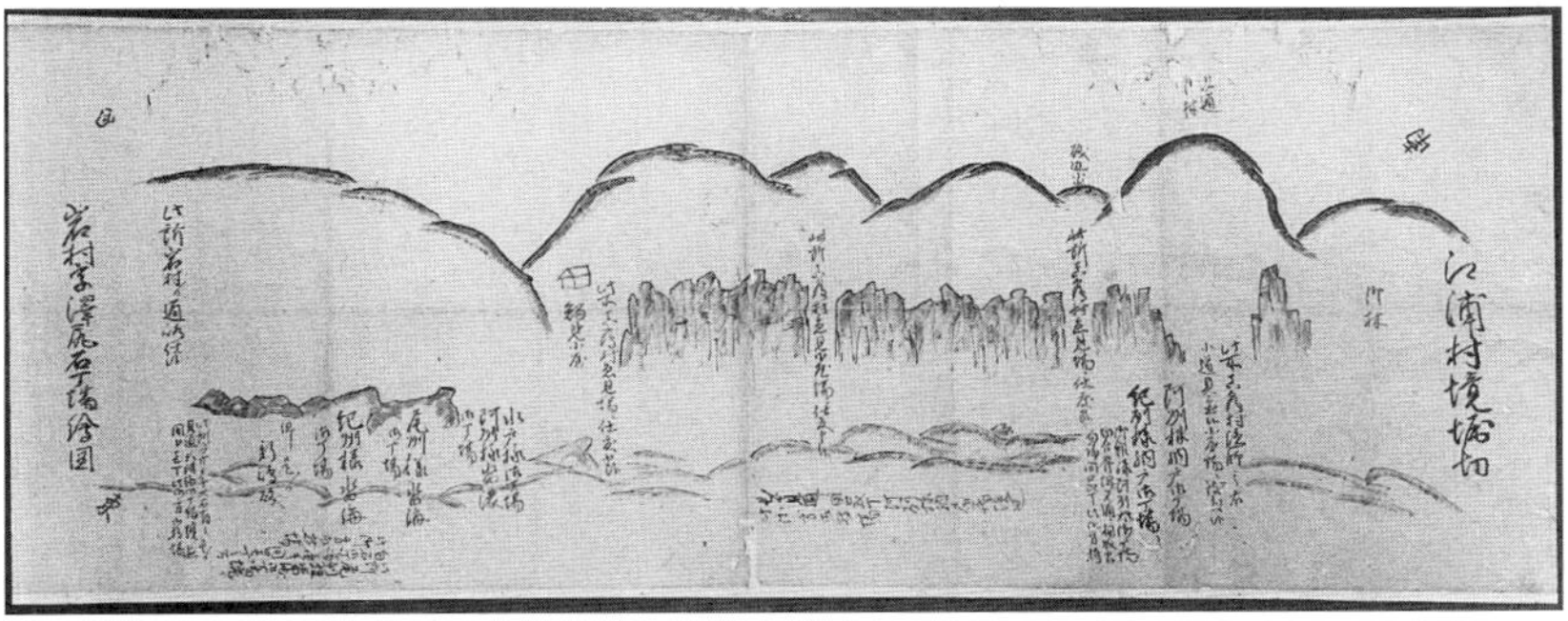

写真 64　「岩村字澤尻石丁場絵図」（青木春江氏所蔵）

敷の建設等々で石の需要の隆盛が長いこと続き、それによって生業の中心が採石による稼ぎであったことは言及するまでもない。しかし、建設が一段落する江戸中期には石の需要がめっきり減少し、生活の困窮が深刻化していく。そのため、人々は、中断状態にあった漁業に再興の活路を見出そうとする。正徳五年（一七一五）乙未年十月十二日付で岩村名主喜右衛門ほか二名の名を連ねて「乍恐書付を以奉願上候」の漁業渡世願を提出するがまさにそれを裏付けている。ところが、中断の間、真鶴村の漁民が岩村の沖合いでの操業権を獲得していたために漁場論争へと発展していく。同様のことは、真鶴村と江之浦村との間でも生じている。この論争では、真鶴村の異議申し立ても結果的には却下され、岩村・真鶴村の両村の入り組み漁業として再開している。ちなみに、真鶴村では紀州大崎村の与次兵衛によって寛永年間には鰡網漁の技術が伝えられる。また、各種網漁も普及し、船の保有とともに高い技術を持ちあわせていたのである。この和議は、元文元年（一七三六）には「岩村漁師目録」が提出されていることからさほど時間を要さなかったものと考えられるが、絵図が岩村村内の景観にもかかわらず「…真鶴村魚見小屋…」と記されているのは、真鶴村の漁民の指導（支配）力の大きさを雄弁に物語っている。

それ故に、この古絵図の描かれた時期は、前述の「久津海御丁場」絵図よりは新しいもので、遡っても十八世紀中葉以降とみることができる。

明治期の絵図

青木家にはもう一点、絵図が所蔵されている。絵図は、青と墨の二色で、縦二七・八㎝、横九一・〇㎝の画面に、前述の「岩村字澤尻石丁場絵図」とほぼ同じアングルで描かれている。前述のように、明治期に制作されたものである。そのため、大名丁場の名は消え、代わって各々の区画の中に所有者名が記されている。かつての大名丁場の面影か、「土屋丁場」・「土屋丁バ［山芳］」などの名がみられる。また、磯場には、括弧付きで「水戸」・「沢尻」の名称もみられる。「水戸」は、江戸期の水戸家丁場が存在したことを示すものであり、「沢尻」は、前述の古絵図には位置が明記されていないがそれを補うものである。他方、画面右手には、「高丁場」の名称が記入されている。徳川林政史研究所所蔵「岩村九ケ所之内　高御丁場」絵図に描かれている同丁場の位置は、小松原御丁場近くにある山頂場であり、したがってこの絵図と同一の場所を示すものではない。前述の古絵図では、「納戸丁場」周辺を指すものであろうか。

三枚の絵図は、制作目的・時期、絵師など異なる要素が大きい。しかし、久津海（沓海）御丁場周辺の景観が描かれているという点では一致する。そこには、時間の経過とともに石丁場が著しく衰退していく様相がうかがえるのである。

四　採石技術とその道具

石を採石するには、岩質の堅、軟によって採石法が異なり、安山岩や花崗岩などの堅石には、鑽揉法・矢割・鉄砲割・掘込法が、凝灰岩などの軟石には、垣根掘・切込法が用いられたことが知られている。今日では、それらの採石方法の一部が伝わるが、多くは失われ、ドリルやチェーンソーなどの機械に代わられている。

江戸城の石垣を見渡すと、個々の石に痕跡をとどめる連続する逆台形の窪みを発見する。これこそが採石の痕跡であり、石丁場でしばしば目にする矢穴痕である。

(1)　矢割

自然石や割石を切断・加工する場合、先ず割面に対して玄翁と鑿で直線的に連続する長方形の孔を穿つ。この孔は矢穴と呼ばれ、一定の間隔を保ち、穿たれた断面形は逆台形を呈する。つぎに、矢穴に楔を差し込む。楔は、鉄製であるが樫や欅などの堅木によるものもある。楔を保護し、矢穴と楔との密着性を高めるために薄い鉄片を挟む場合もある。そして、その上を玄翁で均等に叩くことで楔が締められ、一瞬にして矢穴に沿って割落すのである。ちなみに、これで割れない場合には、木製の楔に十分に水を注ぎ、一晩放置すると、楔の膨張と石の自重によって自然に割落ちるという。

ところで、石丁場に立つと、矢穴列をそのまま残す自然石や割石を目にすることがある。楔をかけ割落さなかった理由は様々であろうが、その一つに石の見立て違いがある。石工職人が採石する上で最初に行うことは、石の節理（石目）をよむことである。これを瞬時のうちに見立てるのが、有能な石工である。石工談によると、石目をよむには、対象とする石面をよく観察し、その上で石質を知るために玄翁で石を叩き、その反響音や手応えでみるという。

石の見立てが終わると、つぎは切断する位置を決定する。矢穴列を直線にするためには、かね尺、かね定規、スミサシ、タガネなどで線引きを行う。その上で、石の大きさや石質、割面の大小、楔の大きさと材質等々によって矢穴の大きさと間隔を決定する。

石丁場で割面を決定づける線引きや矢穴を穿つ前の割付線をみかけることはまずない。筆者が実見した二つの事例を紹介してみたい。一例は、伊東市宇佐美御石ケ沢石丁場第一地区第一支群で、谷間の小テラスでの採石・加工を行った片隅に長軸径が一ｍに満たない小型の割石が存在する。割り落された平坦面の右手側に偏在して割面を指示する線引きと矢穴の割付線が残されている。両者の区別は判然としないが、矢穴の割り付けは、長径が三寸五分（一〇・五㎝）、短径が一寸五分（四・五㎝）の大きさで、約五分強（二㎝位）の間隔を保ち六個が確認できる。この割付線の

写真65　谷戸ノ入E1−A群　点線・矢穴のある刻印石

右端約二〇㎝には、矢割の際に生じた同規模の矢穴痕が残されている。そのため割付線が残された要因は、割面の位置の変更に伴い不用となったものか、あるいは素材を小さくするための新たな基準線という二者が想定されるが、石の大きさを考慮すると、前者によるものであろうか。ちなみに、同一面の中央やや左側には、「九」の刻印が施されている。他の一例は、東伊豆町大川谷戸ノ入石丁場E1—A群に土砂の流出によって新たに出現した七〇㎤程の小型の割石がある。割落した一辺に対して平行するかのようにタガネで一本の点線を掘り、端部より、順次、矢穴を穿つ様相を呈している（写真65）。しかし、前述した御石ケ沢石丁場の事例とは異なり、矢穴の位置をあらかじめ決定した上で穿つことはなく、点線上の一つの矢穴があくのが終了した段階で次の矢穴の位置を決定するかのように取り組んでいる。そのため、本事例では、矢穴は未完成のものを含めた二個のみであり、矢穴の延長上には、割面を決定づける点線がまだ三分ノ二ほど続くにもかかわらず、そこには何ら痕跡は残されていない。ちなみに、矢穴の大きさは、長径二寸五分（七・五㎝）、短径一寸五分（四・八㎝）を測る。同一面には、偏在して「⧖」の刻印が施されている。

この二つの事例は、矢穴の決定の仕方と矢穴を穿つまでの経過に明らかな相違があることを示唆している。

矢穴の大きさは、石の大きさや石質、割面の大小等々によって異なるが、ほぼ同じ条件にもかかわらず、著しく相異する様相を目にする。前述の伊東市宇佐美御石ケ沢石丁場と東伊豆町大川谷戸ノ入石丁場の場合も然りである。この点について、先学者は、時間差とみる見解を示されている。長年、郷土史家として活躍し、多くの石丁場や城の石垣を観察された田端寶作、鈴木茂の両氏は、つぎのように述べている。田端氏は、矢穴の大きさについて、慶長期を一二㎝前後、元和期を八㎝前後、寛永期を六㎝前後、一方、鈴木氏は、慶長期を二〇～一八㎝前後、元和期を一〇㎝前後、寛永期を八～四㎝前後と考えている。両者には、大きさという点では隔たりがあるが、時間の経過とともに小型化するという点では一致する。近年、島田冬史氏によって矢穴に関する興味深い見解が示されている。島田氏は、伊東市宇佐美御石ヶ沢石丁場第二地区第二・三・八支群に分布する矢穴石のデータを丹念に計測し、その結果として、矢穴の上場径と下場径とが高い相関関係を持ち、その要因が矢（楔）の形状に係わるものであることを指摘している。ちなみに、矢穴の大きさは、各支群では異なり、第二支群では九㎝、第三支群では六㎝、第八支群では八㎝と一〇㎝にピークがあるという。

香川県木田郡牟礼町の「牟礼町石の民俗資料館」に収蔵されている石工道具には、矢割をするにあたり、「大割り」と「小割り」とでは鏨と楔を使い分けている。「大割り」には、マルノミ・ソコウチノミで矢を穿ち、比較的大きなシメヤ・オオヤ・ヤリヤ・ハリヤなどの楔を差し込み、「小割り」には、小型のマルノミ・ソコウチノミで矢を穿ち、主に小型のセリヤ・マメヤを差し込んでいる。

東伊豆町大川谷戸山P4石丁場は、急峻な斜面中腹に小テラスを形成し、母岩となる大割石とそこから切り出されたと考えられる角石が近接して存在している。大割石は、長さが五・九m、高さが現状で約二・二m、奥行が約一・八mを測り、長軸に沿ってものの見事に垂直に割落している。矢穴痕は、上場（上端）径が四寸（一二㎝）、下場（底面）径が三寸（九㎝）、深さが三寸～五寸五分（九～一七㎝）を測る大型のものである。角石は、大割石の下位約四mに位置し、やや粗いが調整用の線条痕がみられ完成品である。その規模は、小口面が四尺四方（一二〇㎝）、長さが一丈七寸（三二一㎝）を測る。大割石の割落された部位からの加工であるとすると、その後、数回の矢割を要することになる。角石の長軸の一辺には矢穴痕をとどめており、その規模は、上場径が二寸五分（七・五㎝）、下場径が一寸五分

写真66　谷戸山石丁場の大割石

（四・五㎝）、深さ約一寸五分（五㎝）を測る。矢穴の大きさは、大割石と角石とでは、大分、違うのである。両者に有機的関連があるとするならば、矢穴の相違は、割落す素材の大きさに応じて道具を換えていることが推察される。

矢穴を穿つ段階で、再び技術を要する。石工談によると「一人前の石工は、日に三合（三升ともいう）の矢穴を掘る。」という。三合穴、五合穴と呼ばれ、一日に掘った容量と同量の米が石工に支給されたのである。

(2)　掘込法と横穴状採石

伊豆東浦・西浦の石丁場を訪れると、矢割以外の採石方法も稀ではあるが遭遇する。

真鶴半島の突端、景勝地として名高い「三ッ石」から磯伝いに西側へ向かうと、狭小ながら相模湾に面して彎曲した磯場、番場浦海岸がある。とりわけ西側は、背後の岩壁が垂直に切り取られ、足場も悪いために人影はまずみかけない。この磯場に近づき足元を観察すると、安山岩で形成された磯には、無数の長方形を呈する坑が穿たれている。坑底は平坦であり、サイズは大小あるがおおむね間知石に適する規模のものである（写真67）。やや高く依存する壁面には、鑿（手斧）による工具痕が整然と残されている。すなわち、これは、一種の露天掘りの様相を呈しているのである。採石量も相当あったとみられ、外洋と接する岩礁部分はそのままにして、その内側をあたかも垂直な壁が被うように深く広範囲に掘削し、間知石の採石を行っている。真鶴での本格的な採石は、江戸時代初期にはじまり、戦後まで続く。番場浦海岸での採石がいつの時代、いつの時期のものであるかは定かではない。なお、同様な事例は、河津町見高の海岸でも認められる。見高の海岸での採石は、掘込法と矢割の二者があるが、共に小規模のものである。

下田から南伊豆町の青野川流域、妻浪、さらには蓮台寺から松崎にいたる、所謂、南伊豆地域には、凝灰質砂岩を基盤とする地帯が広範に分布する。岩質が軟材のため、石垣の用材には不向きであるが、この石材が墓碑を含む石造塔や品川台場などの各種土木用材として使用されていることはあまり知られていない。青野川流域にある下賀茂温泉で有名な南伊豆町役場の裏手には、急峻な基盤層に穿たれた横穴状の坑が点在する。横穴状の坑は、斜面の裾に開口し、人家がその近くまで迫っているために、人通りからそれを捜し出すことは困難である。

ここで、下賀茂で菰田忠喜氏が所有する事例を紹介してみたい。菰田氏の敷地内には、大小あわせて三基の横穴状の採石坑が存在する。同氏談によると、「曾祖父の代にあたる明治初年以降は、採石を行っておらず、地下水を汲上げる管が敷設されている以外は当時のままの状態にあること。自宅裏手の最大規模を呈する採石坑は、第二次世界大戦中、陸軍の施設（貯蔵）として使用されたことがあること。谷戸の奥まった場所には、かつて寺が存在したこと。」とのことである。最大規模の採石坑は、開口部が

写真 67　番場浦海岸の採石場

写真 68　下賀茂天井部工具痕と広範な空間

二m四方程の広さをもち、中に入り一・二m程の階段状施設を降りると、三〇〇～四〇〇㎡程の広い空間が展開する。天井の高さは、優に二mを超え、奥行きは二〇m程であるが、開口部から左手、すなわち、横方向に広く長く延び、ここから奥行きが五m前後の縦坑三本が形成されている。床面は、奥壁に沿って緩やかに傾斜するが、開口部の延長上にあたる最大の縦坑では、広く展開する横坑との境界付近から急激に降下する（写真68）。前述の地下水が唯一、充満している箇所で、竹竿で一本分、優に四m程の深さがあるとのことである。採石のために、いわば竪穴状になっているのである。そのため、坑底の様子は、全くうかがうことができない。天井部は、一部に亀裂が生じているが、壁面とともに鑿による工具痕が最良の状態でとどめており圧巻である。坑内は、菰田氏によって十分な保存・管理がされているために、採掘時の製品や余分な残滓はみあたらない。そのかわり、採掘坑を出て、同氏の庭先の片隅には角柱の板状を呈する完成品が五〇本余、整然と積重ねられており、当時の面影をとどめている。

谷戸の最深部に位置する採掘坑は、前述のものと比較すると規模は小さいが、採掘時の様相を実によくとどめている。開口部は、幅約一m、高さ約一・五m程で狭く低いが三m位入ると急に幅を増す。幅が四m位はあろうか。奥壁まではおよそ二〇m位あるが、坑内は、中央の壁で左右に二つに区分されている。この壁は、入口付近、中央やや奥側、奥壁近くの三箇所で壁が掘り取られ連結している。左右に区切る壁は、天井や奥壁の一部に亀裂が入っていることから、採石にあたり崩落を回避し、安全性を確保するためのものであるかもしれない。坑は、同じ幅で穿たれているわけではなく、途中で幅を増している。そのため、奥に入るほど広い空間が形成されている。拡張は、岩脈を追い、採石量を増すためのものであるが、その契機として、中心となる縦坑に対して直交する横坑の存在が考えられる。横坑は、左右に一箇所ずつあり穿たれている位置は異なるが、入口は一m四方位の狭いものである。開口部からみて左側の横坑は、右側のものより長くおよそ三m近くあり、そこでは、抗底に段差があり、しかもその幅が三段階にわたり狭まることから、坑を穿ちながら数回採石していることがわかる。坑と採石の様子を知る手掛りとして、左奥壁に残された痕跡は注目に値する。およそ一m四方程の枠をとり、その中に縦位の二本の垂線を設け、枠の各線は五～一〇cm位の幅でその位置を明確にしている。つまり、枠組の部分を採掘することによって板状の切石がとれるわけである。ちなみに、ここでは三本とろうとしている。坑底は、深く穿たれた部分は、涌き出した地下水で水面ができ、それ以外は、完成品間近かの板状切石あるいはその欠損品、余分な小型の残滓、土壌化がはじまった小粒の破片等々が

写真69　下賀茂（最深部）採掘坑全景（奥より左手側）

写真70　奥壁に残された採掘の手掛り

被い、そのため雑然とし、起伏に富んでいる。小型の残滓の場合、坑外に運搬せず、壁際に積上げて石垣状にしている箇所もある。坑内の高さは、およそ二m余であり、前述の坑と同様、天井や壁面には工具痕を顕著にとどめている。

この二基の横穴状採石坑の時期は、菰田氏談によって明治初年以前であることは明らかであるが、特定するまでにはいたっていない。後者の採石坑の開口部右手には、かつて墓地が存在したことを示す小テラスと撤去・残置された墓碑の一部と切出された角柱状の板石が三〇本余り存在する。墓碑の中には、「天保七申年（一八三六）五月十八日、弘化三午年（一八四六）七月十二日」の紀年銘が彫られたものがある。このあたりが採石時期を考える上で、一つの手掛りとなるかもしれない。

南伊豆地域における凝灰質砂岩の採石時期について、江戸時代後期の寛政年間頃という見解が示されている。平山喜代一氏は、南伊豆町下流《したる》地区の古文書と宜宝山石丁場での採石に関する聞取り調査から、高橋廣明氏は、下田市周辺での石材史料から、金子浩之氏は、伊東市八幡宮来宮神社の発掘調査事例に伊豆軟石の具体的な使用例を加え江戸時代後期による石材需要の拡大を指摘した上で各々、考察を加えている。それらを参照すると、ここで紹介した横穴状採石坑の時期は、おおむねその範疇に入るものと考えられる。

(3)　細川藩の道具・資材目録と石工道具

岡本良一氏は、著書『大坂城』の中で、寛永十三年（一六三六）の江戸城普請で、細川家が準備した道具と資材目録を紹介している。同書では、それらを(A)運搬用、(B)石工用、(C)堀の掘鑿用、(D)その他の四項目に分類し、品目と数量をあげている。莫大な量になり、それらを用意するだけで出費がかさんだことは十分うなずける。

「庵治石」で名高い花崗岩の産地、香川県木田郡牟礼町・庵治町は、昔から採石・加工に携わる石工、石材業者が多くいることで知られ、「牟礼町石の民俗資料館」には石工用具が勢力的に収集され、展示されている。

表 37　寛永 13 年（1636）細川家が用意した道具一覧（岡本 1970 より）

機　能	道具名	数　量
掘削具	水取道具	10本
	竜滑車	10台
	水替桶	1,000個
	あき俵	30,000俵
	もっこ縄	1,500束
	鍬柄ふち共	800丁
	銑付	250丁
採石・加工具	※鶴嘴	200丁
	大玄翁	5丁
	中玄翁	20丁
	石切槌	300丁
	同・鑿	1,500本
	同・矢	500本
	はさみたがね	80本
	かな手木	20丁
	栗石枡	10本
	鍛冶炭	500石
運搬具	土木台	400間
	石持棒	100本
運搬具	手子木	1,000本
	修羅	30組
	南蛮ろくろ	5つ
	車	30輌
	足代木	1,000本
	道の敷木	4,000本
	石入橋の木材	6,024本
	井楼用木材	680本（2台分）
	上り梯子	20丁
	かけや	20丁
	丹波ゆかき	1,000
	平太船	20艘
	綱苧	3,000貫
	かつら	200束
	かすがい	15,000本
その他	こみすくい	90本
	なよ竹	500束

※は掘削具の方がよいかもしれない

その資料をみると、採石を中心とする「丁場用具」と調整を中心とする「加工用具」に大別され、これに「運搬用具」、「鍛冶用具」、「生活用具」などが加えられている。

丁場用具

丁場の整備のための「丁場造成用具」、「採石用具」、採石した石を大体の大きさにする「小割用具」からなる。丁場造成用具には、地表に繁茂している草木類を伐採するためのヤマガマ・ナタ・ノコギリ、石を露出し土砂を搬出するためのツルハシ・トンガ（唐鍬）・オタフクなどがある。採石用具には、石を動かしたり、岩盤から剝がしたりするテコ類、大割りには、ゲンノウとノミ類で矢穴を穿ち、各種楔を用いて矢割している。牟礼・庵治の石工の場合、明治期以降には、大割りの前段階として、火薬を用いて岩盤から割落とす工程が加わる。そのため火薬用の穴を彫るエンショウノミがある。ゲンノウには、大きさや重さによってオオゲンノウ・チュウゲンノウ・コギマワシゲンノウがありさらに小さいものにツチがある。これらのゲンノウを目的・用途に応じて使い分けている。前述の大割りのノミには、マルノミ・ソコウチノミがあり、楔はシメヤ・オオヤ・セリヤ・ハリヤと大きさに応じて呼ばれ、矢穴との密着性を高めるために矢穴と楔との間に鉄板や鉄片を挟む。鉄板のことをセリイタ、鉄片のことをセリガネという。小割用具は、大割りの石を必要なサイズの大きさに小割りするための道具で、ノミと楔が中心となる。ノミは、小型のマルノミ・ソコウチノミがあり、楔は小型のセリヤ・マメヤ・トビヤがある。トビヤは、細長いサイズのものを得るときに効果的である。なお、端部の余分な箇所は、カタハやオシキリでそぎ落とす。

加工用具

「粗成形用具」、「整形用具」、「彫刻用具」、「研磨用具」、「刻字用具」からなる。

粗成形用具は、前述の小割用具を用いて目的のサイズに小割りしたものを、さらに要求の形状に近付けるための粗取りをする道具で、トビヤ・マルノミ・ソコウチノミなどがあり、これらのノミ類は採石用のものより幾分小型で、この他にオシキリ・カタハなども多用する。なお、調整にはヒラノミを用いる。整形用具には、仕上げの段階で石面の起伏をとり平坦にすることを目的とし、ビシャンとタタキがある。ビシャンは、槌の打面が格子目状に目切りされ、目切りの数によってオニビシャン・ゴマイビシャン・ヒャクマイビシャンと呼ばれる。また、目が一列でその部位が鋭利なものをハビシャン、曲面の整形には、グンデラがある。タタキは、ビシャンによる整形後に行われ、アラタタキ・チュウタタキ・コタタキがある。順次、刃先が細かくなり、石面に細かな目を刻む。彫刻用具と研磨用具は、灯籠や墓石の細工・仕上げに用いられるもので、ここでは説明を省略する。刻字用具は、墓石や記念碑などの文字や記号などを刻むもので、ジホリノミ・ケズリ・リョウサキなどがある。加工用具もまた丁場用具と同様、目的に応じて道具を使い分けているのである。

運搬用具

運搬経路が花崗岩の岩盤の上が多いために、大型の猫車状の運搬具が主体となる。地元では、フタツハマ（オオネコ）・ヒトツハマ（ネコグルマ）と呼ぶ。松材を用いて軸の部分を大きく彎曲し、それに横木を入れ、先端に一対ないしは一個の車輪を取り付けたものである。なお、大型の石を運搬する場合には、修羅も用いる。

鍛冶用具

鏨の先端に鋼をつけるツケハガネは、毎日の使用で刃の先端がいたむためその修理をする道具である。フイゴとヤキヒバチが主体となる。ヤキヒバチは、鏨の種類に応じて用意されている。

生活用具

石工の仕事着や丁場での飲食用具である。仕事着は、黒い木綿地の股引きに腹がけハッピを装着し、足ごしらえはサシコの足袋をはいてから藁草履をはく。飲食用具は、丁場でのベントウゴウリ・ハシバコやヤカン・カンス・ユノミなどがある。

石工道具の名称は、地域によって異なる。「牟礼町石の民俗資料館」には、多種多様の道具が収集・保存されているが、江戸時代、石垣を用材とする石丁場では、もう少し道具の種類は少なかったものと考えられる。

真鶴町民俗資料館所蔵の石工道具

相模では、小田原以西、伊奈村（湯ケ原）にいたる沿岸の村々では、近世以降、需要の拡大に伴って豊富で高品質の石材のもと、石材業者が活躍する。その中心が、岩・真鶴地区である。

真鶴町民俗資料館は、同町岩地区に在住の土屋文雄氏旧宅を借用して昭和六十一年に開館したもので、土屋家が寄贈した美術工芸品や生活用品とともに同町が所蔵する漁業資料や石材資料が展示されている。

石工道具については、牟礼町石の民俗資料館所蔵品で概要を述べたので、ここでは実見・観察できた真鶴町民俗資料館所蔵品のノミ・ヤ・ゲンノウ・ヤジメ・チョウナ・ビシャン・コヤスケ等々について触れることにする。

石割りには、ノミ・ヤ・ゲンノウが用いられる。真鶴町の石工の聞き取り調査を行った田邊悟氏は、『伊豆相模の民具』の中で「真鶴石と石屋」として三種類のノミを紹介している。三種類のノミとは、サキノミ・ソコノミ・ハジキノミと呼称されるものである。サキノミ・ソコノミは、鉄ノミで、矢穴をあけるために最初は先端が八角形を呈する尖ったサキノミ（写真75左2・3）で石に穴をあけ、そのあと先端が四角形を呈するソコノミ（写真75左1・4）で矢穴を長方形に整える。二種類のノミは、刃部長が三九〜四九㎜と四〇㎜少々の長さでほぼ同じであるが、全長、重量、頭部および断面形に差異が生じている。写真75左3は、最長のサキノミで、全長二七一㎜、刃部長四七㎜、直径二八㎜を計測し、重量は一kgを優に超える。刃部先端は、写真75左2と比べると鋭利ではないが尖り、頭部は細く横断面が台形状に整形されている。写真75左1は、刃部が四角形を呈し、同先端が狭小な長方形を呈するソコノミで、全長一八三㎜、刃部長四一㎜、直径二六㎜、重量が六〇〇gを測る。頭部は、敲打によってやや拡がっている。所有者を表す「マキノ」の文字が二箇所に彫られている。写真71左1・2・4は、太く短く、かつ頭部が饅頭状に大きく突出するサキノミである。写真71左1・2は、断面形が八角形を呈し、1は、全長一五八㎜、刃部長四三㎜、直径三三㎜、重量が七九〇g、2は、全長一三八㎜、刃部長四一㎜、直径三二㎜、重量が七〇〇gを測る。4は、1・2と異なり断面形が円形を呈し、細くスリムな感がする。全長一六九㎜、刃部長三九㎜、直径二三㎜、重量が五〇〇gを測る。写真71左3は、唯一のハジキノミで別名ツバクロ型ノミと呼称される硬石の荒取り用のノミである。鉄製ノミの先端に真鍮で熔接し、その中心には八角形を呈する鋭利なハガネを配していることを特徴とする。つまり、鉄製ノミの先端にハガネをつけた、所謂、ツケハガネの形態をとるものである。頭部の形状は、饅頭状に突出することはなく、頭部との境界を明瞭にするためにクビレ部を有し、中央がやや膨らんでいる。全長一三八㎜、ハガネの刃部長五㎜（熔接部長二六㎜）、直径二七㎜、重量が五四〇gを測る。ちなみに、ツケハガネは、真鶴・岩・小田原には石屋専

写真 72　ヤ

写真 71　ノミ　①

写真 75　ノミ　②

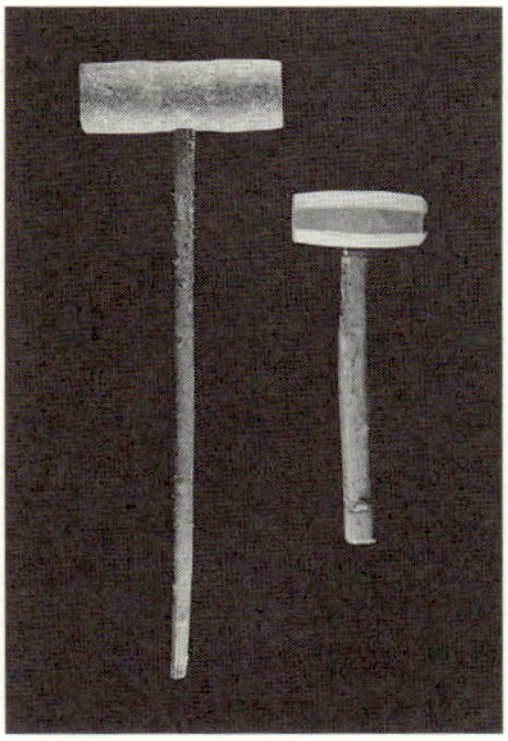

写真 74　ゲンノウとヤジメ

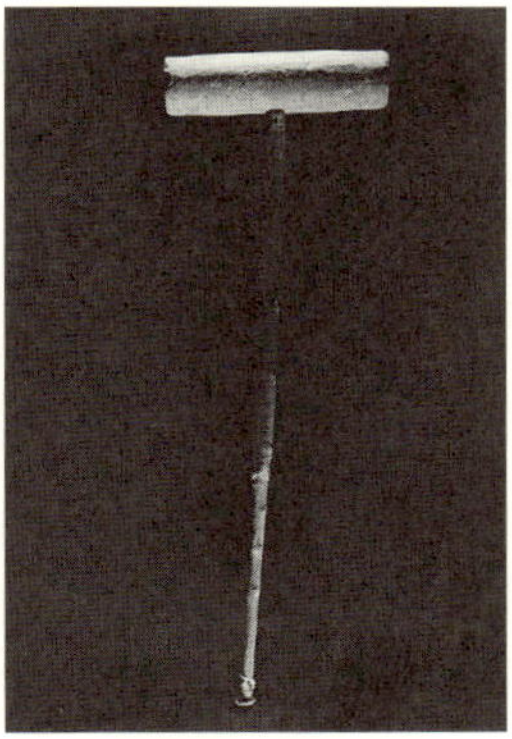

写真 73　ヤジメ

写真 76　ビシャン（写真 71 ～ 76 は真鶴町民俗資料館所蔵）

門の鍛冶屋が数軒あり、注文に応じて特殊加工もしていたという。

写真72左1〜3は、鉄製ヤである。1は、最小のヤであるが、幅に比して全長が短いために、全体的にがっちりとしており重厚感がある。頭部は四隅が面取りされているために八角形を呈し、長径三一㎜、短径三〇㎜と方形に近く、矢穴に嵌る先端部の縦断面は一方が直線的、他方が大きく内彎する形状をとる。先端部幅二九・五㎜、最大幅三四㎜、先長六〇㎜、重量が二七〇gを測る。2・3は、形態が類似し、2の方がやや大きい、矢穴に嵌る先端部は、主要な二面が直線的に延び、そのうち片方が鋭角状の形態をとる。頭部は四角が面取りが施されているために八角形を呈し、ともに全長七七㎜を測る。2は、頭部が長径三〇・五㎜、短径二七㎜、最大幅三三・五㎜、先端部幅三〇㎜、重量が三四五gを測る。3は、頭部が長径二九・五㎜、短径二五・五㎜、最大幅三二㎜、先端部幅二九・五㎜、重量が三二〇gを測る。

写真74右はゲンノウ、同左と写真73はヤジメである。ゲンノウは、石材に穴を穿つためにノミを打つ道具で、ヤジメは、矢穴にヤを嵌み、その上から敲打することによって石を割る道具である。写真74右のヤジメは、鉄鎚の部分が先端で直径六一㎜、長さが一七六㎜を測り、中央がやや窪んでいる。鎚の中央には、柄を装着するための円孔が穿たれ、その規模は直径一五・五㎜を測る。柄は残存し、全長五六・五㎝を測る。写真73は、最大のヤジメで、重量が一二kg（約三貫目）を測り、長さ一ｍの柄が装着されている。ちなみに柄は、丈夫で粘りがあるという理由でサルスベリが用いられている。

調整・整形用の道具として、ビシャン・チョウナ・コヤスケがある。

写真76左1〜3は、柄も残存する鉄鎚の打面が格子目状に刻まれたビシャンである。1・2は、先端両面に細かな格子目状の刻みを有するのに対して、3は、一方がやや粗い格子目状の刻み、他方がゲンノウで敲打するために刻みのない鎚部となっている。また、1〜3は、全体的には角柱状を呈するが、1・2は、柄と直交する二面が中央で大

きく抉れるのに対して3は、中央が膨らみ四隅をかるく面取りするなどの形状の相異が認められる。1は、先端が三九×三三㎜、長さが七六㎜を測り、端部の一方には縦九目、横一〇目の格子目状の刻みが、他方には九目四方の刻みが施されている。柄は、下端から二八・三㎝のものが装着されている。2は、1より一回り大きく、先端が三九×四一㎜、長さが八九㎜を測り、端部の双方には縦八目、横九目の格子目状の刻みが施されている。上端中央の柄を装着するための孔は長方形を呈し、一七×一二㎜を測る。柄は、下端より三五・五㎝のものが装着されている。3は、五目四方の格子目状の刻みが施された先端が三一×三二㎜、敲打痕の顕著な他方が三四㎜四方、長さが一六四㎜と鎚部が1・2よりも倍の大きさをもち、最大幅は四三・五㎜を測る。柄は、下端より三一㎝のものが装着されている。

写真 77　ハビシャンとチョウナ

写真 78　コヤスケ（タタキ）

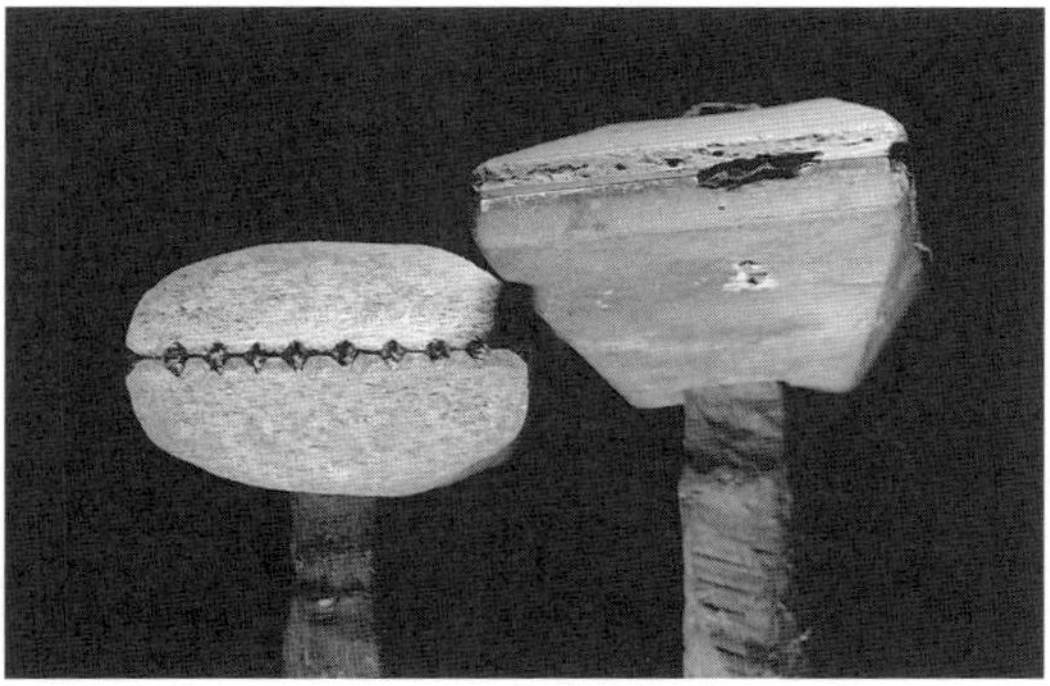

写真 79　ハビシャンとチョウナの刃部（写真 77 ～ 79 は真鶴町民俗資料館所蔵）

写真77右、写真78左は、ハビシャンである。ずんどう形の鎚部の両端を鋭利に仕上げ、一列の刻みを施したものである。上端からみた平面形は、中央部がやや括れるか矩形を呈し、端部が五六㎜と五四㎜、長さが一二六㎜、厚さ三九㎜を測る。端部の刻みは、九目と十目（写真79左は九目）の二者があり、上端には柄を装着する一七×一四㎜を測る長方形の孔が穿たれている。柄は、下端より四〇

cmのものが装着されている。

写真77左・写真79右は、仕上用の鎚であるチョウナである。両端にはツケハガネが施されており、写真79右には、使用時の刃毀れの痕跡が顕著である。各面は、直線的に入念な調整が施されており、縦位の断面形は菱形を呈し、刃部にあたる先端部が鋭角に磨かれている。横断面は八角形を呈し、柄と直交する側面から柄の両端に向って鋭利な角度で仕上げられている。鎚部全体の平面形は、長方形を呈し、刃部長五一㎜、長さ一九三㎜、最大幅四七㎜を測る。刃部先端は、幅三㎜、厚さ一二㎜の範囲で鋭角が形成されている。鎚部両端の中央には、柄を装着するための長方形の孔が穿たれており、その規模は二一×一三㎜を測る。柄は、下端より三五・六cmのものが装着されている。

写真78は、石面の端を直線に削り取ったり、調整するのに用いられるコヤスケである。福井県三方郡高浜町日引では、タタキと呼称されている。共に片側に鋭利な刃部を作り出しているが形態が異なる。写真78左は、刃部長が六六㎜と長く、角錐状に刃部をとるのに対して、写真78右は、全体の形状が嘴状を呈し、下方が多少の彎曲があるがおおむね直線的である。上方は大きく彎曲し、刃部は鋭利でチョウナのように幅がある（二九㎜）ことを特徴としている。両者は、柄の装着位置や孔の大きさに相異がある。左は刃部を除くと鎚部の中央に柄が装着されているのに対して、右は刃部と反対の端部近くに五一×二五・五㎜の長方形の大きな孔を穿ち柄を装着している。また左は柄の部分が最大幅をとり、端部に沿って細くなり、端部では敲打痕が顕著である。全長一四五㎜、柄の部分で最も厚く、縦三六・五㎜、横（幅）三二・五㎜、端部が一六×二一・五㎜を測る。柄には、所有者である和田敏郎氏のラベルが貼られている。右は、全長一六〇㎜、端部の平面形が長方形を呈し、縦五八㎜、横三九㎜を測る。柄は、下端より二三・五cmのものが装着されている。

ここで紹介した石工道具は、昭和期に使用されていたものであり、江戸城の築城石の採石・加工道具に直接、結びつくものではない。一例をあげると、ヤは先端部・最大幅とも三cm前後であるが、次節以降で述べるが石丁場で検出される矢穴の大きさをみると、長さが三㎝前後の小型の矢穴はまずみあたらない。小型でも六㎝前後はあり、一〇㎝を超えるものも少なくはない。すなわち、ヤは大型であったのである。また、鉄製だけではなく木製の存在も知られている。

しかし、慶長期から寛永期にかけて築城石のための採石が盛んであったにもかかわらず、石工道具に関する情報がほとんどみあたらない上は、貴重な民俗資料といえるのである。

五　特徴的な大名丁場

(1) 熱海市下多賀瘤木・中張窪石丁場

多賀から網代にかけて大きく彎曲する海岸線のほぼ中央に注ぐ宮川の左岸、標高約一四〇～一五〇ｍの馬背状の地形に立地するのが瘤木《こぶき》石丁場である。海岸には、約一・四㎞の距離にある。

また、瘤木石丁場の北側には、標高四七四ｍの中張窪山が聳え、その南斜面には中張窪石丁場が広範囲に分布している。

瘤木《こぶき》石丁場

発掘調査が平成九年に実施されている。この石丁場内からは、二例の注目すべき標識石がある。

一例は、宮川取水場に隣接した南東旧河川敷から「浅野紀伊守内　右衛門左」と二行にわたって彫られた標識石が出土している。この石は、長さが五ｍほどの巨石で、矢割りによって二分されたもので、狭長な平坦面の中央に刻銘が施されている。また、同面には、二行にわたる文字のおよそ中間位置にこの石をさらに二分しようとした割付線が認められる。さらに、他の自然面には、「⊗」と「」の刻印が施されている。この標識石は、市道橋梁工事に伴う調査で発掘されたもので、原位置をとどめるものではなく、豪雨等によって土砂とともに運搬されてきたものと思われる。現在は、埋め戻し保存されているがいずれにしても、この近くに浅野家の石丁場が存在したことは間違いない。

ちなみに、「浅野紀伊守」とは、慶長五年（一六〇〇）に三七・六万石で紀伊国和歌山城主となった浅野幸長を指し、翌年には従四位下紀伊守に叙任している。その後、慶長十八年には没すが、兄幸長の遺領を継いだ長晟は、慶長十四年（一六〇九）に但馬守を名のり、寛永五年（一六二八）には安藝国広島城主として四二・六万石を受領する。したがって、この標識石は、慶長期のものであることを示唆している。

一例は、かつて下多賀瘤木一四九七―二番地の小松義雄氏の所有地にあった「羽柴右近」の標識石で、現在は、長浜海岸に面する国道一三五号線脇の公園の一角に移設され、保存されている。この標識石は、長さ約三三〇cm、幅約二五〇cm、高さ約一四五cmを測るやや大型の自然石であり、刻銘は、細長く延びた狭小な面に長さ四一cmの範囲に深く彫られている（写真55）。文字は、なかなかの達筆であり、四文字の表記の仕方が後述する中張窪石丁場の同標識石と酷似している。なお、石の頂部には、長さ五・〇cm、幅三・五cmの小型の矢穴九個が一列に施されている。この矢穴は、個々の規模が小さく、刻銘とは直接関係がない後出的なものと考えられる。

ところで、「羽柴右近」とは、津山城主で一八・六万石の森右近大夫忠政を指すもので、慶長十一年（一六〇六）・同十九年の助役大名を命じられている。「羽柴」の姓を名乗っているのは、豊臣秀吉より同姓を拝領した二十数家の内の一家であり、豊臣家は、元和元年（一六一五）大坂夏の陣で敗れ滅亡することから、この標識石の時期も慶長期のものであることを示唆している。

山内家史料の中に、同家の石奉行、由比元之が園権助に宛てた慶長十八年（一六一三）六月二十八日付の手紙に相模・伊豆における石丁場の状況を記したものがある。石丁場の場所、派遣人足、大名の名等が記され、森家に関する記述も含まれている。

図 32　瘤木・中張窪石丁場の位置

伊豆ノ国
一、熱海　人不居石番者計　森右近殿衆

この史料は、森家が多賀に石丁場を有していたことを示すものではないが、文献と考古資料を対比する上で注目されよう。

中張窪石丁場

発掘された瘤木石丁場の北側、標高一五〇～二〇〇mにかけて谷間を修羅道が直線的に約二〇〇m程延びる。かなりの急勾配である。そして道は、大きく右手に彎曲し、そこから地形に沿って緩やかに高度を増しながら延びていく。大名丁場は、少なくとも森忠政、有馬玄蕃、前田利長の三家のものが存在する。

修羅道が右手に大きく彎曲してすぐ、道に面する山側、約五mの位置に「羽柴右近」の標識石がある。付近には、大型の矢穴によって二分された割石がみられる。標識石は、長さ約二一五cm、幅約二〇〇cm、高さが一〇〇cm程を測る中型の自然石で、平滑な面に長さ四三cmの範囲にわたり刻銘されている。周囲には、小型の割石が散布するが、刻印はみられない。

この標識石から道に沿って約二五〇m東へ登ると、標高約二三〇mの稜線上に巨石が数個分布している。その中の一つ、道に面した北側に、有馬玄蕃の境界石がある。

この境界石は、縦約三二〇cm、横約二四〇cm、周囲約八〇〇cmの巨石で、刻銘の面は、鑿で調整加工し、縦六〇cm、横八二cmの範囲にわたり五行の文字が彫られている（写真57）。銘文は、

是ヨリにし／有馬玄蕃／石場／慶長十六年／七月廿一日

というもので、慶長十六年（一六一一）に有馬玄蕃の石丁場がここに存在したことを示唆している。

有馬家は、慶長九年の二十八家に下された助役大名に先代の有馬修理大夫晴信（延岡城主　五・三万石）が名を連

ね、慶長十一年には継領した有馬玄蕃頭豊氏（八万石に加増）が助役を命じられている。したがって、下多賀に有馬玄蕃の石丁場が存在したとしても何ら不思議はない。

振り返って、この境界石の西側、とりわけ道の北側にあたる斜面上には、中型サイズの矢穴石が点在するが、刻印は皆無である。前述の森家石丁場も同様であるが、現存する標識石・境界石をもつ石丁場では刻印がそれらに施されているものはあるが、標識石・境界石を除くと刻印がほとんどみあたらないことも特徴の一つとして指摘することができる。一例をあげると有馬玄蕃の境界石の東側には、矢穴がはいった「◬・㊋」の刻印石が存在するが、これは他の大名丁場のものである。なお、地形および現存する山道から、森家と有馬家では中張窪石丁場で採石・運搬するにあたり、前述の修羅道（作業場に通ずる道としても利用）を共有した可能性が高いものと推察される。

有馬玄蕃の石丁場の北東側には、前田家の石丁場が広範囲に分布している。中でも特徴的なのは、標高三五〇ｍを超える稜線近くの南東斜面にテラスを持ち刻印石でその存在を強烈に主張しているかのような作業場である。

最高位にあるテラスの場合、急峻な斜面の山側を掘り返し、その土砂を谷側に運搬することで先ず平場を確保する。この平坦は、一辺がおよそ二丈（五・九〜六・二ｍ）を測り、谷側にあたる北東の隅を除く三方の角に、矢割りによって得られた小型サイズの残滓の平坦な面を利用して刻印を施し、範囲とともに所在を明確にしている。刻印は、いずれも「中○」の形状をとり、長さが一尺二寸（約三六㎝）を測る大型のもので、テラスを意識し、内側に向けて施されている。平場内での石は、谷側を除く三方の各辺を割落した小型サイズの残滓で囲まれているのを除くと、中央はやや大きめの割石一個と木端石が大半で、加工された角石や平石などは運搬されて全く存在していない。なお、やや大きめの割材には、長さが三寸五分（一〇・五㎝）の矢穴が一列あり、楔がかけられず、その痕跡をとどめている。

このテラスの内外には、「中○」の刻印石以外にも三個の特徴的な刻印石が存在する。一個は、谷側の南東部端の「中○」の刻印石に隣接して「慶長十九年、𠆢」と二行にわたり年号と刻印が施されている。この石は、小型の自然石で、刻印は、山側を向いた平滑な面に彫られており、文字・記号とも「中ｏ」の刻印と比べると明らかに小振りである。両者に有機的な関連があるとすれば、慶長十九年（一六一四）の銘は、このテラスでの作業時期を特定できる資料として注目されるところである。一個は、南西隅の刻印石に隣接した小振りの割石に「久兵衛」の三文字が彫られている。二文字目と三文字目は判然としないが、おそらく採石者か地名を指しているものと考えられる。一個は、テラスの南西より約二m上位の扁平な石に「⌒、田」との二種類の記号が彫られている。雁は長さが八寸（二四㎝）、田は八寸五分×五寸（二五・五㎝×一五㎝）とやや大型の刻印である。

刻印石で区画したテラスの南側約一〇m程下位にも特徴的なテラスが存在する。前述のテラスと比べると、山側にやや大きめの自然面を残す割石や、矢割りによって製作途中の平石が存在するなどやや雑然としている。

このテラスでは、山側の中程に、平坦な面を利用して三〜五種類の刻印が大きく施されている。その刻印は、右側より「⊕・の十一・ᚲ」の順で彫られ、中央のものは、さらに三種の記号に分割されるものであるかもしれない。刻印石の周囲には、木端石や小型の石が密集している。テラス内の北側には、長さが二mを超える自然石を矢割りによって二分し、さらにそのうちの片方には、上位に一列に矢穴を穿ち分割を試みている。しかし、楔を打ち込む前に石にヒビが生じたためにその後の作業を断念し、放置している。この矢穴石には、分割された上面端部に異方向に「中ｏ」の刻印が彫られている。矢割りする前に施したものであろう。「中ｏ」の刻印は、長さが一尺一寸（約三二㎝）を測り、長さに比して横幅が短いので、前述の上位の同印と比べると幾分少さく、とりわけスリムな感じがする（写真80）。なお、新たな矢穴を加えた割材の側面には、一辺が五寸ほどの「⊠」の刻印も認められる。

後述のテラスの東側、斜面下約一〇mには、矢穴の入った小型の残滓が投棄され、山積みされている。この残滓の中には、「中ｏ」の刻印石も認められ、二つのテラスでの作業との有機的関連を示唆している。

ちなみに、二つのテラスで採石・加工された角石・平石などは、東側の急峻な斜面を、少なくとも比高差にして一〇〇mは降下させていることは確実である。

(2)「羽柴越中守石場」標識石と伊東市宇佐美御石ケ沢石丁場

伊東市の北部、熱海市との境界沿いに御石ケ沢を中心とする宇佐美北部石丁場群がある。「御石ケ沢」の名称のとおり、石材が豊富で格好の石丁場が形成されている。

写真80　矢割された「中」の刻印石

貞享三年（一六八六）の『伊豆国東浦賀郡宇佐美村差出帳』によると、宇佐美村には大名丁場が八箇所あると記されている。また、「荻野家文書」には松平加賀守（前田利常）、松平隠岐守（定行）、久留島丹波守（通春）、毛利市三郎（高直）、木下右衛門大夫（延俊）の各丁場が存在したことを伝えている。

伊東市教育委員会が平成二年度に実施した「宇佐美北部石丁場群」の分布調査によると、御石ケ沢第一〜第三・なこう山・離山・大窪・洞の入の七地区で四七支群の石丁場が確認されたという。各支群の規模は、大小様々であるが、おおむね山全体が石丁場であるといっても過言ではない。

ナコウ山と「羽柴越中守石場」標識石

標高五八一mの巣雲山から亀石峠、宇佐美を結ぶ半月形に延びる尾根筋の北側中央、宇佐美北部石丁場群内では最高峰にあたるナコウ山（三五二・七m）山頂から一〇m程東へ降下した尾根の鞍部にナコウ山地区第四支群がある。「羽柴越中守石場」標識石がある細川家の石丁場である。

旧下田街道の東浦路最大の難所、宇佐美から網代に抜ける網代峠は最高地点が二八八・五ｍあり、通称「琵琶転の嶮」があると古書には記されている。この網代峠から尾根沿いに南東方向に約一㎞程歩くとナコウ山山頂があり、その先が標識石がある細川家の石丁場となっている。

標識石は、尾根筋の鞍部脇に設置され、高さ約一九〇㎝、幅約二八〇㎝の安山岩製の自然石を矢割によって二分し、その際に生じた平滑な面の中央に、「羽柴越中守石場」の七文字が深く大きく彫られている。ちなみに、刻銘は、幅七寸（二一㎝）、長さ三尺七寸（一一一㎝）の範囲にあり、前述の矢穴は幅が四寸（一二㎝）を測る。刻銘にある「羽柴越中守」とは、豊臣秀吉より「羽柴」の姓を賜った二十数家の大名の一人で、小倉城主三六・九万石の細川越中守忠興を指すものである。細川忠興は、慶長九年（一六〇四）、助役を命じられた二八家の大名のうちの一人であり、そのためこの標識石は、慶長期に建てられたものであることがわかる。

文字が彫られた標識石の前面には、約二〇〇～三〇〇㎡程の三角形状を呈するテラスが形成され、その先は急峻な斜面が続いている。また、遠方、正面には宇佐美港を臨む絶景の地でもある。余談であるが背面は、六〇度を超える急勾配の斜面となっている。ところで、テラスには、標識石を除くと平石に用いることが可能な割石は皆無である。さらに中型サイズの自然石も標識石近くの尾根筋に僅かに一個とどめるのみであり、したがって刻印などはみあたらない。石材としては、標識石の前面に無数の木端石が存在し、その中に交じって人頭大程度の極小型の矢穴石が数個みられる程度である。極小型の割合は、矢穴の大きさが二寸（六㎝）を測り、前述の標識石の矢穴の半分サイズのものである。矢穴の大きさの相異は、時間軸を含め、石割の工程が複数回あることを示唆している。

ナコウ山地区には、五支群の石丁場が確認されている。各支群とも現状の矢穴石や大・中型の自然石は少ない。すでに採石・運搬が完了した状態にあるのかもしれない。刻印は、第三支群で「㊦」が発見されているにすぎない。

御石ケ沢第一地区

ナコウ山の急峻な斜面を北側に下ると、東西方向に走る御石ケ沢の中央の沢がある。この沢は深く、西端は多賀地川との分水嶺にいたる。また、沢には涌水が流れ、さらに樹枝状に小支谷が入り組んでおり、沢の右岸側に六支群、左岸側に四支群の石丁場が確認されている。沢沿いには、修羅道とおぼしき山道があり、小さなテラスが点在し、切り出された平石や角脇石の集石場や加工・調製の作業場として利用されている。ここで、沢沿いの小テラスについて述べることにする。

写真 81　「羽柴越中守石場」標識石とテラス

写真 82　ナコウ山より宇佐美港を臨む

国道一三五号線が大きく彎曲し、海岸側のし尿処理場を沢伝いに入り、砂防ダムを越え五分程歩くと、沢間にやや広範囲に一〇〇㎡程のテラスがある。テラスの中の一角、二〇㎡の範囲に角柱形を呈する平石十数個がまとめて残置されている。この平石は、一部には矢穴痕をとどめるが、大半は荒々しいながらもタタキ調製が施され、それによって矢穴痕はおおむね除去され

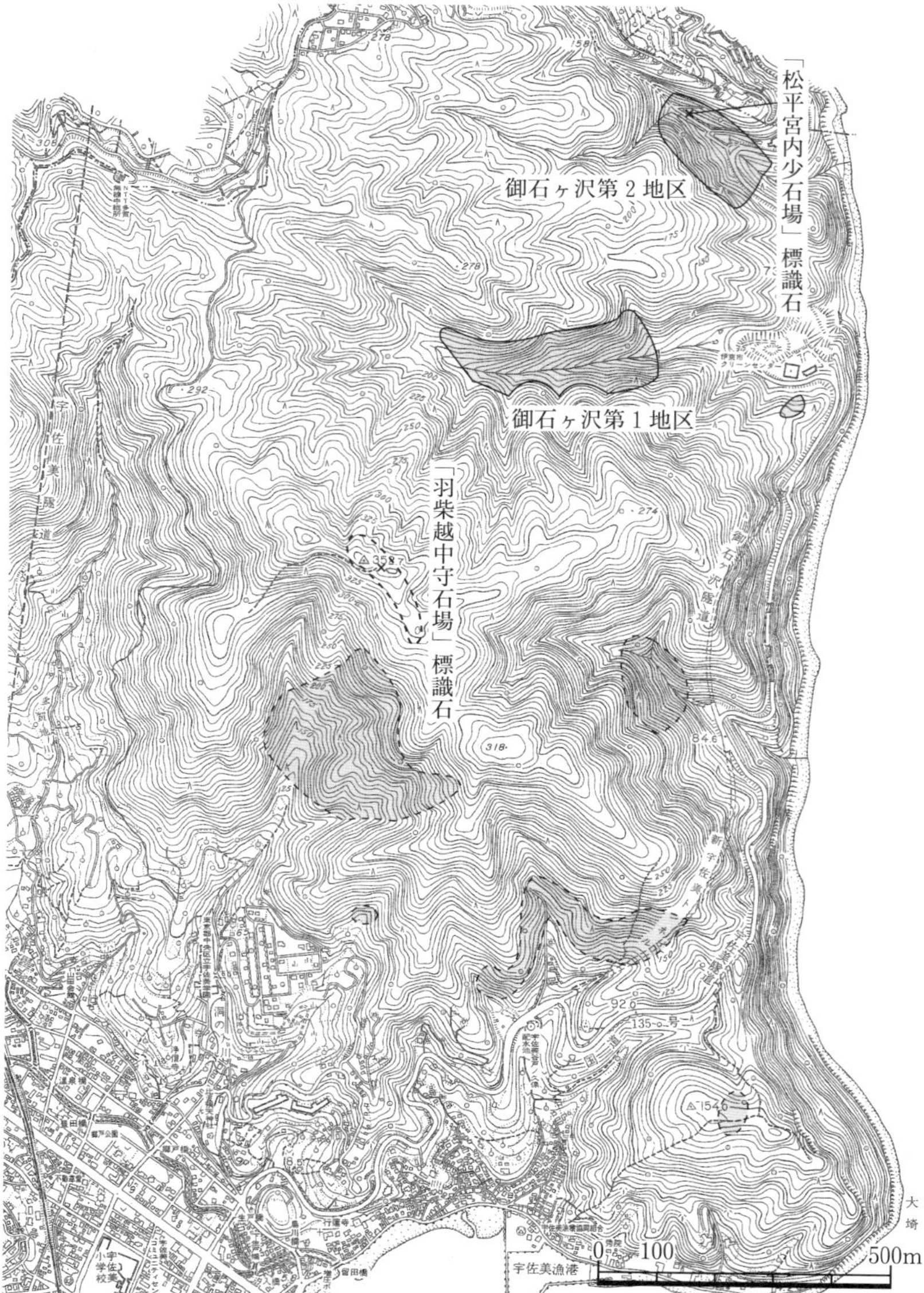

図 33　御石ケ沢石丁場の位置

た完成品の状態にある。周囲には、木端石に交って小振りの矢穴石を散見するが、数量はきわめて少ない。つまり、このテラスの平石は、完成された石材が一箇所に収集され、湊への搬出を待機する状態であることがわかる。この平石には、小振りであるが、おおむね一石材に一個の割合で「⊡」の刻印が施されていることを特徴とする。

沢沿いの道を奥に進むと、数分で道脇右手山側に中型の自然石一個が存在する。石の裏手西側には、「⁙」の刻印が施されている。周囲には、木端石や小型の割材が広範囲に分布するが、割材の量は少なく沢の右手東側には急峻な斜

写真 83　「三」・「九」・「⊙」の刻印石とテラス

面が続くことからこの場所で大規模な採石・加工が行われたとは考え難い。刻印石は、一種の標識石的な役割を果たしているが、原位置をとどめているかということについては検討の余地がある。

沢の最深部で確認された第一支群と前述のテラスのほぼ中間点、小支谷の入口部にテラスが形成され、加工が施された割石群が密集する。沢道からはわずかに右手に逸れる。割石は、長さが四〜五尺程度の平石サイズのものが大半で、複数の面に矢穴痕を顕著にとどめている。さらに、矢穴痕を伴う小型の割材も存在することから、このテラスでは石材の加工が行われていたことがわかる。また、割材には、「三」・「九」・「⊙」の刻印が施されている。一つの石材に一個の刻印を基本としているが、「三・⊙」の組みあわせのものも存在する（写真83）。

国道から沢に入り二〇分程歩くと、沢が大きく二股に分岐する地点がある。広いテラスが形成され、この周辺一帯が第一支群の石丁場である。最深部の本沢に形成されたテラスは、比較的広範囲の平場を持つが、石

の加工は行われておらず、完成された石の置場となっている。テラスの中央には、小口面を揃えて平石が五本並び、沢の中央寄りには完成された長さが四尺程の小振りの角脇石三本が残置されている。角脇石は、各面が緩やかな脹らみをもつ形状をとり、表面は荒々しいがノミによる成形痕を顕著にとどめている。平石・角脇石には、刻印はみあたらない。本沢から右手北側に分岐する沢の入口部にもテラスが存在する。このテラスでは、様相が一変する。大・中型の矢割による割材が濃密に分布し、余分な表面の丸味を持つ小型の割合に交って、中型サイズの自然石も存在する。大型の割材の中には、石材の表皮にあたる丸味の自然面を矢割によって割落し、角柱状に荒割りした素材の中央にさらに矢穴を穿ち二分した状態のものもある。ちなみに二分された角柱状の割石の大きさは、大型の角石よりも一回り大きなサイズであることから、角石をとるにしろ、あるいは平石であったとしても完成品に仕上げるには再度の加工を要するものである。すなわち、テラスを利用して採石・加工が施されており、作業場としての機能を有しているのである。ここの割材には、刻印が施されているものが目立つ。「三」・「⊙」・「⁙」の刻印である。この中には、「三・⊙」、「⊙・⁙」が組みあわせて同一面に施されているものも存在する。第一支群最深部の二つのテラスは、近接しているが、様相は全く異なるのである。両者の関係は、小口面を揃えて残置された平石群が半分以上、土砂で埋まり、そのため刻印を存在の有無を含めて確認することができないことから、現状での判断は不明といわざるをえない。

第一支群の分布は、もう少し拡がりを持つ。最深部の二つのテラスから谷が開ける東側約四〇m、小支谷が入る斜面の裾部に狭小なテラスがあり、採石・加工の作業場としての光景を顕著にとどめている。前節で述べた矢穴の割付線を伴う割材もここに存在する。割石には、刻印が施されており、「⁙」の九曜紋は認められないが、「三」・「九」・「⊙」がみられる。

なお、第一支群の刻印石の中には、僅少であるが一つの面に三個施されたものがあり、そこでは、「九・三・⊙」と「三・⊙・⁙」の組み合わせによるものである。「三」・「九」・「⊙」・「⁙」の刻印が有機的関連にあることを示唆している。

この四種類の刻印の帰属を巡っては、「⁙」の九曜紋が駿府城や大坂城の細川家の担当丁場の石垣の刻印に用いられていることから、他の三種類の刻印については触れられていないが、宇佐美北部石丁場群の分布調査を担当した島田冬史氏は、細川家に求めている。村川行弘氏は、大坂城石垣刻印調査で、刻印の種類と分布位置を「大坂城普請丁場割図」との対比から、刻印の帰属を特定している。その中で、細川越中守忠興・忠利が担当した箇所は、西外濠の七号・九号・一一号・二〇号・二一号壁、南外濠の五七号・七二号・八三号壁があり、南外壁五八号壁では、一個の平石全面を用いて「⁙」を彫り、それが石垣の下端から上端まで縦一列、直線的に見事に積まれたことが報告されている。石壁によっては複数の大名と担当した箇所があるが、細川家に関連し、御石ケ沢第一地区の刻印と対比できる資料として西外濠のうち一〇号壁D地区では「九」・「⁙」が、一一号壁A・B地区では「⊙」・「九」・「⁙」が、二〇号壁A地区では「⁙」・「⊙」が、二一号壁では「九」・「三」がある。ここで取り上げた四つの壁の刻印は、四種類に限定された組みあわせではなく、他の各種刻印とともに構成されている。村川氏は、大坂城における細川越中守の代表的刻印として、「⁙」・「⌘」・「㊂」・「九」・「△」・「⌒」・「田」・「⊙」「九八」・「十」・「あしや」・「∞」の一二種類をあげている。しかし、同一面の石壁には、「⊙」・「九」・「三」の刻印も共伴しており、これらを追加したとしてもさほど問題にはなるまい。したがって御石ケ沢第一地区第一支群の刻印は、その帰属は細川家と考えられるのである。

ところで、本沢のテラスには、「⊡」の刻印石が存在することを指摘したが、これを第一支群の細川家に関係する刻印と対比する上で格好の資料が第二群にある。第二群は、第一群の東側に位置するが、割石の中に「⊡」・「⁙」の刻印を施したものがある。大坂城では、「⊡」の刻印は発見されていないが、「⊡」と「⁙」の刻印とは有機的関連があるものと推察される。

本沢の右手北側では、沢沿いのテラスに限って採石・加工作業が行われているわけではない。砂防ダムの北側、小支谷の沢を登ると矢穴の入った割石が点在し、さらに登るとテラスがある。第六支群である。ここでは、「九」の刻印がみられる。この刻印は、前述の沢沿いで検出された「九」の刻印の字体とはやや異なる。おつにょう（乙）は同じであるが、はらいぼう（丿）の先端が第六支群の「九」は、はねぼう（亅）の如く大きく屈曲している。広義では「九」も「九」も同じであるが、家臣や石工人夫の相違を示唆しているのであろう。

御石ケ沢第一地区の左岸、北側一帯は、刻印の分布から細川家の石丁場が広範囲に及んでいることがわかる。

他方、沢の右岸にあたる南側では、本沢に向かって小支谷が入り組んでいるが、石丁場は、沢沿いの僅かばかりの小テラスや小支谷の入口部との間に形成されたテラスに点在する。左岸に比べて遺存状態は悪く、土砂の崩落によって大半が埋没している箇所もある。刻印はみあたらず、僅かに本沢が大きく開ける第一九支群で「⊙」の刻印一点が目に止まるに過ぎない。

以上のことから、沢の右岸の石丁場は、帰属が判然とせず、沢の反対側の細川家丁場との関係も残念ながら不明である。

御石ケ沢第二地区

御石ケ沢第一地区の北側の沢で、伊東市と熱海市網代との境界に位置する。第一地区同様沢は深く、刻印石も豊富であるが、本沢の途中までは埋め立てて道路が敷設され、作業宿舎が建設されるなど遺存状態は良好ではない。道路脇の石垣や水路には、本沢の石丁場の石材が用いられ、「㊥」や「〓(木槌)」の刻印石が多く目に止まる。標識石や刻印石の検討から、本地区には少なくとも四大名の石丁場が存在したものと考えられている。石丁場は、本沢の右手北側に二支群、左手南東側に五支群、国道一三五号線を挟んで海岸側に一支群の八支群が確認されている。

「松平宮内少石場」標識石

本沢の奥深く、補装された道路右手脇の斜面裾部に二〇点余りの小型の割石群が分布し、その中では最も大きな石

写真84　御石ケ沢第二地区「㊥」の刻印石

の平滑な面に、「松平宮内少石場」の刻銘と「┐」の刻印が大きく彫られている。第二地区第一支群である。この標識石の下端は剥離した痕跡があり、「松平宮内少石場」の文字は、彫りは浅いものの平滑な面のほぼ中央に縦一尺八寸（五五・二㎝）、幅三寸（九㎝）の範囲に彫られている。刻銘の左手には二重の点彫りでやや深い「┐」の刻印がある。縦八寸（二四・七㎝）、横五寸（一四・五㎝）とやや大きい。また、刻銘を挟んで右手下寄りには「⊔」の浅い彫りがみられる。これは、刻印というよりは刻銘を中央に彫るための一種の割付線のようにもみえる。ちなみに、標識石の「松平宮内少」とは、松平宮内少輔忠雄（池田忠雄）を指す。慶長七年（一六〇二）に生まれ、淡路洲本城主であったが、兄の忠継が亡くなったことから元和元年（一六一五）に備前国岡山藩を相続し、寛永九年（一六三二）没している。大坂城普請でも助役を命じられ、前述の村川氏によると西外濠一四号・一五号壁、北外濠三一号・三三号壁を担当しているという。同書の中で池田家の代表的刻印として六号をあげているが、そのうち標識石にみられる「┐」の刻印は、前述の石壁に共通して用いられているものである。第一支群の小型の割合には刻印はみられず、また、矢穴痕も顕著ではない。現状では、備前池田家の石丁場がどの程度のものであったかは不明である。しかし、標識石の存在によって本沢の奥まった場所に、元和年間以降、おそらく寛永期の初年前後に同家の石丁場が存在したことは間違いない。

㊥の刻印と『聞間家文書』

本沢の右手、作業宿舎の裏側斜面中腹にテラスがあり、ここで採石・加工が行われている。第二支群である。「㊥」の刻印が数多くみられることを特徴としている。テラス内では、五～七トン程の自然石数個を含み矢穴の入った中小型

写真85　「松平宮内少石場」標識石

の割材が二〇個程乱雑に分布し、採石・加工後に余分な残滓を廃棄したような状況にある。矢割された割石の大半には、「㊥」の刻印が施されている。ちなみに、刻印の大きさは、直径が五寸と小型のものもあるが、大半は七寸から七寸五分であり、中には九寸を測るやや大型のものもある。一方、刻印名が施されている矢穴の大きさは、長径が二寸五分から三寸を測るものが多い。また、テラス内の上位には、前述の自然石よりも一回り大きい自然石があり、側面には「㊥」の刻印、上位は、丸味を帯びた石の表皮が剝がれ、その中央に矢穴が緩やかな弧を描くように一列穿たれている。矢を放つ前にヒビが入ったために、そのまま放置され、一種の標識石としての役割を果している。

「㊥」の刻印の帰属については、網代の『聞間家文書』の中に知る手がかりがある。同文書「諸用留」には、

御大名様方御石町場
一若宮并山洞
（福岡城主）黒田様御町場
御石ニ㋟印　内田由左衛門預り
御扶持壱人分被下置候、
一御林之内鈴木沢并三左衛門町場
（熊本城主）細川様御石町場　御石に㊥印

岡本善左衛門預り

とある。また、同史料には、

一黒田様先祖之御代ニ御置候當村石帳《（丁）》場之儀、御林之内并観音山ニ在之、御石ニ㋟ノ印在、石番ハ内田多三郎也、

一細川様御石場ハ、御林ノ外御石ノ澤三左衛門町場在之、御石印㊥也、

と記述されている。つまり、黒田家と細川家の石丁場があり、黒田家の石丁場には㋟の刻印、細川家の石丁場には㊥の刻印が施されているというのである。前者の史料には、小倉城主ではなく、（熊本城主）細川様とある。細川氏は、加藤肥後守忠広が寛永九年（一六三二）に熊本藩を除封され、その後に入城するので史料をそのまま受け入れると寛永九年以降のこととなる。第二支群の時期を寛永期とするには安易であるが、帰属を細川家に求めるのは異論がなかろう。なお、本地区の沢の左手、第三・第五支群でも「㊥」の刻印を散見する。

三頭巴紋と松平隠岐守丁場

国道一三五号線より本沢に入る南東部に微小な尾根を挟んで北東方向に開く小支谷がある。第六支群である。また、国道を挟んで東側には第八支群があり、刻印から同一丁場と考えられる。二つの支群に共通するのは、一つの割石に「◎・十」と「◎・⊚」の二種類の刻印がセットになって施されていることである。『細川家文書』「伊豆石場之覚」には、宇佐美における巳年（寛永六年）の石丁場として、細川越忠守忠利と松平隠岐守定行の丁場が存在したことが記されている。また、鈴木茂氏によると、伊東市新井山には「いよ松山　此より丁ば」と「石は　いよ松山　これより北みなみ」の二つの境界石が存在し、それらには、「◎」の三頭巴紋が彫られているという。ちなみに、境界石の「いよ松山」とは、「伊予松山藩」を指し、「◎」の刻印が松平隠岐守定行の家紋であることから、寛永十三年（一六三六）、伊勢桑名藩から伊予松山藩に転封した同家の帰属が考えられるというのである。したがって、第六・第八支群の刻印の三頭巴紋の帰属も同家の可能性が高い。「十」と「⊚」が三頭巴紋とセットになっているのは、さしずめ採石担当の

家臣か石工頭の組印であろうか。

なお、第四支群では、「」の刻印がみられる。小野田護氏は、駿府城の刻印調査で、この小槌紋を加藤清正の家臣で羽衣石城主四万石の南条左衛門尉元清（元宅）に求めている。採石時期は別として、加藤家も関与しているのであろうか。

刻印と矢穴の大きさ

矢穴の大きさは、石材の大きさとも関連するので、一概に比較することはできないことは前節で述べたが、宇佐美北部石丁場群の分布調査を担当した島田冬史氏が大変、興味深い資料を提示している。島田氏によると、御石ケ沢第二地区の第八支群は、同地区の本沢の最も下位に位置し、そのため、同支群内での採石・加工品とともに他の支群の石材が混在しているという。そこで、刻印が施された割材の矢穴の大きさを比較検討すると、「㊥」の刻印石の矢穴は、一〇cmを最大のピークとして次いで八cm、「・」の刻印石の矢穴は、八cmをピークとして次いで六cm、「・十」の刻印石の矢穴は、七cmを最大のピークとして次いで六cmと八cmが続いているという。計測が五ミリ単位に四捨五入してあるものの、割材の大きさが多少の大小があれ類似し、その条件下で細川家に関係する矢穴が三寸〜三寸五分、松平家に関係する矢穴が二寸五分〜二寸という大きさの相違は、時間軸、あるいは時間軸が同じであれば石工集団の技術格差を示唆しているものであろう。

(3) 東伊豆町大川地区の石丁場

東伊豆町のおよそ北東端、大川漁港の南西、約〇・五km、標高一〇二三・七mの箒木山より東南東に延びる尾根筋の末端部、標高約二〇〇〜九〇mの尾根から谷間にかけての約一km四方が石丁場である。ここにはやや深い三つの谷が入り、稜線を境界として、西側より谷戸山石丁場、谷戸ノ入石丁場、細久保石丁場が分布している。

江戸時代には、北川（当時は堀河）集落から山路で峠を越え、細久保石丁場の東側を経て大川（漁港）に抜ける旧下田街道が走っており、今日でもそのなごりを随所にとどめている。

『細川家文書』公儀御普請の中の「伊豆石場之覚」に、大川・北川に関する記事があり、その部分を抜粋すると、

　高百壱石五斗余
一　大川　荒浜ニテ御座候　御代官右同人（今宮惣左衛門）
　河名、稲取ニ舟をかけ日より見ニて石を積せ申候
　巳ノ年御普請尾張大納言様御丁場有
　先年御普請之時分は有馬左衛門佐殿丁場も有
　高弐拾四石奈良本之枝郷
一　堀河　荒浜ニ而御座候　御代官江川太郎左衛門
　河名、稲取ニ舟をかけ日より見ニて石をつミ申候由
　申候石ハ御座候由申候
　巳ノ年御普請ニハ紀伊国大納言様へ商人切上申候

と書かれている。巳ノ年とは、寛永六年（一六二九）を、先年とは、慶長期を中心として元和期を一部含むものであるが、これは、熊本藩が江戸城修築のための助役を予想して、地元の代官を通じて伊豆東浦・西浦の石丁場情報を入手し、まとめたものである。史実の信憑性は別として、大川・北川とも湊にめぐまれず、船積みに苦労した様子がうかがえる。

分銅門の谷と谷戸ノ入石丁場

この石丁場が注目されるようになったのは、平成六年（一九九四）、江戸遺跡研究会主催で『江戸時代の生産遺跡』

をテーマとする発表会が開かれ、その中で岡田善十郎・金子浩之の両氏が「伊豆石丁場遺跡調査の現状」と題する発表を行ったことに端を発する。その後、平成八年には、東伊豆町教育委員会による『東伊豆町の築城石』が刊行され、大川地区に所在する各石丁場の角石・刻印石・主要な割石等々の位置を正確に示した測量図を掲載することで、遺跡の全容がはじめて紹介されるにいたっている。

この石丁場を一言で表現するならば、約三七〇〜三八〇年程前の江戸時代初期の採石現場にタイムスリップしたかのような遺跡といえよう。今日、現存する石丁場の中では、最良の一つといえるものである。

さしずめ石丁場内には、自然石群、加工場としてのテラス、運搬待ちの様相を呈している刻印の施された平石群、採石・加工後に遺棄された残滓の山、谷間での角石の製作の様子、完成された角石と修羅道などが所狭しとばかりに分布している。

なお、これから論じる石丁場内での位置、名称については前述の『東伊豆町の築城石』に記述されているものを踏襲することにする。

修羅道と残置された角石

北東方向に開ける石丁場の入口に立つと、当時の修羅道を髣髴させる山道とその左手脇の角石がまず目に止まる。山道は、今日では簡易舗装され、小型トラック一台が優に乗り入れ可能な状態に整備されているが、当時の面影もとどめている。道幅は、約一・五〜一・八mを測り、最大斜度一五度余の所々急勾配の道が三〇〇m程続く。途中、谷間を流れるせせらぎを横切る。このせせらぎは、周囲の照葉樹と相交り夏期には涼をもたらしているが、地元には、採石当時、赤色（血）の水が流れていたという伝承が残されており、そのこと一つを取り上げても作業が過酷で、事故が多かったことを物語っている。

石丁場入口の角石は、小口面が三尺二寸×三尺（九五×九一㎝）、長さ七尺三寸（二二〇㎝）を測る所謂「百人持之

図 34　東伊豆町大川地区の石丁場

写真 86　谷戸ノ入石丁場
修羅道と角石①

写真 87　D1群　小テラスと分銅紋刻印石②

石」といわれる四～五トン程のもので、小口面には調整のためのやや幅のある線条痕、控えにあたる側面には、矢穴痕を顕著にとどめている。調製が終了しているとはいえ、必ずしも入念といえるものではない。しかし、完成品であり、それはこの角石の周囲には、製作した際に生じる余分な矢穴石や木端石などが全く認められず、角石が運搬途上で残置されたことからもわかる。

山道の奥まった右手には、本石丁場内で最大規模の一つである大角石が存在する。この大角石は、小口面が四尺三寸×三尺九寸（一四一×一一六㎝）、長さ一丈七寸（三二〇㎝）を測り、前述の角石よりも大きさが二倍を超えるものである。大角石は完成品であり、各面には調整が施され、とりわけ小口面などはやや粗いながらも線条痕をよくとどめている。運搬を待機しているかのようである。

谷間の小テラス

石丁場の入口から山道を一八〇m程登ると、右手に小さな谷筋が入り本流との合流地点付近には小テラスが形成されている。D1群である。テラスの面積は、二〇～三〇㎡程であるが、特徴的なこととして、山裾にあたる西側から谷筋にあたる南西側にかけて、あたかもこの小テラスを囲うかのように「(分銅紋)」の刻印石が弧状にほぼ等間隔で三個配置されていることがあげられる。刻印石は、いずれも小型の割石で、刻印は全て小テラスの中心を見据えており、人為的な配置であることを感じさせる。ちなみに、小テラスの中は、木端石や極小の矢穴石の残滓がいくつか目に止まるが、後述する斜面の中腹に形成されたテラスでのおびただしい中・小型の割石や時として角石や平石などの製品が残置されているようなことは全くない。つまり、テラスの形成という点では同一であるが、その目的は全く異なっているのである。中腹のテラスで特徴的な採石・加工という作業工程の様相が、D1群の小テラスでは、うかがえないことになる。兵庫県芦屋市東六甲採石場にある谷切石丁場では、斜面中程にテラスを形成し、そこからは採石・調整加工跡とともに焼土跡が発掘されている。他方、小田原市入生田の鈴木家が所蔵する『石切図屏風』には、崖下で採石した割材を加工している人工の姿とともにその隣には東屋があり、その中では火を焚き鏨に焼入れする人影が描かれている。D1群の立地や現状の様子などを考慮すると、積極的な証左はないが、採石道具の手入れを目的とするには格好の場所ではあるまいか。

写真88　B1群　角石の製作③

矢穴が語る角石の製作工程

D1群の南西側に隣接するB1群の景観は一変する。石の見立てで除かれた五〇トンはあろうかと思われる亀裂の入った自然石、大・小あらゆるサイズの矢穴の入った割石が堆く分布している。ここでは、角石の製作も行われている。それを、示唆する矢穴石がある。この石は、約一〇トン位の大きさで、角石の小口方向にあたる片方が自然面の丸味を帯びている以外は、あらかじめ荒割りされ、おおむね角柱状を呈している。その際、荒割によって生じた残滓はみあたらないことから、この工程（一次採石加工）は、他の地点で行われたことがわかる。B1群では、角柱状の割石から目的の角石をとるために矢穴列が穿たれている。矢穴列は、角石の側面にあたる上位平坦面に、長軸を決定するために直交するように二方向、さらに割落された小口面一方向のあわせて三方向に施されている。つまり、角石を製作するにあたり、一面ずつ決定し割落していくのではなく、複数の面をほぼ同時に割落していることになる。結果としてこの矢穴に、楔がかけられることはなかったが、矢割りによって製作しようとした角石のサイズは、小口面が四尺×三尺（一二〇×九〇㎝）、長さが六尺（一八〇㎝）となる。調整の工程が加わるが大体の規模は見当がつく。ちなみに、矢穴の大きさは、上面で二寸五分×一寸（七・五×三㎝）、深さが一寸五分（四・五㎝）を測り、総体的に小型のサイズのものといえる。

斜面上のテラスと採石・加工

谷間のD1群・B1群から西側・東南東側に面する斜面は、無数の小さな谷が入り、そのため起伏の富んだ地形が形成されている。最大斜度は、四〇度を超えるところもあり、総じて急峻である。山膚には、無数の割石や自然石などと共に広葉樹の低木がところどころに樹立している。本石丁場全体としては、谷に面する西側斜面の方が遺存状態が良好である。斜面での採石・加工は、浅い谷部でも行われているが、主体をなすのはやや広範なテラス面である。一例をあげると、山の稜線近くの巨石群と谷間のD1群とのおよそ中間に位置するK1群は、約一〇〇㎡の平坦面が形成されており、山側には大型の割材―この中には、矢割りによって三・四分割されているものがあり、それらには各々一個ずつ分銅紋の刻印が施されている―、谷側には平場が途切れるあたりから小型の割材が分布している。分銅紋の割石は、おそらく平石として運搬されるのを待機する状態にあり、他方谷側の割材は、無造作に重なっていることから遺棄されたものであることがわかる。平場内の中央では、埋没している石や矢穴石が数個、目に止まる程度で、とりあえず採石・加工作業が終了していることを示唆している。

斜面上のテラスでは、角石の製作も行われている。K1群の西側上位、約六〇ｍにJ1群が位置する。テラスは、等高線に沿って長さ約一〇ｍ、幅約六ｍと幾分狭小であるが、山側には、小口面を揃えて完成された角石二個が残置されている。角石は、斜面の上位側で土砂によって一部埋没しているが、その規模は、一個が小口面で四尺×三尺二寸（一二〇×九六㎝)、長さが九尺五寸(二八六㎝)、一個が小口面で三尺五寸四方(一〇五㎝)、長さが九尺七寸(二九一㎝)を測る大型のものである。控えにあたる側面の一部には矢穴痕が認められるが、相対的に丁寧に調整され、間隔の狭い密な線条痕が顕著である。ちなみに、採石・加工調整の際に生じた中・小型の割材は、K1群と同様、谷側に密集して分布している。

J1群とは谷を挟んで対峙するV2—A群においてもかつて四個の角石が存在したという。現在、ここは開発の手が及んだために、角石は、同町の奈良本公民館前や熱川海岸の道路脇などに移設・保存されているが、この事例もまた、斜面テラスでの採石・加工調整が行われたことを示唆している。

写真 89　K1群　小テラスと割石④

写真 90　J1群　斜面上位に残置された角石⑤

分銅紋の刻印の分布と採石工程における刻印の順位

谷戸ノ入石丁場が、通称「分銅紋の谷」といわれる所以は、おびただしい数の「⌛」の刻印が密集して分布していることにある。東伊豆町教育委員会の調査報告によると一〇二個が確認され、その数は、石丁場内での諸々の条件を考慮すると、増加することが予想されるという。この分銅紋の刻印は、自然石に彫られることはなく、長さが一〇〇～一五〇㎝程度の平石に用いられるサイズの割石のみに施されている。刻印の大きさは、長軸径が一三㎝のものが数点含まれているが、おしなべて四寸（一二㎝）で統一されている。分銅紋の刻印が施された割石の分布は、本石丁場全域に及んでいるのではなく、およそ中央部にあたるJ1群、谷間のD1群・E1―B群、反対側斜面のR6群の範囲に限られ、それは、東西約一八〇ｍ、南北約五〇ｍに及んでいる。ちなみに、この範囲内では、分銅紋以外の刻印は認められない。余談であるが、谷が開ける北東側の隣接地域では、「亅」・「井」・「〓」の刻印を散見するが、「〓」は皆無である。なお、前述の角石は、移設したものを含めて刻印・刻銘はみられない。

K1群に存在する割石の中には、その場所で矢割りによって三、四分割し、それによって生じた個々の割材全てに一個の分銅紋の刻印が施されていることは前述したが、その際、矢割りと刻印の前後関係については、興味深いところがある。それを知る格好の資料が、D1群に隣接するE1―A群の割石の中にある。それは、一見すると角脇石のような形状をとり、上面中央には長軸に沿って矢穴が一列穿たれている。矢穴列は、この割材を再度、二分割を試みたことを示唆するものであるが、周囲を見渡すとその延長上の側面には、左右の間隔を保ちながら上下の位置に分銅紋が二個彫られている。仮にこの割材の矢穴に楔を入れたならば、前述のK1群の資料と同様、分割後、個々に刻印をもつことになる。しかし、矢穴を穿っている段階で、刻印が入った側面にヒビ割れが生じたために分割を断念している。すなわち、分割する前に、あらかじめ刻印を施しているのである。

稜線近くに帯状に分布する自然石巨石群

本石丁場のもう一つの特徴として、稜線近くにおびただしい数の自然石巨石群が分布していることをあげることができる。それは、西側斜面に顕著であり、前述の斜面上最高位にあるテラスJ1群のさらに上位、三〇ｍ程の標高二〇〇～二一〇ｍに、東西方向に六〇ｍ以上続く光景は圧倒される。五〇～一〇〇トン級の巨石はもとより、中には二〇〇トンはあろうかと思われるサイズのものが含まれ、それらが積重なり、斜面から迫出し、今にも崩落するかのよう

写真91　E1-A群　分銅紋二個と矢穴⑥

写真92　自然石巨石群⑦

な景観をとどめている。
すなわち、採石・加工という視点からみると、多くの危険を伴うが素材に不自由することは無く、作業の継続がまだまだ可能であることを示唆している。その後に生じるかもしれない採石作業を予測し、石の確保を狙ったものであるかもしれない。なお、これら自然石巨石群には、刻銘・刻印を見出すことができない。

分銅紋の帰属と採石時期

分銅紋を用いた大名として、出雲国松江城主の堀尾山城守が知られている。『寛永重修諸家譜』には、堀尾家の家紋を「分銅紋」とあり、また、『藩史大辞典』には、同家の家紋を「抱みょうが」とし、他に「分銅紋」と「五三桐」を使用とある。堀尾家が分銅紋を用いるようになったのは定かではないが、『新修島根県史』によれば、豊臣秀吉に仕えた天正七年（一五七九）、播州姫路三木城主別所小三郎との戦において

一、天正七年播州三木城主別所小三郎ヲ御取巻ノ時、霧峰ニテ鑓ヲ合ス。
一、同所ニテ谷大膳討死ノ時、滑川端ニテ鑓付、首討

取、此時分銅紋付タル旗三本御持鑓拾本拝領、……

の記述がある（送り点筆者、「堀尾家記録　堀尾帯刀公勲之覚」）。仮に、この記事の信憑性が高いとするならば、戦功によって秀吉より分銅紋の入った旗三本と槍一〇本を賜っており、それが分銅紋を用いる契機となった可能性は十分ある。

堀尾家が石垣の刻印に分銅紋を用いた事例は、居城の松江城をはじめとして、助役を命じられた大坂城、篠山城、駿府城などで報告がある。江戸城の天下普請では、寛永年間には名を連ねていないが、慶長十一・十九年には助役を命じられている。表29には、同家の石丁場が「江之浦」に存在したことが記されているが、同時に大川の谷戸ノ入石丁場を確保していても何らおかしくはない。

江戸時代における松江藩主としての堀尾家は、吉晴、忠氏、忠晴と続くが、三代忠晴が寛永十年（一六三三）、若くして病死すると嗣子がないことから、家名は断絶し、治世の終焉を迎える。二代忠氏は出雲守、三代忠晴は慶長十五年（一六一〇）、元服の後、山城守に任ぜられており、前述の「伊豆石場之覚」には三代山城守忠晴が登場している。また、「堀尾古記」にも江戸城普請に関する記述は、忠晴が藩主の時に限られている。

考古資料でみると、矢穴の大きさが一つの手がかりとなる。東伊豆町教育委員会の調査報告書によると、計測したサンプル資料がいささか少ないものの、分銅紋が確認された支群では、矢穴の長軸径が七〜八・五㎝であるという。筆者が観察したものでも同様のことがいえ、割材の大小に限らず一〇㎝を超えるものはまずみあたらない。一般的に、慶長期のものは長軸径が一〇㎝を超える大型の矢穴が多く、時間の経過とともに小型化することが指摘されている。これを参照すると、谷戸ノ入石丁場の所謂、分銅紋の谷での採石・加工は、慶長期に溯ることはなく、元和・寛永期と限定してまず大過なかろう。さらに、江戸城普請と対応させると寛永期に下ることが高いであろうか。

分銅紋と江戸城石垣

分銅紋の刻印が入った石垣を江戸城で捜すと、二箇所は確実に存在する。一箇所は、外桜田門高麗門左手の石垣にあり、他に「○・大」、「○」、「⊜」、「⊕」、「て・⊙」の刻印も認められる。一箇所は、清水門渡櫓門右手石垣と同・外枡形南壁の石垣にある。前者は、他に「○」、「回」、「中」、「❦・❦・㋥」、「十・⌓」、「⧖・∞」、「∞」、「⊛・∪」、「」」・十」、陽刻で「㊀」が、後者は、「⧖」、「○・)」、「イ」、「∞」、「十」、「⊛」、「㊂」、「⁘」、「回」の刻印も認められる。実に多彩である。外桜田門、清水門の石垣に、分銅紋以外の多くの種類の刻印が認められることは、第二章6刻印の調査で述べたように、各石垣壁面を採石した大名一家がそのまま丁場普請を負担したものではないことを示唆している。

次に、分銅紋に限って検討すると、江戸城の刻印は、大きさと石質細部の特徴が、谷戸ノ入石丁場のものとは異なる。計測可能な清水門の場合、長軸径が六寸五分（一九・五㎝）を測り、谷戸ノ入石丁場の四寸（一二㎝）と比較すると明らかに大きい。計測はできないが、外桜田門の刻印も同様である。

これらの相違は分銅紋の帰属が堀尾家であったとしても、外桜田門や清水門でみられる同刻印石は、谷戸ノ入石丁場で採石・加工されたものではないことを示唆している。

「羽柴左衛門大夫□」銘の角石と細久保石丁場

旧下田街道を北川集落から峠を登り、大川集落に下っていく途中、山間が開ける旧道の右手脇に、修羅道をはずれ乗り上げた角石が残置されている。この角石は、地元では「ぼなき石」の名で親しまれている。

刻銘・刻印がある角石

旧道に沿って残置された角石は、峠側にあたる南小口面が平滑であるのを除き、他の面はいずれも線条痕による丁寧な調整が施され、控えにあたる長軸は、その横断面形が、各辺が緩やかな膨らみをもつ弧状に仕上げられており、大名の献上角石としては完成品といえるものである。その規模は、平滑な小口面が、四尺四方（一辺が一二〇㎝）、もう一方の小口面が四尺×三尺四寸（一二〇×一〇二㎝）、長さ八尺二寸（二四七㎝）を測る。

特徴的なこととして、平滑な小口面に刻銘と刻印が施されている。刻銘は、彫りが浅く、文字は二行にわたり、そのはじまりは小口左上端から一行目は風化・剝落によって判読することができないが、二行目には、

羽柴左衛門大夫内

とある。小振りで偏在しているもので、現状は九〇度左に横転している。刻銘は、一文字判然としないが、内ならば、家臣であることを示唆したものであろうか。熱海市下多賀瘤木石丁場の標識石では「浅野紀伊守内・右衛門左」の金石文が知られている。

他方、刻印は、彫りが深く小口面の中央に「㊂」（丸に二ッ雁）が施されている。直径七寸（二一㎝）のやや大型の刻印で、「羽柴」の銘に対しては逆位の関係にある。両者の有機的関連は不明であるが、角石の同一面に、大名の名の入った刻銘と刻印とが彫られている事例は、管見ではあるが、他に類をみない。伊東市宇佐美御石ケ沢第二地区石丁場で松平宮内少輔（池田忠雄）の標識石が発見されている。それには、刻印を含めると二行にわたり、「松平宮内少石場・「┐」」とある。刻銘は石の中央に、「┐」の刻印はその左側に正位で彫られているのである。

写真93　「羽柴左衛門大夫□」銘の角石

「羽柴…」銘角石の製作時期

角石にある「羽柴左衛門大夫」とは、安芸国広島城主（四九・八万石）の福島正則を指すもので、豊臣秀吉より「羽柴」の姓を賜った二十余名の大名の一人である。江戸城天下普請では、慶長九年・同十一年・同十九年に助役を命じ

られており、前述の『細川家文書』「伊豆石場之覚」の中にも先年、福島正則が大川に石丁場を持ち採石したことが記述されている。その後、元和五年（一六一九）、居城の広島城を無届で改修した科で改易され、信濃国川中島高井野村へ追放されている。

すなわち、文献史料や刻銘に「羽柴」の姓を用いていることなどから、この角石の製作時期を慶長期とみてほぼ間違いがない。また、運搬路から、今日の細久保石丁場群内に同家の石丁場が存在したであろうことが推察できるのである。

細久保石丁場群

北東方向に延びる山の稜線に小さな谷が開けているが、このうち最も深い谷を持つ旧道に面する石丁場を細久保A石丁場、それより北に浅く開く石丁場を細久保B石丁場と呼称する。細久保A石丁場は、支谷が東に開くA1群〜C2群と深い谷間のF3群〜E6群からなる。

細久保A石丁場

「ぼなき石」より旧下田街道を北川方面（南側）に約二〇〇ｍ、道を挟んで小支谷から標高約一四〇ｍの稜線上にいたる東西一〇〇ｍ、南北五〇ｍの範囲がA1群〜C2群である。狭小な石丁場である。旧道に隣接する山側には、一〇㎡程度の小テラスがあり（A2群）、小型の矢穴の入った割材が四〜五個散布し、その中の一つには、長軸径五寸（一五㎝）を測る「」の刻印が認められる。同刻印は、最上位に位置するC2群でも認められる。支谷を二〇〜四〇ｍ程登ると、A2群よりやや広い小テラス（B2群）があり、そこには、角脇石一個と平石数点が並んでいる。運搬前の収集された様相を呈している。B2群とA2群との間の斜面には（B1群）、長軸径一〇〇〜一五〇㎝程度の矢穴の入った割材が二〇点余り集積して分布し、それは、採石・加工の際に生じた残滓を遺棄したようにもみえる。この割材の中には、「」と「田」の小型の刻印石各一個が含まれている。稜線上にテラスを形成するC1群は特徴的である。広場は、約一〇〇㎡ほ

写真94 「田⁂」の刻印石

どあり、角石等の完成品は皆無であるが、B1群と同程度の割材が点在している。また、山側には、一〇〇トン余りの自然石があり、相反する面の上位に「田」と「井」の刻印が彫られている。刻印は、ともに五寸程度の小型のものであるが、巨石の位置から標識や境界を意味するものと考えられる。C1群では、この他に自然石に「⊕」の刻印一個が認められる。C1群に隣接して北西に位置するC2群は、二〇～三〇トン位の自然石と北西斜面に面して小テラス、やや大型サイズの矢穴石十数個が分布している。最上位に位置する自然石は、中央に矢穴が一列穿たれ、その脇には刻印が彫られている。刻印は、「田」と「⁂」が重複しているようにもみえ、そのため「田⁂」となっている。観察所見では、彫りの深さから「田」の刻印の方が新しいように思われる。ちなみに、この刻印石は、前述のC1群の自然石に両面施された刻印との位置関係でみると、C1群の「田」の方向側にある。なお、C2群での採石矢穴は、間隔が密に穿たれ、その規模は、二寸五分（七・五～八㎝）とやや小型サイズのものである。作業は、活発ではなかったといえる。

細久保A石丁場で主体をなすのは、前述の石丁場の北西に位置する谷間の石丁場で、谷が開ける北東から南西方向の谷間だけでも二五〇m程続いている。名称としては、谷が開ける東側より、順次F3～F1群、D1群、D2群、E1～E6群とつけられている。E5・E1群が斜面にあるのを除くと、いずれも谷間にある。稜線から斜面には、一～一・五m程の小振りの自然石が点在するが大型のものはみあたらず、そのため、ここでの採石・加工作業は、ほぼ終了に近い状態にあったといえる。最も特徴的なことは、谷の最深部近くE3群の谷間のテラスに完成された角石五個が残置されていることである。角石の大きさは、小口面が二尺七寸×二尺（八一×六〇㎝）～三尺二寸×二尺六寸（九六×七八㎝）、

写真95　E3群　谷間のテラスに残置された角石五個

写真96　「卄」の自然石

長さが五尺二寸（一五七㎝）～六尺二寸（一八七㎝）と全体的に小振りで、各面の調整は、矢穴痕はないものの粗々しく仕上げられている。付近には、二ｍ程の自然石も散見するが、一ｍ前後の矢穴石やそれ以下の残滓・木端石が広く分布し、谷間テラスでの角石の加工・調整の様子をよくとどめている。ちなみに、矢穴の大きさは、二寸五分（七～七・五㎝）程度の小型のもので占められている。E3群が面する急峻な斜面では、大型の自然石や矢穴石をほとんどみかけないが西側の上位約三〇ｍには（E5群）、高さ二・五ｍの巨石を二分割した矢穴石と矢穴が穿たれた中型サイズの自然石二個（うち一個は、一つの面がすでに矢割りされている）が近接している。このうち前者には、自然面に小型の刻印、「卄」が施されている。E3群の角石群とE5群とは、両者の位置関係から、有機的関連があるものと考えられる。E3群からみて谷が開ける東側では、谷間に中型サイズの割石が点在する。その中には、刻印石も数点含まれ、D2群の「∴」一点、D1群の「田」三点、F1群の「ㄅ」一点などがある。

細久保A石丁場の帰属大名を考えると、「∴」と「田」

の刻印が手がかりとなる。「⁂」（結三輪違紋）は、『駿府城石垣刻印調査報告書』によると、同城二ノ丸、三ノ丸の石垣で「⊕」、「㊂」、「◎」の刻印などとともに認められ、紀伊国和歌山城主、浅野紀伊守幸長とある。熱海市下多賀瘤木石丁場の同家標識石には、「⁂」はないが「⊗」の刻印が彫られている。浅野家は、江戸城天下普請では、慶長九年、同十一年、同十九年の助役を命じられている。江戸城石垣での結三輪違紋は、それ一種類のみで構成されている石垣はないが、富士見櫓東・南壁の一〇〇点以上という濃密な分布を筆頭として、下梅林門左手の天神濠に面する石垣、下乗橋右手（休息所裏手）石垣、パレスホテル脇の和田倉濠に面する石垣、清水門渡櫓門石垣などで認められる。そのうち、慶長期の所産と考えられている富士見櫓の刻印と比較すると、細久保A石丁場の方が一寸程度小さい。同石丁場での矢穴の規模も前述のように小型である。すなわち、「⁂」の刻印は、浅野家に関連するものと考えられるが、それは、慶長期ではなく、元和・寛永期であろうか。

「田」の刻印は、大坂城石垣刻印調査によると、金澤（前田）中納言利常、細川越中守忠利、織田河内守長則が担当丁場で使用したとある。細久保石丁場では、これに浅野家を加え検討する必要がある。このうち、細川家は、同家文書の「伊豆石場之覚」に大川での採石記事がないことから除外してもよかろう。一方、浅野家とした場合、C2群の刻印石が気になるところである。同家の複数の家臣や石工棟梁らが一つの石材に「⁂」と「田」を重ねて彫る必然性はみあたらない（石丁場の帰属変更の場合にも類例はない）。前田家とした場合には、可能性が高い。D1群からは、大川ではみかけない長軸径が一尺一寸（三三㎝）を測る大型の刻印が発見されている。また、寛永六年（一六二九）には山内家の稲取梅木沢の石丁場を松平隠岐守、細川越中守、前田肥前守の三家に譲り渡した文書が残されている。これらのことは、積極的な証左となるものではないが、考えられなくもない。

細久保B石丁場

この石丁場は、支谷が浅いために南西方向に約一〇〇m、幅四〇m程の狭小な範囲にS7～S10群から構成されている。

遺存状態は良好ではないが、刻印と矢穴の規模に特徴を持つ。刻印は、まず支谷が開くS10群で、おおむね等高線に沿って、「⊕」の割石三個が並ぶ。さらに、その南西約四〇〜五〇mのS9群には、「〇」三個と「⊡」・「⊚」・「マ」・「⁂」などの刻印が、そして最深部のS8群には「⌛」と「⌐」が各一個分布している。これらの刻印は、いずれも長軸径が四〜五寸と小型のものである。田端寶作氏の『駿府城石垣刻印調査の謎』によると、福島正則が担当した駿府城二之丸坤重櫓台付近の石垣や居城の広島城で、「⊕」・「⊗」・「⊚」・「⌓」・「十」・「△」の刻印が認められるという。また、巨石はないが割石にみる矢穴の大きさは、三寸五分前後（一〇〜一一㎝）と細久保A石丁場のものと比べて一寸程大きく、古い様相を呈している。

この二つのことは、細久保B石丁場が福島正則の石丁場であることを決定づけるものではないが、「羽柴左衛門大夫[内]」銘の角石との位置関係から推察するとその可能性が高いといえよう。

(4) 東伊豆町稲取地区の石丁場

稲取港周辺に残置された「進上　松平土左守」角石

静岡県伊豆東海岸部東伊豆町稲取地区では昭和五三年より稲取ふるさと学級や東伊豆町教育委員会によって踏査が行われており、角石や刻印の確認とともに文献資料との照らしあわせも行われている。

現在稲取には稲取港周辺に、愛宕山・本林・向山・向田・磯脇の石丁場群が確認されている。これらの石丁場は、慶長十一年（一六〇六）三月より着工された江戸城石垣工事に関係する丁場といわれている。

普請の助役を課せられた土佐山内家の文書によれば、二月上旬藩主以下家臣が江戸に出発し、築城用石材の運搬のため、家臣の百々越前安行らを伊豆稲取村へ派遣したことが書かれている。

この普請で山内家には石垣二一七坪五尺の工事請負と、百人持の石を二二四〇個差し出すことが課せられている。

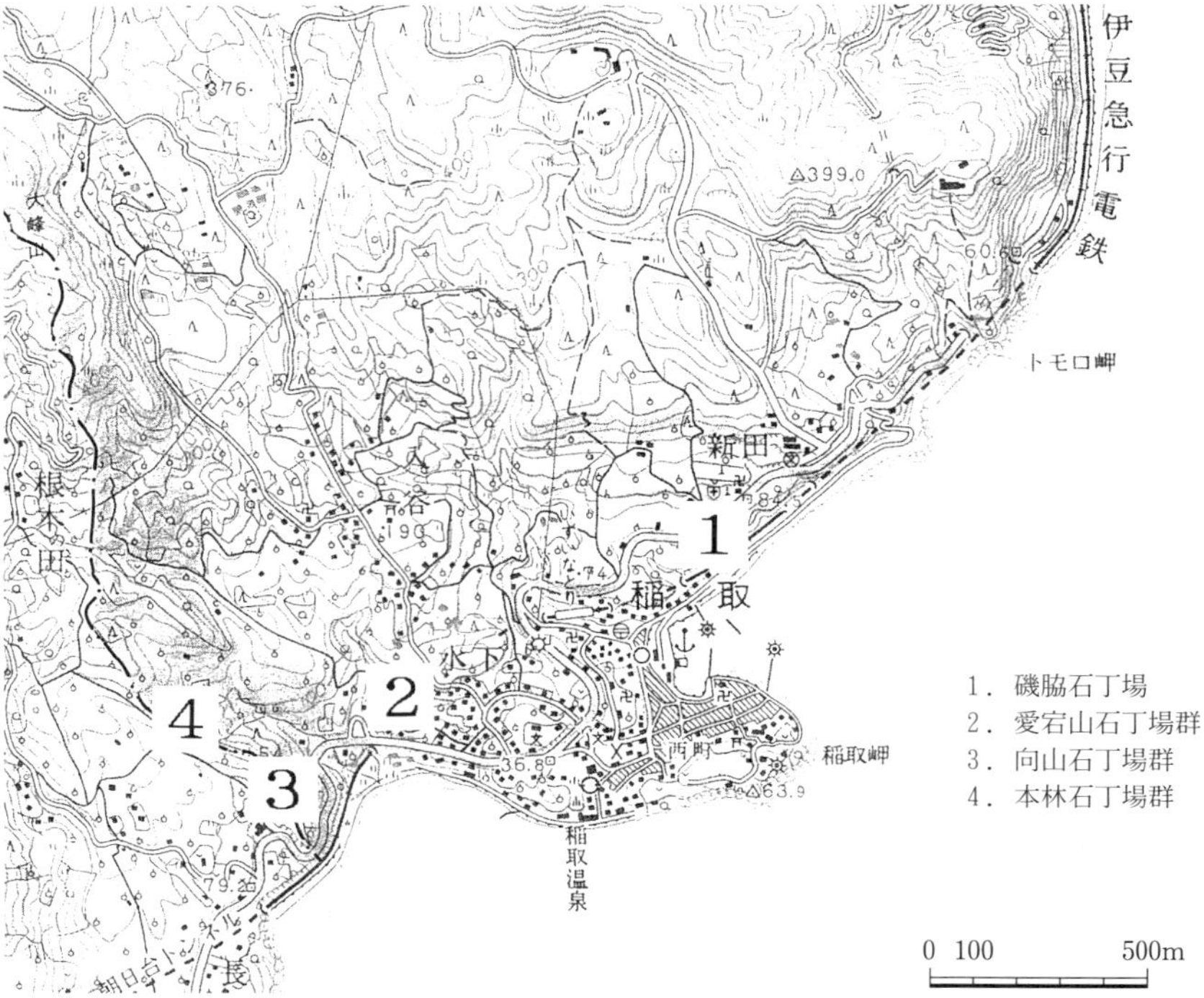

図 35　東伊豆町稲取地区の石丁場

その後も駿府城修築の木材寄進（慶長十二年）・駿府城修築の助役（慶長十三年）丹波篠山城普請手伝（慶長十四年）・名古屋城普請助役（慶長一五年）・江戸城、駿府城普請助役（慶長十七年）と続いている。慶長十九年（一六一四）の助役は大阪冬の陣のため中止されている。元和六年（一六二〇）には大阪城の修築が行われており、その前年に幕府に対して普請用石材を献上している。また『山内氏時時代史稿　巻二』には大阪城修築のため江戸の神田・新橋・鍛冶橋・八丁堀といった石置き場や稲取より石材を献上したことが記載されている。このため、山内家が普請の助役を受けた時、すぐに普請用石材を使えるよう備蓄していたことがうかがえる。

　稲取港周辺に確認されている角石は八点であるが、このうち五点に「進上　松平土左守」の刻印が残されている。前述のように普請用石材として、すぐ積み込めるよう備蓄していたと考えられる。稲取漁港の防波堤には矢穴を持つ石が確認されているので、当時多くの石材があったことがうかがえる。

稲取港周辺の角石

伊豆急行稲取駅より海岸部に向い、T字路を左折した先に栗田氏宅がある。この家の西側には「御進上　松平土左守　十内」（幅七五cm・長さ一一〇cm）と刻印された（縦三〇七cm・横一三五cm・高さ一二八cm）角石が存在する。県道新設工事（昭和七年頃）のため現在の場所に移動されたが、五〜六m移動するのに延べ一〇〇人近くが三日間費やしたと伝えられている。さらに東側には「進上　松平土左守」（幅三八cm・長さ六一cm）と刻印された（縦三〇〇cm・横一二三cm・高さ一〇五cm）角石も存在する。

ここより約四五〇m南西に登った吉祥寺にも（縦二六五cm・横一一〇cm・高さ一〇〇cm）角石がある。ここには土佐山内家を表すと思われる柏の葉の刻印「」（幅二一cm・長さ五三cm）が施されている。

吉祥寺の裏山は丁場だったらしく、刻印が残された原石が確認されている。また稲取の岬にある八幡神社にも「進上　松平土左守」（幅一〇cm・長さ五八cm）と刻印された角石（縦二四六cm・横一一二cm・高さ一一〇cm）が存在するが、明治四二年に日露戦争忠魂碑の台石として海岸部にあったものを総出で運んだと伝えられる。

このように後世に移動された角石もあるが、そのほとんどが海岸部に残置された状態といえる。ただし、地中に埋もれてしまっている角石もあると稲取ふるさと学級『江戸城・大阪城と伊豆石—伊豆稲取—』には報告されている。

細川家文書「伊豆石場之覚」によると、松平土佐守忠義の石丁場の後、松平隠岐守定行・細川越中守忠利・前田肥前守利常が寛永六年（一六二九）にこの地に石丁場を持っていたことが判っている。このことからすると「進上　松平土左守」の角石はこれら大名が寛永六年の時には使用しなかったため、現代にいたるまで残置されてきたこととなる。大名文書にこのことに関する覚書等が確認されれば、当時の風習の一考察ができると思われる。

写真 97 「御進上　松平土佐守十内」角石

稲取港より奥に入った石丁場

磯脇石丁場

稲取港から北東に約三〇〇m。県立稲取高等学校へ向かう道下に位置する。刻印「⊗・⊗・中」が施された（縦五二〇cm・横四〇〇cm・高さ三四〇cm）原石と、「進上　松平土左守」の銘が彫られている（縦二六四cm・横一二八cm・高さ一二六cm）角石が存在していた。ホテルの建築の時に所在が不明になっている。道路より上の部分は開発行為が進んでいるため、当時の状況をうかがうことができない。

写真 98　稲取港

磯脇より上部には町営の共同墓地が存在しているため、多くの石材が後世転用された可能性もある。

愛宕山石丁場群

愛宕山石丁場群は稲取港より西側約一㎞に位置する。台地の北側斜面部標高一一六ｍから八〇ｍにかけて分布しており、範囲は約二〇〇ｍ四方である。北西部に位置するものはＡ１群、割石や角石が存在するものをＡ２群と呼称されている。

Ａ１群はみかん狩り園の中にあり、離れた形でぽつんぽつんと斜面に分布する形で割石が確認されている。この付近は段々畑になっており石垣が多くみられる。このため、多くの石材がこれに転用されたと考えられる。最も北西部に位置する割石には「〓」（幅四㎝・長さ八㎝）の刻印もみられる。

Ａ２群は愛宕山中腹部にあるが、現在は耕作が行われていないためかなり荒れた状態である。山頂部にある愛宕神社から下りるより、下に位置する果樹園道路から入ったほうが早く到達できる。このＡ２群の中心部に縦一五〇㎝・横一〇〇㎝・高さ一〇〇㎝の角石が存在し、「進上松平土左守」の銘が彫られている。南側部の一部が割られているが、これは昭和に民家新築が行われたときに建築石材として落とされたものである。幸い由来のある石であることが判り使用が中止されている。

現状はつる草に覆われており、刻印等が判別しにくい状況となっている。

周辺部に刻印を持った自然石が認められるが、愛宕山北側傾斜部にとくに集中している。そのため愛宕山山頂付近の自然石には刻印がみられない。北側下部には修羅道らしきものが残されており、その道からみえるように刻印が施されていることと考えられる「標識」として使用するため刻印が施された可能性がある。

向山石丁場群

東伊豆町と河津町の境に位置する。山頂部分の現状はみかん畑となっており、許可がなければ入ることが出来ない。

国道沿いに角石や刻印石が確認されているが、国道拡張工事により現在失われている。ここにみられた刻印は「井」「回」「井・回」「回・井」で同一性があり、特定の大名丁場であったことがうかがえる。

稲取周辺に残されている刻印からどのようなことが推察できるのか

稲取の刻印は原石に多く見られる。愛宕神社周辺部には「田」が五点。「中」が二点。「㊦・田」「⊕」「⋈」「や」「□」「田・□」「⊕」「×」が各一点づつ確認されている。また、本林から向田にかけては「回」が九点、「井」が三点、「井・回」が二点、「日・井」「⊖・井」「◎」が一点づつ確認されている。角石には「進上　松平土佐守」の刻印があるものが五点、「⊜」が一点、「□」が一点、不明・刻印なしが一点づつである。原石では多くの刻印がみられるが、石丁場ごとに刻印の変化がみられる。大名丁場ごとの刻印の違いだと考えられるが、今日にいたるまで範囲や距離などを示す「境界石」は報告がなされていない。これは、周辺の熱海市や伊東市にみられる石丁場と比べると特異な点といえる。

原石に刻印がみられる状況から、稲取港に築城石を運び出した石丁場は愛宕山とその北北西部。稲取駅周辺部。稲取高校周辺部。吉祥寺周辺部と推察される。本林から向田にかけては志妻川周辺部に刻印石や角石がみられるため、稲取港までは築城石を運び出すよりも志妻側から海岸部へ搬出していたように思われる。また確認されている角石も「進上　松平土左守」ではなく「回」の刻印である。

慶長十一年（一六〇六）の松平土佐守忠義の石丁場は、角石に残される刻印から稲取港周辺部と愛宕山周辺部だったと推察できるのではないだろうか。当初は港周辺部での築城石の切り出しが行われたが、石材の不足により山中へと移動したことは十分推測できる。しかし、この時点で志妻川周辺部の大名丁場の存在を確認するには、文献等の史料が必要と思われる。

ここで、寛永六年（一六二九）の各大名の石丁場について考察していきたい。

熱海市網代の聞間家文書「御用留」の中に、

一、細川様御石丁場ハ、御林ノ御石ノ沢三衛門丁場在之、御石印　也…

とある。これを稲取地区で確認されている刻印に当てはめると、愛宕山周辺部にこの刻印がみられるが、その他の地域にはこれがみられない。

角石は「進上　松平土左守」の刻印がみられるが、前述のとおり大名の名前が入った角石を他の大名は使用していないため、細川越中守忠利の石丁場であった可能性が考えられる。また注目したいのは、これら刻印をもった原石は山に沿った形で東側部に集中している。このことから、これらの刻印は大名丁場を特定できる「標識石」の意味を示すものではないかと考えられる。

このために「境界石」が必要ではなかったと思われる。ここで考えなければならないのが本林から向田にかけての志妻川部に、同じように刻印が施された原石群がみられることである。稲取地区を分割するように、松平壱岐守定行・細川越中守忠利・前田肥前守利常の大名丁場が存在していたと考えられる。志妻川周辺部で確認されている刻印がどの大名家を示すものなのか、また愛宕山以東にみられる「卍」・「井・⊜」・「⊗・⊗・ф」の刻印がどの時代のどの大名丁場を示すのか、さらに丁場を図示した大名文書が出てくれば、当時の状況を知ることができると推察される。

問題点としては、寛永期の大名丁場に大名や家臣の名・藩名等の刻印が確認されていないことである。また築城石の搬出方法の考察も行わなくてはならない。

寛永期の稲取の大名丁場はそれぞれ離れていたため「標識石」を用いず、刻印のみで代用した可能性もある。丁場の規模もこれに係ってくる問題である。さらに、搬出する湊の位置も考えなければならない。普請大名がそれぞれ湊を持っており、区分する必要がなかったとも考えられるが、限られた史料では十分な考察はできない。

寛永期後の丁場の状況も今後調査していかなければならない。江戸時代の石丁場には大名丁場・商人丁場・村請丁場等があるが、東伊豆町の谷戸ノ入石丁場のように御留山になっていたとも考えられる。今後、十分な検討を要する事項である。

今回は、刻印による大名丁場の推定を試みた。今後さらなる史料により、埋もれた歴史に一光を与えることができれば幸いである。

六　「石曳図屛風」の解釈と修羅・石船

(1)　屛風図の由来

神奈川県足柄下郡箱根町湯本の「早雲足洗の湯」として伝承由来を持つ湯場『和泉』に、採石から船積み・出航にいたる絵巻「石曳図屛風」が所蔵されている。この絵巻をはじめて紹介した伊東市の郷土史家、鈴木茂氏によると、この絵巻は、現所有者の下田愛子氏の亡夫昌男氏が、戦前、小田原藩の人足口入業者であった風祭の三浦家から入手されたとのことである。その後、六曲屛風であったものを黒縁の重厚な衝立に表装し直し、現在ではロビーに展示されている。

画面の寸法は、縦一一四・〇cm、横二三三・五cmを測り、図は、赤・緑・黄・黒の四色による彩色を施し、色鮮かな細密画として描かれている。紙面に残されている痕跡から、元来は、絵巻物形式であったと考えられている。

今日、「紙本著色石曳図屛風」の名称で、箱根町指定文化財となっている。

(2)　九場面とその解釈

屛風図は、三段九場面からなる。上段右側より雨中の石取り、山頂より修羅を用いた石出し、山中での道の整備、吊籠を用いた石取り、中段右側より修羅を用いた石引き、石の検収所、下段右側より磯場での修羅ごと箱船にのせる艀《はしけ》積み、双胴船形式をとる本船への石積み、石船の出帆の景観が描かれている。

すなわち、採石・運搬にはじまり、石船への船積み・出帆と石丁場における一連の作業工程が全て描かれているのである。

石取り

二つの場面が描かれている。一つは、雨中に蓑笠をつけた役人とおぼしき人物が険しい山道を登っていき、山頂の石取り場では、石工や人夫が鶴嘴や鍬を振い、梃子を用いて石を露出したり、矢穴を打ち込んでいる景観（写真99）。一つは、断崖絶壁の頂部に杭を打ち込み、これに綱を結んで固定し、もう一方を崖下に垂らし、これに吊籠をくくり、それに乗った人物が玄翁と鏨を持ち矢穴を穿っている景観（写真100）。綱は三本垂下し、崖上には杭と綱の様子をみながら合図を待つ三人の人影、吊籠には合図を送る人物も描かれている。

また、前者には、天秤棒に土砂を積み運搬している人夫がみられる。石取りにあたり、余分な草木を伐採したり、石を掘り起こしたり運搬しやすくするために土砂の排出などは不可欠となる。香川県牟礼・庵治の石工用具の中には、丁場造成用具として草木を伐採するためのノコギリ・ナタ・ヤマガマ、土砂を排出するためのツルハシ・トンガ・オタフクなどがコレクションされている。本図には、草木を伐採する場面はみられないが、石取りによる山頂部の平坦化や土砂の運搬の様子などは、造成しているかのようである。伊東市ナコウ山の「羽柴越中守石場」の標識石がある石丁場の景観は、加工された石をとどめていないものの正にこれと重ねることができる。同様に、後者では、伊東市富戸の海岸に面する急峻な崖面を好例とする。

なお、二つの場面に共通していることとして、石取りに矢割り技法が用いられていることを看過してはならない。伊豆東浦の石丁場では、前節で述べたように各所で矢割りの光景を目にする。つまり、この図二つの場面は、考古学

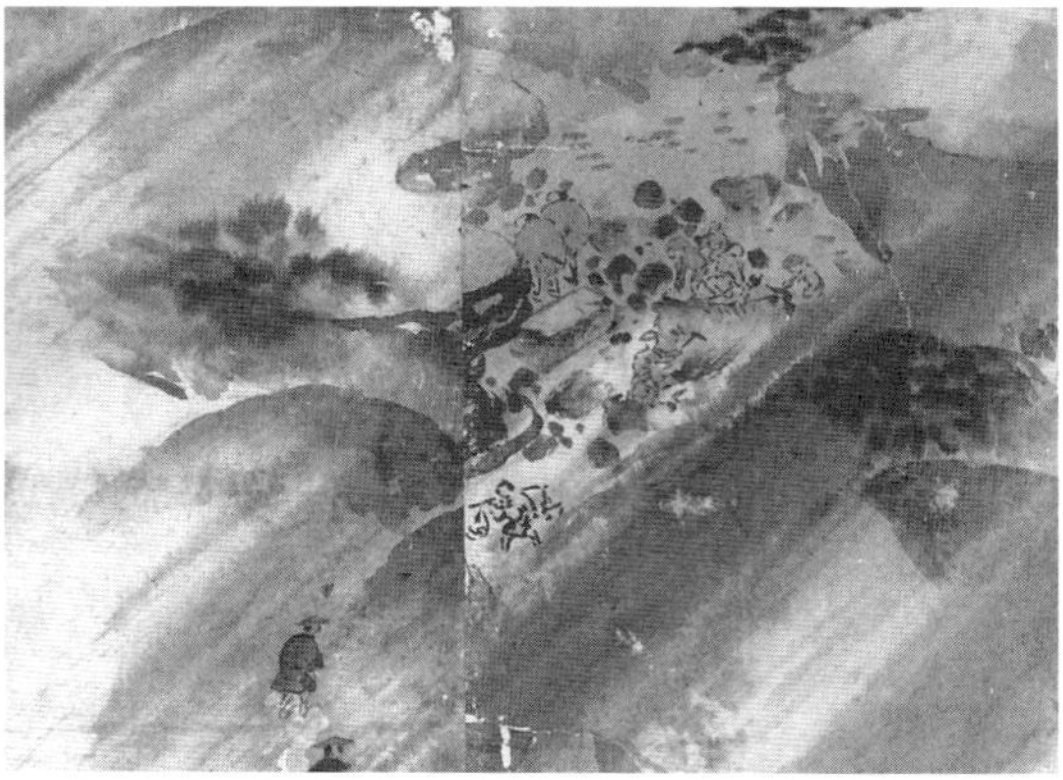

写真 99　「石取り」場面、部分「石曳図屏風（部分）」（下田愛子氏所蔵）

写真 100　崖面での石取り「石曳図屏風（部分）」（下田愛子氏所蔵）

的にも裏付けされた史実である。

石引き（修羅引き）

二つの場面があり、共に修羅引きの様子が描かれている。一つは、上段の石取りと道普請の場面との間に挟まれているもので、山頂近くで採石した角石を修羅にのせ、急斜面を一気に滑り落とす景観。角石は修羅にしっかり固定され、後部には一本の綱を結び、綱の片方は山頂に達し、そこでは地面に打ち込んだ杭に綱を巻付け、数名の人夫で徐々に綱を緩めることで修羅のスピードを調節しようとしている。しかし、その過程で綱が切れ、修羅は暴走し、斜面の人々は難を逃れようとしている（写真101）。一つは、中段右手に幾分、誇張されて描かれているもので、山の斜面から里にでる少し手前の幾分、勾配が緩やかになったところを、優に五〇トン以上はあろうかと思われる大角石を、先端が彎曲した梯子状の軸木と横木を組みあわせた修羅に固定し、大角石の前端中央には「上り藤に大」の藩旗と幣束を立て、その左右には、扇を持った音頭取りとおぼしき人物と立ち上がっている人物が、舳先の左右には足を投げ出した人物が二人ずつ描かれ敷木の上を滑走する景観が描かれている（写真102）。

後者の修羅の前端には鉄環が二ケ所付けられ、環には各々二本ずつの太綱をかけ、それを少なくとも七〇名以上の人夫で引き、修羅の側面と後部には、梃子を持った人夫達三〇～四〇名程で押しやり、修羅の後部には一本の綱が結ばれ、片方を木の根本に巻き付けている。梃子を持つ人夫達の背後にも、修羅のスピードの調節や修羅引きの交代要員と考えられる人夫達が描かれている。また、水桶を天秤棒にかついだ人影もみられる。人夫達は、半裸姿や着物を纏った姿など様々であるが、太綱を引いている脇に、羽織姿に扇を持ち、振りかざし音頭取りをする二人の人物もみられる。つまり、この画面には、修羅引きの景観として、ざっと一五〇名前後の人物が描かれていることになる。

写真101　斜面を暴走する修羅「石曳図屛風（部分）」（下田愛子氏所蔵）

修羅道が当時のままの状態で現存す

写真102　修羅引き「石曳図屏風（部分）」（下田愛子氏所蔵）

ることはまずない。しかし、石丁場の地形を考慮すると、熱海市下多賀中張窪遺跡の谷間を約二〇〇m程、比高差にして五〇m程を直線的に延びる道や、東伊豆町大川谷戸ノ入石丁場の谷間の道は、現状は簡易舗装が施されているが、当時の面影を保っているとみてまず間違いない。共に道幅は、およそ一間（一・八m）を測るものである。また、鈴木茂氏によると、かつて伊東市川奈の扇山に石敷の修羅道が実在したことを紹介している。筆者も、同様のことを東伊豆町文化財担当者からうかがったことがあり、それは敷木を伴う修羅道が東伊豆町北川に存在したというものであった。残念ながら、これらの修羅道を実見することはできない。

一方、修羅は、我国では大阪府藤井寺市に所在する仲津姫陵古墳の陪冢である八島塚古墳と中山塚古墳の共有する周濠内から出土した五世紀代に比定される資料が最古のものである。ここからは、大小二基の修羅と梃子棒一本が発掘され、修羅は、共に樹木の二股に分かれる部位を伐採・加工した「Y」字形を呈するもので、その規模は、大修羅が全長八・七五m、末端幅一・八五m、小修羅が全長二・八二m、末端幅〇・七三mを測る。ちなみに樹種は、前者と梃子棒がアカガシ製、後者がクヌギ製である。

ところで、江戸時代初期の修羅は、残念ながら現存していない。それを知る手段として、本図以外では、駿府城築城時の景観と伝えられる名古屋市博物館所蔵の「築城図屏風」、藤井永観文庫所蔵の「石曳図」、東京国立博物館所蔵の「石曳図蒔絵弁当箱」などがある。「築城図屏風」の修羅は、二本の木を前方はV字形に組み後部は軸木に二本の横木に組み、その上に大角石を乗せて敷木の上を梃子棒と綱で曳くもので、「石曳図蒔絵弁当箱」の修羅は、三本の木をV字形に組み運搬している。この二つの図に類するものとして、山田正重が著した算術書『改算記』の中に五本の木に横木を組んだV字形の修羅がある。これには、修羅の図とともに、

△修羅の積

此石修羅にて引時ハ

一尺坪一ッニ四人つゝ程かけ

てよしと然ハ

四百三十二人引也

夫積ハ坪百八ニ四人をかくるなり

の記述があり、修羅で石を曳く際の石の大きさとそれに要する人夫の数との算術が明記されている。「石曳図」の修羅は、少し異なり二本の軸木に二本の桁木を加え、これに横木を組みあわせたもので全体の形状として台形を呈している。『梅園日記』の「修羅の図」に類するものである。

また、修羅の大きさと形状について村井益男氏は、寛永十三年（一六三六）の江戸城外堀普請で細川家記録の「御普請入目銀子之積」中に、地車六〇、平田船二〇艘、長さ二間半の丸太四四〇本、それに長さ八～九尺の修羅木二四〇本、八〇くさり分を用意したという記述から、修羅の形状を三本を用いて先端でくくり、後方を横木で組みあわせた橇状のものと推察している。明暦大火後の明暦三年十月十八日付の細川家「公儀御普請方万覚帳」には、三種類の修羅を製作して石垣の修築にあたらせたことが記されている。庄野新氏によると、三種類の修羅とは、大修羅（長さ五五〇cm、末口三〇cm角を六〇本）二〇艘、中修羅（長さ四六〇cm、末口二四cm角九〇本）三〇艘、小修羅（長さ三

六〇㎝、末口二一㎝角一五〇本）五〇艘であることを紹介し、これまた三本の用材で修羅を復元している。

修羅は、石丁場（採石場）で採石したものを海岸まで運搬する「山出し」と湊から陸揚し本丁場まで運搬する「修羅曳き」との二者に利用され、当然のことながら両者の地理的環境は大きく異なり、それによって規模も自ずと制限される。その点を十分、考慮しておく必要があろう。

道普請

上段の中程に、道を整備している景観がみられる。道は、修羅落としや修羅引きの場面とは異なり、山頂近くの石取り場に向かって九十九折りに描かれ、その途中には、編笠をかぶり蓑を纏った監督者の脇で、同様の格好で鍬や鶴嘴を振っている人夫四人の様子が二箇所でみられる。さらに、道を登っていく人影もみられる。容姿からすると、雨中での道普請かと思われる。

石丁場において、道を整備することはきわめて重要である。

『大日本史料』「黒田御用記」には、

……峠より波止場までの道が悪くて困っているようだが、何としてでも入れ道を造り、石を落とすことはならぬ。道造りは少しの手間で出来る。石船の出航後にそのような作業を指示しないのは、何のために任地させているのだ沙汰の限りだ。……

という記述がある。

石丁場では、一山全体が一大名の採石場であるということはきわめて稀なことであり、複数の大名で分かち採石していることが少なくない。

熱海市下多賀中張窪石丁場では、修羅道が直線的に二〇〇ｍ程延びた後、大きく右手に彎曲し、中腹に向かって九十九折り状に続いている。前述のように、その道に面して「羽柴右近」の標識石と「有馬玄蕃」の境界石があり、それらの北東側上位には前田家の石丁場が続いている。つまり、修羅道を共有しているのである。同様な事例は、伊東市宇佐美御石ケ沢第二地区石丁場をはじめとして枚挙にいとまはない。

修羅道としての利用頻度が高まり、そのために道は荒れ、整備が必要不可欠となっているのである。

東伊豆町大川細久保石丁場の通称「ぼなき石」の角石、同・谷戸山石丁場の㊧の刻印が施された角石などは、運搬の途中で修羅道から逸れ、前者は道に乗り上げ、後者は谷に落ち、共に縁起をかついでそのまま放置したものであろう。これらは、道の不整備に直接結びつくものではないが注目されよう。

石の検収所

中段の左手に山で石取りをし、海岸近くに運搬して集積した石の検収所の景観がある。四方を竹矢木で巡らせ、その外側には「上り藤に大」の家紋の入った幔幕を張り、入口正面と右手には鉤の手状に二棟の建物が配置されている。建物は、いずれも掘立柱建物形式の壁のない簡便な軽構造をとるもので、正面の建物は入母屋形式をとり、その中には石奉行とおぼしき人物と配下の役人六名が座り、相談を交えながら検収の様子を監督している。右手の建物は、切妻形式をとるが竹矢木が巡る右手側に屋根が大きく傾き、その中には修羅にのせ綱をかけた大角石が置かれている。四方を囲まれたいわば中庭には、切り出された石が所狭しとばかりに並べられ、筆を手にした二名の下役人が検収にあたっている。正面入口左手には、幔幕と同様の家紋の入った藩旗が掲げられ、その奥には人影が、さらに、正面の建物右手には、槍を袋に収めた足軽風情の人物数名もみられる。切り出された石は、検収所から溢れ、とりわけ小型の一群（平石か）は、竹矢木の外側左右に並べ置かれている（写真103）。

また、周囲を見渡すと、正面建物の左右、検収所の外側には、礫と竹矢木で囲まれた中心に、丁寧に加工された大きな角柱がみられる。図の中では、文字の確認ができないが、おそらく、所有を明らかにする標識石の類いかと思われる。正面出入口から波打際に向かって土嚢を積み上げて整備された道が敷設されている。後述する艀積みに描かれ

写真 103　石の検収所「石曳図屛風（部分）」（下田愛子氏所蔵）

た道に通じるものである。

ところで、伊豆東浦における石の検収所の考古学的資料は皆無であり、現時点において真偽の程は定かではない。

『大日本史料　慶長十一年』の「麻生文書三　筑前」には、

荒切角石之覚

一、角石　拾弐　長さ八尺より七尺ノ間、はゞあつさ三尺

一、角脇　拾弐　長さ五尺六尺の内外、はゞあつさ三尺はゞは弐尺五寸にても

右角わきは、前から割置候大石の中をせんさく仕、

取合これなき分　切たし申べき候也

長政

一、書中遣候　今度公儀より角石当り候間、其元にて申付、きらせ申べく事

一、つら三尺四方に、長さ六尺の角　五ッ

一、つら弐尺より三尺の間、長さ五尺・六尺の間の角　五ッ

此分、急度きらせ出来次第　積み越し申べく候也

とある。藩主の黒田長政より採石地に対して角石や角脇石などの数量や寸法などが細部にわたり指示が出されていることがわかる。

しかし、同史料の中には、

……角脇、ひかえ石は四尺に仕上げ、余分な長さは切らせよ。伊豆で船積みする際も、江戸で石を陸上げするときも、大変重いので余分なものは切るように申し伝えたが、そのままの長さで到着した。其の書付けはどこへいってしまったのか沙汰の限りだ。今度、又そのままの長さできたら曲事である。……

という文書が含まれている。つまり、江戸からは細分にわたる指示が下されているにもかかわらず、現地ではそれが遵守されていないことを示唆するものである。

慶長十一年（一六〇六）、幕府より石普請を命じられた大名は、石高一〇万石に付、「百人持之石（百人の人夫で運搬できる石のことを指し、今日では四トン位の重量の石と考えられている）」一一二〇個を差し出すよう申し渡されている。さしずめ黒田藩の場合、五二・三万石であるから、五八五八個を用意しなければならなかったわけである。莫大な量である。黒田家の場合、伊豆では真鶴・宇佐美などに石丁場が存在したことが知られているが、単純に必要最低限の石量を石丁場の数で割り振ると、一箇所に付、「百人持之石」にして二〇〇〇個余りが採石されたことになり、それらが各湊に集められ、船積みされるまで貯石されたわけである。

各湊には、複数の藩で切出された石が収集してくるわけで、先は所有を明確にし、他藩のものと区別する必要がある。その点、検収所の役割りは重要であるが、個別の石の大きさを厳密な検査体制でのぞんだかというといささか疑問が残る。

艀積み

下段の右手、磯場での艀積みの景観が描かれている。足場の悪い磯場であるが故に波打際まで土嚢を積み上げ修羅道を確保し、海中には箱船を接岸している。箱船は、波で流されないように綱で一方を岩に巻き付け、他方を打ち込んだ杭に錨をかけることで固定し、その上に敷木を並べ、平形修羅にのせた大角石を綱を曳く人夫と梃子棒で押しやろうとする人夫とで積載しようとしている。人夫は、着繕った人影は皆無で、音頭とりや海中で作業している人物を含めるとおおむね九〇名程が描かれている（写真104）。

箱船の先端中央からは、太綱一本が画面左手の海中に延びており、この太綱は、おそらく本船（石船）に結ばれているものと思われる。

箱船の後方、海中には、二艘の小舟に分乗した編笠を被った役人が監視している。

なお、画面の左手奥には大島、その右手には三ッ岩が描かれていることから、この景観について、内田清氏は、真鶴から片浦辺の磯浜であろうと推察している。

本船（石船）積み

下段中央の左手に、沖合いで三艘の船による石積みの景観が描かれている。それは、大角石を積んだ箱船から、舷側を横付けした二艘がさながら双胴船の様相を呈し、石船へ積み替えを行っているもので、箱船、石船、捲車船の順で並び、箱船の大角石から捲車船の捲車の軸には太綱が掛けられている。中央の石船には敷木、箱船では人夫達が梃子棒を持ちながら押しやり、捲車船では多勢の人夫達が捲車を押し、それによって太綱を少しずつ巻き上げることで石船への積み替えを行おうとしている。二艘の船の船尾には、藩旗が掲げられている（写真105）。

これまで、石の船積みについては、『慶長見聞集』にあるつぎの記事をもってそれが定説化されつつあった。

……先年江戸御城石垣をつかせらるゝによって、伊豆の國にて大石を大舩につむを見しに、海中へ石にて島をつき出し、水底深き岸に舟を付け、陸と舟との間に柱を打渡し舟をうごかさず平地のごとく道をつくり、石をば台にのせ、舟のうちにまき車を仕付けて綱を引、陸にて手子ぼうを持て石をおしやり、舟にのする。舩中にまき車の工み奇特也……

この記事では、陸上で梃子を用いた人夫の押しやりがあるが、捲車を備えた一艘の石船で全てが完了したことになる。屏風図とは、大分異なるのである。

伊豆東浦は、岩礁地帯が続き、そのため石船を波打際に接岸することは、先ず不可能である。近年、沖合での石船積みを考える上で注目される資料が紹介されている。

鈴木茂氏によると、今日の伊東市街地の東側、半島が突出する汐吹崎と手石島との海中を昭和四十七年に海底探査したところ、「築島状」の遺構が発見されたという。汐吹崎と手石島との間は、水深が八m程あり、遺構は、切り出された石を用いて二〇～三〇mの長さに渡り石を積みあげ、最も高いところでは、干潮時に石の頭も出ることがあるという。この築島状の遺構は、地元の磯辺山宝専寺に伝わる記録には、天正十六年（一五八八）頃、家康に信頼された代官の彦坂小刑部が築いたものとされているが、定かではない。

　築島状の海域は、潮流の激しいところで、しばしば三角波が発生し、そ

写真104　艀積み「石曳図屏風（部分）」（下田愛子氏所蔵）

写真105　本船積み「石曳図屏風（部分）」（下田愛子氏所蔵）

のため、地元の漁師でさえ船を近づけないという。この遺構が、よしんば江戸城石垣に用いられる採石を積むための築島として構築されたものであるとしても、その効力としては疑問が生じる。

なお、翌昭和四十八年、伊東市教育委員会による湯川横磯の海底探査では、長さが三・七～四・五mの切石が連続して置かれてあり、これも築島を構築しようとした可能性があるという。

ところで、石船の大きさはどの程度のものであろうか。『當代記』三に、

……石為㆓運上㆒伊豆國に有㆑之石積船以上三千艘㆒有㆑之一艘㆓百人持之石二ッ宛入之一箇月㆓再度江戸江有㆓往還㆒……

とある。これは、慶長十一年（一六〇六）の天下普請での石船に関連する記事であるが、規模を知る手がかりとして、百人持之石を二個積むとある。「百人持之石」とは、一個あたりおよそ四～五トン位であることから、石船の積載重量が一〇トン前後のものであろうか。ちなみに、この石船は、一ケ月の間に、江戸と伊豆とを二往復したとある。

また、他の文献史料では、土佐藩山内家の場合、慶長十八年（一六一三）、寛永五年（一六二八）に下された天下普請では百石積以上の石船を、同様に、熊本藩細川家では寛永十一年にやはり百石積以上の石船を調達するよう命じられている。すなわち、二つの事例をあげるまでもなく石船の大きさの一つの目安として、百石積であることがわかる。

他方、関東川船・海船を集成した川名登氏によると、船の科学館所蔵の『船鑑』（奥書に「享和二戌年新製之」とある）に、「修羅船　石積艜《ひらた》船　俗㆓ヒラタト云石舟」として船図、部位の名称とともにその規模を「上口　長四丈二三尺ヲリ四丈七尺迄　横一丈二尺位　但　板子無之ヲ修羅造艜舟ト云」と紹介している。つまり、石船は、長さが一二・六～一五・一m、幅三・六m程で上部全面に板を張る甲板張りのものを指したことになる。

出帆

下段の左手、船積みを完了した石船は、一路、江戸にむけて出航する。画面には、あたかも船団を組むかのように

多くの帆船が描かれている。

航海は、必ずしも順調ではなく、採石の場である石丁場と同様、多くの被害がもたらされている。一例をあげると、慶長十一年（一六〇六）五月二十五日の大風雨では、鍋島勝茂の船一二〇艘、加藤嘉明の船四六艘、黒田長政の船三〇艘をはじめとして江戸にむけて出航中の石船多数が難破・覆没し、多くの犠牲者が出たことが記録に残されている。

⑶　「石曳図屛風」の評価と制作時期

屛風図の各場面には、随所に細部にわたる正確な観察と描写がなされており、それは、絵師が実見しない限り描くことが不可能なものであり、信憑性の高さを物語っている。

さらに、修羅引きや艀積みの場面を好例として、大勢の人物が描かれているにもかかわらず個々の人物像は躍動感に富んでおり、その筆使いも鋭く、相当の絵師によるものであろうと推察される。

今日、石丁場での採石から船積みに関する文献史料はほどんどなく、考古資料も自ずと限定される現状では、この絵図の持つ歴史資料としての価値はきわめて高いといえよう。

「石切図屛風」の存在

小田原市入生田の鈴木家に、前述の絵図と比較する恰好の資料として「石切図屛風」が存在する。この資料をはじめて紹介したのは青木路春氏であるが、青木氏によると、その由来は、鈴木家の先祖にあたる太吉氏が嘉永五年（一八五二）の小田原城火災修復工事で風祭の石丁場で採石したものを御幸浜まで運搬した様子を絵師に描かせたものであるという。また、内田清氏は、舟に家紋と「西之丸御普請御用」の旗が描かれていることから江戸城西丸の修築用の採石と考えている。採石の目的を巡っては二説あるが、小田原藩内で採石から運搬までの様子を描写したものであることは確実であり、描いた時期は鈴木氏の依頼で明治に入ってからのものである。

画面の大きさは、縦五七㎝、横二五二㎝と「石曳図屛風」と比べると、縦方向がおよそ半分である。

場面は、大きく二つに分かれ、右手には、崖の上に杭を打ち込みそれに綱をからめ、綱は四本垂下し、石工は綱を腰に巻きつけ、大石にのってそれを割ろうとしている。崖下には、割落した石を加工する石工一〇名程と、東屋の中で火をたき鏨に焼き入れしている人影、谷間を牛車に角石をのせ手綱をとる人物と後ろにつきそう二人の姿などが描かれている。この図には、修羅引きの様子は全くみられない。

牛車引きは、名古屋市博物館所蔵「築城図屛風」の城下を曳いている景観、さらに寛文十二年（一六七二）の真鶴村明細帳に、

……先年江戸御城様御石垣御用石、丸山丁場より此所へ、大石は牛車、小石はしゅら人足ニ而引出シ、此所ニ而舟積……

の記述があるように、石の運搬具の手段の一つとして江戸時代初期から存在したことは確かなようである。

左手には、海岸の一角に竹矢木と家紋の入った幔幕で三方を囲い、その中を石置場としている。幔幕の両脇の隙間には、牛車によって石が運びこまれており、「献上御用石」の旗もたてられている。海岸には房丁の石積専用艀が待機し、敷木を並べ人夫達が綱と梃木棒で積込もうとしている。この作業にあたっている人夫は一〇名程で、意外に少ない。房丁の先端には綱が巻かれ、それは沖合で碇泊している帆船（本船）に延びている。

二つの場面を通しての本図の特徴は、採石から運搬、船積みに携わっている人影が少ないこと、陸上での石の運搬が牛車引きであること、道具の手入れとして焼き入れの景観が描かれていること、石置場はあるが検収所のための建物がないことなどを指摘することができる。

「石曳図屛風」の制作時期

この屛風図が「石切図屛風」との比較において、それよりも古いことには異論はあるまい。しかし、時期を特定す

ることは、多難である。これまでに三つの説が示されている。

㈠江戸時代初期、慶長十九年以前。

㈡寛永年間。

㈢江戸後期。

㈠については、鈴木茂氏や青木路春氏などが力説している。その理由として、修羅引き・石の検収所・石船に「上り藤に大」の家紋が描かれていること、採石の規模が大きく検収所の内外に多くの石を貯石していることなどをあげている。家紋は、大久保家のものであり、同家は、徳川家康の家臣で、天正十八年（一五九〇）、小田原攻めで北条氏が滅んだ後、遠州二俣城から四万石で小田原城主となる。二代忠隣のときに六・五万石に襲封されるが、慶長十九年（一六一四）十二月、幕府内の勢力争いに敗れて改易となる。その後、小田原藩は、阿部正次や稲葉正勝、番城の時を経て貞享三年（一六八六）、忠隣の曽孫である大久保忠朝が佐倉から小田原に入封し、以後、明治四年の廃藩置県まで大久保時代が続く。つまり、前期大久保時代か後期大久保時代ということになるが、青木路春氏は「石切図屛風」との対比から前期大久保時代と位置づけている。

㈡は、田中哲雄氏が『日本の美術第四〇三号　城の石垣と堀』の中で述べているが、その理由は明確ではない。しかし、前述のように大久保家が寛永年間、小田原藩とは無縁であることから少し無理があるように思われる。

㈢は、村井益男氏が『日本生活文化史』の中で、絵画的手法、人物描写、船舶形式などの理由をあげて論じている。これ以外にも、天保九年（一八三八）の西丸火災、天保十五年（一八四四）の本丸火災による修復工事で小田原藩は石を幕府に献上したことを指摘する人もいる。

筆者は、青木路春氏と同様、「石切図屛風」との対比から、㈠を支持してみたい。大久保家は、慶長十一年、同・十九年の助役大名に名を連ねていないが、本章二節の「標識石と境界石」で論じたように助役には命じられなくとも自ら献上した大名や代官の大久保長安の事例があるように、何ら不思議はない。

七　刻印石

(1) 文献史料にみる「刻印」

伊豆における刻印の考察・研究は近年始まった感が強い。これらを整理し、刻印のとらえ方を考察していきたい。

東海岸部における文献

東海岸部には熱海市・伊東市・東伊豆町・河津町があり、各地域で調査がなされている。行政が行っている調査報告と、研究者が行っている調査報告では、地域をまたぐものとそうでないものがあるため、今回地域ごとで文献を整理していきたい。

熱海市では『熱海市史　資料編』「聞間家文書」の中に黒田家・細川家の丁場の位置と石に刻印を施していたことが報告されている。

御大名様方御石丁場

一　若宮并山洞

黒田様御町場

御石に　㋟印　内田由左衛門預り

一　御林之内鈴木沢并三左衛門

細川様御石町場　御石に㊥印

岡本前左衛門預り……

また、熱海市教育委員会で刊行された『瘤木石丁場遺跡―市道中部横断道路改良工事事業に伴う埋蔵文化財発掘調査報告書―』には、「浅野紀伊守右衛門左」「⊗」「」などの刻銘・刻印が報告されている。この報告書の中で浅野紀伊守に発給された普請に関する幕府からの文書が報告されている。

慶長十二年後四月二十三日

一組

三拾七万四千弐百石　浅野紀伊守殿
拾八万六千七百石　蜂須賀阿波守殿
弐拾万弐千六百石　山内対馬守殿
九万弐千石　若狭宰相殿
拾七万千八百石　生駒讃岐殿
五万五千弐百石　小出右京殿
三万八千石　亀井武蔵殿
拾弐万三千百石　羽柴修理殿

合百弐拾七万三千石

後卯月廿三日

これは駿府城助役の組みあわせであり、浅野紀伊守（浅野紀伊守幸長）の石丁場が瘤木にあった事を示している。

ここよりさらに北側に登った中張窪にも刻印石が確認されている。野中和夫は、『千葉経済大学　学芸員課程紀要　第10号』「標識石と境界石―江戸城築城石から―」の中で中張窪石丁場内の標識石・境界石について報告している。この中に「有馬玄蕃」の標識石の存在が指摘されている。同家は、慶長十一年・同十九年に江戸城助役の大名にその名がみられる。

『細川家文書』では熱海・多賀・上多賀・網代に石丁場があったと記載されており、これを裏付けるものである。

伊東市では宇佐美荻野家文書に宇佐美地区における大名丁場の名前とともに刻印の記載がみられる。

毛利市三郎の丁場しゃくし洞で石の紋は矢はず

久留島丹波守の丁場が同じくしゃくし洞で石の紋は丸に久の字

松平隠岐守の丁場が前沢岩下からぬた場で石の紋はかがり蛇の目

松平加賀守の丁場が中沢と前沢で石の紋がくつわと杜の落ち葉

学術的な調査が行われはじめたのは昭和四〇年代からで、鈴木茂氏が『伊豆新聞』に築城石関係の寄稿をしている。その後、伊東市教育委員会では、『宇佐美北部石丁場群分布報告書Ⅰ』が報告されている。この中では、伊東市域だけで六〇箇所の丁場の存在が指摘されており、主要なものとして宇佐美北部・宇佐美中部・宇佐美南部・湯川山・新井・川奈・岡・玖須美・鎌田・大平山・小川沢・富戸・池石丁場群をあげている。

宇佐美北部石丁場群は、御石ヶ沢第１・御石ヶ沢第２・御石ヶ沢第３・なこう山・離山・大窪・洞の入・多賀の八地区に分けられ、発見された刻印二七個の一覧と刻印の所有大名についての考察がなされている。

その後鈴木茂氏は、『伊東・文化財とその周辺』「江戸城石垣と伊東の石切場」において確認された八四個の刻印と、宇佐美南部・湯川・玖須美・新井・川奈・岡・池石丁場群の考察がなされている。

湯川石丁場群に含まれる桜ヶ洞石丁場は分布調査が行われている。杉山宏生氏は、平成十五年度駿豆考古学会において「伊東市の石丁場の調査～伊東市湯川桜ヶ洞石丁場の検討～」と題して報告されている。

東伊豆町では稲取ふるさと学級が『江戸城・大阪城と伊豆石―伊豆稲取―』と稲取地区において行われた調査で刻印が報告されている。前述の東伊豆町稲取地区の石丁場を参照されたい。

この後『東伊豆町の築城石』東伊豆教育委員会（一九九六）において、東伊豆町内に存在する資料（築城石・石丁場・刻印石などの採石丁場）が報告されている。行政による報告は以上で、以下は研究者による報告となる。野中和夫は、『豆州、大名丁場に関する研究序説―伊東市域・東伊豆町域の石丁場群より―』により大川・北川・熱川・稲取の4地区に集約し大川と稲取の石丁場群を報告している。

大川地区　楠郷山・谷戸山石丁場群・谷戸ノ入石丁場群・細久保石丁場群

稲取地区　愛宕山石丁場群・本林・向山・向田石丁場群

河津町では伊東市教育委員会より石丁場の存在を知らされ、海岸部の踏査を行っている。この時、石切り場・矢穴石の存在は確認できたが刻印は確認できなかった。その後、海岸部山の上の小学校通学路途中に刻印「⚭」があることが知らされたが、すでに安全確保のために割られた後だった。

西海岸における文献

伊豆西海岸部旧戸田村（現在沼津市）に石切文書が残されており、高本浅雄氏は『沼津市博物館紀要13』「戸田村の石切文書」においてその報告がなされている。

史料とともに田代山・大浦の二地区で発見された刻印が紹介されている。

田代山丁場

「⊙」紀要では大坂城石垣の「代表刻印一覧表」から肥前平戸松浦肥前守の丁場であったことを指摘している。

「⚭」出雲松江堀尾山城守・伊勢土方丹後守・淡路脇坂中務少輔の三大名の使用があったことを明記し、松江様（石注文帳）から堀尾山城守の刻印ではないかと示唆している。

「◈」大坂城石垣の代表刻印中に類似するもの「◇」「◇◇◇」の指摘をしているが特定の大名の確認はできていない。

「⚭」と「◈」が同一の石に刻まれていることから、共同丁場の可能性が指摘されている。

大浦丁場

「⊟」の刻印が確認されており、類似する刻印が大坂城石垣の代表刻印中にあることから肥前佐賀鍋島信濃守の刻印と考えていることが述べられている。

これら刻印が、駿府城へのものか江戸城への切り出しのものか、確認はされていない。

豆州「刻印」の集成とその解析

東海岸部

熱海市中張窪石丁場は、山腹に「羽柴右近」と「有馬玄蕃」の境界石があり、森・有馬家の石丁場の存在がうかがえる。また、これら石丁場の斜面上や北側にさらなる石丁場が確認されている（図32）。ここでは「田」「中」など三〇cmを優に超える大きな刻印や「⌣八慶長十九年」の年号が施された自然石など、様々な刻印が踏査で確認されており、時期差を感じさせるものがある。『細川家文書』では多賀には慶長・寛永十二年に細川家の石丁場があるが、上多賀には存在せずかわりに有馬家の石丁場が存在している。山腹の尾根で石丁場の境があった可能性もあるといえる。『細川家文書』ではこの他に、多くの大名の石丁場があったことが記載されている。また、石材を求めて石丁場がさらに山奥に入った可能性もあり、今後の調査に期待したい。

伊東市宇佐美北部石丁場群

七つの地区で調査されている。以下はそれぞれの地区ごとで刻印の確認を行っていきたい。

御石ヶ沢第1地区

第1支群では刻印「九」「⁙」「三」「⊙」が確認されている。ここは地形によって刻印の組みあわせが違っており、担当する家臣によって刻印の組みあわせを変えている可能性が指摘されている。この他には「⊡」「⊙」が確認されており、細川家の丁場と考えられている。支群ごとを比べた場合、「九」の字体が異なるものもあることが報告されており、支群の採石時期が異なっている可能性がある。

御石ヶ沢第2地区

第1支群に「松平宮内少石場」と「┐」の刻印が確認されている。この標識石以外の刻印石は発見されていない。第2支群のほとんどの切石には「中」の刻印が施されており、他の支群にも多くみられる。第6支群には「卜⃝」「十」のセットで刻印が確認されている。海側に最も面している第8支群には、第6支群にみられる「卜⃝」「十」のセットの刻印が分布しており、西南部に位置する第6支群との関連が指摘されている。また、「㊥」が分布する部分もあり、これが時期差を示すものかどうか不明である。

御石ヶ沢第3地区

刻印は発見されていない。

ナコウ山地区

第1支群に「羽柴越中守石場」の標識石が発見されているが、その他の支群では「丁⃝」の刻印1点が確認されている。全面が調整されており、運び出す状態の石と推定される。

離山地区

第1支群では刻印は発見されていない。第2支群において山頂平坦部西側より「|⃝」・東側より「⠿」の刻印が確認されている。

大窪地区

開発のためほとんど現状を留めていないが、「卍」が三点、「±⃝」「△」のセットで一例確認されている。

洞の入川地区

写真 106　御石ケ沢（第 2 地区）石丁場　「㊥」の刻印石

写真 107　桜ケ洞石丁場　「卍」の刻印石

第1支群で「十」が一点、第3支群で「田」「㊤」「ꝏꝏ」「△」が少量確認されている。第4支群では「㊂」が多く確認され、第6支群では斜面からみえる位置に「三」の刻印が確認されている。周辺の第7支群には「ᛗ」「㊂」「田」「㊀」がみられ、8・9群にも「ᛗ」の刻印が確認されている。第11〜13支群では「卍」の刻印が見られ、第15支群では「⊕」と「⊜」が確認されている。

宇佐美南部石丁場群

「(井)」「(ㄨ)」が確認されている。

湯川石丁場群

海岸部や河川上流に「⌓」「ユ」「木」の刻印が確認されている。

桜ヶ洞石丁場

「ꝏ・㐅」「⊕・⊖」「卍・⌉」「ꝏ・㐅」「大八・ꝏ」「ꝏ・㐅」「⌉・㐅」「ꝏ・ㄨ」「ꝏ・㐅・卄」「十・㐅・ꝏ」などの組みあわせや「ㄨ」「卍」「ꝏ」などの刻印が確認されている。

玖須美石丁場群

河川上流に「▽・L」の刻印が確認されているが、現在は失われている。

新井石丁場群

「○」の刻印が確認されている。

貞享三年「新井村差出帳」に

先年江戸御普請御座候節石出候、丁場貳ヶ所御座候、未伐残し之石共少々御座候

と出ているがこの二箇所の大名の名は出てこない。

川奈・富戸石丁場群

「尾」「⊙」「△」「○」の刻印が確認されている。

「川奈村役人願書案」に

川奈村浜通おりやうと申地所、此所先年寺沢志摩守様御石丁場ニ而当村三郎左衛門
と申者ニ御預被遊候

当村高石原と申所尾州様御石丁場御座候、道法村より八丁御座候、名主四郎左衛門
奉預候、歳々御役人様御越被遊候、石数八百本余御座候。

とあり、尾張家と寺沢家の丁場があったことを記録している。慶長十九年には毛利宰相秀就の丁場があったことが山内家文書にあり、「細川家文書」の記載と符合する。

岡石丁場群

貞享二年の「岡村差出帳和田村控」に

有馬玄蕃先年之御石丁場小川沢と申処ニ御座候、道法村より十六町御座候

嶋津右馬守様先年之御石丁場小川沢と申処ニ御座候、道法村より十四町御座候

松平中務様先年之御石丁場、東林寺山之内ニ御座候、則村より近所ニ御座候

とある。小川沢に「☯」の刻印があったが、現在工事で失われてしまっている。また「⊕」「玄」の刻印も確認されている。有馬家と島津家の丁場が存在したことを示すものといえる。

鎌田石丁場群

伊東港周辺に存在する新井・湯川・小川沢・岡・久須美石丁場群より奥の山に位置する。大平山山頂石丁場よりは低いが、伊東市大川に注ぐ小河川と、伊東大川に沿って石丁場が三箇所点在しているのが確認されている。三箇所の内、最も下流域である丁場入り口に「これより南　竹中伊豆守石場」の境界石が残されており、竹中伊豆守重利の慶

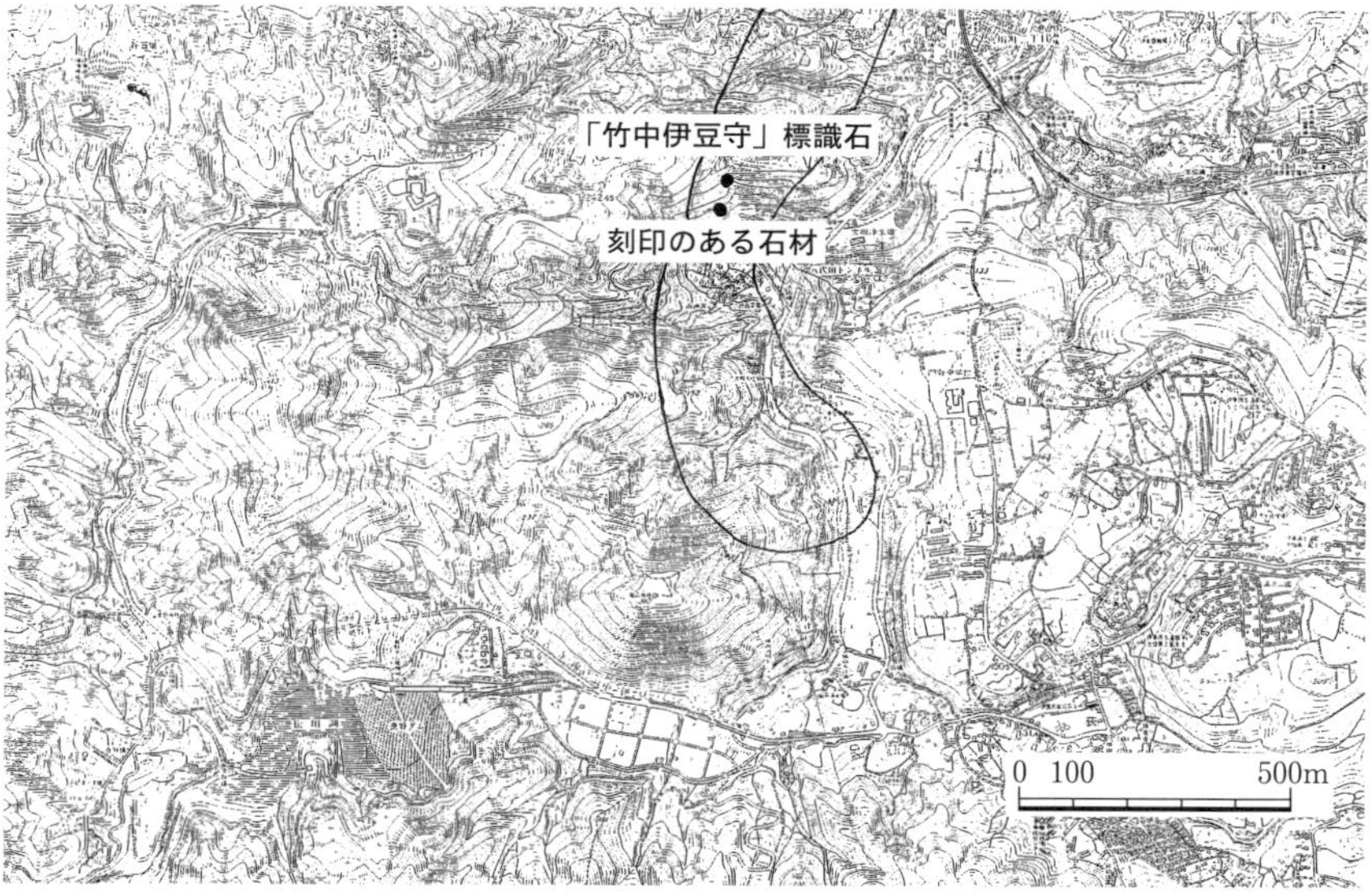

図 36　伊東市鎌田石丁場群

長期の丁場であったことが確認できる。

この境界石は、中伊豆バイパスを伊豆市に向かって登り、市営住宅前の道を下った坂の途中に存在する。現道よりも低い位置にあるため、発見が難しい。境界石は長径一三七cm・短径一二七・二cm・奥行き推定一一〇cmの自然石で、「これより南　竹中伊豆守石場」（長径五六cm・短径一六cm）と「◎」（長径一五・九cm・短径九・七cm）の刻印が施されている。この場所から、南東方向に下る私道があり、ここを下った段々畑にも刻印石が存在する。

刻印は「〇」（長径一一cm・短径一〇・九cm）と「◎」（長径一二・三cm、短径一〇・一cm）が確認され、矢穴も施されている。矢穴の大きさは「〇」が上場五・一cm・下場四・八cm・深さ六・一cm。「◎」が上場一二・三cm・下場一〇・一cm・深さ一二・五cmである。この周辺に刻印はないが矢穴（上場四・二cm、下場三・一cm、深さ四・四cm）がある自然石も確認されている。

境界石の位置と刻印から、竹中伊豆守の丁場であった可能性が高いと考えられる。

東伊豆町では大川・北川・熱川・稲取地区で石丁場が確

認されている。

大川楠郷山・谷戸山石丁場群

角石と自然石に「㊧」の刻印が確認されている。石丁場が存在したことは確認できるがこの他に刻印は確認されていない。

大川谷戸ノ入石丁場群

「〓」の刻印が多く占める。この石丁場では一一〇点の刻印が確認されているが、一〇二点までが「〓」となっている。起伏に富んだ谷間だが、平場に面して「〓」の刻印をもつ刻印石が集中する場所がみられる。特定箇所に集中していることから、何らかの意図があって形成されたものと考えられる。「◺」の刻印も確認されている。

大川細久保石丁場群

A群「田」の刻印が確認されている。

B群「〓」「〓」「〓」「〓」「フ」「〓」「マ」が各一点。「○」「〓」が三点確認されている。

C～F群「井」「田」「タ」「〓」「⊕」「回」の刻印が確認されている。

S群「〓」「〓」「〓」「〓」「マ」「フ」「○」の刻印と角石（通称ぼなき石）に「〓」が施されている。

北川地区

B群「±」「+」「△」の刻印が確認されている。

F群「卍」の刻印が確認されている。

稲取愛宕山石丁場群

「田」が五点。「中」が二点。「㊦・田」「〓」「〓」「や」「□」「田・□」「中」「×」が各一点づつ確認されている。

本林・向山・向田石丁場群

「回」が九点、「井」が三点、「回・井」が二点、「⊟・井」「⊖・井」「ஃ」が一点づつ確認されている。

西海岸部　旧戸田村

『細川家文書』「伊豆石場元覚」に戸田における大名丁場が記されている。戸田では「慶長・元和」「寛永六年」「寛永十二年」の三期にわたって江戸城築城用の大名丁場が存在していたことが確認されている。

ここから検証すると、田代山丁場に確認されている刻印は「⊙」（松浦肥前守）「⚭」（堀尾山城守）「◈」（特定なし）と報告されているが、「慶長・元和」「寛永六年」「寛永十二年」のどの大名にも符合しない。『細川家文書』が細かくは記されていない点から抜け落ちている可能性も高い。いずれにせよ堀尾家は「慶長・元和」以後改易となっているので、「慶長・元和」期から大名丁場であった可能性は十分あると考えられる。

大浦丁場では「⊡」（肥前佐賀鍋島信濃守）の刻印が報告されている。「慶長・元和」期の普請大名に細川越中守忠興と鍋島信濃守勝茂の名が記されており符合する。細川・鍋島家の境界・標識石が記されているため、この二大名が同じ丁場で作業していたことは考えにくいため、戸田の各地に丁場が存在していたことがうかがえる。

今後の踏査でさらなる史料が確認されれば、戸田地区における大名丁場の変遷も追うことが可能と思われる。「細川家文書」では、伊東地域には様々な大名丁場が存在していたことが示されている。だが「細川家」中心に書かれているため、詳細な面での大名丁場の特定は、現段階では無理があるといわざるをえない。今回、様々な丁場における刻印を紹介したが、今後踏査・調査が行われれば当然、文献や刻印等の資料は増えてくる。これにより違った解釈が出てきても当然である。あくまでも現段階においての史料としてとらえて理解しておきたい。

(2) 刻印がもつ意味について

朽木史郎氏は、『探訪日本の城・別巻築城の歴史』「城石垣の符号」において刻印を四つに分類している。

（1）　工事担当者の印
大名の家紋・馬印・船印などの略号。担当家臣の印や工事人夫の組印などの略号が想定され、人名や字句はそれが明確である。
（2）　石切り場の印
石切り場の地名など。
（3）　土木工法上の印
石垣を積みあげる順序。
（4）　その他
たんなる石印。

これまでの資料からみると「工事担当者の印」「石切り場の印」として刻印が施されてきたと考えられる。しかし、伊豆地方では、時期差による石丁場の位置と石材の使用を踏まえていかなければならない。ここで考えなければならないのが他の城の修築であろう。大坂城の修築は元和六年・寛永元年・寛永五年の三回。慶長十三・十四年には駿府城と丹波篠山城の修築が行われている。ここでみられる刻印が大きな変化はみられないことから、慶長・元和・寛永期を通じて、刻印の時期差による違いはほとんどみられないと考えられる。また違った地域に築城石を送るにも同じ刻印を施していた可能性が高い。

今回、伊東市宇佐美北部御石ヶ沢第2地区第1支群二点。御石ヶ沢第2地区第2支群一一点。離山2支群九点。鎌田石丁場群二点。桜ヶ洞石丁場群六六点の刻印を集計してみた（図34）。その結果は平均化すると丁場ごとの差はあまり出ていない。今回の集計では刻印の時期差・丁場の違い・切り出した大名の違いでは、数値的にはあまり差がでないことがわかる。

刻印の数値によるデータ自体には差がみられないが、丁場ごとに刻印の施し方に違いがみられる。

刻印がほとんど施されない石丁場

伊東市宇佐美北部御石ヶ沢第3地区・離山地区第1支群などでは、割石が存在するが刻印はみられない。

同じ刻印が集中する石丁場

伊東市宇佐美北部御石ヶ沢第2地区第2支群のほとんどの切石には「中°」が施されており、東伊豆町大川谷戸入石丁場の切石に施されている「⧗」の刻印形態と類似している。

刻印が視覚に入るように施されている石丁場

伊東市宇佐美北部石丁場群洞の入川地区第6支群・東伊豆町愛宕山石丁場群Ａ2群は、刻印が現地に登った時、確認できるように施されている。

標識石はあるが刻印は確認されていない石丁場

伊東市宇佐美北部石丁場群御石ヶ沢第2地区第1支群では、「松平宮内少石場」・伊東市ナコウ山地区第4支群では「羽柴越中守石場」の標識石があるが、刻印は確認されていない。

上記のことから伊豆地域における刻印の施しについて、石丁場によって明らかな違いがみられる。一部の石丁場では、後世の開発等によって史料が消失している所もあるので、確認されている史料からその解釈を行っていきたい。

刻印が施されていない石丁場は、その必要性がないものと推察される。利用する石材がすでにないか、刻印を施してその帰属を明らかにする必要性がないためであろう。これは標識石のみで、刻印が確認されない石丁場も同じではないかと考えられる。

刻印が施されている石丁場は、刻印自体が標識を兼ねているためと考えられる。刻印の時期差による違いがほとんどみられないことも指摘することができる。

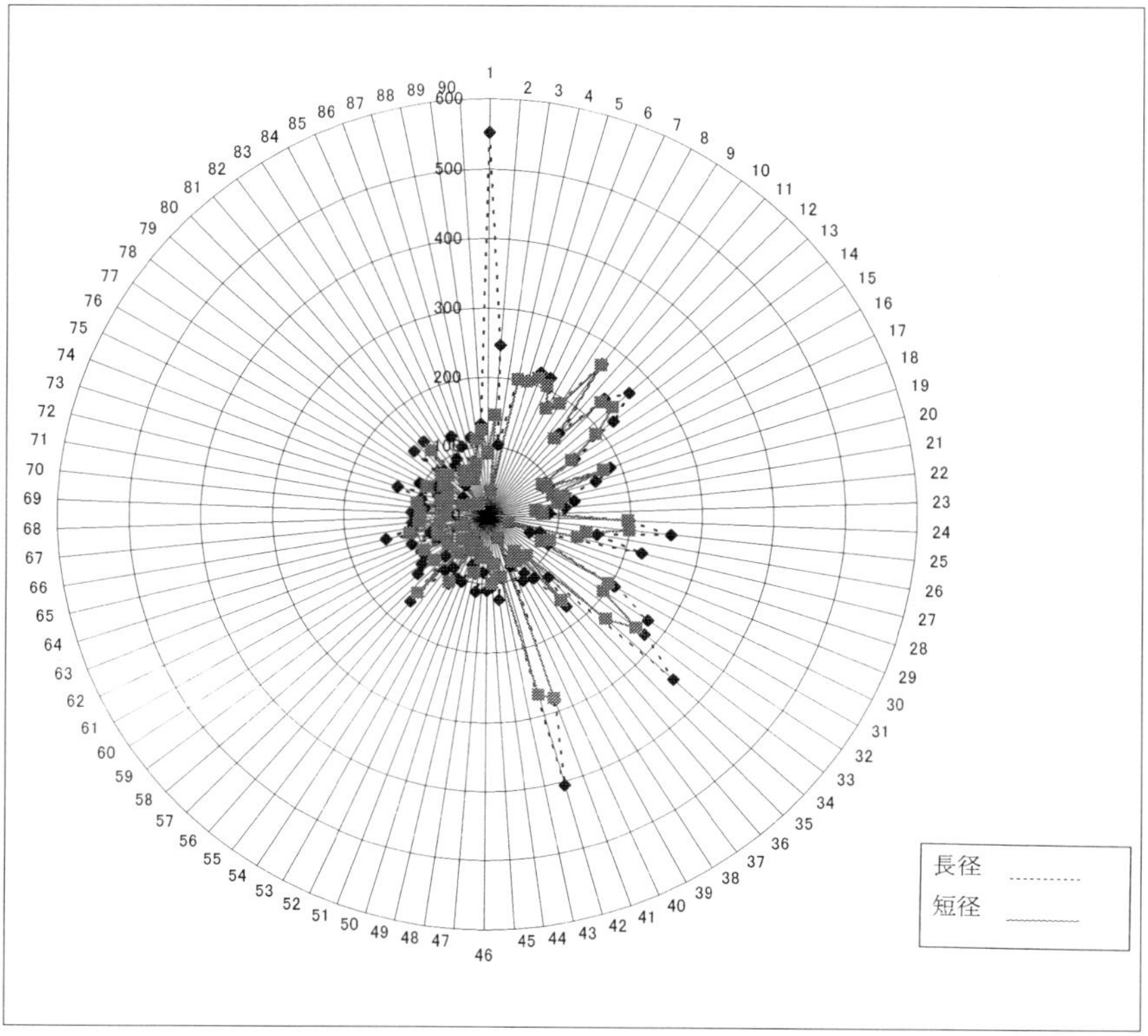

図 37　刻印のデータ（伊東市域 5 石丁場による）

同じ刻印が集中する石丁場は、刻印を施した石材を確保し、つぎの助役に対応するために残置されたものではないかと考えられる。江戸時代の大名助役は、どのような形で幕府より命ぜられるものかわからないものであった。「川奈村役人願書案」にみられる「名主四郎左衛門奉預候」などは伊豆の地域の人々に石材と丁場を管理させていたことを証明している。この他にも絵図の作成や、「伊豆石場之覚」などにおいて記録していることは、再度助役を命ぜられてもすぐに石丁場を再開し、石材を運び出せる状態にしておくことが必要であったと考えられる。刻印は年月が経ち代替わりしても、助役を命ぜられた時に各大名が混乱せず、石丁場がすぐに判明させるために取られた一つの方法であったのではないだろうか。

伊豆における築城石の研究ははじまったばかりといえる。これはあくまでも仮説であり、今後の調査・研究によって改変することも大いにありえる。

八　相州・豆州以外の地域の石丁場

江戸城の石垣を構築する上で、角石・角脇石・平石・岩岐石などの主要な用材は、堅緻な安山岩で占められており、その産地は、大半が小田原藩内の西部（南足柄、久野、風祭、早川以西）から南伊豆を除く伊豆半島に求めていることは周知の通りである。

また、第二章で述べたように、中雀門・中之門・大手三之門・大手門・内桜田（桔梗）門・平河門・西丸大手門・外桜田門・田安門などの主要な門の石垣の一部や天守台には、安山岩よりさらに硬質の花崗岩を石材として用いている。この花崗岩は、アルカリ長石や斜長石の含有によって、外観がピンクまたは淡赤色を呈するものと白色または淡灰色を呈するものとの二者がある。前者には大坂城の石垣用材として御影石の石材名で知られる神戸市灘区住吉から御影産の花崗岩や庵治石としての香川県庵治産を好例とする。後者には、稲田石の名称で知られる茨城県笠間市稲田産（角閃石黒雲母花崗岩）を好例とする。花崗岩は、稲田石を除くと、江戸城周辺には多量に産出する地帯はなく、そのため石垣用材としては限られている。稲田石は、今日でも大規模な採石作業が行われており、江戸時代の石丁場の面影はとどめていない。江戸城では、門の石垣の修復・補強に用いられている。

ところで、江戸城石垣用材としての安山岩は、小田原周辺から伊豆半島産を主体としているが、それ以外にも赤城山南麓の前橋市東部から伊勢崎市周辺で採石されたものが用いられたことが文献に登場する。

慶長十二年（一六〇七）の江戸城修築

『當代記』四巻の慶長十二年三月三日の条に

此日ヨリ江戸普請アリ関東衆務之
先一万石役ニクリ石二十坪也船ヲ以テ在運送トテ
一万石ニ五艘宛カシ預ニ上野国中瀬邊ヨリ運之
一坪ト言ハ一間四方ノ箱ニ一ツ也中瀬ヨリ一ケ月ニ再度此舟江戸へ上下ス

とある。慶長十二年の江戸城普請では、前年の西国大名に代わって関東衆（関東・奥羽・信越の大名）が命じられ、石垣の補強材として用いるクリ石（栗石）を上野国中瀬周辺に求め石船で運搬したことが記されている。各大名に課せられた採石量は、石高一万石について栗石二〇坪の割合とし、石船は幕府から一万石につき五艘のわりあてで貸与され、それで江戸と中瀬とを一ケ月に二往復したというのである。採石地と江戸とを月に二往復というのは伊豆の場合も同じであり、石船は、幕府が慶長九年に補助金をだし二八家の大名と堺の豪商尼崎又次郎に命じて建造させたものであろう。

文中の上野国中瀬とは、利根川上流域右岸、榛沢郡中瀬付（埼玉県深谷市）にあった中瀬河岸を指し、江戸中期以降は利根川最大の河岸として栄えている。この中瀬に石を収集し、運搬に際しての起点としているのである。

産泰神社の巨石と口頭伝承

前橋市内の東側、赤城山の南麓に分布する独立丘陵上の一角、前橋市下大屋町五六九番地に産泰神社がある。この神社は、古くは、背後に赤城山がそびえ境内の巨石とも関連して赤城信仰と深い係わりを持ち、近世に入ってからは安産信仰をあつめ、地元はもとより遠くは栃木、埼玉などから参拝者が訪れているという。度重なる火災などで古文書の類は焼失し、神社に関することは不明であるが、現在の本殿は、棟札に宝暦十三年（一七六三）とあり、床下の柱にも同様の墨書が発見されていることから江戸中期に建立されたものである。

この産泰神社と江戸城築城石との関係について、大塚昌彦氏は興味深い見解を示されている。大塚氏は、群馬県内に江戸城築城石に関する文献史料が皆無に等しいことを調べた上で、郷土史家の近藤義雄氏の聞取り調査で、「…前橋市下大屋町にある産泰神社境内で御神と考える岩山の北の岩を江戸城に切り出したという伝承がある。また、掘り出された場所として神社北東にある大穴がその栗石を採取したときの穴である。」という口頭伝承を紹介している。さらに、神社縁起にある

…酒井雅楽頭ハ崇敬厚ニシテ前橋在城ノ際宮殿ヲ営繕シ南向ナルヲ西向ニ直シ本城ト向ヒ合セ守護神トシテ崇敬セリ故ニ自筆ノ額面薙刀御簾等奉納アリ播州姫路ヘ国替ニナリテ　時々御代参アリタリ…

という記事に注目し、慶長十二年の階段で、前橋藩主、酒井雅楽頭重忠は、産泰神社を酒井家の守護神社として祀っており、神社の参道を南向きから西向きに変更した時期を特定することは困難であるとしながらも、変更理由として信仰と共に本殿の建替えに伴う岩山崩壊工事ととらえ、口頭伝承にある江戸城普請の栗石採取と重ねられるのではと推察している。

産泰神社境内にある巨石群の中には、矢穴痕を伴うものが存在する。また、大塚氏が指摘するように、境内の巨石群は、東西約二〇m、南北約四五m程の範囲に拡がり、露出しているものだけでも高さが五mに及んでいる。神社の周囲が二～三m程降下しており、仮にそこでも採石を行ったならば、相当量の石材を確保したであろうことは容易に推察することができる。

産泰神社からの石の搬出は、一つには、水路が想定される。神社の東側には西神沢川が南流し、途中で東神沢川、荒砥川と合流し、やがて広瀬川と合流する。広瀬川は、古利根川の氾濫原を桃の木川とともに流れる河川で、江戸時代においては広瀬川通船が盛んであった。伊勢崎河岸を最上流に、そこから上流には三川・広瀬・関根河岸などがあり、小廻船が往来していたという。伊勢崎河岸からは、広瀬川の中島河岸を経て鳥川の山本堂・一本木河岸、上利根

川の島村・平塚河岸を経由して中瀬河岸にいたる。振り返って東神沢川から広瀬川の合流地点まではおよそ六kmの距離がある。今日では、護岸工事が施され水量は多くはない。江戸時代にどの程度の水量があったものかは見当がつかないが、産泰神社から広瀬川流域の河岸にいたるまでは、牛車引きなどの陸路であったかもしれない。

慶長十二年の幕府が関東衆に命じた栗石の採集は、産泰神社周辺に限定してしまうと、狭小すぎるといわざるをえない。赤城山の南麓には、前述のように前橋市から伊勢崎市にかけて大小の安山岩の転石が分布する。運搬の容易さを考慮すると、栗石の採集は、分布密度の高いところを選び広範囲に及んだものであろう。

主要参考文献

青木路春『真鶴叢談』梅里書房　二〇〇〇年
五十嵐俊雄『考古資料の岩石学』パリノ・サーヴェイ株式会社　二〇〇六年
宇田川武久『日本の美術』第三九〇号　鉄炮と石火矢　至文堂　一九九八年
内田清「足柄・小田原産の江戸城石垣石―加藤肥後守石場から献上石図屛風まで―」『小田原市郷土文化館報告』第三七号　二〇〇一年
大島慎一「資料紹介　史跡石垣山一夜城発見の加藤肥後守銘金石文について」『小田原市郷土文化館研究報告』第二五号　一九九九年
大塚昌彦「上野国中瀬の江戸城築城石―上野国中瀬の記録と江戸城築城石採石伝承の点と線―」『群馬文化』第二六九号　二〇〇二年
岡本良一『大坂城』岩波書店　一九九三年
小野清『徳川制度史料』初輯　六合館　一九二七年
小野晃司・角清愛『五万分の一地質図幅「稲取」および同説明書』地質調査所　一九五九年
小野英樹「伊豆に見られる石丁場―東海岸稲取地区を中心として―」『怒濤の考古学』二〇〇五年
小野田護「駿府城の石垣のふる里と刻印」『家康と駿府城』静岡新聞社　一九九八年
貝塚爽平『東京の自然史　増補第二版』紀伊國屋書店　一九七九年
貝塚爽平『富士山はなぜそこにあるのか』丸善　一九九〇年
貝塚爽平・小池一之・遠藤邦彦・山崎晴雄・鈴木毅彦編『日本の地形』四　関東・伊豆小笠原　東京大学出版会　二〇〇〇年
加藤清志『伊豆東浦路の下田街道』サガミヤ選書一六　サガミヤ　二〇〇四年
香取秀眞『江戸鑄師名譜』一九五二年
北垣聰一郎『石垣普請』ものと人間の文化史五八　法政大学出版局　一九八七年

北原糸子『江戸城外堀物語』ちくま新書二〇九　筑摩書房　一九九九年
久城育夫・荒牧重雄・青木謙一郎『日本の火成岩』岩波書店　一九八九年
朽木四郎「城石垣の符号」『探訪日本の城』別巻　築城の歴史　小学館　一九七八年
小松和博『江戸城―その歴史と構造―』名著出版　一九八五年
沢村孝之助『五万分の一地質図幅「修善寺」及び同説明書』地質調査所　一九五五年
鈴木茂「江戸城石垣と伊豆の石切場」『伊東・文化財とその周辺』伊東市教育委員会　一九九五年
千田嘉博「集大成としての江戸城」『国立歴史民俗博物館研究報告』第五〇集　一九九三年
高木浅尾「重寺村の石切文書」『沼津市歴史民俗資料館紀要』五　一九八一年
高木浅尾「西浦地区の石切文書」『沼津市歴史民俗資料館紀要』六　一九八二年
高木浅尾「戸田村の石切文書」『沼津市博物館紀要』一三　一九八九年
田中哲雄『日本の美術』第四〇三号　城の石垣と堀　至文堂　一九九九年
田辺悟『伊豆相模の民具』考古民俗叢書一七　慶友社　一九七九年
田端寶作『駿府城石垣刻印の謎』一九九一年
田淵実夫『石垣』ものと人間の文化史一五　法政大学出版局　一九七五年
所荘吉『大小御鉄炮張立製作　石火矢鋳方伝　気砲記・粉砲考・秘牀図』江戸科学古典叢書四二　恒和出版　一九八二年
蜷川親正『新訂　観古図説』城郭之部　中央公論美術出版　一九九一年
野中和夫「標識石と境界石―江戸城築城石から―」『千葉経済大学学芸員課程紀要』第一〇号　二〇〇五年
野中和夫「伊豆東浦の石丁場と江戸城築城石」『怒濤の考古学』二〇〇五年
葉室和親「大室山火山群の地質」『地質学雑誌』84号　一九七八年
藤井重夫「大阪城石垣符号について」『大阪城の諸研究』日本城郭史研究叢書八　名著出版　一九八二年
三浦正幸『城の鑑賞基礎知識』至文堂　一九九九年
村井益男『江戸城』中公新書四五　中央公論社　一九六四年
村井益男「江戸の発展」『日本生活文化史』第五巻　動乱から秩序化へ　河出書房新社　一九七四年

村川行弘『大坂城の謎（改訂新版）』学生社　二〇〇二年
米倉伸之・貝塚爽平・野上道男・鎮西清高『日本の地形』一　総説　東京大学出版会　二〇〇一年
Le Maitre, R.W.(editor), Streckeisen A., Zanettin, B., Le Bas, M.J., Bonin, B., Bateman, P., Bellieni, G., Dudek, A., Efremova, S., Keller, J., Lameyre, J., Sabine, P.A., Schmid, R., Sørensen, H., Woolley, A. R., 2002, Igneous Rocks, a Classification and Glossary of Terms. 2ND Edition. Cambridge University Press.
大阪府立近つ飛鳥博物館『修羅　その大いなる遺産古墳・飛鳥を運ぶ』一九九九年
古版江戸図集成刊行会『古版江戸図集成』巻二　中央公論美術出版　一九五八年
地学団体研究会大阪支部『大地のおいたち　神戸・大阪・奈良・和歌山の自然と人類』築地書館　一九九九年
地質調査所『日本地質アトラス』一九八二年
日本城郭協会編『江戸城三十六見付繪圖集成』新人物往来社　一九八五年
日本の地質「中部地方Ⅰ」編集委員会編『日本の地質』四「中部地方Ⅰ」共立出版　一九八八年
熱海市『熱海市史』上巻・資料編　一九六七・一九七二年
伊東市『伊東市史』本編・資料編　一九五七・一九六二年
伊東市教育委員会『伊東の文化財』伊東市史叢書四　二〇〇三年
東京市役所『東京市史稿』皇城篇第一・二　一九一一・一九一二年
東伊豆町教育委員会『東伊豆町の築城石』一九九六年
真鶴町『真鶴町史』通史編・資料編　一九九三・一九九五年
利根川文化研究会編『利根川荒川事典』国書刊行会　二〇〇四年

なお、報告書はここから除外した。

あとがき

私が築城石に関心を持つようになったのは、偶然の契機であった。昭和六十三年、静岡県東伊豆町奈良本に所在する縄文時代早期の石器製作跡、峠遺跡を発掘していた時のことである。遺跡をご視察していただいた齋藤忠先生を教育委員会の文化財担当者とともに本書第三章で取り上げた同町大川の谷戸山石丁場と谷戸ノ入石丁場を案内している折、先生より築城石の研究を勧められたのが端緒となっている。伊豆の石丁場を訪れる時には、必ず谷戸ノ入石丁場に立ち寄ることにしている。それは、この石丁場が谷間からの搬出路である修羅道をはじめとして、採石の工程をあたかもタイムスリップしたかのようにとどめていることに他ならない。また、そこに立つと、新たな発見に出会う。つまり、私にとって常に学ぶ原点となっているのである。

この石丁場を訪れる人はまずいない。私有地ということもあるが、誰もこのような山間に江戸城の採石場が良好な状態で遺存しているとは知るすべがないのである。最初にここを訪れてから二〇年余りの歳月が経過するが、当初とは様相が変化しつつある。それは、風水害によって山肌の一部が露出したことも一因である。それ以上に気掛りなのは、徐々に人の手が入り、景観がかわってきていることに他ならない。

かつて、文献をたよりに小田原市久野に所在した「加藤肥後守」標識石を探求したことがある。掲載写真では、この石は周囲が約八m、高さが約一・五はあろうかという巨岩で、田の中にあり、動く余地がないように思われた。しかし、該当する場所を見渡すもこの標識石はないのである。付近で出会った古老は、この石は数年前までは存在し、宅地造成のために撤去され、いずことなく持ち去られたことを語った。一足違いで実見できなかったのである。

このようなことは、伊豆・相模の石丁場では希なわけではない。各種開発はもとより、残置されている石材そのものに利用価値があり、歴史認識の不足などから仕方ないことかもしれない。しかし、江戸城の石垣を生産地と消費者という視点でみた場合、遺跡の湮滅や状況の変化といいことは望ましいことではない。

第一章で述べたように、江戸城は、天下に号令する徳川政権の居城として、巨大さと華麗さとを兼備している。その築城にあっては、天下普請として諸大名を総動員し、短期間のうちに完成させている。諸大名は、幕府の無言の圧力に屈し、財政はもとより人員の手配などに一層の負担を強いられる結果となっている。

それは、時として大きな犠牲を払うことも少なくなかった。史料に残る石船の転覆や築き途上の石垣崩落による死亡記事などは、その一端を表している。また、「石曳図屛風」には、スピードを調整する後綱が切れて角石を積んだ修羅が暴走し、人夫達が逃げ惑う描写があった。さらに、山頂に杭を打ちそれに綱をくくり、吊籠に乗って断崖絶壁の岩を矢割りしている場面などは危険窮りなく、正に生死の一線上にあるといっても過言ではない。

本書は、江戸城の石垣をテーマとして、二つの視点で臨んでいる。一つは記録性であり、一つは人である。後者は、江戸城築造に関与した人々を如何に伝えるかということである。両者は、容易に語れそうだが、多難である。石垣は、素材の固さや穴生衆などの石積専門集団の存在から、一度築くと半永久的に維持できると思いがちである。ところが、風水害や地震、火災などによって崩落・破損することも少なくない。そして、その復旧を伝える詳細な史料がきわめて少ないことも事実である。いわんや、築城当初の慶長・元和期の史料はなおさらのことであり、大きな壁として立ちはだかっている。

本書の上梓にあたっては、資料の掲載をご快諾いただいた諸氏や諸機関、また、多くの人からご教示ご協力をいただいた。さらに、同成社社長山脇洋亮氏には大変お世話になり、編集では山田隆氏には親身なご協力をいただいた。心より深く御礼を申し上げたい。

執筆者一覧（編者を除く、五十音順）

安藤眞弓（あんどう　まゆみ）
一九五六年東京都生まれ。
日本大学大学院文学研究科博士後期課程日本史専攻満期退学。
（現在）日本大学通信教育部インストラクター。
（主要著作論文）
「貧民窟の様相」『史料が語る大正の東京百話』つくばね舎
「明治期における仏教婦人会の海外進出」『吉見女性史研究紀要』1号

石岡智武（いしおか　ともたけ）
一九七一年青森県生まれ。
弘前大学大学院理学研究科修了。
（現在）パリノ・サーヴェイ株式会社調査研究部所属。
（主要著作論文）
「黒曜石の産地別薄片観察記載」『PALYNO』No.-4号。

小野英樹（おの　ひでき）

一九六七年静岡県生まれ。

日本大学文理学部史学科卒業。

（現在）河津町役場。

（主要著作論文）

「伊豆に見られる石丁場—東海岸部稲取地区を中心として—」『怒濤の考古学』、『河津城発掘調査報告書』

金田員枝（かねだ　かずえ）
一九五七年神奈川県生まれ。
日本大学文理学部史学科卒業。
（現在）パリノ・サーヴェイ株式会社調査研究部所属

橋本真紀夫（はしもと　まきお）

一九五四年福島県生まれ。

日本大学文理学部史学科卒業。

（現在）パリノ・サーヴェイ株式会社調査研究部長。

（主要著作論文）

「北区の遺跡と自然環境　後氷期以降の環境変遷」『北区史』通史編・原始古代、「東京低地における古環境解析」『東京低地の形成を考える』

矢作健二（やはぎ　けんじ）
一九六一年東京都生まれ。
千葉大学理学部地学科卒業。
（現在）パリノ・サーヴェイ株式会社調査研究部分析センター考古学グループ
（主要著作論文）

「岩倉忠在地遺跡出土土器の胎土分析」『岩倉忠遺跡—同志社小学校建設に伴う発掘調査報告—』、「莵上遺跡出土土器の胎土分析」『莵上遺跡発掘調査報告』

吉田千沙子（よしだ　ちさこ）
一九八二年京都府生まれ。
日本大学文理学部史学科卒業。
（現在）日本大学大学院文学研究科史学専攻博士前期課程。

吉見周子（よしみ　かねこ）
一九二八年東京都生まれ。
日本大学大学院文学研究科修了。
（現在）日本大学総合生涯学習センター講師。東海大学エックステンションセンター講師。
（主要著書）
『歴史を生きた女たち』同成社、『売娼の社会史』雄山閣
『婦人参政権』鹿島出版、『自立する女たち』同成社

小池　汪（こいけ　おう）

一九三三年東京都生まれ。

（現在）社団法人日本写真家協会会員。

（主要著書）

『影向寺』花林出版、『秘儀遷霊』稲毛神社刊行会、『比叡山開創—千二百年記念史鑑（東日本撮影）』比叡山開創—千二百年記念史刊行会、『川崎50年』

小池汪　撮影写真

はじめに　1〜8
第一章　9
第二章　16・17・19・20・23・24・26・35・39・43〜45
第三章　51〜53、59〜61、63・64、66〜79、81・82・89・91、97〜105

ものが語る歴史シリーズ⑫

石垣《いしがき》が語《かた》る江《え》戸《ど》城《じょう》

■編者略歴■

野中　和夫（のなか　かずお）

1953年　山梨県甲州市勝沼町に生まれる
1977年　日本大学文理学部史学科卒業
1983年　日本大学大学院文学研究科日本史専攻博士後期課程満期退学
現　在　日本大学講師、千葉経済大学講師
著作論文　『人、黄泉の世界』（共著）橘文化財研究所、「標識石と境界石―江戸城築城石から―」『千葉経済大学学芸員課程紀要』10、「伊豆東浦の石丁場と江戸城築城石」『怒濤の考古学』など

2007年3月10日発行

編　者　野　中　和　夫
発行者　山　脇　洋　亮
印　刷　㈱熊　谷　印　刷

発行所　東京都千代田区飯田橋
4-4-8 東京中央ビル内　㈱同成社
TEL 03-3239-1467 振替 00140-0-20618

ISBN978-4-88621-380-8 C3321